JN223584

不世出の二大巨頭

秀英書房

戦後の日本人に勇気と誇りを取り戻させたプロレスと空手の二大巨頭、
力道山と大山倍達に、感謝を込めて、このドキュメント作品を捧げる。

目次

不世出の二大巨頭 力道山と大山倍達

不世出の二大巨頭
Rikidozan & Oyama Masutatsu
力道山と大山倍達

プロローグ　力道山と大山倍達、ハワイでの邂逅　空手チョップ誕生秘話　◉昭和二十七年～二十八年

第1章　真夜中の断髪式　力道山、角界を去る　◉大正十三年～昭和二十五年

第2章 喧嘩無頼のカラテ屋 大山倍達、出撃前に玉音放送を聞く ◉大正十二年〜昭和二十年

第3章 プロレス前夜 力道山、渡米す ◉昭和二十五年〜二十七年

第4章 〝辻殴り〟の空手家 大山倍達、山に籠る ◉昭和二十年〜二十四年

第5章 戦後復興の輝ける星 力道山対シャープ兄弟に日本全国が熱狂 ◉昭和二十八年〜二十九年

第6章　『ゴッド・ハンド』誕生

大山倍達、カラテで全米を行脚する

◉昭和二十六年～二十八年

第7章　昭和巌流島の血闘　大山倍達、力道山の奸計に激怒する　◉昭和二十九年〜三十一年

第8章　野望と敵意　力道山、命を狙われる　◉昭和三十年〜三十四年

第9章 KARATEを世界に

大山倍達、南米、アジア、ヨーロッパを廻る ◉昭和三十年〜三十三年

第10章　二人の愛弟子　馬場と猪木、対照的な育成方法　◉昭和三十一年〜三十七年

第11章　未完の夢　力道山、刺される　◉昭和三十六年〜三十八年

第12章 虎は死して皮を残す
極真空手の隆盛と倍達の死 ◉昭和三十八年〜平成六年

プロローグ

力道山と大山倍達、ハワイでの邂逅
空手チョップ誕生秘話

◉昭和二十七年〜二十八年

すれ違う二人

昭和二十五年、力道山は自ら髷を切り、相撲界に別れを告げ、翌々年の二十七年二月、プロレスの修行のために勇躍ハワイを訪れていた。もう相撲に戻ることはできない。プロレスに自らの将来を賭けていた力道山は、日系人で元プロレスラーの沖識名の下で猛特訓に励み始めた。

ホノルルに着いて二週間後、力道山は、のちに「ゴッドハンド」と呼ばれ、世界的に有名となる空手家の大山倍達と出会っている。

大山によると、柔道家の遠藤幸吉と一緒にロサンゼルスに向かう途中であったという。日系のプロレスラーであるグレート東郷の招きであった。グレート東郷は、「空手の達人」の大山と、「柔道の達人」である遠藤のふたりを招き、プロレス戦に参加させようと思っていたのである。

大山と遠藤は、入国手続きを済ませ、空港のロビーに出た。

大山は、迎えが来ていると聞いていたが、どんな人間が来るのか、まったく知らない。

言葉もロクにしゃべれない異国である。不安でならなかった。

大荷物を手に、キョロキョロと周囲を見回していた。その眼の端に、浴衣を着た日本人の男の姿が飛び込んできた。外国人に引けを取らないほどに立派な体格をしている。その体格に似合わない、せっかちそうな歩き方でこちらに向かってくる。

遠藤が言った。

「力道山だ」

しかし、大山は、力道山のことを詳しくは知らなかった。

力道山が、大山らの前にやって来て言った。

「力道山だ」

知っていて当たり前といったように、ぶっきらぼうな態度であった。

「遠藤というのは、どっちだ」

「わたしです」

遠藤が答えた。

「ふうん……」

遠藤の肩から腕にかけて、軽く叩くようにして筋肉のつき具合や柔らかさを確かめている。

「いい体しているな」

体格のいい相棒を探していたのか、遠藤とはひと回りもふた回りも体格が小さい八〇キロにすぎない大山には、見向きもしない。

力道山は、再び言った。

「よし、じゃあ、おまえは、ちょっと来い」

遠藤だけをどこかに連れて行ってしまった。遠藤は、のちに力道山と組んで、日本プロレス協会を発足させることになる。

大山は、ひとり取り残された。

この時の出会いでは、力道山と大山倍達にほとんど会話らしい会話はなかった。お互いの存在を知らないに等しかったからだ。

力道山がぶち当たった壁

それから一年後、力道山はハワイから全米各地を回り、プロレスのなんたるかを本場で体験する。すでに「空手チョップ」を沖識名から教わり、アメリカの猛者たちと渡り合うことで自信をつけていたが、一つの課題にもぶつかっていた。自らの必殺技である空手チョップにどうしても納得がいかないのだ。

力道山は考え込んだ。

〈張り手を自分なりに工夫して空手チョップを完成しようと思ったが、どうも上手くいかない。いったいどうしたらこの現実を切り抜けられるのか〉

誰も頼る者のない寂しい状態が続いた。

〈武器も後ろ楯も持たぬ人間にとって、唯一の力は、いつ誰が襲いかかってきても、のばしてやるという心のなかの張りだけだ〉

そう自分自身に言い聞かせ、気持ちを奮い立てていくしかなかった。

力道山には、相撲の現役時代から癖があった。気に入らないことがあると、ところかまわず右の拳を叩き込むのだ。その日も、ジムの床に座り込み、ひっきりなしに横のコンクリートの壁に右の拳をぶつけ続けていた。

しばらくすると、拳ではなく、手刀を叩きつけている自分に気づいた。

〈やはり、おれには空手チョップしかないのか〉

右手と左手は、すでに盛りあがったタコのため、大きさが違っていた。

力道山は、自分の両手を見比べながら思った。

〈どうせやるなら、その道のプロに習って極めてみたい〉

聞けば、ちょうど日本の空手家の大山倍達が、友人の遠藤幸吉とともに、グレート東郷率いる東郷三兄弟として全米をデモンストレーション中だという。大山は次男で「マック東郷」と名乗っているという。

大山は、空手六段の達人で、日本でも彼の右に出る者はいないらしい。

〈遠藤とはハワイの空港で会ったが、あのとき一緒だったむくつけき男が、大山倍達だったのか〉

力道山はさっそく遠藤に連絡をつけ、大山に空手の教授を頼んできたのである。

遠藤の頼みでもある。大山は、力道山のことはあまりよく知らないが、拒む理由はなかった。

〈ずいぶんぶっきらぼうな男だったが、どうせやるなら、日本でやるよりこっちで教えた方がいいだろう〉

大山は、承諾した。

「わたしでお役に立てることなら」

旅の締めくくりにハワイに立ち寄り、力道山に本物の空手を教えることにした。

ニューヨークやシカゴとは違い、ハワイは二月だというのに南国そのものであった。山に籠もっている期間が多かったからだろうか。波の音を耳にすると、大山は急に海が恋しくなった。ホテルに落ち着くと間もなく、大山は憑かれたように目の前に広がっているワイキキビーチに繰り出した。海は、凪いでいた。

〈マイアミの大西洋は、エメラルドグリーンをしていた。が、この太平洋のセルリアンブルーは、なんと爽快で、深みのある青をしていることか〉

大山は、アメリカの大きさを、改めて噛みしめた。脳裏に焼きつけるように、食い入るように見つめ続けた。

〈この場所こそ、おれが力道に空手を教えるにふさわしい場所だ〉

海を見つめ続けていると、自然にそう思えてくるのであった。

が、大山は大きくかぶりを振った。

〈いや、おれが空手を教えるのではなく、おれも彼と一

緒に学ぶのだ〉

大山は、さっそく沖トレーナーのもとに身を寄せている力道山を訪ねた。去年空港で会ったときは、挨拶も交わさなかったが、今度は力道山の方から深々と頭を下げてきた。

「いやあ、この度は、わざわざすみません」

改めて見ると、力道山とはなかなかの大男である。薄手のシャツからのぞく腕や胸の筋肉も訓練されていた。

大山も愛想よく言った。

「常夏の国はいいもんですね。これだけ太陽が高いというのに、湿気を感じない。いやあ、ハワイはいい」

「お疲れでしょうから、今日はゆっくりしていただいて、稽古は明日からということでいかがでしょう」

大山は、力道山の言葉を遮るように言った。

「わたしは、ここに遊びに来たわけじゃありません。あなたの都合がいいのなら、さっそく今からでもいいかがですか」

力道山は、大山が手に下げてきた道着にチラリと視線を走らせ、「では、お願いします」とまた、両の拳を握りしめて頭を下げた。

「わたしに空手を教えてください」

ふたりとも道着に着替え、大山は、裸足で先ほどの海岸まで走り出した。砂浜に入ると、四十度近い熱波に灼かれた砂が足を噛んだ。とたんに、額や腋の下から、汗が吹き出すのがわかった。砂浜の中央で足を止め、大山は、後ろからついて来ているはずの力道山を振り返った。

力道山は、額の前で強過ぎる光線を遮るように右手を添えながら、高い太陽を仰ぎ見ている。太陽に何かを誓っているかのように、大山には映った。

息が整うと、力道山の方から大山に話しかけてきた。

「わたしは、空手チョップという必殺技を習得しようと、自分なりに研究してきました。それには、やはり空手の心得が要るものと、確信しまして」

「空手チョップですか」

空手の瓦の試し割りをするときの手刀の形を模してチョップをするのだろうが、「空手チョップ」とは、なんともおかしなネーミングである。

大山は、試すつもりで言った。

「その空手チョップとやら、見せてもらおうか」

力道山は、道着の衿を直し、ちょうど大山と正面から向かい合うように、四歩歩み寄った。

大きく息を吸い込むと、「ヤァーッ！」と言う気合いもろとも、大山目がけて、手刀を振り下ろした。力道山にすれば、自分の胸元で止めたつもりだったのだろう。が、身長差から、手刀は、大山の鼻の先でぴたりと止まった。

大山は、少し嫌な顔になった。相手を威嚇するように、手刀を鼻先で止められたからではない。大山の眼には、手刀は、振り下ろすというより、押し出されるように映ったからだ。

〈これじゃまるで、相撲の張り手だな〉

大山は、なにも言わずに力道山の次の行動を見守っていた。

すると、力道山は、また大きく右手を高々と振り上げるではないか。

「イヤァーッ！」

先ほどのまっすぐに打っていくチョップとは違い、右手の先を左肩のあたりまでグッと引いていって力を溜め、弓のように右腕をしならせて、まるで敵の喉元に右手の側面を叩きつけんばかりに振り下ろした。

今度は、大山も、おやっと思った。

〈これなら、確かに遠心力も加わる。チョップの威力は、倍加される〉

大山が、大きく一つうなずいたので、褒められたと思ったのだろう。力道山は、声の調子を弾ませていった。

「いまのは、わたしが開発した逆水平チョップです」

大山は、フーと息をついて言った。

「確かに、あなたの腕力をもってすれば、このチョップで相手は倒れるだろう。だが、これは技ではない。あなたのは、まったく空手じゃない」

力道山の顔に、ふっと暗い色が差した。

大山に指摘されて、自分の未熟さを悟ったのだろう。

力道山は、改めて頭を下げてきた。

「わたしに、空手を教えてください。ぜひ、稽古をつけてください」

大山は、頭を上げさせるよう、力道山の肩に手を置くと、提案した。

「教えるということじゃなしに、一緒に稽古をした、ということにしようじゃないか」

炎天下の稽古

それから大山は日本に帰国するまでの丸一週間、ワイキキビーチで、すさまじい稽古に励んだ。とにかく、力道山は、空手のいろはの「い」の字も知らない。型も知らなければ、手の持ち方も知らない。大山は、初歩から、力道山に空手の手ほどきをした。

力道山は、とても覚えが早かった。それは覚えが早いというのではなく、運動神経のよさから、二、三度繰り返しているうちに、すぐに体得してしまうといった方が正しかった。

大山が驚かされたのは、彼の体力である。大山も、体力には自信があった。一緒に稽古しようと提案したのだから、最初の一日、二日を除いては、いつもの自分のトレーニングと同じメニューをこなさせようと思っていた。ところが、砂浜を数キロランニングしただけで、ひどく喉が乾く。それだけハワイは乾燥している。灼熱の太陽の下、汗はあとからあとから流れ出てくる。この気候下で日本とまったく同じメニューをこなそうとすると、疲労の度合がまったく違うのである。

それでも、力道山は、平気な顔をして、大山の後をついて来る。一年間、ずっとハワイで練習を積んでいたとはいえ、これは並大抵な体力ではない。しかし、大山とは圧倒的に違う一点があった。腕力である。大山の方が数段上であった。

四日目の午後、大山はいよいよ力道山の空手チョップの改良に着手した。

大山が言った。

「いつもの空手チョップをやってみてください」

初日同様、力道山は、空手チョップを振り下ろそうと、右腕を大きく上げた。そこで、大山は大声を張り上げた。

「待った！　そのまま！」

力道山は、あまりの大声に本当に硬直していた。

「そのまま、形を動かさずに腕を下ろして」

大山は、力道山の右腕を取った。

「あなたの右手の形だ。ほら、親指と人差し指が、ぴったり寄り添っている。横から見てみろ。真一文字だ」

力道山は、言われたとおり、形を崩さないよう注意しながら右手を自分の目の高さまで上げた。大山の言うとおり、これから豆腐でも切ろうとする包丁のように、まっすぐな形をしていた。

大山が言った。

「あなたの体格から振り下ろされるチョップだ。これが効かないということはないだろう。だが、これでは、力が強いということはあり得ない」

力道山は、右手を下ろした。懇願するような目で、大山に訴えてきた。

「では、わたしは、いったいどうすれば……」

大山は、アドバイスした。

「親指を内側に曲げ、残り四本の指はまっすぐに伸ばすよりも、やや指先を曲げる形にする方が威力が増す」

そう言うと、実際に力道山の右手を取り、形を作ってやった。

「わたしは、一発で牛を殺すよ。ウイスキーの瓶だって、切れる」

そのまま空手チョップの練習に移ったが、大山の言葉が口惜しかったのか、力道山は、暮夜密かにウイスキーの瓶切りに挑戦した。が、どんなに力を込めて手刀を叩きつけても、瓶は飛んで行くばかりだ。いっこうに切れやしない。

翌朝、朝食の卓をみんなで囲んでいると、力道山が唐突に言った。

「夕べ、瓶切りを試してみたんだが、おれにはどうにもできなかった。大山さん、あれはどういうふうにやるのかね。テクニックを教えてくれないか」

大山は、眼を剥いた。

「あんた、練習も何にもしないで、瓶切りに挑むなんて、そんな無茶なことをしたのか」

実際、後年、大山の弟子のひとりが、瓶切りに失敗して、指を一本失っている。瓶切りは、それほど危険を伴う技なのだ。

大山は、きっぱりと言った。

「教えても、あなたにはできませんよ。瓶切りは、教わってできるようなものではない。これは、見て覚えるもんだ」

そう言うと、大山は、テーブルの上に置いてあったジュースの瓶を取り上げた。中身を半分自分のコップのなかに注ぎ込むと、隣のテーブルへその瓶を持っていって、立てた。

部屋中にいたものが、みんな静まり返った。瓶のなかに半分入ったままのオレンジジュースが、妖しく揺れている。だれかの、ゴクリと唾を飲む音が、大山の耳に伝わってくる。

大山は、右の手刀をゆっくりと振り上げた。ジュース瓶目がけて、気を溜めた。大きく息を吸い込み、一瞬、息を止める。

次の刹那、掛け声もろとも、手刀をジュース瓶に叩き込んだ。

「ハーッ！」

ジュース瓶は、見事に切れた。ちょうど首がくびれはじめたところから上の部分が、吹き飛ばされる格好でポロリと折れている。

「オオーッ！」

部屋中から歓声が上がった。

力道山も、すぐに大山のところに駆け寄ってきた。

「見事だ、見事だ、大山さん！」

大山は、怪我をしていないことを証明するため、力道山の鼻の先に、自分の手刀を押しつけるように近づけた。

力道山は、食い入るように、大山の右手を見つめた。瓶切りの技の成果よりも、大山の右手の厚みに圧倒されているように、「ホォーッ」と声を上げた。

特技は自分から掴むもの

大山が右手を引っ込めてからも、神業を目の当たりにした力道山の興奮は冷めやらなかった。まるで、童心に返ったように、無邪気に大山に訊いてきた。

「これは、どういうふうに角度をつければいいんですか」

力道山は、別のジュースの瓶に、手刀を叩き込む真似をしている。

大山も、力道山の手を取って、「こういう風に角度をつければいい」と教えてやった。

ひととおり教え終えたとき、大山が言った。

「幸せは、人間がくれるものではない。自分から、掴むものだ。特技も、同じこと。人に教えを請えば、先生も商売だ。ある程度までやれば、技を伝授し、『おまえは強くなる』と引導は渡してくれるだろう。だが、本来、特技は人がくれるものではない。人がくれるというのは、嘘だ。それは、物語だ。特技もまた、自分から掴むものなんだ」

力道山は、先ほどのはしゃいでいた顔つきから、ぐっと真面目な表情になり、大山を見つめてきた。

大山が訊いた。

「あなた、本当に強くなりたいのなら、わたしの言うとおりにやりますか?」

力道山は、恐縮し切って言った。

「やってみます」

大山は、さっそく砂浜へトレーニングに向かった。

「じゃあ、一番初めに、これで腕立て伏せしてごらんなさい」

大山は、そういうとパッと逆立ちして見せた。

ところが、力道山は、逆立ちができなかった。そのはず、力道山は、大山より四十キロも多い百二十キロも体重があった。

大山が言った。

「わたしは八十キロあるが、こうして逆立ちをし、そのまま腕立て伏せもできる。あなたには、腕の練習が必要だよ。今から、それができますか」

力道山は、「やる」と断言した。

実際、彼は口だけではなかった。それからの三日間というもの、一所懸命にトレーニングに励んだ。力道山の努力家ぶりには、大山も感心した。間もなく、大山は帰国することになった。大山は、最後に力道山にこう言い残した。

「あなたは、これまでも自分なりに創意工夫を凝らして訓練してきた。これからも、力道式でやって下さい」


力道山と大山倍達。生年が一年違いで、この時、三十前後である(生年には諸説あるが)。

二人には共通点が多い。格闘技という強いものだけが生き残る世界に己の生きる道を求めたこと。まだ貧しさの残る敗戦後の時代にアメリカをはじめ世界に雄飛した型破りな実行力。そして朝鮮半島に出自を持つがゆえのアウトサイダー的な立ち位置。

しかし、その生き方はまるで正反対とも言えた。力道山は周りの者を巻き込む求心力の強さから、プロレスをテレビ時代の大衆の娯楽へと育て上げた。時代そのものまで巻き込むほどの求心力であったが、多くの敵を作った。それは自らの誠意とはかけ離れた行動がもたらしたものであった。

かたや大山倍達は、真の求道者であった。ハワイにおいても、力道山に求められるままに空手の極意を伝授している。自らが強くなるためには血を吐くような修行も厭わないし、強くなろうとする人がいれば、惜しみなく力を貸す。お人好しとも言える性向であるが、極真空手が世界中に広がった所以でもある。

二人はおよそ二年後の昭和二十九年の年末に合間見える。「昭和の巌流島」「世紀の一戦」と謳われた、力道山対木村政彦の戦いで、倍達は木村側のセコンドについた。

陰謀説まで生まれたこの因縁の勝負に関わることになろうとは、この時まだ二人とも知る由もなかった。

—第1章—

真夜中の断髪式

力道山、角界を去る

◉大正十三年〜昭和二十五年

「シルム」の強腕

力道山の初土俵は、昭和十五年五月であった。誕生日は日本の年号で言えば、大正十三年十一月十四日である。満十五歳の初土俵ということだが、これはあくまでも力道山自身の証言でしかない。

初土俵の記録は揺るぎもない事実だが、誕生日に関してはわからない。プロレス関係者のあいだでは、様々な説がある。

「力道山は、十歳ばかりサバを読んでいた。本当の年齢は、彼の年齢に十たした年齢だ」

すると、二十五歳の初土俵なのであろうか。あるいは、こういう関係者もいる。

「力道山が生まれたのは、大正十一年だ」

本当の年齢は、今も定かでない。力道山自身、己の出生については、ひたすら口を固く閉ざし続けた。死ぬまでそれは変わらなかった。

「長崎県大村市出身」と本人も言い、まわりも信じていた。しかし今では、相撲博物館の記録により、謎であった出生は明らかにされている。

出身地は、現在の朝鮮民主主義人民共和国である成鏡南道浜京郡龍源面新豊里三十七番地。父親は金錫泰、母親は巳。

が、力道山自身は、「長崎県大村市で生まれ、父は百田巳之吉、母はたつの長男で、本名は百田光浩」と死ぬまで言い続けた。

力道山の本名は、金信洛。三人兄弟の末っ子であった。

少年時代、力道山は日本の相撲にあたる「シルム」という格闘技の力士として、強腕を唸らせていた。兄たちとともに、家計を助けるためでもあった。

家が貧しく、漢学者だったという父親はあまり働かず、母親が米をつくる傍ら、雑貨屋などを営んでいた。

「シルム」では、力士とは言わず「壮士」と呼ぶ。

五月五日の端午の節句や、中秋の名月の翌日の陰暦八月十六日は、とくに盛んにシルムが開催された。優勝者には黄牛一頭が与えられ、準優勝には米一俵というのが賞品の相場であった。

優勝すれば、出身の村では英雄となる。もらい受けた牛一頭は、きれいに潰されて、すべて近隣の人に分け与えられた。力道山は、長兄の恒洛とともに、シルム大会を荒らしまわった。

シルムは、激しい相撲であった。がっぷりと組み合うというより、互いに距離を計りながら、突っ張り、張り手を連発させる。まともに顔面に喰らえば、そのまま血反吐を吐いて土俵に叩きつけられた。妥協を許さぬ、デスマッチであった。

そこで鍛えた強腕が、のちに力道山に一撃必殺の空手チョップをもたらすことになる。

力道山は、朝鮮にやって来てシルムを見物した百田巳之吉に見出される。百田は長崎県大村で興行師をやり、置屋の経営もしていた。また、大の相撲ファンで、大村出身の二所ノ関親方の後援会幹事も務めていた。力道山の雄姿を見て、すっかり惚れこんだ百田は、力道山をスカウトし日本に連れ帰ったのであった。そうして、二所ノ関部屋に入門させたのである。昭和十四年のことであった。

強くなりさえすれば

玉の海は、力道山を秘蔵っ子として可愛がった。あまりに力道山を大事にするので、力道山は、同門の力士仲間からは、妬まれた。彼らは、力道山のことを、本名で、「金、金！」と呼んだ。

戦前は、いかに力道山が己の出生を隠そうとしても、隠しようがなかった。相撲の番付には、はっきりと出身地が書かれていたからである。

理由なき民族差別の真っ只中で、力道山が胸を張って生き抜いていくためには、出世するというほかに道はなかった。

生前、力道山は、雑誌「知性」昭和二十九年十一月号の「鍛練一路」と題する自伝で、大相撲の駆け出しのころを回想している。

《いま改めて、過去を振り返ってみると、鍛練、鍛練、鍛練、それ以外には何もなかったようだ。寝ても、さめても、「強くなろう！　強くなろう！」そればかりしか考えていなかったように思われる。強くなりさえすれば、それに附いて、自然に出世するし、生活も楽になるし、ファンも出来れば、人気も出てくる。弱くては駄目だ》

新弟子の生活は、辛く苦しい。買い出し、薪割り、チャンコづくり、給仕、洗濯。関取衆が風呂に入れば、背中を流す。巡業では大きな荷物を担がされる。使い走りをする。

そんな生活から脱するためには、強くなるほかなかった。

関取衆が起きてからでは、新弟子は土俵に上がれない。それゆえ、力道山はどんなに寒い朝であろうとも、毎日暗いうちから起きて、土俵に上がり稽古に励んだ。同期の力士を誘い、むやみやたらとぶつかっていく。組み打ち、押し合いを何度もこなし、関取衆が起きてくる頃には、汗が滝のように流れていた。

太鼓腹になるために、たらふく食べた。飯は丼で一度に十五、六杯はたいらげ、ビールも五十本飲んでびくともしなかった。

小松敏雄が、はじめて力道山と出会ったのは、昭和十六年のことであった。小松は高知から出てきて、二所ノ関部屋に入門した。以後、戦争中しばらくのブランクをおいて、戦後は力道山と運命をともにしていくことになる。

二所ノ関部屋は、両国にあった。

小松が入門してまもなく、二所ノ関部屋の力士たちは地方巡業に出ていた。残っている力士たちで稽古場に出ていると、どういう訳か巡業に出ていないひとりの筋肉の塊のような力士が、二階から降りてきた。

「あれが、力道山だ」

と他の力士が言うので、壁に掛かっている札を見た。力道山のところに、「序ノ口」とあった。

肩と胸のあたりの筋肉が発達していた。腹は力士らしく、ぽっこりと出っ張っている。

「稽古をつけてやる」

力道山はそう言うなり、土俵に上がった。

小松は、促されて、力道山と向かい合った。小松は、力には自信があった。身長も小松の方が大きい。負けるものか、と勇んで土俵に上がった。

ふたりの駆け出しの力士は、ぶつかり合った。その途端、小松には信じられないことが起こった。

まわしの結び目を、むんずと掴まれた。と思った一瞬、グイッと引きつけられた。脚が地面から、フッと浮き上がったのである。

ふつうの投げであれば、腰を入れたりする。が、力道山は、腕一本で小松を宙に引っ張り上げたのであった。

小松の体は宙に浮いたまま、振り回された。その挙句、土俵にしたたかに叩きつけられた。

簡単に言ってしまえば、小松は力道山の腕一本で軽々と持ち上げられ、そのまま放り投げられたのである。「掴み投げ」と言った。この技をやられたほうは、きわめて屈辱的な気分に陥る。

〈こりゃ、おれには、相撲は無理だ〉

小松は、力道山の強さに打ちのめされてしまった。

修羅の男

力道山は、驚くべきスピードで出世していった。昭和十七年一月場所では、三段目で八戦全勝優勝。五月場所から幕下となり、翌十八年五月場所まで三場所連続勝ち越しを決め、昭和十九年五月場所では五戦全勝で幕下優勝をかっさらった。次の十一月場所から十両となり、関取となった。

この間、負け越しは一度だけ、序ノ口からわずか九場所で、十両となっている。しかも、全勝優勝が二回。

昭和二十一年十一月場所から前頭十七枚目となり、新入幕を果たした。ここまでは、わずか四場所しかかかっていない。二年後の二十三年五月場所では、前頭三枚目で殊勲賞を獲得、新入幕からこれも四場所で東の小結に昇進した。翌二十四年五月場所からは、西関脇となった。

その後、二十五年九月場所をボイコットし、相撲界を飛び出るまで、肺ジストマに苦しめられようとも、一日も休まず出場した。不撓不屈の男であった。

昭和十七年に二所ノ関部屋に入門した芳の里は、後輩にあたる若ノ花（のちの二子山日本相撲協会理事長）とともに、よく力道山に稽古をつけてもらった。

「リキさんは負けず嫌いで、何番稽古をやっても自分からやめようとは言わないんだ。こっちは若ノ花とふたりで交代でやってるからいいんだが、我々をひとりで相手にしているリキさんの方は、さすがに疲れてくる。それでも、やめないんだよ。でも、リキさんやめたいと思ってるな、ということは、我々にはわかるんだよ。リキさんは、あるサインを送ってくるんだ」

並みのサインではない。例の強腕で、思いきり鳩尾や肝臓、腎臓のあたりを、嫌と言うほど打ってくるのだ。

相手は、息ができなくなる。脂汗がにじむ。力道山は自分からやめるということが言えないので、ツボを乱打し、相手からやめようという言葉を引き出すのである。

あまりに激しく打ってくるので、こちらもまた負けず嫌いの若ノ花は、逆上して力道山の脚に噛みついた。その傷は、しばらく癒えなかったほど深かった。

力道山の性格をわきまえている芳の里は、悲鳴を上げた。

「痛ててて！」

すると力道山は、勝ち誇ったように笑いながら言うのである。

「ああ、そうか。そんなに痛いんなら、やめてやらぁ」

すたすたと土俵を降りていくのだった。

負けず嫌いは、力道山に事故を招くこともあった。

太平洋戦争が激化し、力士たちも次々と戦場に応召していった。昭和十九年、二所ノ関親方の配慮によって、力道山や芳の里は、召集を避けるため、関西に勤労奉仕に出かけた。尼崎の久保田鉄工所と、宝塚の東洋ベアリングの二カ所がその場所であった。

東洋ベアリングでは、でき上がったベアリングを詰めた袋を、トラックの荷台に積み込む仕事だった。

本当なら起重機で積むのだが、もはや物資は底をつき、起重機などない。彼らはその体力を見込まれ、起重機の代わりとなったのである。

ベアリングが詰まった袋は、五十貫、つまり百八十キロもある。それを、人の手を借りることの嫌いな力道山は、たったひとりで担ぎ上げようとした。

左の手首が、音を立てて鳴った。骨が折れた。それでも構わず、力道山は袋をトラックに積み上げた。

「こんな袋ふぜいに負けてなるか、とリキさんは思ったんでしょう」とは、芳の里の回想である。

それにしても、骨を折りながら、百八十キロもの荷を持ち上げたという事実は、力道山の筋肉が、いかに鍛えられていたかを雄弁に物語っている。

筋肉はその重量に耐えることができたが、それを支える肝心の骨の方が耐え切れずにぽっきりと折れてしまったということになる。骨は、さすがに鍛えようがなかった。

己の闘争心を掻き立てることにおいても、力道山のやり方は独特だった。

芳の里や付け人の田中米太郎を連れて、料理屋に繰り出す。大一番の前日になると、力道山は異常なほど興奮していた。

大鉢の中の料理を全部放り出すや、芳の里に向かって吼えた。

「淳、ここに、その酒を入れろ!」

芳の里の本名は長谷川淳三なので、いつもそう呼んだ。

大鉢といっても、盥ほどもある。そこになみなみと酒を注ぎ終えると、力道山が言った。

「よし、それをひと息で飲み干せ!　いいか、ひと息だぞ。途中で息なんかするんじゃないぞ!」

息を吸えば、傍らのビール瓶で、力任せに頭をぶん殴られた。

付け人の田中米太郎など、何度やられたかわからない。口の端にまともに鉄拳を喰らい、血がしたたった。歯が二本折れていた。

力道山は、叫ぶ。

「おれが、飲んでやる!」

見事なほど、ひと息で飲み干した。

そんなことが、ひとつの席で、一回や二回ではなかった。まだまだ、その程度は序の口であった。

「これを、食ってみろ!」

骨太の手で差し出してきたのは、なんとガラスのコップであった。

芳の里は、肝を潰した。が、食わなければ、嫌というほど打ちのめされる。ええい、ままよと齧りはじめた。

だが、うまく齧れるものではない。ガラスの破片が口腔に突き刺さり、口の中は血だらけになった。

見ていた力道山が、苛立って叫んだ。

「淳、こうやって、食うんだ!」

コップを手にした力道山は、円に沿いながらぐるぐると回し、見る間に齧っていく。

ガラスが細かく砕け鈍い音がする。すべて口のなかに入れてしまうと、まるでいくつもの飴をいっぺんに噛み砕くようにして飲み込んでしまった。

芳の里も、何でこんなことをしなければならぬのかと思いながら、こんちくしょうと飲み込んだ。それから十日ほど、ガラスの粉が砂のように口の中に残った。

常識では考えられぬことを人に強い、この野郎と思わせて相手の闘争心を掻き立てる。

返す刀で、己に対しては、血走った相手に挑戦状を叩きつけられたときのようなどん詰まりに追い込んで、火と燃え上がらせた。

そうやって、張り詰めに張り詰めさせた闘争心を、翌日の大一番で爆発させたのである。

力道山は、まさに修羅の男であった。

喧嘩三昧の日々

力道山の戦後は、地方巡業からはじまった。

両国の二所ノ関部屋は、昭和二十年三月十日の東京大空襲で焼けてしまった。大相撲の殿堂である両国国技館は、進駐軍に接収されてしまい、メモリアルホールと名を変えていた。

本場所は仕方なく、神宮外苑の粗末な相撲場で行われた。焼け出された二所ノ関一門は、杉並区高円寺の青梅街道沿いにある真盛寺に身を寄せた。

そこから、地方巡業に出発した。焦土と化した日本各地の人々は、大相撲の巡業を心待ちにしていた。

当時の巡業は、現在のように各相撲部屋が一緒に各地を回るのとは違い、組合単位であった。つまりそれぞれの系列の部屋ごとにまとまって、思い思いの地方へ出向いてゆく。それゆえ、一方が東北なら、こちらは関西、あちらは九州という具合に、同時に全国に散らばっていったのである。

一年に二場所しかない時代であった。しかも、一場所だいたい十日間。が、その時々によって変化し、たとえば終戦間際の昭和二十年六月場所は、わずか七日間。終戦直後の十一月場所は、再び十日に戻った。しかし、本場所はそのまま一年間開かれず、翌二十一年十一月にようやく開かれるといった塩梅だった。その間、力士たちは全国を巡業して歩いたのである。

十両となっていた力道山は、先輩格の力士たちが嫉妬を覚えるほど、多くの後輩たちに慕われていた。

とにもかくにも、よく稽古をする。後輩たちにも、稽古をつけてやる。若ノ花、芳の里といった若手たちは、力道山に従って巡業の間も早朝から稽古に励んだ。

やるだけやって、体から湯気が出るほどまでなると、稽古もようやく終わる。そうすると、待ちに待った力道山からの格別の褒美が待っているのだった。

それは、ビールであった。

終戦直後である。物資は底をついていた。日本国中、ビールなどほとんど口にできぬ時代に、力道山がふらりと土地の酒屋に寄り、一枚の名刺を差し出すと、二十四本入りのケースが無条件に二ケースも出されてきた。

このビールが、後輩たちを魅了していた。力道山は付け人にビールケースを抱えさせ、悠々と宿舎に戻ってきて振舞った。

若ノ花や芳の里たちは、そのビールを丼になみなみと注ぎ、喉を鳴らして飲んだ。目一杯に稽古したあとのビールは、格別の味であった。

横綱ですら、めったに口にできない代物だった。

誰のものなのかわからないが、一枚の名刺を酒屋に見せただけで、そんな贅沢にありつけるのである。どこへ行っても、必ず決まってニケースであった。たかだか十両に過ぎない力道山の異能ぶりは、際立っていた。

愛媛県松山市の巡業では、ちょうど陸上の県大会が開かれていた。稽古を終え、まわしを締めたままの力道山は、百メートル競走に「おれも走らせろ」と飛び入りで出場した。

まわしに裸足のままで走った。ところが、見事に一位になってしまった。

これには、見ていた芳の里たちも驚いてしまった。小学校六年のときには、千葉県下の陸上競技大会で敵なしだった芳の里も、舌を巻いた。

それにしても、県の大会に、こんな形で飛び入りするような者がいるだろうか。

それほど力道山の底抜けの明るさと、終戦直後の混乱のなかでも、ゆっくりと時間が回っていた地方の生活があったということであろう。

それにも増して、激しい稽古を終えたばかりの力道山が、なお走りたいと思い、強引に出場して一位をかっさらったことには、有り余るエネルギーを持て余し、それをあらゆることにぶつけずにはおかないひとりの荒ぶる男の姿がある。

喧嘩も、日常茶飯事だった。ひと晩に二回は当たり前だった。

夜遊びには、必ず芳の里を連れて行った。芳の里の脚力を見込んでのことだった。

巡業で地方を周っていると、必ず土地のヤクザや有力者から座敷を設けられる。

力道山は、酒を飲むと人が変わった。酒乱であった。しかし、自ら喧嘩を売るようなことはしない。力自慢の相手が因縁を吹っかけてきても、三度までは我慢した。しかし、四度も五度もとなると、もう黙ってはいない。見る間に怒りで顔面を朱に染めるや、相手がたとえ十人であろうと、鍛え上げた強腕で全員を殴りつけ、血の泡を吹かせた。傍らの芳の里が、割って入る間もない早業であった。

〈ああ、またリキさんやっちゃった……〉

茫然とその光景を見やっている芳の里に、ことごとく相手をのばしてしまった力道山が叫んだ。

「淳、逃げろ！」

ふたりは、一目散に走り出した。

かたが付けば、必ずそうやって逃げた。逃げ足は速い。それゆえ、決まって脚の速い芳の里を随行させたのである。

姫路の駅では、動き出した汽車の中で、五、六人の猛者どもをつぎつぎと殴りつけた。窓から体を突き出している男を、さらに殴って、外に放り出したこともあった。

戦争中には、防空壕のなかに、焼夷弾による火事を消すための砂の詰まったリンゴ箱が置かれてあった。それを持ち出し、群がる猛者どもに投げつけたこともあった。おそらく百キロは優に超えるそのようなものを投げつけるとは、並みの怪力ではなかった。

逃げるのは、警察沙汰になるのを恐れたからだった。それに、これ以上やっては、相手を殺してしまうかもしれなかった。

警察に踏み込まれたことも、一度あった。兵庫県西宮市であった。宿舎に警察が踏み込んでくるより一歩早く、力道山はすばやく窓から逃げだした。そのとき、一緒に現場にいた芳の里に、「淳、言うなよ」と睨みを利かせて言い残して行った。

警官が、矢継ぎばやに訊問してきた。

兄弟子がやってきて、芳の里に詰め寄った。

「本当のことを言え！」

が、芳の里は、最後まで一言も口を開かなかった。

力道山は、兄弟子たちからうさん臭がられていたのである。それゆえ、何とか力道山の足を引っ張ろうと、芳の里に迫ったのだった。

嫉妬、羨望、怨恨が、兄弟子たちの間に渦巻いていた。

芳の里が語る。

「力道山という人は、ものすごいスピードで出世していったからね。同期入門はもちろん、兄弟子たちまで次々と追い越して行ったから、ずいぶん怨まれたのです」

当時二所ノ関部屋の力士であった小松敏雄も、当時を振り返る。

「ふつう新弟子時代は、先輩力士の付け人となるんですが、力道山は親方付きだった。親方付きといっても、親方には奥さんがいる訳だから、身のまわりの世話をする必要がない。つまり、自由にしていいということになるんです。親方の秘蔵っ子だった。そのこともまた、兄弟子たちから力道山が怨みを買う原因のひとつでした」

それゆえ、稽古が終わると、力道山はすぐに街に出ていった。部屋にはいたがらなかった。街に出て行くと、また喧嘩三昧である。

人並み外れた勝負への執着

異能ぶりは、街に出て行くときにも存分に発揮された。

バリバリバリッと天地を引き裂く轟音もろとも、真盛寺の境内を飛び出してくるのは、黒光りするアメリカ製の大型バイク、インディアンであった。

頭に髷を結っているので力士であることはわかる。が、首から下を見たら、だれもが自分の眼は確かかどうか、もう一度頭の方に眼をやったことだろう。なんとスーツでピッタリ決めているのである。

紛れもなく力士、力道山であった。

大型バイクを疾駆させる力士も前代未聞なら、スーツ姿の力士も前代未聞どころか、目撃した者さえ信じ難い光景であった。

ときには、ズボンにジャンパー姿。またあるときには、ニッカーボッカーをはき、英国紳士然としていた。

そうして、なお十年もその出現を待たねばならぬカミナリ族の先駆者のごとく、けたたましい爆音を轟かせ、猛スピードで焼跡の東京を疾走した。スピード狂であった。

東京の本場所でも、インディアンで乗りつけた。

神宮外苑の相撲場へは、横綱であろうと、国電千駄ヶ谷駅からとぼとぼと歩いて行く時代。そこをさも得意気にオートバイで疾駆してゆく入幕まもない力道山が、先輩格の力士たちから反感を買うのも当然であった。

ことは、しかし、もっと根深かった。オートバイで走り去る力道山の背中を恨めしそうに睨んで、先輩格の力士のひとりは吐き捨てた。

「あんちくしょう、調子に乗りやがって。戦争に勝った気でいやがるんだ。あの馬鹿が」

日本との戦争に勝ったのは、なにもアメリカだけではなかった。台湾や朝鮮の人々も、日本の敗戦によって祖国が植民地から解放され、わが世の春とばかりに幅を利かせていたのである。力道山が朝鮮の出身であることは、兄弟子クラスならだれもが知っていた。じつに、吐き捨てられた言葉は、そのような背景から押し出されたものであった。

力道山の洒脱者ぶりは、戦前の駆け出しのころからだった。

まだ三段目で、紋付袴の許されぬ時代に、部屋近くの力士専用の大型衣料品をあつかうライオン堂に出かけては、そこで紋付袴に着替え、贔屓のところへ出かけていくほどだった。

よく通っていたのは、柳橋のふぐ料理屋「とら亭」であった。座敷に上がると、必ず特別に注文した。

「ふぐは、厚く切ってくれ」

出されてきたのは、マグロのように切ったふぐの刺身であった。それを強靭な歯で噛み、一升瓶をラッパ呑みにひと息で干してみせる。

挙句の果ては、例によって血をしたたらせながら、ガラスのコップを噛み砕いて食べた。

それを弟子たちにも強制する。決まって大一番の前夜だった。

何者かに向かう怒り、苛立ちのようなものが、そう仕向けているようであった。

あるいは、怯えのようなものがそうさせていたのかもしれない。

己を傷つけ、他人を挑発し、それによって再び己を奮い立たせる所作は、まるで勝負の世界に棲む魔に取り憑かれ、自分の顔を思わず掻きむしってしまう自家中毒患者のようでさえあった。

力道山は、勝ち続けなければならなかった。勝負への執着は、人並み外れていた。

昭和二十三年五月場所、東前頭二枚目の力道山は、大関東富士と対戦することになった。

このときは一場所十一日、対戦は二日目であった。

その前日、東富士が、力道山をつかまえて言ってきた。

「おいリキ、おめえ明日、顔を張ってくんのか。張ってくるなら張ってくると、はっきり言え」

百七十九センチ、百八十キロの巨体。その寄りは「怒濤の寄り」と謳われる東富士も、力道山の張り手は恐怖の的であった。

力道山がよく東富士に懐き、東富士も可愛がっていた関係で、気軽にそう訊いてみたのだった。

力道山は、かしこまって答えた。

「冗談じゃないですよ。いやあ、大関に、そんな手はもったいないですよ」

翌日、東富士は立ち合いで、無防備に胸を突き出すようにして、力道山にぶつかっていった。がら空きになった正面を突いて、力道山の張り手が、ものの見事に東富士の顔面を乱打した。

体勢を立て直す余裕はなかった。張り手で朦朧となった東富士は、呆気なくはたき込まれ、巨体は土を舐めた。

その一番が終わったあと、東富士は力道山をつかまえて食ってかかった。

「リキ、てめえこの野郎、張ってきやがって！」

力道山は恐縮するどころか、少しも悪びれずに言った。

「あ、どうも、ごっつあんでした！」

東富士は、呆気にとられた。返す言葉もなく、口をあんぐり開けているだけだった。

不思議と憎めない男であった。力道山のまわりには、何かしら無色透明の明るさが取り巻いているようなところがあった。勝負は勝負、と割り切っていた。

力道山は、この場所に小結昇進が懸かっていた。勝ち越せば、小結。しかも、次期横綱の呼び声高い東富士を倒したとなれば、文句なしである。負けるわけにはいかなかった。横綱照国も破り、合わせて横綱前田山にも不戦勝を収め、殊勲賞を獲得。八勝三敗の成績で、小結昇進を決めたのであった。

一代の侠客、新田新作との出会い

力道山の相撲は、飛びっきり活きのいい相撲であった。

妥協なき激しい張り手と、相手の体に吸いつかんばかりに組み伏す外掛け、それに頭を押さえ込みながら打つ迫真の投げは、見る者に一心不乱の形相をまざまざと見せつけ、勝負の世界の凄まじさを否応なく喚起させた。

全国各地には、熱心なファン層が広がった。高知のある網元は、自分の持ち船に「力道丸」と名付けるほどであった。

のちに横綱となる千代の山との一戦は、百九十二センチの大男に百八十センチの男が挑む注目の一戦であった。

わずかばかり先輩の力道山は、大男で豪力の千代の山を相手に、攻めさせる隙を与えず、張り手、突っ張りを乱発した。千代の山の巨体は、土俵の外に吹っ飛んだ。

ところが、土俵から降りると、ふたりは仲がよかった。贔屓も同じだった。

大阪の高級料亭花月がそうだった。花月では、集まった後援会の人々が、力道山と千代の山の一番のときには、頭を抱え込まなければならなかった。それぞれの好みを応援して、いがみ合うことも度々だったのである。それゆえ、どちらが勝った負けたということは、いっさい口にしないという約束が取り決められたほどだった。

力道山の贔屓筋は、すでに多かった。新弟子時代から、両国のライオン堂がそうであり、鈴木という千葉の落花生王で大地主、山王病院の長谷院長、それに花月。また、のちに日本精工会長となる今里広記も、力道山を可愛がっていた。

終戦直後の前頭時代には、力道山は当時、日本航空機械工業の専務で、千葉の松戸工場長をしていた今里の家に、ズダ袋を持って現れた。

「こんにちは。専務さんいらっしゃいますか」

と家に上がり込んでは、今里に無心した米をズダ袋に入れ、担いで帰って行った。

プロレス王としての力道山の生みの親となる一代の侠客、新田新作と出会ったのは、昭和二十三年五月場所後に小結に昇進してまもなくのことであった。

新田新作は、戦前から博徒として鳴らした人物であった。戦争中には、日本橋蠣殻町一帯の賭場を仕切った。

戦後は実業家として、巨大な富を成した。GHQ（連合軍総司令部）とのつながりが、新田を一介の博徒から大転身させたのである。

戦争中、アメリカ軍の捕虜を集めた収容所に勤めた新田は、アメリカの捕虜たちの待遇があまりにひどいので、所長の眼を盗んでは、煙草や菓子などを差し入れたりした。

戦争が終わり、解放された彼らは、進駐してきたアメリカ軍に復帰した。そのなかにＧＨＱの高級将校となった人物がいたのである。彼は戦争中の新田の恩を忘れず、日本の復興のため焼跡の整備を新田に任せたのであった。

東京下町一帯の焼跡の復興は、新田が一手に引き受けた。さらに、アメリカ軍のキャンプも建設した。「新田建設」を興し、ＧＨＱから入ってくる豊富な資材と潤沢な資金で、たちまち実業家として財を成した。

背中から手首のあたりまで全身入れ墨をほどこした博徒は、戦災で焼けた明治座の復興も松竹に頼まれて見事に果たし、明治座の興行も一手に引き受けることになった。

それだけではない。復興と興行に乗じて、由緒ある明治座の社長まで手中に入れたのであった。

新田新作の名は、日本橋一帯で知らぬ者はなかった。路地裏の老婆でさえ、「蠣殻町の会長さん」と呼んだ。

その一代の人物と力道山が出会ったのは、横綱東富士の紹介であった。

力道山は、東富士の太刀持ちであった。

「横綱、横綱」と言ってはぴったりと寄り添って来る力道山を、江戸っ子で人のいい東富士は可愛がった。新田は、東富士の最大の贔屓だった。

財を成し、成功者としての顔を新田が獲得するためには、国技である大相撲の後援者となることが手近な道であった。

かねて親しくしていた九州山に、「相撲取りの一人ばかり、世話したい」と持ちかけ、紹介されたのが、大関時代の東富士だった。

東富士はまもなく横綱になり、新田の相撲界への発言力は増した。

二十四年春には、人形町近くの浜町河岸に、三千万円をかけて仮設国技館を建設し、日本相撲協会に寄付した。

これによって新田は、押しも押されもせぬ相撲界の大立者として君臨することになった。

力道山が新田と親しくなったのは、この時からだった。

二所ノ関部屋が再建されたのも、このころである。力道山は小結とはいえ、二所ノ関親方と共に、八方手分けして贔屓筋に援助を頼んで回った。両国の以前あった同じ場所に、新築の部屋を完成させた。部屋のため、相撲界のため、力道山は精いっぱい尽力したつもりだった。それもこれも、大関、横綱になりたい一心からであった。

相撲界のはみ出し者

力道山は、昭和二十四年五月場所では、関脇として登場した。

ところが、場所前にアクシデントが起こった。

全身が熱っぽく、咳や痰がとめどなく出た。吐き気が治まらない。体重が見る間に落ちた。十八キロも痩せてしまった。力がまったく湧いてこなかった。

入院したが、まるで原因がわからない。新聞は、さかんに力道山の休場を書き立てた。

黙ってベッドの上で寝ているわけにはいかなかった。力道山は、これまで何があっても、一日たりとも休場したことがなかった。

医者は止めた。しかし、力道山は、驚くべき執念で出場したのであった。

結果は、三勝十二敗の惨敗に終わった。関脇の座は、わずか一場所で吹き飛んだ。すぐに病院で調べてもらうと、肺ジストマと診断された。場所前に川ガニを食べたのが原因だということだった。

医者からは、「元気になるまで八年はかかる」と言われ、入院を余儀なくされた。だが、ジストマなど日本ではほとんど初めてと言っていい病気であった。薬にいたっては、日本になかった。ジストマにきく特効薬は、アメリカから取り寄せなければならなかった。

エメチン、クロロキンといった薬を何とか取り寄せ、注射で打ってもらった。

二カ月近くの入院で、少しずつ体力は回復していった。

ところが、いざ退院となったとき、その費用は莫大なものとなっていた。入院費用、薬代、注射代など、とても個人で払える金額ではなかった。

親方に相談してみても、協会に相談しても、知らぬ顔を決め込まれた。

仕方なく、自慢のオートバイを売り払い、さらに家まで売り払った。それでも、足りなかった。

泣きついたのは、出羽海部屋の有力後援者であった、小沢という人物だった。針金の製造工場を経営し、戦後の復興事業で財を得ていた小沢は、すべての費用の面倒を見てくれた。なにゆえに力道山が、錚錚たる贔屓衆のところに行かなかったのかは不明だが、いずれにせよ援助を受けたのは、別の部屋の後援者だったのである。

二所ノ関部屋の人間たちは、ひとりとして見舞いに来なかった。可愛がっている若ノ花や芳の里など、真っ先に駆けつけてもよいはずだったが、力道山入院については部屋の上層部から一言も聞かされていなかったのである。

「やっぱり、部屋の兄弟子たちは、力道山のことをうさん臭がっていたんですね。だから、見舞いにも行かなかったし、部屋の看板力士だったけど援助もなかった。僕らにも教えてくれなかった」

芳の里の述懐である。

力道山は、部屋だけでなく相撲界全体に対して、怨みを呑んだ。

全快しないまま病院を飛び出ると、猛稽古に励んだ。


翌十月場所は、前頭二枚目に落とされた。それを八勝七敗と勝ち越し、昭和二十五年一月場所では小結となって十勝五敗。翌五月場所では、みごと西関脇に返り咲いた。

だが、力道山の相撲界に対する不信感は、消えるどころか、ますます膨らんでいった。

二所ノ関親方との関係も、完全に冷えきっていた。

関脇に返り咲いたその場所でも、八勝七敗と勝ち越した。ところが、翌場所の番付を見て、力道山は激怒した。

「西関脇」であった。

これまでも、西関脇だったが、勝ち越したのである。

東の正関脇の座が来ても、不思議ではなかった。

それまでにも、屈辱的なことがあった。小結を初めて名乗った昭和二十三年十月場所は「東」であった。六勝五敗で勝ち越した。ところが、翌場所では「西」に格下げさせられた。

そのときは、よりによって前頭筆頭として八勝三敗をあげた同門二所ノ関部屋の神風が、自分を飛び越えて東の小結となっていたから、力道山の怒りは収まらなかった。相撲協会の実力者である武蔵川をつかまえるや、「勝ち越して落ちるとは何ごとか」と食ってかかった。

それ以来、二度目の仕打ちである。

入院問題といい、番付の問題といい、特別に自分だけが集中攻撃されているように思われてくる。

もともと相撲界のはみ出し者であった。因襲の色濃い相撲界への反逆の意味もあった。

強ければ強いほど自由に振舞って構わぬはずだ。しかし、いかに精根尽くして出世して行っても、封建的な体質は力道山にそれを許さなかった。民族問題が、力道山の出世を阻んでいたのである。

だが、力道山は迷い続けた。相撲は生き甲斐であった。少年のころ、朝鮮相撲のシルムは、彼にとって偉大なる道標だったはずだ。

シルムで育ち、相撲取りになって大成するために日本にやって来た力道山が、もはや兄弟、家族たちと会えなくなった現在、ただひとつ通じ合える地点は相撲を取り続けることしかなかったはずであった。

歯ぎしりするような思いであったろう。力道山は、今里広記に訴えている。今里は、日本精工社長であり、昭和二十年代から小林中、桜田武、水野重雄、中山素平らとともに財界活動を展開していた。例の高知の網元の「力道丸」が、闇漁で警察に調べられた。名前を貸したというので、力道山も取り調べにあった。

「どうして力士の自分が、闇漁のことで、根掘り葉掘り調べられなければいけないんですか。相撲を取る意欲も、なくなってきましたよ」

相撲界の因襲についても、嫌気がさしたと愚痴をこぼすようになった。

なにやら闇漁の一件も、喧嘩が絶えなかった力道山に対する、警察の嫌がらせにも思えてくる。

そんな力道山の気持ちを、さらに絶望の淵に追いやるように、肺ジストマの後遺症が吹き出てきた。

できものが、体のあちこちにできた。それが血の塊となって、それをつい掻きむしってしまう。掻きむしらなくとも、血が皮膚を食い破るように流れ出た。

当時、立浪部屋の十両力士であった豊登が回想する。

「力関は、あの病気のあとは、満身創痍だった。体は、ボロボロでしたね。血が出るんだ、と言っていました。よく左の肘を右手で撫でていた。そこによく瘤とり爺さんみたいに、血の塊ができたんです。力関は、瘤が出ないように、おまじないでもするように、いつも右手で撫でていた」

気持ちの鬱屈、それに加えて吹き出る血の瘤。

そのできものができると、力道山はまるで自家中毒を起こしたように、その吐け口を付け人の田中米太郎に求めた。

田中を殴りつける。それだけなら、まだいい。テーブルを引っくり返す。ビール瓶で、頭をまともに殴る。

昭和二十五年は、大相撲も世間から遠ざけられた格好になっていた。観客も、七割方入ればいい方だった。試練の時代であった。

力道山と同門の神風が引退、二所ノ関部屋からは、花籠部屋が独立した。それも、相撲界の低迷が原因だった。

巡業に出れば、決まって赤字であった。

力道山の手元には、金がほとんどなくなっていた。

その年の夏、神奈川県小机に、巡業することになった。

ところが、いざ土俵入りが近くなっても、力道山は現れなかった。

二所ノ関親方は、じっと待った。

何しろ、「大関佐賀ノ花、関脇力道山来る」という触れ込みである。

何とか土俵入りの時間を延ばしていると、ようやく力道山がやって来た。土俵入りを済ませ、自分の取組を終えると、力道山は真っすぐに二所ノ関親方のもとへやって来た。

相撲の世界で、「葉紙」と呼ばれる借用書を差し出すや、切り出した。

「金を貸してくれ」

見れば、法外な金額であった。

二所ノ関は、怒った。

「何を言い出すんだ。巡業に出たばっかりのときに、いきなりべらぼうな金を貸せだなんて。おまけに遅れて来といて、いったいどういうことだ！」

怒声を浴びせられるや、力道山はムッとした表情で、何も言わず飛び出していった。

真夜中の断髪式

人気力士、関脇力道山は、二所ノ関親方の前から、忽然と姿を消した。

昭和二十五年八月の、盆を過ぎたころであった。

借金の申し込みを断わられただけのことだったが、これまでの親方に対する不信感、相撲界への不満が、一気に爆発した形になった。

巡業初日に、いかにも二所ノ関親方が出せないような法外な借金を申し出る。しかも、その前に遅れてくる。そうして、断わられたら、巡業に一日も参加せず、飛び出していく……すでに力道山の中では、力士廃業について考えに考えた果ての行動のようにも思えるものである。

弟弟子であった芳の里が、述懐する。

「終戦後のどさくさの中で、焼けてしまった二所ノ関部屋を再建するために、リキさんは走り回った。二所ノ関部屋を再建したのは、親方の力もあったが、リキさんも大きく貢献したのは事実なんです。それが肺ジストマという大病を患ったときも、まったく面倒を見てくれなかった。給料は安い。借金を申し込んだら断わられた。リキさんにしてみれば、当然過ぎるほどの申し出だったんでしょう。あの人は、すぐにカッとなる人だから、あと先かまわず飛び出していったんです」

神奈川県小机の巡業先に残された二所ノ関親方に、力道山と兄弟弟子の大関佐賀ノ花が訊いてきた。

「リキは、いったい、どうしたんですか」

「あいつは、こっちに銭がないことをわかっていながら、金を借りにきた。ないので断わったら、帰っちまった……」

親方は、それだけしか語らない。

佐賀ノ花は、畳みかけた。

「親方、リキがいなくなったら、当座どうなりますか。うちの看板には違いないんだから、帰って来てもらいましょう。金なら、わしが作ります。作らなきゃいけません」

「おまえが、そう言うなら……」

佐賀ノ花は駆け回って、金を作った。すぐに力道山に電報を打った。

〈カネデキタスグカエレサガノハナ〉

電報は、戻って来なかった。力道山のもとには、確実に届いたはずであった。しかし、彼は帰らなかった。

大阪での秋場所は、目前だった。成績によっては、大関に昇進できるかもしれなかった。

力道山は、巡業先を飛び出したあと、贔屓である新田新作にあてがわれた日本橋浜町の自宅に帰った。その夜ひと晩、泣きに泣いた。

「知性」昭和二十九年十一月号の自叙伝「鍛錬一路」で、力道山は書いている。

《そのとき、親方（先代玉の海）との間に、ちょっとした感情のもつれができ、その感情の溝が段々と深まって、どうにもこうにも仕様のないところまで来てしまった。

相撲社会では、部屋の親方は親と同じことで、

「この親方は気に食わぬから、あっちの親方の部屋に移りたい」

などと言っても、それは許されない。

親方と喧嘩したら、それは親子喧嘩のようなものだが、相撲取りをやめるより仕方がない。

私は相撲社会に愛想を尽かした訳ではない。相撲に未練は充分にあった。しかし私は、相撲取りをやめる決心をした》

ひと晩泣き明かした翌日、力道山の両目は赤く腫れあがり、瞼がふさがったようになった。

そのままの姿で、明治座に新田新作を訪ねた。

初めて見る力道山の異様な形相に、新田は驚いた。

「いったい、その顔、どうしたんだい」

ありのままを新田に話した。

「わしはもう、土俵に上がらん決意をしました。髷を切る前に、一応、お世話になった方々にご挨拶して、と思ったもんですから……」

「何を言ってるんだい。髷を切ってどうなる。相撲取りをやめたら、世間では相手にしてくれないぞ。関脇力道山だからこそ、世間で相手にしてくれるんだ。やめて、何ができるって言うんだ」

新田は、力道山の軽挙妄動を叱りとばした。

力道山は何も言わず、明治座を出た。

決意を固めたときの力道山は、いかに相手から言われようとも、黙っている男だった。

一言も口を開かない。このときも、そうであった。

八月二十五日の夜更け、床に入った力道山は、なかなか寝つけなかった。

「鍛錬一路」に書いている。

《十三年間といった長い間、ただ強くなろう、強くなろうと、角力ばかり見つめて生きてきた者が、それを捨てるということは、堪えられないことだった》

しかし、もはや決意したのだ。

ムクッと起き上がると、家人に悟られないように、足音を忍ばせて台所に行った。

引っぱり出したものは、薄闇のなかにギラリと光った。刺身包丁であった。あまり切れそうではなかった。音を立てないように、砥石を取り出した。静かに、思いを込めて、包丁を研いだ。髷を結わえてある元結をほどいた。髪がバサリと、両肩になだれ落ちた。左手に束ねて持った。右手には刺身包丁を、逆手に握った。髪に当てた。ウッと声を詰まらせるや、気合一閃、思い切って包丁を引いた。

関脇まで進み、大関を目前にしていた人気力士の断髪式が、まさか真夜中の自分の家で、自らの手によってひっそりと、もがき苦しみながら行われるとは当時の人々は誰も思わなかった。

力道山は、その場に立ちすくみ、声を殺してひとしきり泣いた。

そうして昭和二十五年九月十一日、正式に関脇のままで廃業を発表した。秋場所の直前であった。

表向きの理由は、肺ジストマのため、というものだった。事実を語って事を荒立てないため、新田新作や日本精工社長の今里広記ら贔屓衆の考えを入れたのだった。

「力道山は、金のために相撲をやめたのだ」

「親方や協会に対して、不満が爆発したということだ」

「肺ジストマなんて、ていのいい理由だよ」

さまざまな噂が、力道山を取り巻いた。それを恐れて、一歩も外に出なかった。

―第2章―

喧嘩無頼のカラテ屋

大山倍達、出撃前に玉音放送を聞く

◉大正十二年〜昭和二十年

白虎の夢

……大山倍達の父崔承玄は、夢を見ていた。承玄は、山のふもとを歩いている。山の上の方から、なにやら大きな物が落ちてくる音が響いてくる。あわてて、見上げた。

上から、真っ白い虎がすさまじい勢いで降りてくるではないか。

まわりの石も、ともに転がり落ちてくる。とっさに、逃げようとした。が、体が、まるで金縛りにあったかのように動かない。

「た、助けてくれ……」

必死で声を出そうとした。その瞬間、目が覚めた。

〈妙な夢を見たものだ……〉

大正十二年六月四日の明け方であった。

承玄は、東京の本所で小さな鉄工所を経営していた。その日の午後、大山倍達の生まれた報せが入った。承玄は韓国名永宣、日本名倍達を名乗ることになるわが子の顔を見に病院に行くや、気にかかっていたことを妻の金芙蓉に訊いた。

「この子は、いつごろ生まれたんだ」

「今日の明け方でした」

承玄は謎が解けたような気持ちになった。

〈おれが、ちょうど白虎の夢を見ていたころのことではないか……〉

承玄は、生まれたばかりの大山倍達の顔を、改めてまじまじと見つめた。

白虎は、中国においては玄武、青龍、朱雀とならぶ四神のひとつである。西方を守護する守神である。承玄は思った。

〈夢のお告げ、というわけじゃないが、この子は、強い男になるかもしれないな〉

当時、大山家は決して経済状態がよくはなかった。倍達は、生まれるとすぐに、満洲（現・中国東北区）に住む十八歳年の離れた姉白川淑慶と、義兄孟純の家に預けられることになった。

しかし、しばらくして、本所で鉄工所を経営していた承玄は、鉄工所を閉じて韓国へ渡った。成功し、やがて村長となった。現在の金堤郡龍池面臥龍里という村である。

生活に余裕が出来たので、倍達を、満洲から呼びよせた。倍達は、四歳であった。

倍達は山に囲まれた小さな村で暮らし始めた。

満洲から来て龍池村に馴染んだころ、ひとりの托鉢僧が、遊んでいる倍達のそばを通った。僧は、倍達を見かけると、近寄ってきた。しげしげと、倍達の顔を眺める。

大きく頷くと頼んだ。

「ちょっと、お父さんに会わせてもらえないかな」

倍達は、僧を父親のところに連れて行った。僧は、承玄に会うと、予言のように口にした。

「あなたの息子さんは、短命な人相をしている。千日の間、寺に預けなさい。短命な運命を、取ってもらえる。この子は、育て方によっては、天下を取る人相をしているよ」

承玄は、僧の言葉を信じて、倍達を寺に預けることにした。ただし、小学校に上がらなくてはいけなくなるので、千日とはいかず、一年だけとした。

倍達は、寺では大人しく修行ばかりしていたわけではない。寺のまわりには、無数の蛇がいた。その中でも、猛毒をもつ蝮を獲ると、小遣いがもらえる。蝮は、瓶の中に入れて、薬用の竣酒をつくる。毒蛇でないと、薬にならなかった。

倍達は、いつの間にか、蝮獲りの名人となった。蝮獲りには、コツがある。まず、蝮の目の前に草履を差し出す。と、蝮が反射的に草履を噛みついてくる。

蛇の牙は、一度刺さるとなかなか抜けない。蛇があばれる隙に、首の後ろをすばやく掴んで、袋の中に入れるのである。ただし、生きた蝮以外、金にはならなかった。

倍達は、毎日のように蝮を獲った。蝮を獲ることによって、いつの間にか敏捷さを養っていた。

山にも、よく登った。岩山を、手と足を上手く使って登っていく。いわゆるロッククライミングである。

〈将来は登山家になろう……〉

そう夢みたほど得意であった。

山登りで体力を養った。

倍達は、一年の寺の生活を終えると、家に帰った。

七歳になったある日、鎌を持って草刈りをしていた。腹が空いたので、生玉子を割って飲んでいた。生玉子は大の好物である。そこに、八歳も年上の少年が、いじめにやってきた。

「おい、大山!」

倍達は体力こそあったものの、体があまりにも小さかった。しかも、痩せていた。

その年上の少年は、これまで倍達の姿を見かけると、いじめにかかってきた。人一倍きかん気で負けず嫌いの倍達も、さすがに敵わなかった。

年上の少年は、いつものように倍達の頭をこづいた。その瞬間、倍達の血が、頭に上った。

〈そうやられてばかり、いるものか!〉

そばに置いていた鎌を手にした。鎌を振りかざし相手に襲いかかった。首をかっ切るつもりだった。が、相手の背が高くて、とても首まで届かない。代わりに、鎌は、肩に食い込んだ。

相手は、震え上がった。まさか本気で鎌を持って襲いかかってくるなどとは、思ってもみなかったのであろう。うろたえて、逃げ始めた。

倍達は、反射的に追った。鎌を持って、体力の続く限り追い続けた。

強い者への憧れ

倍達には、逸雲、永命、永範の三人の兄がいた。が、どの兄も、両親の言うことをよく聞く。素直であった。倍達だけが、そのようにきかん気で反抗的であった。

承玄は、身長百八十センチを超える大男で、力も強い。

「死んでしまえ!」

倍達をそう怒鳴りつけると、殴る。

儒教思想の発達した韓国では、父親は、絶対的な存在である。話をするときも、顔を上げて話してはならない。頭を下げて話さなければならない。父親と同じ部屋にも、入れない。

承玄は、長い煙管を常に持っていた。倍達が悪いことをしたときには、その煙管で、頭に穴が開くほど叩かれた。

怒るとき、それでも承玄の怒りが収まらないとき、倍達に命じることがあった。

「鞭を、造ってこい!」

父親の命令で、倍達は、自分を叩くための鞭となる木の枝を集めに行かされた。

倍達は、なるべくポプラの木を選んで鞭を造って父親に差し出した。ポプラの枝は、もろい。一発叩くと、折れてしまうからである。間違って柳の枝で鞭を造ったりすると、大変である。まず、その鞭で殴られると、座れないほどに尻が腫れ上がってしまう。

鞭で叩かれるたびに、倍達は思った。

〈もうこんな家には、いたくない！〉

が、母親のことを考えると、家を出て行くわけにもいかない。

母親の芙蓉は、倍達がどんな酷いいたずらをしても、決して厳しく怒ったりはしなかった。代わりに、泣くのである。ある意味では叱られるより辛かった。そういうときには、倍達も母親と一緒に泣いた。

が、母親にすまないと思い、暴れるのをやめるわけではなかった。

倍達を殴るのは、父親だけではなかった。

上の兄三人にも、それぞれ一日一回、計三回は最低殴られた。

「生意気だ。言うことを聞かない」

そう言っては殴られた。

が、倍達も、殴られてばかりではなかった。蝮取りや、山登りで鍛えている。場数も踏んでいる。喧嘩なら、学者肌の兄たちよりも、強かった。

あるとき、いつものように、次兄の永命が、倍達を殴ろうとした。いつもなら、黙って殴られる。が、その日は、なぜか気が収まらなかった。頭に、血が上った。殴ろうとした永命に向かって、思いきり頭突きをかました。見事に、永命の鼻柱に命中した。鈍い音がした。

永命は、両手で鼻を押さえて、後向きにひっくり返った。押さえた両手の指の間から、真っ赤な血が流れ出している。

倍達も驚いた。自分がやったことも忘れて、兄に駆け寄った。

「大丈夫か？　兄さん」

が、永命は、鼻を骨折していた。

このことがあってから、兄たちは、倍達をあまり殴らなくなった。

倍達は、きかん坊の反面、本の好きな子供でもあった。特に、強い英雄が出てくる講談本が好きであった。

軍人や政治家の伝記も好きであった。澤田謙の書いた、イタリアのファシスト党党首であるムッソリーニや、ドイツのナチスの指導者ヒトラーの伝記を貪るように読んだ。

鶴見祐輔の書いた、鉄血宰相といわれたプロイセン（現ドイツ）首相ビスマルクの伝記も好きであった。倍達は心に言い聞かせた。

「おれは、どんなことがあっても、軍隊に入る。それから、政治家になるんだ！」

近所の子供を引き連れて、戦争ごっこに熱中した。

三人の兄は、そういった倍達を苦々しく見つめていた。長兄は哲学、三兄は海洋学を専攻していた。学者肌の兄であった。倍達とは、およそ気質が違った。倍達だけが、強い者への憧れを強く持っていた。

映画も、好きだった。猿飛佐助の活躍する映画をはじめて観たとき、倍達は、手に汗を握りながら、食い入るように画面に見入った。

〈ぼくは、猿飛佐助のように、敏捷で強くなりたい！〉

本気でそう願った。

借力の達人

倍達は八歳になると、ふたたび満洲の姉淑慶の家に預けられた。

列車で、韓国の金堤から満洲まで、まる一日かかる。満洲まで、だれも送ってはくれなかった。ひとり列車に揺られながら向かった。なんとなく不安で、怖かった。列車の窓からは、満洲の大地が見える。

やがて、満洲の夕陽が見えてきた。

〈凄い……〉

大陸の向こうに、なんとも巨大な赤い太陽が、ゆっくりと沈んでいく。いままで見たどんな太陽とも違う、雄大な夕暮れであった。

目的地である奉天の駅に着くと、姉の淑慶が迎えに来てくれていた。

倍達にとって、満洲は、怖いところに感じられた。

姉に連れられて、札蘭頓の町に着いた。

倍達がまず驚いたのは、黄塵であった。強風が吹くと、黄色い砂埃が、あたり一面を包み込んでしまう。

いっぽう、夜になると、晴れた日にはオーロラが夜空に輝く。薄い光のカーテンのようなオーロラの揺らめきは、この世のものとは思えないほど妖しく、美しかった。

が、夜は、いいことばかりではなかった。遠くで、狼の遠吠えが聞こえる。朝になると、狼に馬や牛が襲われて、殺されていたりする。

倍達は、狼の遠吠えが聞こえるたびに、身が縮む思いがした。

狼に襲われたときの用心に、みな、ショットガンを持っていた。倍達も、八歳のときからショットガンを手にしていた。素質があったのか、倍達はショットガンでの射撃が上手かった。

が、ショットガンより、弓を射る方が、より好きであった。暇なときには、よく弓を射ていた。

倍達の家のまわりは、畑が多かった。大根を作っている。その畑を、馬が荒らしていく。

あるとき、倍達が、大根畑を荒らしている馬を見つけて、石を投げた。が、馬は、それでも出て行こうとはしない。倍達は、畑の持ち主に言った。

「馬が畑を荒らしてる。行って追っぱらおうか」

が、畑の持ち主は、笑って首を横に振った。

「坊や。馬は、腹が減ってるんだ。腹が一杯になったら、自然に出て行くよ。無理に追うことはない」

別に格言ではない。が、その言葉は、倍達の胸にひどく沁みた。

〈腹が一杯になったら、出て行く。それはそうだ。無理をして、馬と争うことはない〉

その言葉は、倍達のその後の人との関わり方に大きな影響を与えることになる。

姉の家は、満洲で大きな牧場を経営していた。義兄が、東洋信託銀行の重役と仲がよかったので、銀行の肝入りで経営していた。

牧場運営のため、季節労働者を雇っていた。季節労働者は荒くれ者が多い。体がでかい者も多かった。体の小さかった倍達は、強そうな労働者を見るのが好きであった。

昼休みになると、彼らは、土瓶に入っている高梁酒を、グッグッと飲み始める。

しばらくすると、プップッ、と何かを吐き出した。なんと、土瓶の中に飛び込んでいた蝿である。倍達は唸った。

〈豪快な人が、多いなあ〉

日本でいうお盆にあたる日、倍達の牧場でも、盛大に宴会が開かれた。その年は、特に、相撲大会が白熱した。体の大きな労働者たちが、全力でぶつかりあって、投げ合う。殴っても、蹴っても、髪の毛を摑んでも構わない。日本の相撲のような土俵もない。地面に手をついたら、負け。それだけの何とも荒っぽいルールであった。順番もなにも、ない。ひとりが投げられると、すぐに次のひとりが勝者に向かって挑みかかっていく。

倍達は、興奮しながらその相撲を見た。

即席の力士たちは、焚き火の光で明々と照らされ、さながら赤鬼のようであった。

もっとも体が大きく、力が強い労働者が、圧倒的な強さでチャンピオンになった。

すぐさま、チャンピオンを中心にして大宴会が始まった。

倍達は、少し離れたところからチャンピオンをながめて、ため息をついた。

〈いいなあ。大きくて、力も強い。ぼくは、体も小さいしなあ……〉

そのとき、チャンピオンが、宴会の輪から少し離れて座っていた小さな男に声をかけた。

声をかけられたのは、李相志という小柄な労働者であった。無口で、いつも人の輪の中に入るのを避けて、物思いにふけっている男であった。

チャンピオンは、李に手招きをした。

「おい、ちょっと、こっち来い」

李は、ちょっと困った表情をしてチャンピオンのそばに座った。

「何でしょう?」

「おまえは、いつも見ていると、仲間に溶け込まないじゃないか。とにかく、この酒を飲め」

「わたしは、飲めません」

「馬鹿もん! 飲め」

無理やり勧められて、李は、なんとか一杯は飲んだ。が、チャンピオンは、一杯だけでは許さない。

「もっと、飲め」

「飲めません」

「おれのいうことが、聞けないのか」

倍達は、ハラハラしながらふたりのやりとりを見守っていた。

〈どうしよう。あの小さいおじさん、どうなっちゃうんだろう……〉

「飲め」

「飲まない」

「じゃあ、喧嘩するか」

チャンピオンが、立ち上がりかけた。

その刹那！

李は、右手でチャンピオンの髪の毛を掴んだ。目にもとまらぬ速技であった。

鼻めがけて、思いきり頭突きをかました。

チャンピオンが、両手で鼻を押さえた。巨体がのけぞった。

李は、すかさず、チャンピオンの金玉に膝を打ち込んだ。なんと、チャンピオンが、口から泡を吹き出しているではないか。そのまま、地面に前かがみに倒れ込んでしまった。

倍達には、一瞬、何が起こったのかわからなかった。

李の技があまりにも早すぎて、よく見えなかったのである。まさに一閃の出来事であった。

まわりの労働者たちが、一斉に驚きの声を上げた。

「借力だ」

「あれは借力だよ。借力の達人だ」

借力、チャクリキという。日本で言えば合気道にあたる武術である。相手の力を応用して、相手を倒す術であった。

倍達は、体が震えるほど感動した。

〈まるで、映画みたいだ！〉

すぐさま、李のところに駆け寄った。

「その技を、教えてください！」

が、李は、首を横に振った。

「こんなものは、覚えるものではありませんよ」

「そこを、なんとか……」

「駄目です。ちゃんと勉強して、立派な軍人になった方がいい。その方が、国のためにも、社会のためにもなる」

「いや、そんなことはどうでもいい。とにかく、強くなりたいんです」

李は、それでも、なかなか首を縦に振らない。

倍達は、家に帰るや、姉の淑慶に泣きついた。

「なんとか、李さんの技を習いたいんだ」

倍達の熱心さに負けて、姉も、李に口添えをしてくれた。

「なんとか、教えてやって下さい」

李も、ついに折れた。

「教えましょう。しかし、これは辛抱がいることですよ。辛抱ができますか」

「辛抱します。教えて下さい」

「わかりました」

李は、まず、地上から一メートル二十センチの高さのところに、木の枝を吊るした。

「この枝を、飛び上がって、蹴りなさい。最初のうちは、五メートルほど助走をつけてもいい。ただし、だんだん助走を短くして、最後には、助走なしで蹴れるようにならなければいけない」

まず、見本を見せて、蹴り方を教えてくれた。

李は、さらに言った。

「いいですか。一日に三百回から五百回、蹴らなくてはいけません。それ以下では、駄目ですよ」

倍達は、毎日、学校が終わると、木の枝を蹴った。

二十回も蹴ると、疲れて、フラフラになる。それでも、歯を食いしばって蹴り続けた。

苦しい、とか、辛い、などとは思わなかった。

家に帰ったときには、疲れて、腰がフラフラした。

それでも、少しずつ、体が慣れ始めた。毎日、確実に高いところを蹴ることができるようになっていく。

楽しさと、よろこびだけがあった。

倍達、日本の土を踏む

李は、倍達を見守りながら、蹴り方、蹴りの速度などを教えてくれた。まるで魔法を見ているほどに鮮やかな蹴りであった。

倍達は、目を輝かせながら李に訊いた。

「すごいや。ぼくも、李さんみたいになれるかな」

「辛抱すれば」

李は、倍達を教えながら、相変わらず人の輪の中には入ろうとはしなかった。

倍達は知らなかったが、李は、じつは、義和団事件の生き残りの拳士であった。

義和団事件は、一九〇〇年に中国で起こった帝国主義反対の運動である。列強諸国はこぞって中国の利権を狙った。中国拳法を使って列強に戦いを挑んだのが義和団であった。日、英、米、仏、独、伊、露、墺の八カ国連合軍と半年以上にわたり、戦いを繰り広げた。

近代兵器に対し、刀や槍、そして素手で戦いを挑んだため、ほとんどの拳士は銃弾に斃れた。結果としては、中国分割を阻止する形にはなったが、犠牲はあまりにも大きかった。

李が倍達に教えたのは、借力ではなく、中国拳法だったのである。もちろん、倍達が教わっているのは基本中の基本で、どの武道にも共通した基礎づくりの部分であった。

基本の蹴り、基本の突き、体の動かし方などであった。やがて李は、季節労働者の常として、ひと仕事終えると倍達のもとから姿を消した。

が、倍達の体の中には、武道の基礎が確実に叩き込まれたのであった。

李が去るとまもなく、倍達はふたたび韓国へ戻った。

十三歳になると、倍達は、夢見るようになった。

〈日本に行って、山梨にある少年航空技術学校の試験を受けよう……〉

が、父親の承玄は、倍達の日本行きに反対した。

「日本には、与太者が多い。おまえは、勉強はしない。喧嘩はする。おまえが日本に行くと、与太者にしかなりはしない。行くな」

「じゃ、満洲に行きます。満洲には、金日成という人がいるから、その人のところでパルチザンになる。金日成の下には日本人も多い、と聞いています」

金日成は、当時、反日馬賊として噂となっていた。彼のもとには、続々と勇士が馳せ参じているということであった。

金日成は、のちに、人民軍最高司令官を経て、北朝鮮の首領となる人物である。

承玄は、黙った。じっと、倍達の顔を見た。

一分も考えていただろうか。承玄は、ゆっくり頷いた。

「わかった。好きにやれ。死んだと思えば、何でもないことだからな」

倍達は、強引に了承を取りつけると、列車に乗って釜山に向かった。

そこから船で玄海灘の荒波を越え、下関に着いた。

列車で長野県の塩尻に行った。そこから、さらに列車を乗り換えて、甲府に入った。甲府の町を初めて見た瞬間、倍達は感動した。

〈なんて美しい町だろう〉

山々の美しさもさることながら、きちんと整備された町の姿に感激した。

〈やはり日本は、進んでいるな〉

試験の当日、倍達は、さすがに緊張していた。

〈こう緊張しているんじゃ、落ちるかもしれないな。こうなったら、熱意だけでも見てもらおう〉

倍達は、試験の会場に、日の丸の旗を持って行った。試験官の目の前で、右の小指を、剃刀で切った。流れ出る血で、日の丸の旗に、『一身報国』と大きくしたためた。

それを、校長先生の前に差し出した。

校長も、よほど驚いたのだろう。その血の日の丸の旗が読売新聞の甲府版に、大きく載ったほどである。

その効果があってか、倍達は、無事に入学することができた。

入学できて、倍達は胸を撫で下ろした。

〈これでなんとか、与太者にはならずに済みそうだな〉

甲府の喧嘩屋

大山倍達の通う山梨少年航空技術学校では、飛行機の整備を徹底的に習った。授業は、すべて実践である。零式戦闘機のエンジンを、バラバラに分解する。調子の悪いところを見つけて、部品を入れ替えて、組み直す。部品も、鉄を溶かして、自分で作った。油にまみれながら、一所懸命にエンジンの整備をした。

〈楽しいなあ〉

機械いじりが、楽しくてたまらなかった。油の匂いを嗅ぐと、気持ちが浮きたった。

その日も、学校が終わると、倍達は、いつものように友人の矢崎徹と連れ立って学校の門をくぐった。グリースを塗って、つばも短くした学帽をかぶって、肩で風を切って歩いた。陽に焼けて真っ黒な顔の中で、眼だけが鋭く光っていた。

そこにクラスメートがふたり、倍達に駆け寄ってきた。ふたりとも、顔に痣をつくっている。倍達に近づくと、声を枯らして叫んだ。

「始まった！　釜無川だ！」

「なに！」

倍達の柳眉が、逆立った。釜無川に向かって、走り始めた。釜無川は、山梨県の西を流れる川で、倍達の学校のそばを流れていた。

甲府には、倍達の通う山梨少年航空技術学校の他に、市内に、甲府高等学校があった。倍達らの通う航空技術学校の生徒よりは、二、三歳年上の少年が通う学校であった。山梨少年航空技術学校に比べ、総じて裕福な生徒が多かった。

甲府高校の生徒は、ことあるごとに航空技術学校の生徒を馬鹿にした。自分たちが優位に立っていると思っていたのだ。が、倍達たちも負けてはいない。馬鹿にされて悔やしかったので、釜無川の河原を中心にして、毎日のように甲府高校の生徒と喧嘩を繰り返していた。

倍達が走ると、足の下でジャリジャリと小気味のいい音がした。砂利道を駆け通して倍達が河原に着いたときには、すでに喧嘩は始まっていた。

相手は十人。こちらも、ほぼそれに匹敵する九人。人数こそほとんど変わらなかったが、あきらかに味方が不利だった。倍達の全身の血が、カッと燃えあがった。学生服を脱ぎ捨てて、シャツ一枚になった。拳をしっかりと握りしめて、河原めがけてて走りに走った。釜無川の両岸には、河原が広がっている。河原は、白っぽい石ころだらけであった。

倍達は、走りながら、相手方の中で一番強そうな奴を探した。集団の喧嘩の場合、その中のボスを狙って倒せば、たいていは総崩れになる。

〈左から二番めがボスだな……〉

あたりをつけると、まっしぐらに襲いかかった。左の拳を、思いきり握り込んだ。歯を喰いしばった。その生徒の右の脇腹を狙った。急所のひとつである。

下から上に、拳を突き上げた。水枕を思いきり殴ったような感触がした。相手の体が、一瞬、宙に浮いた。

次の瞬間。相手は、前のめりに倒れ込んだ。

倍達は、ボスを倒すと、他の九人に向き直った。

腹の底から声を絞り出して、叫んだ。

「どうする！」

「わかった。おれたちの負けだ」

甲府人は、勝負事に関しては、驚くほど潔ぎがよい。武田信玄の膝元で育った、という強烈な自負がある。「負けは負け、勝ちは勝ち」という男らしさがあった。

甲府高校の生徒達は、その日はおとなしく引き下がった。

が、その後も甲府高校の生徒とは、引っ切り無しに喧嘩を繰り広げた。

倍達は、喧嘩をするたびに、必ず勝った。甲府高校の番長とは雌雄を決していなかったが、甲府の学生の中では、倍達を知らぬものはなくなった。

倍達は、昭和十五年三月、矢崎と一緒に映画を観に行った。吉川英治原作の『宮本武蔵』で、片岡千恵蔵が武蔵を演じていた。映画館の中は満員であった。が、倍達が入った瞬間、映画館の空気が変わった。座席から、観客が十数人も一斉に立ち上がり、ぞろぞろと出て行き始めたのである。倍達は、キョトンとした。

〈これから映画が始まるところなのに……〉

隣で、矢崎が感心したような声を出した。

「ははあ、あれは甲府高校の生徒だぜ」

そのとおりであった。倍達とは何度も喧嘩をしていた。倍達の強さに辟易して、倍達が近くに来るだけで逃げ出すようになっていたのだ。

倍達は、それを聞いて納得した。

〈何も逃げなくても、無意味に喧嘩を仕掛けたりはしないんだがな〉

倍達は、決して番長というわけではない。航空技術学校には、倍達の他に、きちんと番長がいた。

倍達が日本に来る直前、母の芙蓉は、倍達に教えた。

「いいかい、倍達。三歩進んだら、一歩退きなさい。決して一番になってはいけないよ。何かを成し遂げたいなら、常に二番でいなさい」

倍達は、はじめは、芙蓉の言葉の意味がわからなかった。

〈なぜなんだろう。なんでも一番がいいに、決まっているんじゃないか〉

が、毎日が喧嘩の中で、倍達は母親の言葉の意味を次第に悟ってきた。

何がなんでも一番に、と思い続けていると、まず心に無理が生じる。謙虚な心を忘れて、傲慢にさえなる。傲慢になれば、自然と風当たりも強くなる。それを撥ね返そうとして、闘争的にならざるを得ない。人の和を、忘れてしまう。一歩退く、謙虚な心を忘れないことで、人の和を保つ方がよほどいい。喧嘩でも、筋の通らない喧嘩をすると、必ず悪い結果をもたらすことになる。本当に筋が通っているのかどうかを考えることもまた、一歩退く心である。

倍達は、母親の教えを固く守って、敢えて番長にはならなかった。喧嘩のときは真っ先に飛んで行ったが、そのことで上に立とうとはしなかった。番長は別に立てていた。甲府高校の生徒とも、喧嘩をしなくて済むのならしたくはなかった。が、いつも喧嘩をせざるを得ない羽目に陥る。

倍達は、その日も生のとうもろこしを齧りながら道を歩いていた。クラスメイトの斉藤が、倍達のもとにやって来た。見ると、顔が膨れ上がっている。

「どうした」

「甲府高校のやつに、またやられた」

斉藤は、ひとりでいたときに甲府高校の生徒につかまって、袋叩きにされたのである。

倍達は怒り狂った。

〈こうなったら、一気にカタをつけてやる！〉

甲府高校の番長格の生徒を、釜無川に呼び出した。相手は柔道部のキャプテンで、身長一八〇センチ、体重九〇キロの巨漢である。倍達は、一七三センチ、体重は七五キロであった。釜無川の川べりで、睨みあった。相手は、自信満々の顔をして、不敵に笑っている。倍達は、相手の攻め口を読んでいた。

〈相手は、柔道部だ。必ずおれの体を掴まえにくる〉

下は、石ころだらけの河原である。掴まったら負けだ。河原に投げつけられたらたまったものではない。

〈相手がこちらの体に触った瞬間に、勝負をつける！〉

体が、カッと熱くなった。全身に血がたぎる。釜無川を吹きわたる風が、熱くなった体を撫でる。ただし、頭の芯だけは冷静で、相手の動きをじっと捉えていた。

自然体で構えていた相手が、ジリッと一歩右足を踏み出した。その瞬間、すさまじい勢いで倍達に掴みかかってきた。倍達は体を捻った。相手をかわした。耳元を、相手の手がかすめた。襟を摑みにきた手が、宙を摑んだ。その瞬間、倍達は、右の拳を、相手の顎に叩き込んだ。鈍い音がした。

相手の動きが、止まった。

さらに、左の拳を右の脇腹に叩き込んだ。鈍い手応えがあった。相手が、地面にドスン、と倒れ込んだ。脇腹を押さえたまま、倒れている。倒れたまま、唸り続けている。仲間が、助け起こした。やっと起き上がることができた。

それ以降、両校の喧嘩は止まった。甲府高校の生徒は、口々に言った。

「大山がいるうちは、喧嘩をするのは止めよう」

寸止めルールへの疑問

昭和十六年四月に航空技術学校を卒業すると、倍達は、陸軍士官学校の試験を受けるための勉強を始めた。倍達は、李に習った拳法だけでなく、さらに、空手も始めた。松濤館流空手を学んだ人が甲府にいて、ともに練習していたのである。

倍達は、昭和十七年四月、高校を卒業すると上京した。陸軍士官学校の試験を受けた。

が、これは見事に落ちてしまった。代わりに、拓殖大学の司政科に入学した。

大山倍達は、昭和十七年四月、拓殖大学司政科に入学すると、豊島区目白の松濤館流空手の門を叩いた。

〈ここで、もっと強くなろう!〉

船越義珍師範は、身長は、一六〇センチと小柄であった。

倍達をひと目見るなり、言い放った。

「いままで、他に何を習った」

「甲府で、松濤館流を」

「いや、そうではない。他の武術も、相当長くやっているね?」

倍達は、満洲で李相志に習った中国拳法の基礎を完全に身につけていた。船越師範は、倍達の立ち方と歩き方で、それを見抜いたのである。

「じつは、中国拳法を」

「うむ、そうであろう」

船越師範は、深くうなずいた。

倍達は唸った。

〈強いか、弱いかは、おれも、見分けはつく。先生はそのうえ空手かそうじゃないかも、ちゃんとわかるんだなあ〉

倍達は、入門すると、目を見張るほどの速度で強くなっていった。

空手は、もともと中国拳法と同じ系列の武道である。中国拳法が、琉球に渡った。が、流派の名前はなかった。

那覇で行われるものは那覇手、首里で行われるものは首里手、というように、地名で呼ばれていた。

空手が、初めて東京で演武を行なったのは、昭和七年であった。そのときには、「沖縄手」と呼ばれた。が、どうも、呼びにくい。そこで、「唐」から来たということで、「トウデ」と呼ばれた。

が、昭和十四年、軍部より、「唐」の字を使わないよう、通達が来た。すでに日中戦争が始まっていた。敵である中国の名のつく武道は困る、というわけである。そこで、「唐」は「カラ」と読めるところから、「空」の字をはめ、「カラテ」の名前が誕生したのであった。

道場では、一年後には、倍達にかなう相手はいなくなった。倍達は、試合で、間一髪、拳を止めた。相手の鼻先の、まさに一センチ手前であった。

「一本！」

船越師範の、重々しい声が響いた。

「押忍！　ありがとうございました」

倍達は、対戦相手に深々と礼をすると、大きく息をついた。

倍達は、いまや、船越師範すら、倒す自信があった。帯も、黒帯になっていた。

が、倍達には、それでも不満があった。空手の試合は、すべて、突きや蹴りを相手の体に当てずに直前に止める「寸止め」ルールであった。当てては、いけない。危険だ、という理由であった。空手家の拳が相手の体に当たったら、即、死んでしまう。それほど空手は一撃必殺だ、と恐れられていた。が、倍達は寸止めルールに疑問を感じていた。

〈あと数センチのところで止めるが、その数センチを拳が動く間に、相手がどんな動きをするかわからないじゃないか。本当は避けられる突きや、蹴りだったかもしれない〉

しかも、よほどの達人ならともかく、寸止めに慣れすぎ、人を殴ったことのない空手家の拳が一撃必殺とはとうてい思えなかった。

倍達は、船越師範に問うた。

「当てなくては、強くなれないのではないですか」

が、船越師範は、首を横に振った。

「大山君、空手はね、君子の武道だよ。自分の力を誇ったり、人に見せびらかしたり、ましてや、人を殴るためにあるんじゃない」

倍達は、なお納得できなかった。

〈君子の武道というが、武道というのは、まず強くなければいけないんじゃないか。強くなくてもいいのなら、体操も同じだ。君子の武道をうんぬんする前に、まず、強くなることが一番だ〉

船越師範は、たしかに、武道家としての風格は備えていた。

〈しかし、強いだけなら、おれの方が強いんじゃないか〉

倍達の慢心が顔に出たのか、船越師範は苦笑した。

「大山君、きみは、強い。確かに、強い。でもね、握り方三年、立ち方三年、突き方三年。合計九年はやらないと、空手の門には立てないよ」

倍達は、首をかしげた。

〈どういうことだろう。もっともっと稽古をしろ、ということなのか〉

倍達は、さらに一心に稽古に励んだ。

〈もっと強くなりたい。世界一強くなりたい〉

特攻隊に編入

空手に励む倍達にも、戦争が襲いかかってきた。

昭和十七年六月五日、日本軍は、中部太平洋方面の天王山ともいえるミッドウェー海戦で敗れた。機動艦隊最強の四大空母を失い、戦局は次第に不利になっていった。

昭和十八年一月には、南太平洋戦線の要であるニューギニアのガダルカナル島撤収機動作戦が開始された。が、大本営は、国民には、「他方面に転進」と発表しただけであった。そのような大本営発表しか知らされていない倍達は、新聞を読みながら、日本が負ける、とはまるで考えていなかった。

昭和十八年十月二日、軍部は学徒出陣を決定した。二十歳になった者は、学生であっても徴兵されることになった。倍達にも声がかかった。

「おまえ、整備に行かないか」

倍達は、即座に決めた。

〈よし、日本のために、精一杯頑張ろう〉

倍達は、山梨少年航空技術学校で航空機の整備を習っていた。そのため、まず、埼玉県熊谷の航空隊に行った。

そこから、千葉県木更津の航空隊に配属された。飛行機の整備なら、大好きである。

整備の間を縫って、空手の稽古もした。昼休みには、欠かさずやる。

当時、日本では武道といえば柔道か剣道で、空手はめずらしかった。木に、藁を巻きつけて、突きの練習をした。

飛び蹴りの練習もした。

その日も、倍達は、飛行場の隅で、蹴りの練習をしていた。天に向かって、足を蹴り上げた。振り降ろした足を、地面につく直前で止め、もう一回蹴り上げる。ふっと、背後で人の気配がした。なんと、航空隊の仲間が十人ほど、見よう見まねで足を振り上げているではないか。

「どうした、おまえたち？」

仲間たちは、照れくさそうに頭をかきながら、倍達に頼んだ。

「おまえの練習するのを見ていたら、おれたちも空手をやりたくなったんだ。おれたちに、空手を教えてくれないか」

「おお、いいとも」

倍達は、即座に引き受けた。仲間たちは、熱心であった。まだ若い青年たちである。強さへの憧れがあった。一人、二人と、空手仲間が増えていく。いつの間にか、航空隊員の半分以上が倍達とともに空手をやっていた。

整備と、空手に毎日明け暮れているうち、戦争は日増しに激化していった。昭和十九年に入ると、カロリン諸島にあるトラック島も米軍の手に落ちた。このことにより、中部太平洋戦線は、ほぼ米軍の勝利が確定した。

昭和十九年六月十六日、北九州がアメリカの爆撃機Ｂ29によって爆撃された。さらに、十九日に行なわれたマリアナ沖海戦の敗北で、日本海軍は事実上戦闘力をなくした。サイパン、グアムと次々に陥落し、日本の敗戦は目の前であった。そして昭和十九年十月二十五日、神風特別攻撃隊が空母を撃沈すると、日本の航空部隊は、特攻隊を中心に編成され始めた。

倍達も、もちろん特攻隊に編入された。が、木更津のあたりに、米艦隊がいるわけではない。九州まで行くにも、空母もない。倍達たちの特攻は、Ｂ29に対する体当たりであった。東京上空を護るため、出撃は、一度厚木の基地に行ってから、改めて飛び立つ。Ｂ29を後ろから追い越して、反転して正面衝突する。Ｂ29は、プロペラが四つある。上手く体当たりしないと、墜ちてはくれなかった。

上手く体当たりすれば、地上で見ている者たちは、拍手喝采であった。

毎日、仲間たちが特攻に行く。朝、食卓についていた者が、夕方にはいなくなっている。

〈おまえたち、おれも、もうすぐ行くからな〉

倍達は、毎日増えていく空席を見ながら、心に誓っていた。倍達は仲間を前にして、よく熱弁を揮った。

「おまえたち、おれの死に様を、よく見ておいてくれよ。おれは、必ずB29を体当たりで墜としてみせる。日本男児として、恥ずかしくない死に方をして見せるぞ。そして、もし万一地上戦になったら、竹槍でアメリカ兵を、確実に五人は突き殺してみせる」

アメリカに対する闘志で、いっぱいであった。アメリカが、ひたすら憎かった。アメリカが、ワシントンにある桜の木を、すべて切り取ったという話が伝わってきた。桜は、日本の国花で、日本の象徴であった。先輩たちは、囁いていた。

「だから、戦わないと、みな殺しにされる。しかし、日本は神国だ。最後には神風が吹いて必ず勝つ。本土決戦のときには、必ず神風が吹く。沖縄までは、大したことない」

倍達も、その言葉を信じ切っていた。特攻を前にして、倍達は、さらに空手に打ち込んでいった。空手をやっている間は、戦争のことも忘れ、ただただ、無心になれた。腕は、ますます上達していった。

「あの世で、また会おう」

倍達は、上官にも、可愛がられた。が、それを見て、焼きもちを焼く仲間もいる。倍達は、国籍のことで差別されることもあった。が、その中で、常に変わらず倍達をかばい続ける友人ができた。井上二等兵である。井上は、色白で、少し太っていた。引っ込み思案な男であった。それゆえに、倍達の強さに惚れ込んでいた。

倍達も、井上とは不思議とウマがあった。

あるとき、井上と倍達、そして仲間ふたりの四人が、休み時間に、特攻機のそばに座り、談笑していた。そこに、教官が通りかかった。普段から、倍達たちを目の仇にしている比留間教官であった。小柄で、痩せていて、臆病なところがあった。大柄な倍達が怖かったせいもあるのだろう。何かと言うと倍達に辛く当たった。比留間教官は、倍達たちを見ると、眉を吊り上げた。

「おまえたち、この大事なときに、笑い合っているとは、何事だ！　立てっ！」

倍達たちは、立ち上がった。倍達は覚悟した。

〈これは、半殺しにされるな……〉

歯を、食いしばった。

「足を開け！　目をつぶれ！」

そのとき、井上が、教官の目を見て、はっきりと言った。

「大山は、関係ありません。張本人は自分であります」

井上は、あくまで倍達をかばったのである。

「そうか。おまえだな！」

井上が、思いきり殴られた。

一発、二発。井上の体が、大きくよろめいた。壁に、よりかかった。それでも、さらに殴られた。ついに、倍達はたまりかねた。上官の腕を、摑んだ。

「いまは、休み時間じゃないですか。大した理由もなしに、殴らないでください」

「何を、生意気なっ！」

倍達の血が、カッと熱くなった。

「生意気も、何もあるかっ！」

思わず、相手の鼻柱に拳を叩き込んだ。

鈍い音がした。相手の鼻が折れた感触を、はっきり拳に感じた。比留間教官は、その場で昏倒してしまった。

が、倍達は、後悔しなかった。

〈どうせ、死ぬ身なんだ。いじめを我慢することはないさ〉

倍達は、刑罰として、一週間の営倉入りを命じられた。整備兵としての腕がよかったうえ、特攻兵だったので、そう重い罰ではなかった。営倉の中は、板張りで、部屋の中には、毛布と、桶があるだけであった。

桶の中で、用を足して、一杯になると便所へ捨てに行く。夏だったので、桶に蛆が湧いた。

さすがの倍達も、これには閉口した。

〈営倉は何でもないけど、この蛆だけはたまらんな〉

が、営倉は、軽い罰であった。もし普通の兵隊であれば、重営倉間違いなしであった。

その事件があってしばらくして、井上は、倍達を自宅に誘った。

「大山、今度の休みに、ちょっと家に遊びに行かないか」

倍達は、次の休みの日、一緒に東京の白金台三光町の井上の家まで遊びに行った。

井上の母親は、倍達を優しく迎えてくれた。井上の妹も、倍達に好意的であった。井上の家族と食事をしていると、倍達も、つい自分の母親のことを思い出した。

〈いまごろ、どうしてるかな……〉

もう、死ぬまで会えないと思っている母であった。韓国までは届かないから、手紙を書くこともできない。

井上の家にいると、まるで自分の家にいるような温かみを感じた。

井上家で食事をしながら、井上は、倍達にポツリと言った。

「ぼくの妹の面倒を、見てくれないかな」

「面倒?」

「ああ。ぼくは、きみに惚れこんでいるんだ。きみは、強い。妹を、もらってくれないか」

突然の申し出である。しかも、自分は死ぬと決めた身であった。

井上の妹は、清楚な感じのする可憐な少女であった。倍達より、七つ年下であった。

倍達は、それから三回ほど、井上の家に遊びに行った。家族とも、親しくなった。

昭和二十年になり、日本の戦況はついに最悪のところまで来た。昭和二十年三月十日、東京は、大空襲を受けた。もはや、日本の軍部には、B29を止める力はなかった。

井上にも、ついに出撃するときが来た。出撃の前の夜、井上は、泣き笑いのような顔になって倍達に言った。

「なんとか、生き延びる方法はないかなあ……」

倍達は、思わず唇を噛みしめた。

〈死にたくないんだろうな……〉

が、生き延びる方法はない。

倍達は、首を横に振った。

「生きる方法は、戦争に勝つことだよ。それ以外にない」

「そうか」

「心配するな。あの世で、会えるよ。たとえ死んでも、おまえに対する友情は永遠に変わらない。あの世というところで、また友だちとして付き合おう」

「そうか……」

井上は、うなだれて席を立った。

その夜、用を足しにいった倍達は、便所の中ですすり泣いている声を聞いた。井上の声だった。倍達は、思わず声をかけようとした。が、ついに声をかけなかった。かわりに、心の中で、いま一度、井上に語りかけた。

〈井上、おれも、すぐに行く。あの世で、また会おうじゃないか〉

翌朝、井上は出撃した。二度と、帰ってはこなかった…。

井上が死んでからというもの、倍達は、さらに空手に打ち込んだ。が、毎日のように空襲がある。稽古ができない日も、多くなった。いつの間にか、ともに練習する仲間はいなくなっていた。倍達は、ひとりになって、なおも稽古を続けていた。

倍達に好意を寄せていてくれた篠原教官も散った。教官もまた、散華して行ったのである。

倍達は、ただ自分が死ぬ日を待ち、無心に空手に打ち込んだ。

〈おれだって、何も、進んで死にたいわけじゃない。が、男らしくしなければ、死んでいった仲間に申し訳が立たない〉

戦況が次々と悪化していく中、ついに、倍達の出撃の日が決まった。

なんと昭和二十年八月十五日であった。

昭和二十年八月十五日、特攻兵である大山倍達は、兵舎で、いつにも増して早く起きた。

呼吸をゆっくりと整えると船越義珍師範に習った空手の型を、ゆっくりと始めた。

この世での、最後の練習のつもりであった。

〈おれは、どのくらい強いんだろうか。世界一強くなりたかった。まだ、隠れた強い奴がいくらもいるはずだ〉

自分の力をもっともっと試し切ってみたかった。が、これから特攻隊として出撃していくのだ。

〈日本が勝つためだ。仕方がない〉

倍達は、特攻隊として出撃していく仲間の肩を力強く叩き、励ましていた。

「おれも、明日には行く。あの世で、会おう！」

日本は勝つ、となお信じ切っていた。

練習が終わり、朝食を摂った。

倍達は、いよいよ飛行服に身を固めた。

〈今日が、おれの人生の最大の舞台だ……〉

そのうち、まわりが、何やら騒がしくなった。

倍達は、ともに出撃するはずの友人に声をかけた。

「どうしたんだ」

「何だか、正午から、陛下のお言葉があるらしい。とりあえず、それを待て、ということらしいぞ」

倍達は思った。

〈これは、きっと陛下の激励のお言葉があるに違いない。おれが出撃する日に激励されるなんて、おれはついてるぞ〉

正午になった。倍達は、胸をわくわくさせながら、ラジオの前で直立していた。

ラジオから、陛下の声が流れてくる。よく聞きとれない声であった。

〈せっかくの激励なのに、これじゃあ、何を仰られているのか、わからないじゃないか……〉

が、まわりの様子が、どうもおかしい。みな、泣いている。誰かのつぶやきが、耳に飛び込んで来た。

「日本が、負けた……」

倍達は、耳を疑った。

―第3章―

プロレス前夜
力道山、渡米す

◉昭和二十五年〜二十七年

相撲への未練

突如として自ら髷を切り、力士を廃業した力道山にとって、これから何をやればいいのか、まったく見当がつかなかった。

身の振り方について、再び新田新作を訪ねた。あれほど懇々と我慢せよと説得された相手である。力道山はその新田に頭を下げた。新田しか、すがる相手はいなかった。

一代の博徒として鳴らした新田は、言うことを聞かず勝手に髷を切った力道山に対して、繰り言は言わなかった。

「わかった。そういうことなら、おれのところで働いてみろ。相撲への気持ちを断って、出直してみろ」

「はい、精いっぱい、やります。ありがとうございます」

新田は、力道山にとって最大の恩人となった。すでに浜町に、二階建ての家まで当てがわれていた。「新田建設資材部長」というのが、力道山の肩書きであった。

このことについては、新田もしたたかにソロバンを弾いていた。

当時、建設資材は、官庁の判がないと手に入らなかった。そういうときに、相撲をやめたばかりの元関脇、人気力士であった力道山が頼みに行けば、ふたつ返事で判を押してくれる。それも、例えば五つ判を押すところを、十判を押してくれるという具合である。そこは一代の博徒、抜け目がなかった。

事実、それ以外でも、力道山の入社は新田建設にとって付加価値を生んだ。

戦前、二所ノ関部屋で力道山の後輩だった小松敏雄は、戦後はかつての贔屓の医者の紹介で、新田建設に勤めていた。奇しくも、再び力道山とめぐり会うことになった。その小松が語る。

「新田建設は、府中、立川、横浜の本牧、根岸などの米軍キャンプの仕事を一手に引き受けていた。工事中には、必ず米軍立ち会いの検査があるんです。そこで力道山を紹介して、元大相撲の関脇だというと、簡単に通ってしまうんです。力道山は、その渉外も担当していました」

資材を現場に運ぶこともした。足場用の丸太を、トレーラーの荷台に積めるだけ積み込み、まだ狭かった第一京浜国道を唸りを上げて疾駆した。

アメリカ人相手なので、英語をしゃべらなくてはならない。

すでに終戦直後から、アメリカ人との付き合いはあったが、相手は何とか日本語がしゃべれた。今度はそうもいかないので、自分で英語を勉強しなければならなかった。

小松は、力道山がつねに旺文社のポケットサイズの英和辞典、いわゆる「赤尾の豆単」を持ち歩き、折々にそれを開いて勉強している姿を見ている。

のちに芳の里は、力道山に訊ねたことがある。

「力関、どこで、英語を覚えたんですか」

すると、こう答えた。

「駅のホームに駅名を書いた看板が出てるだろう。日本語の下に、横文字で同じ駅の名前が書いてある。それを見ながら、覚えたんだ」

研究熱心であった。

生活は、質素になった。力士時代とは違い、給料とは別に贔屓衆から「ご祝儀」をもらえる立場ではない。

小結時代から付き合いのある吉村義雄は、そのころ港区飯倉にあったアトランティック商事という中古車販売会社の専務であった。アメリカの中古車をあつかう関係上、アメリカの軍属たちと付き合い、力道山にも紹介した。

ボハネギーという軍属と特に親しくなった力道山は、力士時代には芳の里、琴ヶ浜といった後輩力士を引き連れて、新橋にあった米軍専用の野村ホテルに繰り出し、ボハネギーらとともにステーキにかぶりついたころもあった。

吉村は、力道山が新田建設に入社してからも、よく付き合っていた。ある日、「ヨッちゃん、ちょっとうちに寄って行かないか」と言われて、浜町の家に寄った。

卓袱台の上に出されてきたのは、ジャガイモの蒸かしたものだった。ふたりはそれを食べ、お茶を飲んだ。

その後、吉村は力道山に乞われて、プロレスラー力道山の秘書となり、最期の時まで力道山を陰で支えていくことになるのだが、その時食べたジャガイモのことが、今でも奇妙に印象に残っているという。

それほど力道山の生活は、貧しく質素なものとなっていたのだった。

肺ジストマの後遺症を抱えていたとはいえ、少年時代から格闘技に生きてきた男であった。日々の仕事に己を落ち着かせようとしても、そう易々とはいかなかった。

体力を持て余した。格闘家としてのエネルギーが、底の底から突き上げてきた。鍛え上げた筋肉にそれが伝えられても、もはや捌け口は消えていた。

相撲への未練が、どうしようもなく襲ってきた。

両国の二所ノ関部屋にも、あのようなやめ方をしたとはいえ、大型バイクに酒を積み込み、たびたび顔を出した。

歯ぎしりする思いだったのは、廃業したあと、二所ノ関親方がさっさと部屋を放り出し、兵庫県の尼崎へ引っ込んでしまった時だった。

雇われで、海光山という親方が後に入って来た。

二所ノ関部屋の再建に尽くした力道山としては、二所ノ関の先代親方玉の海の行動は許し難かったであろう。落下傘のように降りてきた新親方の海光山に対しても、怒りが湧いた。

けたたましい爆音を立てて、二所ノ関部屋に乗りつけた。中にいた海光山は力道山だと察知し、裏口からあわてて逃げ出した。

力道山は、稽古場に踏み込んだ。目標がいない。

稽古中の力士たちに、吠えた。

「おい、酒だ！　酒を買ってこい！」

なけなしの金をはたいて、酒を買ってこさせた。

稽古場で車座になって、酒盛りが始まった。力士たちは、力道山の来訪がうれしかった。毎度毎度、酒がたらふく飲めるからである。

ひとしきり酔いが回った力士たちの中で、隣にいた玉ノ川がすっかり打ち解けた表情で力道山に声をかけた。

「関取！」

肩に気安く手をかけた。これがいけなかった。

「なんだ、てめえ、この野郎！」

叫ぶやいなや一升瓶を振りかざすと、玉ノ川の頭をまともに殴りつけた。一升瓶が砕け散った。鮮血が噴き出した。

それでも収まらず、ビール瓶を振り下ろした。

芳の里が、叫んだ。

「おい、玉ノ川、逃げろ！」

号令一下、玉ノ川は二度三度、畳の上で転がり、土俵につまずいては転倒し、必死の形相で外に逃げだした。

あわれにも玉ノ川は、やり場のない力道山の怒りを、一人で引き受けてしまったのである。

芳の里が、苦笑交じりに回想する。

「玉ノ川が逃げたあと、みんなで両国中探し回ったんです。だけど、全然見つからない。どこにいたと思う？　警察署ですよ。玉ノ川はひと晩、両国警察署に泊まったんだ。

翌日、どうして警察に行ったんだと訊いたら、殺されると思ったからだというんだ。膝のところには、転がったときの砂利がいっぱいついてましたよ」

稀代の興行師、永田貞雄との出会い

力道山の相撲への未練は、募る一方であった。力道山は、やはり引退していた増位山と語らい、力士復帰に向けて画策し始めた。

自分の勤めている新田建設の社長であり、明治座社長でもある新田新作に泣きつき、相撲協会は審議するまでになった。新田は、相撲界に絶大な力を誇っていた。

だが、復帰の夢は、敢え無く断たれた。力士会が、猛反発したのである。

一度出た者を戻すわけにはいかないというのが表向きの理由であったが、本音は力道山と増位山に復帰されたら、自分たちの出世が阻まれてしまう、というものだった。

力道山は、荒れた。酒を飲んでは、いたるところで暴れまわった。心は、荒み切っていた。

昭和二十六年となり、相撲界を去って一年も経とうかというころになると、「関脇力道山」の名も、人々の記憶から次第に薄れてきた。

資材部長として預かっている新田建設としても、それにつれて力道山を使う効果を、期待出来なくなっていた。

引退して新田建設に入ったばかりの時は、役所へ行ってもどこへ行っても、よろこんで判を押してもらえた。

「辞めたそうだね。もう少しやったらよかったのに、惜しいことをしたな」

そう言いながら、上役が下役に命じた。

「ちょっと、ここへ判を押しておけ」

ところが、一年も経ったら、人も「あれは力道山だ」と言わなくなった。すると、誰が営業に行っても同じことになる。

資材部長という肩書はあっても、仕事と言えば顔を利かせるだけのことで、それはそれで大きな仕事なのだが、半分は食客のような待遇なのであった。その顔すら忘れ去られたとなれば、暇を持て余すばかりである。

金にも、困っていた。

仕事の関係で知り合ったアメリカ人をはじめとする外国人に接近していくうちに、めずらしい品物が手に入るようになった。物を捌いて金に換えるという、ブローカーのような内職をするようになった。

アメリカで出版された分厚い辞書のようなものを仕入れて来ては、力士時代の贔屓筋に紹介してもらって、あちこちに売りつけた。

稀代の興行師、永田貞雄の懐に飛び込んだのも、このころであった。

明治三十七年一月二十六日生まれの永田は、この昭和二十六年のとき、四十七歳であった。

佐賀県杵島郡北方町という炭鉱の町で生まれた永田は、尋常小学校五年を終えた時、浪曲家を目指し、初代天中軒雲月の門下に入った。のちに浪曲の興行師に転身、二代目雲月、のちの伊丹秀子と結婚し、昭和十五年には、日本浪曲協会の初代理事長に推された。

伊丹秀子の語る愛国浪曲「杉野兵曹長の妻」をヒットさせ、その後も「九段の母」「祖国の花嫁」「鈴蘭の妻」など新作を世に出し、次々とヒットを飛ばした。

全国から浪曲家を一堂に集めた一大イベントを成功させた。

戦後は歌謡曲の興行にも進出し、美空ひばりらの興行を手がけた。力道山と出会った一年後の昭和二十七年七月には、美空ひばりの名を不動のものとした歌舞伎座公演を実現させた。

ひばりの後見人であった山口組三代目組長田岡一雄とも、親交を結んでいた。

新田新作とも親しかった。

相撲界にも顔が利いた。横綱千代の山の最大の贔屓でもあった。

築地小挽町に「蘆花」という高級料亭を持ち、赤坂には大邸宅を構えていた。「日新プロ」というのが、永田の牙城であった。

その永田を力道山が訪ねたのは、昭和二十六年八月のことであった。

永田は、「蘆花」でご馳走した。

ちょうど一カ月前の七月、新田建設が手がけている隅田川の川開きで、力道山と会ったばかりだった。

「永田さん、花火を見ませんか」

という新田新作の招待で、新橋の芸者を連れて永田が出かけてみると、そこに力道山がいた。

「おお、しばらくだね、どうしてる」

髷を切ってオールバックにしている力道山に、永田がそう声をかけると、力道山は、

「はい、新田さんのところで、お世話になってます」

と答えた。

永田は、

「いやあ、今度うちに遊びにおいでよ」

といって、五千円の入った祝儀袋を渡そうとした。

ところが、力道山は丁重に断わったのである。

「社長、もうわたしは相撲取りをやめたんですよ」

相撲取りをやめたのだから、祝儀をもらう理屈は立たない、というのである。普通であれば、昔の癖でつい平気で受け取ってしまうところを、力道山がそう言ったので、永田は感心した。

〈なかなか、立派な男じゃないか〉

力道山に、親しみを感じた。

ざっくばらんで親分肌の永田に、力道山はこのとき深く印象付けられたのであろう。新田建設で暇を持て余しているときに、永田という新しい頼れる人物に出会ったことが、力道山の気持ちを新田から永田へと向けさせたのであった。

そうして永田邸を訪れてからというもの、力道山は三日と空けず、永田詣でを猛烈に繰り広げることになった。

ひとつには、「蘆花」で高級な日本料理をご馳走になれる。当時ではめずらしい大型冷蔵庫が二台も三台もあり、材料にはこと欠かなかった。

もうひとつには、永田のお供で華やかな花柳界にも遊びに行ける。

力道山の永田詣では、徹底していた。

翌朝、永田が八時半に出かけるというと、力道山は淡い紺のシボレーを運転して、三十分前の八時にはぴたりとやって来た。

このシボレーは、立川の米軍基地で働いている親しい韓国人から、ただ同然で買った中古車であった。それを進駐軍の費用で傷んでいる部分を修理してもらい、自分の金で車体を安く塗り直したものだった。

日本では、車はめずらしい時代であった。日本車は、まだ登場していない。アメリカ車が大半の時代である。

その外車も、日本人はまだ持つことが許されなかった。在日の外国人しか持てない。それゆえ、日本人の社長が外車を持つ時は、知り合いの中国人や韓国人の名前を借りて、手に入れなければならなかった。

永田はそういう手続きが面倒で、車は持っていなかった。

相撲取り上がりなら、八時半といえば八時四十分ぐらいにゆっくり来るものだろう、と思っていた永田は、三十分前にやって来る力道山のことが、驚きであった。その実行力に、眼を見張った。それも、ほとんど毎日なのである。

辞書のブローカーの内職にも永田は力を貸した。力道山が頼み込んできたので、十人ばかりの人間を紹介してやった。

さすがに見かねた新田新作が、永田に頼んできた。

「永田さん、あんたからリキに言ってくださいよ。あんなブローカーのようなことはしないように」

このようなことは、力道山の実際の後見人である新田が言えばよいことなのである。それを永田に頼んで来るほど、力道山は永田に食い込んでいたのであった。

野に放たれた荒ぶる魂

永田も、力道山を可愛がった。可愛くて仕方なかった。

永田と力道山が初めて会ったのは、千代の山の横綱昇進のパーティーが開かれたときのことだった。上野の精養軒で一次会が終わり、二次会に行く時、贔屓である永田は千代の山に声をかけた。

「おい、千代の山、だれか何人か集めてこい。俺は、時津風親方と羽黒山と安芸ノ海を呼ぶから」

二次会に千代の山が連れて来たのが、力道山であった。

すでに力道山は、永田の名前は知っていた。二代目天中軒雲月こと伊丹秀子の夫であり、稀代の興行師である。千代の山ら贔屓にしている相撲取りには、惜しみなく金を使い、面倒を見る男だ。

千代の山を囲んで、記念写真を撮るときだった。永田は、ハッと一瞬息を止めたのである。後ろにいた力道山が、初対面にも関わらず、永田の両肩に手をかけて抱きついてきたのだった。そのまま写真に納まった。しかし、これは相撲界の常識から言えば、明らかにやってはならないことなのであった。

なぜならその場は、千代の山の横綱昇進の宴である。しかも、このような所作は、千代の山の贔屓である初対面の永田に対して、遠慮すべきところである。それを力道山は、やってしまった。

だが、永田はそのときにこう思ったのである。

〈おれに、秋波を送ってきたな……〉

些細な動作のなかにも、人の気持ちは込められる。それを永田は、見逃さなかった。

永田は、引退後の力道山の質素な生活ぶりを見ている。日本橋浜町にある、新田新作から当てがわれた二階建ての力道山の家に、永田がたまたま訪ねて行ったときであった。

ちょうどお昼どきだったので、何か食べさせてくれ、と事前に伝えておいた。

出されたのは、ホウレン草のおひたしと、味噌汁にご飯だけであった。

夕食もまた、質素だった。

力士時代の付け人であった田中米太郎もよく訪ねてきた。それに、弟弟子で、いまは新田建設で働いている小松敏雄もやって来ると、力道山は七輪を囲んだ。

七輪の上に金網を乗せた。その上で焼くのは、豚と鳥のレバーであった。

臓物は、正肉よりも安い。量もたくさん買い込める。力士時代の習慣で、安くて栄養のあるレバーを食べるのである。

ふたりの弟弟子は、力士時代からチャンコ番をやらされているので、味付けは上手かった。

ブローカーの内職などで金が入ると、外に贅沢をしに出かけた。行くところは、だいたい決まっていた。明治座の裏の「セカンド明治」という洋食屋であった。新田新作の経営である。

力道山は、「セカンド明治」に行くと、板場に顔を出した。コックに、千円を握らせて言った。

「これで、ステーキを食わせてくれ。なるべく厚くて大きいのを頼むよ」

鍛えあげた肉体は、なお力道山に小市民の暮らしを許さないのだ。

コックは千円を受け取ると、一般客に出すより何倍も分厚い肉を焼いて、力道山に出した。力道山は、それにかぶりついた。

年中レバーばかりでは、さすがに飽きる。かつて角力時代では、マグロの刺身のように厚く切らせたフグを、ムシャムシャと噛み切っていた強靭な歯である。その歯が、待ちに待っていたと言わんばかりの食べっぷりであった。

それにしても、コックにすっぱりと千円を渡すのは、力道山という人物の性格であったろう。オーナーの新田と親しいからといって、ただで食べるわけではない。金があるわけではなかったが、躊躇なく千円を出して、コックに道をつけてしまう。

千円と言えば、大金であった。コックとしても厚く切ったステーキを出しても、損にはまったくならなかった。

暮らしぶりは落ちたといえども、品性まで落としてはいなかった。

〈いつか必ず、こういう生活から脱け出してやる〉

そんな野心がたぎっていた。

その野心を結ぶべきものが、何であるかはわからなかった。

品性は落とさないが、酒を飲めばまたも荒れた。

荒ぶる魂は、野に放たれたまま、救済のときを待っていた。

ハロルド坂田と出会いプロレスを知る

昭和二十六年晩夏、自分の住むべき世界からはぐれ、一介の無名の粗暴な男でしかなくなった力道山を尻目に、戦後日本は新しい段階を迎えていた。

九月八日には、サンフランシスコで、吉田茂首相によって日本と四十八のかつての連合国のあいだに講和条約が結ばれ、同日続けざまに日米安全保障条約が調印された。これによって日本は、アメリカの極東戦略体制の一環として組み入れられることになった。

日本はアメリカ軍の駐留を認め、再軍備を推進することになった。

数々の批判、問題を残しながらも、日本はようやく一応の〝独立〟を果たしたのであった。

二日後の九月十日には、黒澤明監督の映画「羅生門」が、ベネチア国際映画コンクールでグランプリを受賞し、日本に希望の灯を燈した。

だが、敗戦後の鬱屈を、いっぺんに晴らしてくれるだけのヒーローは、まだ現れてはいなかった。そうなるべき男は、喧嘩相手を求めては酒場をうろつき、酒を浴びては己の憂さを力任せに相手に叩きつけていたのである。

アメリカ軍属のボハネギーという男が、いつも力道山の連れであった。終戦まもないころ、新橋の米軍専用の野村ホテルで知り合って以来の〝悪友〟である。

喧嘩がめっぽう強かった。「ボー」と略して、呼んでいた。

力士時代の正月に若ノ花、琴ヶ浜、芳の里の三人を引き連れて野村ホテルに年始の挨拶に立ち寄ったとき、読売巨人軍の名投手、藤本英雄からサインボールをもらったといってよろこぶボハネギーに、力道山は三人の弟弟子たちを指して、こう言ったものだ。

「ボー、相撲取りは頭が強いから、そのボールを思いっ切り、こいつらのおデコに投げてみろ」

悪趣味な遊びであった。

ボハネギーはすっかりその気になり、おもしろがってまともに三人の力士たちに投げつけた。彼らは、兄弟子の命令とあれば仕方がない。眼だけには当たらぬように、両手で顔を隠して受けた。

若ノ花とは、むろん、のちに横綱栃錦と「栃若時代」を築くあの名横綱若乃花、元日本相撲協会理事長の二子山である。琴ヶ浜は、大関となる。

深川のそば屋の前では、力道山がボハネギーをけしかけた。

「おい、ボー。あのそば屋に行って、ここのは美味しくないといって、台をひっくり返してこい」

言われると、またおもしろがってやるのである。喧嘩になった。警察が来た。しかし、ボハネギーは英語だけをわざとしゃべった。警察は一向に要領を得ない。いずれにせよ、軍属のボハネギーに対しては、日本の警察は結果的に手は出せないのである。

そんなボハネギーとつるんでは、力道山は酒場を荒らし回っていた。

秋になった。九月も終わりになろうかというころ、力道山は相も変わらず、ボハネギーと、新橋のナイトクラブ「銀馬車」に繰り出した。

この日こそ、力道山にとって、運命の日となるのであった。

ふたりは、二階で酒を飲んだ。いや、浴びるように流し込んだ。

酔った挙句に、荒れ切った心をむき出しにして、喧嘩相手を探した。ボーイを突き飛ばし、店内を物色していると、肩がぶつかった。

「てめえ、この野郎！」

見れば、筋肉隆々たる褐色の男であった。なんらかの格闘技を身につけていることはわかる。見るからに、日系二世であった。

その男が、妙に落ち着き払った声で言った。たどたどしい日本語であった。

「ユーは、レスラーか。でっかい体をしてるじゃないか。強そうだな」

「何を言うか！」

力道山は叫ぶやいなや、必殺の張り手を繰り出した。いまは横綱として君臨している百九十一センチの豪力、千代の山でさえ、土俵の外まで吹き飛ばされたあの張り手である。

張り手と言っても、力道山のものは、掌の土手で思い切り相手の顎のあたりを強打する〝突き〟のようなものであったが、その得意の張り手が空を切った。するりとかわされたのである。

それだけではなかった。相手は力道山の張り手をかわすと同時に、なんとその右腕の関節を、がっちりと極めてきたのであった。

力道山は、まったく動けなかった。激痛が右腕に走った。

ボハネギーが、あわてて割って入った。ようやくふたりが離れると、英語で話した。

その日系二世は、ハロルド坂田というプロレスラーであった。

元重量挙げのオリンピックのメダリストで、ハワイのボディビルのチャンピオンにもなった。いまはプロレスラーとして、元世界へビー級チャンピオンのボビー・ブランズ、カナダの選手権保持者オビラ・アセリン、レン・ホールらとともに、慰問のために日本に来ているということだった。二十五回という前人未到の防衛記録を持つ、元プロボクシング世界へビー級王者ジョー・ルイスも一緒だった。

ボハネギーが、ハロルド坂田に「元大相撲関脇の力道山だ」と紹介すると、坂田が言ってきた。

「プロレスをやってみないか」

そう言われても、プロレスがどういうものであるか、力道山には説明されてもわからない。そもそもプロレスなど、日本にない。

「シュライナース・クラブで練習しているから、一度見に来てみろよ」

力道山は、どんなものか見てみる気になった。

自信を持って放った必殺の張り手を、ものの見事にかわされただけでなく、逆にねじ伏せられた。こんなことは、はじめての経験であった。

いったいプロレスとはどういう格闘技だろう。そう思ったことは事実だったが、まだこのときは練習を見に行くといっても、そんなに言うならいっぺん見てやろうか、という程度のものにすぎなかった。

しかし、この日を境に、力道山の人生は大きく変わっていくのである。

「シュライナース・クラブ」

伝説として語られるプロレスとの出会いのシーンは、いかにも出来すぎた話のようであるが、すでにこの時期、力道山と親しく、のちにプロレス王力道山の秘書となる吉村義雄は、ボハネギーからはっきりと聞いている。

「力道山は、あのときハロルド坂田に殴りかかっていったんだ」

力道山は、のちに吉村にこう言ったという。

「ヨッちゃん、おれ、あんとき、あいつに殺されちゃうんじゃないかと思ったよ」

すでにこのときまでに、プロレスに触れている日本人格闘家はいた。「プロ柔道」の人々である。

十八歳で全日本柔道選手権に優勝し、以後、戦前、戦中、戦後を通じて十年連続優勝を果たして、無敵を誇った木村政彦七段は、その筆頭であろう。

「木村の前に木村なく、木村の後に木村なし」と称えられた木村は、昭和二十四年、プロ柔道団体を設立した。異種格闘技戦を行こない、二十六年一月には、山口利夫六段と渡米し、プロレスのコーチを受けた。彼らはアメリカ各地で柔道のデモンストレーションを行こなうと同時に、プロレスにも接したのであった。

サンフランシスコでは、のちに力道山が日本に呼び、日本のプロレスブームに一気に火をつけることになるベンとマイクのシャープ兄弟と対戦した。木村政彦は、実力日本一を賭けて、力道山とのあいだで〝昭和の巌流島〟と呼ばれた壮絶な一戦を繰り広げることになる。

いっぽう相撲界でも、力道山より早くプロレスと交わった者たちがいた。

やはり二十六年の六月に、高砂親方（元横綱前田山）に伴われてハワイへ渡った大ノ海、八方山、藤田山らが大相撲を披露した。そのとき、帰国を断わって現地に残った大ノ海と藤田山のふたりの力士が、プロレスに出場したのであった。

戦後日本には、アメリカ文化の流入によって、新たな格闘技を求めて流れていく格闘家たちの一群があったのである。

「シュライナース・クラブ」は、港区芝にあった。元日本海軍の社交場であった「水交社」の建物に入っていた。

正式には「在日トリイ・オアシス・シュライナース・クラブ」といって、アメリカの宗教慈善事業団体であった。この団体が進駐軍の慰問と、身体障害者のチャリティー基金募集のために、アメリカからレスラーたちを呼んだのだった。彼らは、シュライナース・クラブに宿泊していた。

九月三十日には、彼らは米軍が接収してメモリアルホールと呼び名を変えている旧両国国技館で、日本ではじめてのプロレス興行を開催した。

力道山がシュライナース・クラブを訪ねたのは、十月初めのことであった。アメリカ人レスラーたちは、中庭の芝生の上で、練習していた。

力道山の姿を見つけた親分格のボビー・ブランズが、声をかけてきた。

「ハロー、ユーのことはサカタから聞いた。いい体じゃないか。プロレスをやってみないか」

余裕の表情で、力道山を見つめている。

ハロルド坂田らの練習を見ていると、相手の首を極めて投げを打ってみたり、押し合ったりしている。

このくらいなら、おれだってやれる。力道山はそう思った。なにせ関脇までいった人気力士だったのだ。

ボビー・ブランズが、芝生に上がった。

「カモン！」

掌を上に向けて差し出し、人差し指を動かして力道山を誘った。

なんとも軽くあしらわれているようで、カッと血が上った。

相撲を甘く見るんじゃない。

力道山は上半身、裸になると、ブランズに向かって突進した。

力道山は、組みついて、投げを打った。ところが、ブランズは自らくるりと力道山の腰の上で一回転し、二本足で着地したのであった。

何度組みついていっても、スルリと逃げられた。挙句の果て、何がなんだかわからぬまま、コロリと投げられた。倒され、押さえ込まれた。

まるで赤子のように翻弄され、二、三分も経つと息が上がった。汗が吹き出した。その場に、へたり込んでしまった。

力道山は、『力道山花の生涯』で、このときのことを述懐している。

《あのときほど、自分がみじめな気持になったことはなかったな。だが、汗を拭いながら、わしは考えたよ。力では、彼らには負けない。よし、わしだって技術さえ覚えれば、やれないことはない。どうせやるからには、世界一を目指して頑張ってみよう……とね》

吉村義雄も、勤めているアトランティック商事からシュライナース・クラブは歩いて、ものの一分なので、何度か練習を見に行った。

「本当に芝生の上で練習していましたよ。ボビー・ブランズ、ハロルド坂田と力道山は組み合って、押し合いをしたり、投げの練習をしたりしていました」

以後、力道山は、元世界王者ボビー・ブランズの指導を受けることになった。だが、相撲の投げとレスリングの投げは、根本的に違う。相撲は投げればそれで勝負が着くが、レスリングは投げただけでは終わらない。それから、次の技へと展開していかなければならない。

どうしても力道山は、相撲の癖が抜け切れず、投げたあとにひと呼吸置いてしまう。

あるいは、首投げで投げたのはいいが、レスリングの場合、相手を投げると同時に、自分も相手に覆いかぶさるように倒れこむ。倒れ込んで、相手の首を絞め上げなければならない。あるいは、つぎの展開に移る。

ところが、投げるだけの相撲の癖が抜けないので、相手を芝生の上に投げ捨てるだけに終わってしまう。思い出して、相手にかぶさるように投げを打ったのはよかったが、体のあずけ方がわからず、まともに相手の胸に体重を落としてしまった。

そんなことが何度も続くと、相手は、さすがに嫌がった。

「こいつとは、練習したくない」

そう言われることも、たびたびだった。

それでも、力道山は、毎日シュライナース・クラブに通った。プロレスに己を賭けてみようと決めたのであった。

持て余していた体力が、ようやくプロレスという格闘技と出会って、救われたような思いであった。

後見人である新田建設の社長新田新作に、頼んだ。

「プロレスをやらせてください。アメリカでは、ものすごく流行ってるそうです」

しかし、新田の答えは、けんもほろろだった。

「なんだ、そのプロレスってのは。そんな舌を噛んじまいそうなものなんて、駄目だ駄目だ！」

が、力道山は、あきらめなかった。

昼間は新田建設の仕事がある。練習は、いきおい早朝か夜となったが、それでも毎日通い続けた。

ランニングも、毎日欠かさなかった。

みるみるうちに、力道山の顔は引き締まってきた。

水を得た魚

力道山は、そのあいだにも、知り合って間もない稀代の興行師、日新プロ社長の永田貞雄のところに通いつめていた。

力道山の淡い紺のシボレーに、永田は乗り込もうとして、ふと座席の足元を見た。妙なものが置いてあった。

バーベルのミニチュアのようなものが、ふたつ転がっていた。鉄アレイだった。

「それ、何だい？」

「これで、運動するんですよ」

「ああ、そうか」

会話はそれで終わった。永田は、とくに気に留めなかった。

のちに気づくのだが、力道山は「シュライナース・クラブ」からの帰りだったのである。

永田には、この時点で、まだプロレスのことは打ち明けてはいなかった。この永田こそ、まもなく「プロレス王」力道山の生みの親、育ての親となる人物なのである。

力道山は、そのうちボビー・ブランズから、突然言われた。

「そろそろ、試合に出てみるか。わたしが相手になってやる。エキジビションでやってみろ。エキジビションでも、思い切りやってみればいい」

デビュー戦である。日程は十月二十八日。練習を開始して、ほんの二週間しか経っていない。

「大丈夫、きみならやれるさ。ずいぶん、トレーニングも積んだ」

十月二十五日には、力道山のプロレス練習が公開された。

いよいよそうなると、力道山がプロレスをやることに反対していた後見人である新田新作も、半ばあきらめざるを得なくなった。

「勝手にせい」

と投げやりに力道山を見ていた。

新田建設の社員である小松敏雄は、十月二十七日、力道山から打ち明けられた。

「おい、小松。おれ、いまハロルド坂田という日系のプロレスラーと知り合って、水交社でプロレスの練習やってんだ」

「え、関取、そのプロレスっていうのは、どんなもんなんですか？」

初めて耳にする言葉である。

水交社とは、「シュライナース・クラブ」のことである。旧日本海軍のサロンということは小松は知っていたが、そんな場所でどんな練習をするというのだろうか。

力道山は、しばらく考えていた。どういうふうに言えばわかってもらえるか、思案しているようだった。

　プロレスといっても、日本人に馴染みはない。当の力道山でさえ、練習を始めたばかりである。

　えいっとばかり吐き出されたのは、こんな言葉だった。

「プロレスっていうのはな、相撲と柔道を混ぜ合わせたようなもんだよ」

「へえ……」

　なんとなくわかったようでわからないが、小松はそれ以上訊かなかった。格闘技であることは、間違いなかった。

「明日、両国で試合をやるんだ。はじめての試合だ。おまえ、ついてこい」

「はい、わかりました」

　かつては二所ノ関部屋で、小松は力道山の弟弟子であった。付け人として、兄弟子の大事なデビュー戦についていくことは、小松にとってごく当然の行動だった。

　その後東京を離れ、故郷の高知に暮らす小松は、当時の力道山の表情をいまもよく覚えている。

「プロレスに出会った力道山は、水を得た魚のようでした。相撲から離れ、それでも格闘技への未練が断ち難い。ようやく、これだと思ったのが、プロレスだったんですよね。まったく水を得た魚でしたよ。天性の格闘家だったんですね」

　小松には、新田建設時代の力道山のことで、忘れられない思い出がある。

　なにかのことで、小松ともうひとりの男が、力道山から猛烈に怒鳴られた。

「会社をやめて、出て行け！」

　小松は精いっぱい謝った。力道山は、飲みかけの茶を、小松にひっかけた。

「出て行けといったら、出て行け！」

　ここまで力道山が怒ったら最後だ、と小松は観念した。二階へ上がると、荷物をまとめ始めた。

　すると階下から聞こえてくるのである。ひとり残った男に、怒鳴っている力道山の声であった。

「おまえ、なんでここに座ってる！　おまえはまだここに座っているが、小松は上に行って荷造りしているぞ！」

　小松が二階に上がったのは事実だが、荷造りしているかどうかは、力道山に見えるはずもない。

　小松の性格を知ってそう言ったに違いないのだが、小松にとっては、自分のことを力道山が理解してくれているということがわかって、ホッとするものがあった。

力道山という人間は、人の長所と短所を鋭く見抜く才能があった、と小松が語る。

「ぼくにひっかけたお茶も、ちゃんと考えているんです。熱くないかどうか、ひと口つけてみて、冷めているなと確認してから、パッとかけてきたんですよ」

結局、力道山は小松をやめさせなかった。

力道山のプロレス・デビュー戦

さて、十月二十八日、朝からどんより曇り、午後になって、雨が降り始めた。底冷えのする日だった。力道山はプロレスのデビュー戦を迎えた。

会場は、両国のメモリアルホール。力士時代の思い出がつまった旧両国国技館であった。

力道山は、シボレーに乗り込み、エンジンをふかした。小松はトランクスやリングシューズなどの入ったバッグを抱えて、助手席に座った。

運転席の力道山を盗み見ると、その表情は恐ろしく強張っていた。

メモリアルホールの控室でも、力道山の表情は硬かった。小松が述懐する。

「もうガチガチに緊張していましたね。控室は昔の支度部屋ですからね。いろんな思いがあったんじゃないですか」

力道山は、トランクスをはいた。黒の短いトランクスである。あの力道山のトレードマークとなる黒いタイツは、まだ後年のことだ。

力士時代、徹底したしごきに逆上した若ノ花に噛みつかれた疵が、右の膝にくっきりと残っていた。

小松は、黒のリングシューズを履かせた。リングに上がるときに羽織っていくガウンを、力道山に着せた。ガウン――いや、本当はお世辞にも、そう呼べる代物ではなかった。

浴衣、なのである。

かつては洒落者を気取り、髷を結った頭でスーツを着るほどであった異能の人気力士も、ガウンすら身につけることができぬほど、困窮に喘いでいた。

しかし、笑うなかれ。浴衣と言えども、力道山はそこに、己の思いを込めていたのである。

その背中に染め抜かれているのは、真紅の大きな海老であった。そうして、その大海老は、尾を思い切り反らせて、勢いよく跳ねているのだった。

激しく躍動していた。

力道山の心のありようは、ガウンまがいの浴衣にその境遇を見るより、背中に染め抜かれた躍動する大海老にこそ、表れていたであろう。

力道山は、そのようないで立ちで、初めてのプロレスのリングに立った。

小松はリングのそばまでは行かず、花道の奥でタオルを持って、リングの上を見つめた。

アトランティック商事の専務で、のちに力道山の秘書になる吉村義雄も、メモリアルポールにやって来ていた。力道山の友人であるアメリカ軍属のボハネギーも、一緒だった。

新田新作も、最前列に座っていた。

それにしても、観客はまばらであった。ほとんどが進駐軍の兵士たちで、日本人は数えるほどである。

力道山の相手は、師匠である元世界王者ボビー・ブランズ。十分一本勝負であった。試合とは言ってもあくまでもエキジビション・マッチで、真剣勝負ではない。

ライトを浴びて、一年半ぶりに国技館のど真ん中に立った力道山には、どれほどの感慨があったであろうか。背中に躍る真紅の大海老が、ライトに照らされて一段と輝いた。

いよいよ、試合開始のゴングが鳴った。

吉村義雄は、著書『君は力道山を見たか』のなかで、試合の模様を次のように回想している。

《十分一本勝負ーゴングが鳴ると、力道山はブランズに突進しました。首投げやら抱え投げやら、力道山は覚え立てのプロレスの技を懸命に繰り出しますが、ブランズにはまったく通じない。そのうち寝技に引っぱり込まれ、腕を極められて動けなくなってしまいました。

「力道山、どうした！」

という声が、あっちこっちで飛び交いました。おそらくブランズがわざと技を外したからなんでしょう、力道山はやっと立ち上がりました。そしてやにわに、ブランズに張り手をかましました。思えば、これが後の空手チョップの原型だったわけです。不意を喰らった元ワールド・チャンピオンは、ロープまで吹き飛ばされました。だからと言って、それでブランズが本気でレスリングをしたとは言えないでしょうが、ともかくわたしたちがハラハラして見ているうちに、十分が過ぎて両者ドローということになりました》

小松敏雄もまた、花道の奥でハラハラしていた。

「ちゃんと見ていられるようなものではありませんでした。力道山は試合が始まって二、三分もすると、フーフーと肩で息をするようになったんです。それほどに、あっという間に疲れてしまった」

ともかくも、関係者の証言をまとめると次のようなことになる。

力道山は、初めから全力投球でブランズに向かっていった。まったく技が出せなかったのではない。習い立てのハンマー投げや、ボディースラム（抱え投げ）をブランズに対して行なった。あるいは、足を極めるトーホールドを、まるで真似ごとのように掛けてみせた。

エキジビションである。師匠ブランズは、それらの技を自分から受けた。

その技のぎこちない連なりは、手習いの成果を、初めて発表している新弟子のそれだった。首投げ、小手投げといった相撲の技も出した。

そうして、やたらと繰り出すのが、「張り手」であった。やはり張り手こそが、力道山の情念にぴたりとはまるのであろう。渾身の思いを込めることができるのが、張り手なのである。

吉村の指摘するように、「空手チョップ」の原型は、デビュー第一戦ですでに披露されていたのだった。

がむしゃらと言ったほうが当たっている、なりふり構わぬ必死の形相には、かつての関脇力道山の面影はなかった。

いうなれば、十分にわたって、ブランズに翻弄されたのだ。それでも、引き分けに持ち込んだのである。

ボビー・ブランズは、十分を闘い終えても、汗ひとつかいていなかった。余裕の表情で力道山と握手を交わした。

明らかに、ブランズは力道山に花を持たせたのであった。

力道山は、ブランズから握手を求められるまで、膝に両手をつき、上体をかがめ、いかにも苦しそうに全身で呼吸を繰り返していた。

リングを降り、控室に向かう姿には、まったく精彩が失せていた。

小松はその力道山の姿を見て控室に飛んで行った。付け人として、あれこれとやってあげなければと思ったのである。

控室に入ってみると、力道山は大の字にのびていた。こんな力道山は、力士時代には見たことがなかった。

十分ほど、そうやってのびていた。ようやく起き上がって椅子に座り込んだが、なおも苦しそうにうつむいていた。

リングシューズを脱がせようと、小松が力道山の足元にかがみこみ、靴紐に手をかけたとき、頭の上から声が降ってきた。

「いいよ」

「………」

「いいから、そんなことするな!」

荒い息をつく合間に、ようやく吐き出された声であった。

小松は立ち上がった。


「きっと自分のみじめな姿を見られるのが、嫌だったんでしょうね。あんな試合をして、控室には外人選手もいましたから、一人前に付け人に靴を脱がせてもらうような真似もできなかったんでしょう」

力道山の腹を見ると、ポッコリと出て、まだまだプロレスラーとしてやっていけるような肉体には、ほど遠かった。

こうして、力道山のプロレス・デビューは終わった。

アメリカに修業に行きたい

昭和二十六年十月二十八日、プロレスのデビュー戦を終えた力道山に、ボビー・ブランズが言ってきた。

「試合をしてみて、きみはプロレスラーとして成功する素質が充分あるよ。わたしが面倒を見るから、プロレスを続けてみないか」

「イエス」

力道山は、はっきりとそう答えた。

己を生かす道は、これしかないのだ。ブランズの言葉にも、大きな自信を得た。

ブランズは、力道山の素質を見抜いていたのである。日本にやって来たのも、単に米軍基地慰問のためだけではなかった。

「日本の柔道や相撲から有望な男を見つけ出し、プロレスラーとしてデビューさせたい」

それがブランズの目的であった。

事実、ブランズこそは、戦前戦後を通じて日本人レスラーの育成を夢見てきた人物だった。力道山がデビューする半年以上前にアメリカへ渡った柔道の木村政彦七段、山口利夫六段、大相撲の大ノ海、藤田山らのレスラーとしての活躍を見つめ、手ほどきしたこともあった。

とくに大ノ海、藤田山は、レスラーとして人気を集めた。大ノ海は、のちの花籠親方である。

戦前にも、タロー三宅、ラバーメン樋上、キモン工藤といった柔道家らが、アメリカでプロレスのリングに上がっていた。

日本人でプロレスを始めた人々は、力道山以前にかなりの数がいたのである。だが、日本にプロレスを根づかせることは、誰もできなかった。

ブランズはそんなふうに、プロレスのリングに上がった日本人格闘家の群れを、つぶさに見てきた。そうして、念願の日本にやって来たのである。プロレスラーとして日本人格闘家をアメリカに連れていこうという気持ちが確実にあった。

力道山は十一月十八日にも、十分一本勝負でカナダ選手権保持者のオビラ・アセリンと闘い、引き分けた。このときは、もうデビュー戦のときのように息切れはしなかった。

のちに力道山と行動をともにすることになるプロ柔道家・遠藤幸吉も、力道山とともにシュライナース・クラブでプロレスの指導を受けていた。デビュー戦は力道山より一カ月遅く、十一月二十二日、仙台の宮城野球場で、ハロルド坂田と十分一本勝負を戦って引き分けた。

力道山は遠藤とともに、ボビー・ブランズ一行と各地の進駐軍キャンプを渡り歩いては、プロレスに磨きをかけていった。

力道山と遠藤に出会ったブランズは、こう予言した。

「柔道、相撲の国技を持つ日本人から、プロレスリングの世界チャンピオンは、必ず生まれる」

そのブランズ一行は、日本での慰問興行を終えると、韓国へ国連軍慰問のために出かけて行った。離日するとき力道山は、ブランズに頼み込んだ。

「プロレスを、ずっとやっていきたい。アメリカに行って本格的に修業したいので、帰国したら、ぜひわたしを呼んでください」

ブランズも、引き受けた。

「オーケー、帰国したら、さっそくアメリカに呼ぶ手続きを取ってやろう。トレーニングを怠るなよ」

当時、日本人の海外への自由渡航は、認められていなかった。正式な機関による招請がなければ、出て行けなかったのである。

力道山は、すっかりプロレスに魅了されていた。同時に呑み込みの早い彼は、驚くほど短時間でプロレスのイロハを習得していた。

昭和二十六年十二月に入ってまもなく、築地小挽町の「蘆花」を、力道山は訪ねた。

「蘆花」は、後見人である新田建設社長の新田新作とともに世話になりはじめた稀代の興行師、日新プロ社長永田貞雄の経営する高級料亭で、自宅も兼ねていた。

力道山は、いつもの雰囲気と違っていた。

「社長、今日は、折り入って相談があります」

「なんだ」

妙にかしこまった様子で切り出してきたので、永田は、おやっ、と思った。

「じつは、レスリングというものが……アメリカじゃプロレスというんですが、大変流行っています。これは日本でも流行るんじゃないかと思うんです。わたしも、日本でブラブラしておってもしようがありません。まだ力も衰えていません。夜も力が余って、唸って眠れないぐらいなんです。プロレスラーになって、もう一度花を咲かせたい。そのために、アメリカに修業に行きたいんです。それで、じつは新田さんに相談してみました。そしたら、新田さんは『馬鹿野郎、アメリカで流行ってるからといったって、そんなレスリングなんていう舌を噛みそうな名前のもんが、日本で商売になるもんか。そんなもん、やるな』と言って認めてくれません。わたしは、おもしろいと思うんですが、どんなもんでしょうか」

永田は、じつは力道山から、元世界チャンピオンのボビー・ブランズ一行が進駐軍の慰問に来ているという話を聞いて、メモリアルホールに試合を観に行ったことがあった。それも「客が来ないので、だれかに配ってほしい」と力道山に言われ、切符を三百枚預かった。半分ほど捌き、自分も出かけて行ったのである。

興行師としての興味もあった。

そのときは力道山は試合には出ていなかったが、聞いてみると、前に二回ほど出場したということだった。

実際にプロレスを観てみると、これがとてもおもしろかった。レスラーたちは、コーナーポストの最上段から相手に向かって飛んで見せたり、リングの外で観客の椅子を奪って相手にぶつけたりしていた。反則などやりたい放題。目茶苦茶な茶番劇のような試合が展開され、永田は思わず腹を抱えて笑ってしまった。

格闘技であることは間違いないのだが、それにサーカスのごとき要素が加わって、立体的なおもしろさがあった。しかし、このプロレスなるものが、日本で定着するかどうかという考えまでには至らなかった。

「それは、おもしろいじゃないか」

永田がそう言うと、力道山は急に力を得たように、

「わたしは、力が余ってしようがないんです。社長、わたしはこれでひとつ一生懸命がんばって、やってみたいんです」

「おれが、新田さんに話してみるよ」

「そうですか。お願いできますか！」

「ああ、おれに任しとけ。なんとか、話をつけてやるよ」

力道山は、頭を下げた。

永田の後押し

永田は、力道山のことが、可愛くて仕方がなかった。毎日のように「蘆花」へやってくる。永田が出かけるという日は、必ず三十分前には車を乗りつけてくる。永田を頼みにしている。花柳界に出かけて行くときも、力道山のたくましい姿は、お付きとして映える。

新田新作を陥落しなければならない。永田は、策をめぐらせた。

格好の場が、間近に迫っていた。大相撲一月場所の千秋楽である。

その日は、必ず新橋や赤坂、柳橋の料亭で、永田が贔屓にしている横綱千代の山の慰労会を開くことになっている。十人から十五人の友人、知人もそこに招待する。

顔ぶれは、だいたい決まっている。日本精工社長で経済同友会幹事の今里広記、今里の舎弟分で日本金属社長の矢野範二、日本ドリーム観光社長の松尾国三、吉本株式会社社長の林弘高……といった錚々たるメンバーだ。いずれも三十年近くにわたる交友を得ている。

そこに、永田の引き合わせで新田新作も仲間に加わっているのだった。

慰労会の席で、新田を落としてやろう。永田は、そう考えたのであった。

力道山にも、むろん計算があった。自分は、いわば裸馬のようなものである。金はないが、プロレスなら元手はいらない。自分の体ひとつあればいい。損することもない。儲かれば、そのまま自分のものになり、名前も売れる。ただし、アメリカに行くには金がいる。後ろ楯も必要だった。力道山はすがるような思いで、永田という異能の人物に賭けたのである。

ボビー・ブランズからの招聘状は、まもなく力道山の手元に届いた。

あとは、新田の了解を得るばかりである。

千秋楽は、昭和二十七年一月二十六日であった。慰労会の場所を、永田は柳橋の「竹仙」とした。この店は、東映の看板スターである片岡千恵蔵の愛人が経営していた。

永田は「竹仙」に集まるようメンバーに連絡をとり、その日の筋書きを作った。

力道山には、こう言っておいた。

「きみは、千代の山を、八時ごろまでに竹仙に到着するように車で送ってきなさい。千代の山には、おれのほうからちゃんと言い含めておく。竹仙に着いたら、千代の山を降ろして、きみは車のなかで待機していなさい」

さて、一月二十六日の夕刻、「竹仙」には恒例のメンバーが集まった。

新田新作は、横綱東富士を連れてやって来た。東富士の最大の贔屓である。

東富士が登場すると、座は一段と華やいだ。

「おお、横綱が来たか」

と誰からともなく、声が漏れた。

そこに千代の山が入ってきた。入ってくるなり、永田が言い含めておいた通りに言った。

「リキさんが、いま車でわしを送ってきてくれたんです。いま下にいるんですが……」

「おお、そうか。じゃあ力道山も、ここへ呼べばいいじゃないか」

そう言ったのは、永田である。

廃業したとはいえ、力道山は関脇までいった立派な力士である。集まったメンバーも口々に、

「おお、そうだ、そのほうがいい。呼んでやんなさい」

そうして、力道山は晴れてこの宴席に加わったのである。筋書き通りに、事は運んでいる。

三十分ほど、飲み食いしながら、四方山話に興じた。客の面々がほろ酔い加減になったのを見計らって、永田が立ち上がった。

「みなさん、ちょっと今夜は、みなさんに御披露して御相談したいことがある」

よく通る、野太い声であった。

みなは、なんだろうと永田を注目した。

永田は、ここぞという重要な話をするとき、決まって立ち上がった。人を威圧し、こちらに集中させることができるからだ。酒など飲んでいるときは、なおさらそのほうがいい。ざわついていて、座ってしゃべったのでは注目を集められない。このへんの呼吸は、かつて自らも浪曲を語り、女流浪曲師二代目天中軒雲月を妻に持ち、その妻に浪曲の立ち姿を仕込んだ永田ならではのものだった。

静まり返った座のなかで、ひとり永田は立つと、ちらりと力道山を見た。

「じつは、ここにいる力道山のことです。相撲をやめて、新田さんのところでご厄介になり、大変可愛がってもらっておる。しかし、相撲をやめてもう二年近くが経ち、ファンも力道山、力道山と言わなくなった。ただ、しかし、力尽きて相撲をやめたわけではありません。夜寝ていても、力が余って眠れんくらい血沸き肉躍っているのが実情だ。座して食らえば大山も空し、と言うがごとくです。力道山も、いくら金があったか知りませんが、今はたいした金もないでしょう。新田さんのところで、何不自由なくしてもらっていたことだろうけども、ここはひとつ男になりたい、と言うのである。いま、プロレスというのが、アメリカで流行していて、日本にも慰問に来た。それをわたしもよう、力道山から切符をもらって観に行った。これを観たら、なかなかおもしろいんだ。

プロレスラーは、飛んだり跳ねたり、椅子を相手にぶつけたりする。わたしは、こんなことをやるのかと、びっくりしてしまった。わたしが観に行ったときは、力道山は試合には出なかったが、どうも聞いてみると、二回ほど飛び入りのような形で、外人レスラーで元世界チャンピオンのボビー・ブランズらと試合をして、引き分けたというんです。力道山は、力が余って夜も眠れないというんです。こうしてブラブラしておってもしようがないから、プロレスラーになって、もうひと花咲かせたいと。それで、アメリカに修業に行きたいと言っておる。新田さんに相談したところ、新田さんは力道山が可愛いもんだから、見ず知らずのアメリカに行って苦労するのはかわいそうだと。そんなとこへ行って苦労するのはやめとけと言ったそうです。プロレスは力だけではありません。いろいろな技を身につけないと大成しない。そこで、力道山は、本場のアメリカで修業して、ぜひ成功したいと強く望んでいる。わたしは、力道山なら、変わり身が早いからやれるんじゃないかと思うんです。この際、力道山を望み通りにアメリカに行かせてやったらどうかと思うんですが、みなさん、いかがでしょうか」

永田の迫力が、座を圧倒していた。力道山は、殊勝に視線を落としている。新田新作は、黙って聞いていた。

と、そのとき第一声が上がった。

目黒雅叙園での歓送会

「そりゃあ、いいじゃないか！」

日本ドリーム観光社長の松尾国三であった。

「おれもアメリカに行ったとき、プロレスというものを観たような気がする。プロレスかなんか名前は忘れたけれども、相撲や柔道というんじゃなかった。投げ飛ばしたり、飛び回ったりして、なかなかおもしろかった」

永田も、松尾の言葉に勢いを得た。

「そうですよ。メモリアルホールでわたしも観たけど、こうして椅子をぶつけたりね、ロープの高いところから飛び降りたりしてね」

今度は、日本精工社長の今里広記から、賛同の声が上げられた。

「それは、おもしろいじゃないか」

長崎出身の今里は、力道山の後見人で力道山のアメリカ行きに反対している新田建設社長の新田新作に顔を向けると、長崎弁で説得にかかった。

「新田さん、力道山をアメリカにやったらどうですか。永田さんが言うとるような具合で、可愛くて放したくなかろうけど、力道山もその気になっとるらしいし、そんなにおもしろいというんだったら、力も衰えとらんということだし、アメリカに修業にやったらよかじゃなかかね」

新田にとっては、思わぬ展開であったろう。だが、松尾や今里にまでそう言われて、はっきりと答えた。

「みなさんが、そんなに言ってくれるのなら、わたしに異存はありません」

永田は心のなかで、思わず快哉を叫んだ。

力道山は、相変わらず神妙な顔つきである。

今里が、間髪置かずに提案した。

「松尾さん、あんたの雅叙園で、歓送会ばやってやったらよかろう」

「うちだったら、いつでも使ってもらっていいよ」

松尾国三が経営している目黒の雅叙園は、相撲の世界などでよく使っていた。当時はまだホテルなど少なく、雅叙園を使うことが多かったのである。

トップ同士の話である。話は早い。

「歓送会は、いつごろやる？　リキさん、いつごろアメリカに行くの？」

とメンバーのひとりが力道山に訊いた。

「いつでも。早いほうがいいと思います」

ぼそりと答えたそばから、永田も、

「善は急げだからなあ」

と追い討ちをかけて、

「歓送会の案内状を七、八百枚ばかり作って出しましょう。ひとり百枚ずつ持って、配ることにしませんか」

その手配は永田に任せるということになって、永田は電話に飛びついた。銀座の自分の事務所のダイヤルを回した。

「おい。中川、すぐ来てくれ」

秘書の中川明徳は、あらかじめ永田が待機させていたのだった。

「必ず電話をかけるから、呼んだらすぐ来い」

と言ってあった。

中川は、文章を書ける人物で、のちには浪曲の台本まで書くようになる。永田は、案内状の文章を中川に書かせるために、「竹仙」に呼んだのである。

話は、急展開で進んでいった。中川が来るあいだに話は詰められ、歓送会は二月一日ということに決まった。

音ひとつ立てぬ足どりで、中川がスウッと「竹仙」の座敷にやって来ると、永田が指示を出した。

「いいか、力道山の歓送会は二月一日、目黒の雅叙園だ。そういうことで、案内状の葉書を書いて、千枚ばかり作ってくれ。大急ぎでやってくれ」

「わかりました」

中川は帰りに印刷屋に寄り、原稿を書いて渡した。二月一日というと、「竹仙」の宴席が一月二十六日だから、あと五日しかない。そうして中川は、校正を要領よく簡単に見て、案内状を作り、「竹仙」のメンバーに百枚ずつ送付した。

永田貞雄によって、力道山のアメリカ武者修行は、新田新作のみならず、財界の大物たちの後押しまで得て、電光石火の決定をみたのであった。

二月一日、目黒の雅叙園での歓送会には、政財界や芸能界はもちろん、相撲界からも二所ノ関部屋を中心に目ぼしい力士たちがやってきた。三百余人の名士が集まった。

「竹仙」に集まった永田、新田、今里、松尾、それに吉本株式会社社長の林弘高、日本金属社長の矢野範二ら発起人たちは、もちろん全員が出席した。

永田は五、六十人に声をかけ、さし絵画家の岩田専太郎、小説『佐々木小次郎』を出したばかりの作家村上元三らも、永田の友人としてやってきた。

さらに政界からは、元民政党幹事長で、鳩山一郎を押し立て、吉田内閣打倒に燃える大麻唯男、その政治力で〝怪物〟の異名をとる楢橋渡、元伯爵で戦前は農相、貴族院副議長も務めた、横綱審議会委員長の酒井忠正がやって来た。三人は、相撲ファンで、力士時代から力道山のことを知っていた。

相撲界からは、日本相撲協会の出羽海理事長、横綱東富士、千代の山のほか、力道山の弟弟子である大関琴ヶ浜、若ノ花、芳の里らが駆けつけた。

新聞各社も取材に招かれた。

司会は、相撲界を去って本名の大坪義雄を名乗っている、元小結の九州山が務めた。

　力道山は、紺に白のストライプの入ったダブルのスーツを着て、左の胸には菊を縁取ったリボンをつけていた。いつもの明るさはなかった。いやに緊張して、表情は強張りっぱなしであった。

　二日後の二月三日、日本を発つことになっている。初めてのアメリカである。

　裸一貫で始めることは、相撲に入門するときと変わっていない。海峡を越えて日本へやって来たのは、十代の半ばである。貧困のどん底で、力士としてひと花咲かせようと渡ってきたのだ。

　いまもまた、同じようなものではないか。

「頼る者がなくたって、やる気さえあれば、やれないことなどあるものか」

「人間、裸で生まれてきたんだから、わしは一生、裸で勝負する」

　ことあるたびに力道山が口にするそんな口癖が、いまこの場面ににじみ出るようである。

日本人の戸籍をとり祖国の血脈を絶つ

　故郷朝鮮半島は、昭和二十五年六月から始まった朝鮮戦争で、真っ二つになって同胞たちが血を流し合っていた。

　すでに北緯三十八度線を国境として、大韓民国と朝鮮民主主義人民共和国に分かれていたが、故郷の成鏡南道浜京郡龍源面新豊里三十七番地は「共和国」に組み込まれ、日本との国交は絶たれた。

　朝鮮相撲シルムの横綱であった長兄の金恒洛とも会えない。父母もすでに、太平洋戦争終結前にこの世を去っていた。

　なおも戦争は続いており、日本は戦後初めての特需景気に沸いていた。天涯孤独となった力道山にとっては皮肉にも、日本経済は、この戦争によって復興の足がかりを掴んだ。

　華やかな歓送会の会場で、緊張した面持ちで人々と記念写真に納まる力道山の胸の内には、様々に複雑なものが去来していたに違いない。

　そうした夥しいカメラのフラッシュを浴びるたびに、

己の過去をまるで衣を脱ぐように、一枚一枚取り去って行きたかった。が、そう願えば願うほど、過去が重くのしかかってきたのではあるまいか。

祖国は、もはやなくなった。両親はこの世にない。まして韓国を支援して「共和国」と激しく戦闘を繰り広げているアメリカに乗り込んで行くというのに、やはり「北」の出身というのは好ましくなかっただろう。

ちょうどこの一年ほど前の昭和二十五年十一月二十一日に、力道山は就籍届を出し、許可を得ている。そこには、「本籍・長崎県大村市から東京都中央区日本橋浜町に転籍。父百田巳之助、母たつ（ともに死亡）の長男として出生」ということがはっきりと記載されてある。名は「百田光浩」としている。

だが、昭和十九年七月四日、日本統治期に発行された朝鮮の戸籍抄本は、明らかにに戸主も本籍も朝鮮のもので、まったく違うのである。

《戸主　金村恒洛　出生　明治参拾九年九月　父　亡金錫泰　母　巳　金村光浩（参男）出生大正一三年一一月本籍咸鏡南道浜京郡龍源面新曲豆里参拾七番地　右抄本戸籍ノ原本ト相違ナキコトヲ認証ス昭和一九年七月四日浜京郡龍源面長　金谷昌茂》

「金村光浩」が、力道山である。本名は「金信洛」だが、この時代、日本の占領政策によって、日本風に創氏改名することが強制されたのだった。

つまり、就籍届を出して許可された昭和二十五年十一月二十一日までは、力道山の戸籍は明らかに朝鮮のものであった。

この日に朝鮮籍を抜き、本籍を「長崎県大村市」として、同時にそこから日本橋浜町に転籍しているのである。百田巳之助（後に巳之吉と改名）という人物は、朝鮮で力道山を見初め、二所ノ関親方に紹介した人物であった。百田は、長崎県大村市在住の人である。

戸籍上はその時点で、力道山は、紛れもなく日本人になっていた。ちょうどその時期は、力士を廃業して新田建設に資材部長として入社し、日本橋浜町の新田からあてがわれた家に住み始めたときであった。

日本人としての戸籍をとり、祖国の血脈を絶った力道山が、その一年後アメリカに旅立とうとしている。祖国と戦争を繰り広げているあのアメリカに単身乗り込んでいこうという直前の、この晴れやかな宴席で、彼は錐もみするような思いで、身心ともに日本人として生きていこうと誓いを立てていったのではなかったか。

大物政治家の大麻唯男らが、次々と挨拶に立ち、

「男一匹、やると決めたら石にかじりついても、初志を貫いてほしい」

と激励を受けるに連れて、力道山のその思い、また緊張の度合は、嫌が上にも高まっていったであろう。

二月三日、後見人の新田新作、永田貞雄、林弘高らのほか、力士時代からの親友である横綱千代の山ら多くの人々に見送られて、力道山は羽田から、まずハワイへ向かって飛び立った。

ハワイでプロレスの体をつくる

昭和二十七年二月三日、東京を飛び立った力道山は、ハワイのホノルルで沖識名のもと、プロレスリングの本格的なトレーニングに入った。

渡航費用を含めて、資金は充分にあった。

何と言っても、雅叙園での祝儀が大きかった。最高ひとり一万円を包んでくれた人物が、何人もいた。

永田貞雄は、興行界の首領と言われるだけあって、常識を超えた祝儀を力道山に渡していた。なんと、五十万円である。

国家公務員の初任給が、七千六百五十円の時代、内閣総理大臣の給料でも、十一万円の時代である。五十万円は、とてつもない金額だった。

ホノルルに降り立った力道山を出迎えたのは、プロレスの師であるボビー・ブランズであった。ブランズに紹介されて、力道山は日系人で元プロレスラーの沖識名に預けられ、そこで猛特訓に励み始めた。

必殺空手チョップは、そのハワイで生まれた。

沖識名は、両親が沖縄出身の日系二世であった。かれはハワイ相撲からプロレスに転身し、一九三〇年代後半の世界チャンピオン、ジム・ロンドスとたび重なる死闘を繰り広げた人物だった。

ホノルルに着いた力道山を待っていたのは、沖識名の猛特訓であった。

相撲の体を、レスラーへと改造していかねばならなかった。

体重は三十二貫、百二十キロあった。身長は百八十セ

ンチ。相撲の体型から、少しも変わっておらず、腹がポッコリと飛び出し、それに比べて胸板は厚くなかった。

相撲は瞬発力だ。しかし、レスリングはそれに持久力が要求される。相撲は、土俵に体の一部がつけばそれで負けだ。が、プロレスはたとえ投げられても、負けではない。再び立ち上がって、闘わなければならない。

そのためには、まず腹を引っ込めなければならなかった。そうして持久力をつける。

沖は、力道山を連れて、ワイキキ・ビーチを走った。砂が、足を噛む。四十度近い熱波が押し寄せる。汗が吹き出す。

ジムでは、バーベル、鉄アレイを使って、腕と胸の筋肉をつけた。

急所である首の筋肉を鍛えるために、四つん這いとなって後頭部を思い切り押さえつけられ、それに対して首をうしろに反らせて押し返すトレーニング。

膝を屈伸させて、足腰を鍛えるスクワットは、一度に三千回をこなした。

プロレスの技も、関節技や投げ技を教わった。それでも、すぐに身につくというものではない。

沖が、訊いてきた。

「相撲のときの得意技は、何だった？」

「突っ張りに張り手、それに外掛けです」

「それだったら、カラテチョップをやったらいい」

「カラテチョップ？」

沖に紹介されたハワイのプロモーター、アル・カラシックも、さかんにカラテチョップを勧めてきた。

じつは、すでにアメリカの日系レスラーたちは、それをだれもが売りものにしていたのである。

大相撲時代から力道山最期のときまで、ともに過ごした芳の里淳三が、当時を振り返る。

「あのころは、終戦まもないころで、ハワイやアメリカ本土の人たちは、真珠湾攻撃のことを忘れていなかったんです。日系レスラーが出るというと、その怨みを晴らそうとでもいうかのように、客が集まって野次を飛ばした。日系レスラーは、それだけで客を集めたんですよ。日本というと、空手、柔道となる。日系レスラーたちは、こぞって空手チョップを使いたがったんです」

日系人だけでなく、フィリピンあたりから来ているレスラーまでも、自ら日本人になりきることを求めたほどだった。プロモーターも、もちろん勧めた。

　アメリカ名を持っている日系レスラーでも、リングネームを日本名にした。それも、東郷平八郎元帥にちなんで、「グレート・トーゴー」。あるいは、東条英機と山本五十六をミックスして、「トージョー・ヤマモト」。それらのリングネームは、アメリカ人たちをいたく刺激したのだった。

「アメリカの客たちは、日本人が叩きのめされるのを見たい。ところが、日本人がアメリカのレスラーを空手チョップでやっつける。そうすると、次こそやっつけてくれるだろうと、客がまた観に足を運ぶ。しかし、またアメリカのレスラーが日系レスラーにやられる。

　そうして、最後にアメリカ人レスラーがついに、勝って、溜飲を下げる。日系レスラーたちは、徹底的にヒール（悪役）で稼いだんです」

　そのなかで繰り出すカラテチョップに、相手のアメリカンレスラーはたじろぎ、客は東洋の神秘的な技に狂喜した。

　同じ客でも、日系人たちは、試合のたびに暗澹たる思いにとらわれた。

　そのころのカラテチョップは、決して見映えのいいものではなかった。たんに掌をまっすぐに突き出して、相手の喉元に打ち込むというものだった。

孤独の世界から生まれた空手チョップ

　力道山は、得意であった突っ張りを応用して、見よう見真似でカラテチョップの練習に励んだ。

　初試合は、ハワイにやってきて二週間後の二月十七日、ホノルルのシビック・オーデトリアムで行なわれた。相手は、「狼酋長」を名乗るチーフ・リトル・ウルフというインディアンであった。無法の限りを尽くすレスラーという評判であった。

　ものの八分ほどで、力道山が勝利を収めた。反則パンチで殴りつけてくるウルフに対して、力道山は上半身を紅潮させ、怒りを爆発させたのだった。

　沖識名に教えられたカラテチョップを、連発した。激昂していくうちに、相撲の張り手のようになった。リングから転がり落ちたウルフを追い、蹴りを喰らわせた。

　ようやく上がってきたところを、またも機関銃のようにチョップを繰り出し、ウルフをマットに沈めたのであった。

日系人たちは、ドッという歓声を送った。戦争中は収容所に入れられ、戦後は屈辱を舐めさせられてきた彼らは、力道山の見事なほどの一方的な勝ちっぷりに、ヒーロー到来と喝采を送ったのであった。

ウルフは、なかば失神状態であった。それほどに力道山のチョップは強烈無比だった。

突っ張りと張り手にかけては、大相撲時代、力道山の右に出るものはなかった。

昭和二十二年六月場所のことである。東前頭八枚目であった力道山は、全勝街道を驀進していた。優勝戦線の筆頭を突き進んでいるとき、西前頭六枚目の若瀬川と当たった。

若瀬川は前捌きが上手く、二本差しを得意としていた。

これは一発突っ張ってやろうと考えた力道山は、立ち上がりざま一撃を喰らわした。若瀬川は、その一撃で吹き飛んだ。そのまま、後ろに反り返るように倒れた。

なかなか起き上がってこない。心配になった力道山が、体を抱き起こしにかかると、冷たくなっている。力道山は蒼ざめた。

死んだかと思った。

抱きかかえるようにして支度部屋で寝かせた。こんこんと眠り続けてようやく気がついたのは、三十分も経ってからだった。

生前、力道山は、述懐している。

「よるべない孤独の世界から生まれたのが、空手チョップですよ」

ハワイには、日系二世レスラーがたくさんいた。のちに渡ったアメリカ本土にも。そこで力道山が見たのは、悪役というよりも、そろいもそろって太鼓持ちを演じている情けない日系レスラーの姿であった。

羽織袴の上下や、束帯姿、それに下駄履きでリングに上がり、柏手を打っては、線香を上げたりする。塩をまく。相手の白人レスラーに攻め込まれると、土下座して許しを乞い、客を沸かせる。そうしておいて、相手に卑劣の限りを尽くし、ほどほどのところでフォールを取らせ、負けてやる。

力道山は、特訓を終えると、人影のないココヘイ海岸に出た。

ヤシの実を、何度も何度も殴りつけた。岩に座れば、それめがけて思い切り右の拳を振り下ろした。

〈実力がないから、あいつらは媚びるようなことをするんだ。実力さえつければ〉

力道山は、そのときのことを「週刊朝日」昭和三十年七月三十一日号で、こう語っている。

「張り手を自分なりに工夫して、空手チョップを完成しようと思った。だれも頼る者のない寂しい状態を、いったいどうしたらこの現実を切り抜けられるか、という一心だった。

沖縄で空手が盛んだということも、ぼくにはわかるような気がする。武器も、後ろ楯も持たぬ人間にとって、唯一の力は、いつ、誰がかかって来ても、のばしてやるという心の中の張りだけだ。そのためには、蹴りと殴ることと、頭突き以外の何があるだろうか、ぼくには……」

所構わず、右の拳をぶつけるという癖は、じつは大相撲時代からだった。コンクリートに座っているときでさえも、ひっきりなしにそこに拳をぶつけていた。

拳だけでなく、小指の側面も叩きつけた。


そのために、彼の右手は、怖ろしいほどタコで盛り上がった。左手と右手では、まるで大きさが違った。

その繰り返しのなかで、己の闘争心を掻き立てたのであった。

プロモーターの言うことは、いかに力道山といえども駆け出し、守らないわけにはいかない。

おまけに売り文句は「スモウ・レスラー」である。紋付袴のコスチュームを着せられ、リングに上がらなければならなかった。その屈辱を晴らすためには、実力というものを見せつけてやらねばならない。

敵を叩きのめすのは、空手チョップしかない。怒りを爆発させるのは、華麗な投げ技などでなく、一撃入魂の手刀しかない。

プロであれば、見せることも考えねばならなかった。そこで編み出したのが、逆水平チョップだった。

これまでは、真っすぐに打っていくチョップしかなかった。それを逆に、右手の先を左肩のあたりまでグッと引いていって力を溜め、弓のように右腕をしならせて敵の喉元に右手の側面を叩きつけるのだ。遠心力が加わるので、力が倍加された。

力道山は、この逆水平チョップを、早くも第二戦目から爆発させたのだった。

初めて見るその一撃に、観客は度肝を抜かれた。

沖識名は唸った。

〈へえ、この技はおもしろい。リキも、いろいろと考えてるんだ〉

むろん、殺し合いではないので、急所は外した。それでも、大相撲時代から鍛えた右手は、相手に悲鳴を上げさせた。

加減するために、やや手を「く」の字に曲げて、当たった一瞬のうちに掌を相手の胸に叩きつけるので、パシーンと弾ける音が場内に響いた。

観客は、衝撃の凄まじさを耳で受け止めた。今までに、そんな音など聞いたことがなかった。

「ジャップ!」

そう罵りながらも、一方ではショーだと割り切っていたハワイの楽天的な白人たちは、空手チョップひとつで疾風のごとく暴れまわる弾丸のような男に釘づけになった。

どうにもならぬ口惜しさを全身にたたえた、怒濤のような男の暴れぶりに、不思議なリアリティを感じていた。

日系人たちは、誇りを回復していった。彼らは日の丸の小旗を振り立てながら、大合唱した。

「いいぞォ、リッキー・ドザン!」

ハワイに来たときに、百二十センチもあった力道山の太鼓腹も、百センチに満たなくなった。胸には筋肉が隆々とし、首が太くなった。首の後ろで、八十キロから百キログらいは軽く支え挙げられるまでになった。

膝から下をブラブラさせておいて、足の先に取り付けた四十五、六キロの鉄アレイを、軽々と上げ下げすることもできるようになった。

沖識名のトレーニング方法は、走ることを主体としたハード・トレーニングであった。力道山は力士時代、走ることなどまったくしなかった。力士に走ることは無用とされていたからだった。ハワイに来て慣れないロードワークを散々やらされて、さすがに力道山も苦しくてならなかった。

生前、力道山は『力道山花の生涯』で、そのときのことを述懐している。

《沖さんのトレーニングは相当なもので、走ることを主眼としたハード・トレーニングには、さすがに参った。相撲時代の稽古もきつかったが、体づくりに対する考え方が、相撲とプロレスでは根本的に違い、猛練習しなければならなかった》

アメリカ本土へ

四月に入ってからは、シュライナース・クラブで一緒にトレーニングを受けた柔道家の遠藤幸吉が、力道山に二ヵ月遅れてホノルルにやって来た。遠藤は、ハロルド坂田と〝トーゴー・ブラザーズ〟を名乗り世界タッグチャンピオンにもなったグレート東郷に、プロレスのトレーニングを受ける。

また、プロ柔道の山口利夫六段もホノルルに乗り込み、柔道対プロレスの混合マッチに出場した。

日本の格闘家たちは、こうしてハワイに結集していった。まさに、日本プロレスの黎明期であった。

力道山は遠藤との久々の再会に、お互いに頑張ろうと誓い合い、毎週日曜日に行なわれるシビック・オーデトリアムのリングに上がった。

ところが、五月二十二日の永田への手紙には、《永田様ハワイと言ふ所は淋しい所ですね。もう氣がくるいそうです》と書き、こう続けている。

《小生もいよいよ六月九日の飛行機でアメリカへ行きます。先週迄の成績は十二勝四引分一負です。負が無ければハワイの選手権を取れました。残念です。永田様どうか皆々様に宜敷く宜敷くお傳への程お願い致します。又アメリカでお便り致します》

結局、ハワイ王座は奪取出来なかった。

しかし、この間、ホノルルでは得意の張り手から空手チョップの原型を編み出し、また、力道山のトレードマークとなる黒のロングタイツを着用し始めた。

アル・コステロとの一戦から身につけ始めた黒のロングタイツは、太く短い力道山の足をスマートに見せた。

だが、着用の理由はそればかりではない。

のちに力道山は理由を聞かれると、

「いやあ、昔、若ノ花に右の膝を噛みつかれてね、疵があるもんだから」

と答えていた。

疵はそればかりでなく、太腿にも直径四、五センチほどもある丸い火傷のあとのようなものがあった。

それを隠したいというのも、理由としてはわかる。が、また別の証言をする人物がいる。力道山にレスラーとして見込まれ、可愛がられた豊登である。

彼は、よく力道山に誘われて、一緒に風呂に入った。そこで力道山から、こんなことを聞かされた。

「おれは肺ジストマを患ってから、身体はガタガタなんだ。太腿にも放っておいたら血の瘤ができて、血が吹き出すんだ。リングの上でそんなことにならないように、タイツをはいて押さえているんだ」

ロングタイツは、指を入れることも出来ないほど、ぴったりと下半身に密着したものだった。まさしくそれはリングコスチュームというより、腰から足首にかけて強力に貼りつき、保護しているものだったという。豊登が語る。

「力道山の内実を言えばそういうことで、プロレスを始めたときには、もうあの人の身体は満身創痍だったんですよ」

力道山は尋常ならざる精神力で、己をプロレスに燃焼させていったのである。


五月三十一日の永田への手紙には、こう書いている。

《本日(五月三十一日)付のお便り有難う御座いました。小生も御陰様で元氣で居ります故御安心下さい。いよいよ六月十日午後六時の飛行機でサンフランシスコへ行く事に成りました。其の次はシカゴ、次ニューヨークです。サンフランシスコのプロモーターが太平洋方面を全部興行するのです。州と言いますとワシントン州、オル(レ)ガン州、カルフォルニア州、ネバダ州此の方面を約一ヶ月半以上廻る事です。シカゴのプロモーターは約二ヶ月程です。

後　又　報せます。一昨日(柔道)山口利夫君が帰りましたが、山口君の話では毎日(新聞)でプロレスリングの興行に手を出す様な事を言って居りました。兎に角、米國では大変な興行です。ホノルルみたいな小さい所でも一週間一回、毎回客が九十パーセント以上です。此れには色々とコツがありますね……。

今ホノルルのプロモーターは私に日本に帰ってプロモーターをやれと言って居ります。應援するとの事です。山口君とか木村君は体が小さいし遅いのでちょっとプロモーターが使ってくれないそうです。山口君は私より遅く来てもう歸りました。兎に角永田さん角力取で私より体が大きくて、ソップ形の誰か居らんかね……居れば絶對です。私は今から来年、又将来の事を考えてレスラーの友人を澤山つくります》

力道山は、早くもプロモーターになることまで念頭に置いている。単なるレスラーであるばかりを考えているのではないことが、ここにおいて明確な形を取っている。

空手チョップと黒のロングタイツ

昭和二十七年六月九日、力道山はひとりぼっちで、アメリカ西海岸のサンフランシスコ空港に降り立った。いよいよ、アメリカ本土でのプロレス修業が始まる。いや、修業ではない。トレーニングを終えた、正真正銘のプロレスラーとしての歴戦の旅である。空手チョップと黒のロングタイツは、力道山のトレードマークとして、すでに売りものになっていた。

日本は一カ月あまり前の四月二十八日、講和条約が発効し、名実ともにアメリカの占領下から解き放たればかりだった。接収され、メモリアルホールと名前を変えていた大相撲の殿堂、両国国技館も接収が解除された。解体されていた財閥も、千代田銀行が三菱銀行、中央生命保険が三井生命保険、大阪銀行が、住友銀行といった具合に復活した。

だが、アメリカの占領体制は事実上継続され、それへの民衆の怒りが、五月一日の「血のメーデー事件」で爆発した。皇居前広場に集まった六千人のデモ隊に対して、五千人の警官隊がぶつかり、デモ隊ふたりが殺され、重軽傷あわせて二千余人となった。検挙者は、千二百三十人にものぼった。

共産党による火炎ビン騒擾事件も、立て続けに起こった。

そのなかにあって、アメリカの力道山を大いに奮い立たせたニュースは、五月十九日のプロボクサー白井義男の快挙であった。

白井は、後楽園球場でダド・マリノを判定で破り、世界フライ級王座を奪取した。日本人として初めて、プロボクシング世界チャンピオンとなったのである。

「おれもプロレスの世界で、日本で初めての世界チャンピオンになってやる」

そう奮起してはみたものの、しかし、さすがにたったひとりきりのアメリカ本土殴り込みは、さみしいものであった。

到着して一週間経った六月十六日、日新プロ社長の永田貞雄に宛てた手紙からは、環境になじめない力道山の、孤独な心境が窺われる。

《永田様

其の後御変り御座いませんか。小生は御陰様で相変わらず元氣です。故御安心下さい。ハワイへ四ヶ月以上も居っていろいろとアメリカの事情も知りましたので私にはマネージャーなしで、今のところやって居ります。ですから六月九日の飛行機でサンフランスコ迄たった一人旅です。飛行場へ着いて勝手がわからず巡査にたずねてホテルに行きました。

ところが白人のホテルで四日程で日本町に変わりました。明夜から試合です。当地は約一ヶ月半入ります。ハワイも当地も日本から色々なげい術げいのう人が見たくない程来て居るので、日本からと言ふと当地の人たちはぞうっとするそうです。小生は始めからその様に思ったもんですからどこへ行っても二世の人とはあんまり交際して居りません。お萬一行と言ってチンドンや迄来て居ります。サンフランシスコも小生が日本で思って夢見た様な所ではありません。日本の神戸級です。場所は廣いが人がらの良い所ではありません。私も今度で日本の良さが始めて分かりました。

永田様、皆々様にどうぞ宜敷くお傳下さいませ》

力道山の祖国・朝鮮半島では、なお戦争が続いている。中国義勇軍が北支援で参戦し、それに対してアメリカが国連軍を率いて戦闘を拡大させていた。

力道山はアメリカ人に媚びては、「当地の人たち」を「ぞうっと」させている日本人、日系人に対して、激しい嫌悪感を抱いた。

アメリカ人は、真珠湾奇襲攻撃を忘れていなかった。不意打ちを喰らわせた日本人は卑怯だというイメージが、強く残っていた。グレート東郷のリングネームは、元帥東郷平八郎にちなんだもので、アメリカ人の気持ちを痛く刺激したのである。

リングの上では、相手に攻められると手をこすり合わせてやめてくれと哀願する。ところが、相手が背中を向けたとたんに、コーナーに置いてある高下駄で殴りかかっていく。観衆からは、さかんにブーイングが浴びせられた。

力道山は、グレート東郷に対して、怒りをぶちまけている。

「あれはハワイ生まれのやつで、国辱ものです」

日系レスラーは、グレート東郷を筆頭に、ミスター・モト、トージョー・ヤマモトと揃いも揃って、あくどく滑稽に稼ぎまくっていた。

力道山は、彼らを憎み、軽蔑した。

それゆえに、なおさらリングでの暴れっぷりは、ガチガチのストレート・ファイトで固まった。

一心不乱のセメント・レスラー

永田に手紙を書いた翌日の六月十七日が、力道山のアメリカ本土で記念すべき第一戦であった。

サンフランシスコのウィンターランドで迎えた第一戦の相手は、無法者として鳴らすアイク・アーキンスであった。

反則パンチを振るってくるアーキンスに対して、力道山は袈裟掛けに振り下ろす空手チョップを、頸動脈から胸板に叩き込んだ。

日系のショーマン・レスラーに馴れ切っているアメリカ人レスラーには、およそ考えられぬことであっただろう。本当なら手加減するところを、なんの妥協もなく、まともに空手チョップを乱打する力道山の前に、アーキンスは何度もマットに叩き伏せられ、呆気なく敗退してしまった。

六千人の超満員の観衆は、力道山に釘づけにされた。こんな日系レスラーを見たことがなかったのである。

黒のロングタイツは、アメリカでは悪役の象徴だった。が、このレスラーは悪役ではない。一直線に前に出て、これまで見たこともない独特なチョップを放つ。一心不乱で、妥協がない。おそらく彼らの眼には、まるで違ったタイプの新しいレスラーとして映ったことだろう。

アメリカ人レスラーたちは、力道山のことを「セメント・レスラー」と呼んだ。セメントのように硬く、妥協がないという意味である。勝負に徹するその姿は、彼らにはやり辛くもあり、観衆には新鮮であった。

そうして、以後リングに上がるたびに、観客から熱望の声援が湧いてきたのである。

「リッキー、カラテチョップ!」

「カラテチョップを出せ、リッキー!」

すでにアメリカには、テレビがあった。サンフランシスコのテレビ局は、試合があるたびにプロレスを放送した。その小さな画面のなかを、黒いロングタイツの東洋の男が、日に焼けた上半身をさらして弾丸のように駆け抜けていく。その躍動美が、さらに力道山ファンを増大させていったのだった。

プロモーターのジョー・マルコビッチは、ハワイのプロモーター、アル・カラシックから力道山の情報を受けてはいたが、これほどまでに求心力を持った男であるとは思わなかった。

第三戦では、早くも元プロボクシング世界ヘビー級王者のプリモ・カルネラとのカードが組まれた。パンチ対空手チョップの対決で、いっそうファンを煽ったのである。カルネラは、身長二百二センチ、体重百二十八キロという巨漢で、その堂々たる体躯は「動くアルプス」の異名をとった。

力道山は、身長差が二十センチもあるカルネラと引き分けた。観衆は元ヘビー級チャンピオンのパンチと、東洋の神秘な技の対決に酔った。空手チョップが叩き込まれると、カルネラのアルプスのような体が大きく前後に揺れ、マットに崩れ落ちる。そのたびに、どっという歓声が湧いた。

マルコビッチは、次のマッチメイクを考えた。それを聞いて、力道山は驚いた。

マルコビッチは、たしかにこう言ったのである。

「今度はカルネラとタッグチームを組んで、シャープ兄弟の世界タッグ選手権に挑戦するんだ」

日本を出発してから、まだ四カ月ほどしか経っていない。こんなに早く、世界選手権に挑戦出来るとは、夢にも思わなかったであろう。

それに、もうひとつ不思議でならないことがあった。どうして闘志をむき出しにして闘ったばかりのカルネラと、タッグチームを組むのかということである。

王者組は、兄弟である。だが、こちらは敵同士ではないか。そこがプロレス興行の奥深いところだった。

敵同士であろうと、いまシャープ兄弟と互角に渡り合え、しかも新鮮なマッチメイクで観客を動員できるのは、力道山とカルネラを置いてほかにないのである。

また、互角に闘ってお互いの力を認め合ったレスラー同士が、打倒シャープ兄弟のために手を組んで立ち上がったというドラマも生まれる。時期も、ふたりが闘った直後の現在が、絶妙のタイミングなのだ。

そんな興行面のことも、力道山には少しずつわかってきた。

ベンとマイクのシャープ兄弟は、世界ヘビー級チャンピオンのルー・テーズとともに、全米一のドル箱スターであった。マルコビッチの息のかかった大物たちだ。

試合は三本勝負で、一本目はカルネラが反則負けを喫し、二本目は力道山がベン・シャープに空手チョップを見舞って取り返しタイに持ち込んだが、結局そのまま時間切れ引き分けに終わった。

力道山には、カルネラの反則負けが悔やまれた。

それにしても、シャープ兄弟のタッチワークは巧妙だった。早いタッチで、決してどちらかが長くつかまらないように考え抜かれていた。そうして、相手に息をもつかせず攻め続けるのである、町を歩くだけでも、道行く人々が一斉に振り返って見るほどの人気がある。身長も、兄のベンが百九十五センチ、弟のマイクが、百九十七センチで、筋肉質で鍛え上げられた肉体を持ち、表情もスターらしく輝いている。

〈このチームをぜひ日本に呼びたい〉

力道山はそう思った。

世界タッグ選手権試合で、力道山は完全にプロモーターのマルコビッチに認められた。

世界最大の格闘技雑誌「ボクシング・マガジン」は、力道山を世界のプロレス最強ベストテンに入れ、三ページにわたって特集した。そのせいか、テレビでも力道山の試合は、必ずと言っていいほど放送された。

サンフランシスコを皮切りに、ロサンゼルスなど太平洋岸を転戦、シカゴ、デトロイトの中部をサーキットし、東部のニューヨークに渡った。さらに南部から一転してカナダ、メキシコまで足を伸ばし、歴戦を重ねた。休日は一週間のうち一日という強行軍であった。どこへ行っても各地のプロモーターは、力道山の試合のスケジュールを組んだ。およそ三百試合を数え、そのうち負けはわずか五という、驚くべき戦績を残した。

プロレスとは何か。歴戦を繰り返していくなかで、力道山ははっきりとつかんだ。

—第4章—

〝辻殴り〟の空手家

大山倍達、山に籠る

◉昭和二十年〜二十四年

マッカーサーを道連れに死んでやる

〈日本が負けた……〉

特攻兵、大山倍達は愕然とした。今のいままで、日本が勝つと信じて、散華しようとしていたのだ。突然負けた、と言われてもピンと来ない。じわじわと、実感が湧いてきた。

〈申し訳ない……〉

最初に思ったのは、そのことであった。

死んでいった仲間に対して、無性に申し訳ないという気持ちが起こった。

〈おれも続いて行く、と言っておきながら、おめおめと生き残ってしまった〉

自殺しかない、とまで思い詰めた。

〈仲間に、死んで詫びよう。だが、ただの自殺じゃつまらない。なんとか、ひとりでもふたりでも、アメリカ人を道連れに死んでやる〉

宿舎に帰って、ベッドの上に体を投げ出した。さすがの倍達も、空手の練習をする気力すら湧かなかった。

その夜、倍達のもとに、五人ほどの仲間が来た。彼らは、目を輝かせ、倍達を口説いた。

「おい、大山。マッカーサーに向かって特攻するって話があるんだが、ひと口乗らないか」

倍達は、ベッドからガバッと身を起こした。

「どういうことだ!?」

「おれたちは、このまま生き恥をさらすのは、男らしくない、と思うんだ。かといって、腹を切るのはいかにも癪だ。そこで今度日本にマッカーサーがやって来る」

ダグラス・マッカーサー米陸軍総司令官が、八月末にやって来るという情報が流れていた。

「やつが飛行機のタラップを降りる瞬間に、飛行機で体当たりするっていうのはどうだ」

「だが、飛行機はどこにある」

「厚木の基地にまだある。厚木にも、仲間がいるんだ。なに、爆弾なんてなくても、充分だ」

敵の司令官を道連れに自殺する。この方法なら、仲間に対して充分申し訳が立ちそうであった。

〈井上、待っていろよ。いま行くぞ!〉

倍達は、立ち上がった。

「よし、やろう」

「じゃあ、厚木の仲間と打ち合わせだ」

ただちに、連絡を取り合った。マッカーサーが日本に降りるのは、八月三十日である。

倍達たちは、八月二十五日、厚木の基地で集会を持った。

倍達は、同志たちに向かって、熱弁を揮った。

「日本男児は、侍でなければならない。このまま生き恥をさらしても、仕方がない。マッカーサーを道連れにして死ねるのなら、本望じゃないか！」

倍達は興奮に胸を震わせながら、厚木の基地を出た。厚木の駅まで着いたとき、背後から、あわただしい足音が聞こえた。後ろを振り返った。憲兵が血相を変えて走ってくる。しかも、倍達たちをめがけて来るではないか。抵抗する間もない。倍達たちは、憲兵につかまって留置場に、放り込まれてしまった。倍達たちは、抵抗した。

「何をするんだ！　おれたちは、何も悪いことはしてないじゃないか！」

「うるさい！　マッカーサーに向かって、飛行機で体当たりしようとしているだろう」

倍達は、思わず黙ってしまった。どこかからか、情報が洩れてしまったのだ。憲兵は、黙ってしまった倍達を見て、声を和らげた。

「なあ、おまえたち。おまえたちの気持ちは、わかる。おれだって、悔しいさ。でも、マッカーサーを殺して何になる。日本は、負けたんだ。もしマッカーサーを殺したら、東京にも、原爆が落ちる。おまえら、原爆って知ってるか」

「いや、知らない」

「広島と長崎に落とされた。新型爆弾なんだ。とても恐ろしい爆弾なんだ。一瞬にして、その都市が灰となる。そんなものを東京に落とされたら、陛下まで亡くなってしまう。おまえたち、陛下のためにも、国民のためにも、マッカーサーを殺す、なんて考えないでくれ」

留置場の中で、死に損なった倍達は考え続けた。

〈おれは、これから、いったいどうしたらいいんだ〉

九月二日、戦艦ミズーリ号の上での降伏調印が終わった後、倍達たちは、ようやく解放された。

が、倍達たちは、すべての希望をなくしてしまっていた。生き残ってしまった、という恥ずかしさだけがあった。

〈そうだ、井上の家族は、どうしているんだろう〉

妹の面倒を見てくれ、という仲間の井上の言葉が蘇ってきた。さっそく、港区白金台三光町まで行ってみた。が、井上の家がない。なんと、跡形もなくなってしまっていたのだ。

「この家の人は、どうなったんですか」

近所の人に訊いてみた。

「気の毒だけどね、大空襲で、一家全滅しちゃった」

「そうですか……」

思わず、天を仰いだ。

〈うまく、家族が、あの世でめぐり会えたかな……あの世で、幸せになれるといいな……〉

倍達は、瓦礫の山のなかを、トボトボと力なく歩き始めた。これまで築き上げてきた自分の生き方を、まったく否定されてしまった思いが募っていた。

技を見せて飯を食う

倍達は途方に暮れていた。空腹を抱えながら、東京じゅうを彷復い歩いた。

〈いっそ、かっぱらいでもやってしまおうか〉

あまりの空腹に、そう思ったことすらあった。が、痩せても枯れても、空手を極めた倍達である。それだけは己の誇りが許さない。

そのうち、思いついた。

〈せっかくの空手の腕があるんだ。この腕で、金を稼ごう〉

倍達は、金を持っていそうな男がいると、声をかけた。

「これを割って見せたら、なにか、食わせてもらえないか」

倍達が手にしているのは細長い石であった。

いきなり眼をぎらつかせた倍達に声をかけられ、その男は、信じられない顔つきをしている。

「こ、これをかい」

「ええ、そうです」

男は、不審そうに倍達を見た。本当に、割れるのか……といった表情が見てとれた。

が、いくら金があるといっても、よほどの富豪でないかぎり、その日その日の生活に追われている。しかし、どんな些細なことでもいい、現実から脱却したい気持ちもあるに違いない。

「よし、やってみてくれ」

倍達は、用意した台の上に細長い石を置いた。左手で、下から石を握って固定した。その手は、石の三分の一ほどのところを握っている。

もういっぽうの石の端の下には、固定用の木材が入れてある。

倍達は、右手の指先に、力を込めた。大きく息を吸った。顔が、みるみるうちに紅潮していく。

「イヤーッ！」

振りかぶった右の手刀を、一気に振り降ろした。

閃光一線、置かれていた石は、パックリとふたつに割れた。男は、声も出ない。

倍達は、両手に割れた石を持ち、訊いた。

「いかがですか」

じつは、この技は、倍達ほどの腕をもつ空手家ならば、朝飯前のことだった。倍達の右手が石に当たる瞬間、左手をわずかに上げてやる。左手を力点とし、石を支える木材を支点とした梃の力が生まれる。力学的な力を利用しているにすぎなかった。


が、男の喜びようといったら、大変であった。

「す、すばらしい。もう一回やって見せてくれないか。そうしたら、飯をたらふく食わせてやろう」

倍達は、ふたつの台に渡す格好で、石を置いた。今度は、自分で持つわけではない。先ほどのような梃を応用した子供騙しは使えない。真に実力のある空手家でなければ、決してできない技だ。さすがに、気が張りつめている。倍達は、らんらんと光る眼で、石の真ん中の一点を、凝視した。

右手の手刀を、慎重に石に合わせる。ゆっくり一度、二度と合わせながら、呼吸を整えた。

三度目に、手刀を当てた瞬間、一気に振り上げた。

「ダァーッ！」

これ以上ないと思われるほどの気合いを込め、手刀を振り降ろした。魂の乗った手刀は、すでに人間のものではなかった。一本の銘刀と化していた。

見据えていた点を、見事に捉えた。地をも割れよとばかりに、その一点に気を注いだ。

横で見ていた男が、唸り声を上げた。

「さすがだ……」

倍達の前に置かれていた石は、見事、真っ二つに割れていた。倍達の手刀に、心地好い熱さが残った。男が、近寄って来た。

「空手とは、聞いたことはあったが、本当にこれほどまでやるとは思わなかった。よし、約束だ。飯を、嫌というほど食わせてやろう」

男は倍達を連れ、近くの市場まで行った。倍達は、そこでたらふく天丼を食わせてもらったのだった。

それからというもの、倍達は金持ちと見るや、声をかけ、自分の技を見せて飯を食わせてもらった。飯を食うために、必死の日々を過ごしていた。

進駐軍兵士を叩きのめす

ある日のこと、日比谷公園に差しかかったころ、倍達の耳に、女性の悲鳴が聞こえてきた。

「お、お願い、助けてーッ!」

数十メートル先で、大きな影がふたつ、沈みかかった夕陽を受けてシルエットになって浮かんでいる。悲鳴は、そのシルエットの方から発せられたらしい。そう思う間もなく、倍達は、すでにその影に向かって駆け始めていた。ふたつの影に、近づくまでにも、必死の叫び声は響き渡る。

「止めて! 堪忍してッ!」

数メートルにまで近づいた。進駐軍の制服を着こんだ黒人と白人の兵士が、背中を向けている。その間で、激しく体を左右に揺すって抵抗する、年端もいかない娘の姿が、倍達の眼に飛び込んできた。娘は、たまたま通りかかったところを、ふたりに見つかり、強引に組み伏されてしまったに違いない。

倍達の胸中に燻っていたアメリカ人への敵意が、まるでガスバーナーのように一挙に燃え上がった。ギラギラとした眼光を、さらに光らせた。

駆け寄るのをやめ、大股で一歩一歩近づいた。ふたりの兵士は、娘がスカートからはみ出た艶めかしい脚をバタつかせ抵抗するたびに奇声を上げる。下劣なふたりの表情に、倍達の眼は人間らしい温かみが消え失せ、野獣の眼へと変容していった。

白人が、いきなり立ち上がった。倍達が近寄ってきたのに、気づいたわけではない。いよいよ娘を弄ぶために、ズボンを脱ごうとしているのだ。

倍達は、その白人の左肩を左手で掴んだ。白人兵士が、振り向いた。倍達は、右拳を渾身の力で顎に見舞った。たしかな手応えがあった。

白人兵士が、三メートル先に吹っ飛んだ。が、すぐ立ち直り、叫んだ。

「ジャップ！」

その声は、威嚇とともに、驚愕が含まれていた。日本でわがもの顔でいる彼らにとって、邪魔するものはないと高を括っていたのかもしれない。

倍達は、思わず舌打ちした。

〈さすがに、体のでかいアメリカ人だ。おれの拳でさえ、一発では仕留められない〉

石をも叩き割るほどの、倍達の拳である。顎に見事に決めれば、日本人ならばたいてい吹っ飛んでくたばる。が、相手は、やはりアメリカ人である。百七十三センチの倍達よりも、まだ頭ひとつ大きい。もともと体格の大きいのに加え、この白人は恐ろしく首が太い。まるで牛や熊を相手にしているような気になる。すぐに立ち上がってくる。

すでに倍達は、素早い動きで、白人兵士に向かって襲いかかっていた。喧嘩でも空手でも、考えてから動いてはいけない。それでは、後手を踏んでしまう。動きながら、考えねばならない。

白人兵士も大きな体躯を揺らし、猛烈な勢いで迫って来る。ふたりの距離が近づく。白人兵士は右拳を固め、弓を引き絞るかのように右肘を後ろに引いた。すでに、攻撃態勢に入ったのだ。倍達よりも背が高く、肘も長いと読んだ攻めに違いない。

倍達には、まるで手に取るように、白人兵士の動きひとつひとつが見て取れていた。

〈やつの狙いは、おれの顔面だ。それさえかわせば、次の手が来るまでには、間がある〉

白人兵士は、倍達のような空手家から見れば、無駄な動きが多すぎた。こん棒のような太い腕から繰り出されるハードパンチをもらわない限り、倒せる。

倍達は、右拳を握り直した。

白人兵士の拳が、倍達に向かって繰り出された。

倍達は、こちらに飛ぶように迫る白人兵士の右拳を見据えた。白人兵士の右拳が視野いっぱいに広がった瞬間、倍達は、沈み込んだ。頭のうえで、ビユッと、凄まじい音が鳴った。間一髪、避け切ったのである。

倍達は、白人兵士の大きな体躯の下に潜り込んだ形となった。

〈おまえらのために、井上は死んだんだ！〉

沈み込んだ反動を活かし、すべての体重を乗せた右拳を、白人兵士を串刺しにするつもりで左脇腹に叩き込んだ。

「グェッ」

白人兵士が、蛙がつぶれたときのような声を上げた。

倍達の全霊を込めた拳のため、体重九十キロもあろうかという大男の体が、三十センチも宙に浮いた。足をつく前に、顎から落ちた。意識を失ったのか、ぴくりとも動かない。

が、倍達に、倒れた白人兵士をかまっている暇はない。すかさず、右足を後ろに蹴り上げた。

じつは、黒人兵士が、後ろから迫ってきていたのだった。その動きは、先ほどから察知していた。後ろ蹴りは、背中に眼があるのではないかと思われるほど正確だった。黒人兵士の胸元を、蹴り上げた。後ろに与太った黒人兵士を、すぐさま追った。

倍達は怒りをこめて、思いっきり股間を下から蹴り上げた。

ビシャッ！

水風船の破裂したような、奇妙な音が響いた。あまりに威力のある蹴りに、睾丸がつぶれたに違いない。黒人兵士は、飛び上がるようにして倒れ込んだ。眼をひん剥き、口からは泡を吹いている。

〈こいつはもう一生使い物にならんな〉

そう思うと、この黒人兵士が、憐れにも思えてきた。すでに、倍達の眼は、人間のそれを取り戻している。救われた娘が呆然として見ていた。

倍達は、声をかけた。

「大丈夫かい」

手をとって起こした。娘ははだけたシャツを恥ずかしそうに直すや、ぺこりと頭を下げた。

「あ、ありがとうございました」

「今度から、気をつけるんだよ」

娘が去って行くのをじっと見守っていた。すでに、陽はどっぷりと暮れ、あたりは暗い静寂が支配していた。

倍達は、ニヤリとした。

　娘を助けた、その心地よさも多少はあったであろう。が、そんなことは些細なことに過ぎない。憎いアメリカ人を倒したという快感、しかも、自分よりもはるかに大きな図体をした男を、いとも簡単に倒してしまったのだ。全身が、これまでになかった快感に貫かれていた。敗戦の悔しさが一気に晴れるようであった。

おれにとっての戦争

　大山倍達は、いつまでも恍惚感に浸っているわけにはいかなかった。米兵の仲間が加勢に来ないうちに、その場から猛然と走り逃げた。

　五分も走ったろうか。ようやく足を止め、大きく息をついた。拳に、米兵を殴ったときの感触がまだ生々しく残っている。カッと熱くなった体の血が、徐々に鎮まってくる。夢から覚めたときのような気分に戻った。

　思わず、拳をぐっと握りしめた。改めて見つめた。

　大きなタコが幾重にも出来たごつい拳であった。闘うための拳である。

　体中の血が、もう一度、熱くなってきた。

〈やはり、空手をやろう。おれには、空手しかないんだ〉

　倍達の空手人生が、この頃から本当に幕を開けたのである。

　空手で生きる、と決意したものの、帰る家も、金もない。

〈とりあえず、清川のところに行こう〉

　倍達は、中野に住んでいる戦友を訪ねることにした。

　清川は、方南町のバラック建ての、それも六畳ひと部屋を間借りしていた。

　清川は、不意に訪ねてきた倍達を見上げながら、満面に笑みを浮かべた。

「大山、久しぶりだな……」

「おお」

　倍達は、軍隊時代に戻ったような気分になって、清川の肩を叩いた。清川も、肩を叩き返した。

「じつは、泊めて欲しいんだが……」

「おお、何日でも泊まれ」

　清川はよろこんで倍達を泊めてくれた。

　清川の出してくれた布団にくるまって、倍達は泥のように眠り込んだ。

翌朝、倍達は、清川の家を出ると、銀座に向かうため、中央線中野駅に向かった。

〈とりあえず、また石を割って、誰かに天丼を喰わせてもらおう〉

倍達が今のところ金にできることと言えば、とりあえず空手の試割りしかなかった。

駅に向かって歩いていると、子供たちが米兵に群がっている姿が目に入ってきた。

「ギブ・ミー！　チョコレート」

そう連呼している。

米兵は、にやにや笑いながら、チョコレートを地面に放り投げた。子供が、一枚だけのチョコレートに群がって、奪い合う。その様子を、米兵は優越感たっぷりに眺めている。その瞬間、倍達の全身に怒りが走った。

〈米兵の奴、日本人のことを、犬かなんかだと蔑みきっていやがる！〉

敗戦の悔しさが、改めて湧き上がってくる。

〈日本は、戦争に負けたかもしれない。が、大山倍達がアメリカに降伏したわけじゃない。おれが何をやっても、アメリカには痛くも痒くもないかも知れん。が、米兵の一人にでも二人にでも、おれの怒りを思い知らせてやる！〉

銀座に行くのをやめた。代わりに、大田区の大森に足を向けることにした。別に大森に向かう意味があったわけではない。中野とはなるべく遠いところにしよう、と思っただけである。

大森駅に着くと、あたりを歩き回りながら、じっと夜を待った。が、ただ歩き回っただけではない。どこで米兵を襲って、どのようにして逃げるのがいいか、前もって調べておいたのである。

〈これは、おれにとっては戦争だ。戦争に勝つためには、作戦も必要だ〉

夜になると、あちらこちらに、娼婦が立って、米兵の袖を引き始めた。

倍達は、その光景から、思わず眼をそむけた。

〈大和撫子ともあろうものが、パンパンに成り下がりおって〉

パンパン、というのは、もともと日本兵が、フィリピンの娼婦につけた呼び名である。フィリピンから引き揚げてきた知り合いから聞いた話によると、フィリピンに乗り込んだ日本兵は、英語ができない。言葉が通じないから、パンパンと手を打ち鳴らして娼婦を呼んだ。そこから来た言葉であるという。

〈日本の女が、よりにもよって…〉

米兵への怒りが、ますます込み上げてくる。倍達は、前もって決めておいた瓦礫の影に、身を潜めた。

日比谷公園で米兵二人に殴りかかったときは、とっさのことで、恐ろしく思う余裕もなかった。が、いまは、相手を待ち構えていて襲おうというのだ。さすがに、膝が震えてくる。

〈武者震いだ〉

己にそう言い聞かせた。が、喉まで、カラカラに乾いてくる。舌で、乾いてきた唇を湿らせながら、米兵が通りかかるのを辛抱強く待ち続けた。

〈相手は、拳銃を持っているかもしれない〉

が、恐怖以上に、米兵に対する怒りが胸の中に渦巻いていた。

一時間も、待ったであろうか。暗闇の向こうから、英語が聞こえてくる。女連れの米兵のようであった。耳を澄ませた。相手の声と、足音を聞いた。気配を探って、間合いを計っった。米兵は暗闇に倍達が隠れているなど、予想もしない。無警戒に歩いている。

〈今だ！〉

倍達は間合いを見計らって、瓦礫の影から躍り出た。

「ダアッ！」

気合いもろとも、相手の顔面めがけて、思いきり右の拳を叩き込んだ。相手の鼻柱が折れる音が、はっきりと聞こえた。返り血が、倍達に飛び散る。米兵が、車に跳ね飛ばされたような勢いで後ろに吹き飛んだ。地面に、転がった。眼が、くるっと白眼を剥いた。口からは、泡を吹いている。体は、痙攣している。

〈やった……〉

倍達は、思わず、米兵を殴った右手で己の顔の血を拭った。それに気づいて、思わず舌打ちした。

〈ますます、血まみれになってしまった〉

それにしても、なんと気持ちのいいことか。快哉を叫びたいほどの気持ちだった。石を割っても、喧嘩で相手を倒しても、これほど気持ちのいいことはなかった。

〈おれは、おれだけは、絶対にアメリカに負けはしないぞ。天下に大山倍達、ここにありだ！〉

快感に酔いながらも、冷静さも忘れてはいなかった。

とっさに米兵の腰を探った。

〈万が一、後ろから撃たれると、嫌だからな……〉

拳銃を抜き取ると、米兵と一緒にいた女の方を向き直った。

女は、地面に座り込んで腰を抜かしている。倍達の血まみれの顔が、よほど怖いに違いない。

「殺さないで、お願い……」

両手を合わせ、倍達に頭を下げる。倍達は、なにも言わずに女の手を掴んだ。地面から立たせた。

「こっちへ、来い」

「殺さないで……」

「殺しはしない。なんだ、大和撫子が、米兵に媚びたりして」

倍達の言葉に、女は、自分が殺されることはあるまい、とようやく察したのだろう。ほっとしたため息をついた。

が、女は、倍達に手を引かれても、その場を動こうとはしなかった。

「どうした？」

「わたし、この人から、お金をもらってるんです。勝手に帰るわけには」

「その金は、もらっておけばいい。いいから、こっちに来るんだ」

女は、倍達の言葉に、米兵を振り返りながらも一緒に歩き出した。女は、殺されこそしないものの、てっきり倍達に無理矢理抱かれると思い込んでいる。

米兵が見えなくなるところまで来ると、倍達は、女に言った。

「いいから、帰れ」

女は、信じられない顔をした。

しばらくの間、倍達の顔を不思議そうに見つめていた。そのうち我に返ったらしく、手にしていたバッグの中からハンカチを取り出した。丁寧に、倍達の顔の血を、拭ってくれた。

〝辻殴り〟大山倍達の誕生

倍達は、女と別れると、暗闇の中で、拳を天に向けて凄まじい勢いで突き上げた。

〈米兵どもめ！　これから、目にものを見せてくれる！〉

終戦直後の進駐軍を震撼させることになる〝辻斬り〟ならぬ〝辻殴り〟大山倍達の誕生であった。

倍達は、大森で米兵を殴り倒してからというもの、一日も欠かさず、〝辻殴り〟を続けた。が、決して同じ場所ではやらなかった。今日は大森、明日は品川区の五反田、次の日は台東区の上野……と、台東区の浅草、港区の品川、新宿区の新宿など、毎日場所を変えては米兵を殴った。同じ場所でやると、捕まってしまう。まさに神出鬼没であった。

その日、倍達は、〝辻殴り〟のために渋谷に出て来ていた。現在の渋谷センター街にあたる場所にあった闇市に、人だかりがしている。

〈何事だろう〉

人だかりに近寄って行った。熊のようにでかい白人が、店主を足蹴にしている。

店主は、泣きながら謝っている。が、白人は、店主を許そうとしない。拳銃を構えて、店主のこめかみに突きつけた。さらに、店主の鼻先に革靴を、突きつけた。白人は舌で靴を舐めるふりをする。靴の先を舐めろ、と命じているのだ。倍達は、怒りに眼が眩んだ。

〈なんて、ひどい奴だ！〉

が、その米兵のそばには、もうひとり米兵がいる。その米兵も拳銃を構えている。これでは、さすがの倍達も手が出ない。

店主は、泣きながら地面にひれ伏し、米兵の靴を犬のようにペロペロと舐め始めた。

倍達の脇で、怒りにくぐもった声がした。

「ジミーの奴、ひどい事を……」

倍達は、思わず脇を振り返った。愚連隊風の若い男が、怒りと絶望感の混じった眼の色をして店主が暴行されているさまを見つめていた。

「あの男を、知っているのか？」

「渋谷で、奴を知らない奴はいないよ。あいつは、ジミー・ウォーターっていうんだ。アメリカで、プロレスの選手だったたっていう奴だ。札つきの悪さ。脇にいるのはバッカスっていう、奴の腰巾着だよ」

倍達は改めてジミー・ウォーターを見つめた。身長は、二メートル近くある。首が、恐ろしく太い。まるで猪のようだ。太ももも、女の胴体くらいの太さはありそうだった。

倍達は知らなかったが、ジミーは、進駐軍の中でも指折りの暴れ者で、仲間からも嫌われていたほどであった。が、その強さのために、誰も正面切ってジミーに反抗出来なかったのである。

倍達は、拳を握りしめた。

〈あの野郎、ぶっ殺してやる！〉

その日から、倍達は、ジミーを探して、渋谷、目黒界隈を歩き回った。

三日後の夕方、倍達は、目黒駅の付近で、子分のバッカスにジープを運転させているジミーを発見した。ジープは、何かを探すように、ゆっくりとした速度で走っている。倍達は、小躍りした。

〈しめた！　あいつら、きっと女を拾うに違いない〉

ジミーに見つからないように、ジープを小走りにつけて行った。

幸いにも、ジミーは、自分を狙っている者がいるなど、考えもしないようであった。ジープに、女が走り寄った。ジープが、止まった。

〈今だっ！〉

ジミーに向かって全力疾走した。

〈このチャンスを、逃してなるものか！〉

ジミーは、まったく倍達に気づかない。

バッカスが、ふと、倍達の方を見た。

「ヘイ！」

ジミーに、警告の叫びを上げた。が、遅かった。倍達は、ジミーに体ごと飛びかかった。全体重をあずけた右の正拳を、ジミーの鳩尾に叩き込んだ。ジミーの体が、文字通りくの字に折れ曲がった。ゴボッ、という音がする。口の中から、胃液がこぼれ出た。

倍達は、ジミーの体の影から躍り出た。ジープの上のバッカスの顔面に向かって、思いきり跳び蹴りを放った。踵の下で、バッカスの歯がへし折れた。

バッカスは、顔を両手で覆って呻く。倍達は、ジープに飛び乗ると、バッカスの首筋に、とどめの手刀を叩き込んだ。バッカスが、糸の切れたあやつり人形のように車の中に崩れ折れた。

倍達は、いつものように二人の拳銃を抜き取った。その瞬間、腹の虫が鳴いた。思わず、右手で腹を押さえた。

〝辻殴り〟は、爽快ではあったが、金にはならない。しかも、体を使うから、余計に腹も減る。

ふと、倍達は、ジミーとバッカスを見下ろした。

〈そういえば、こいつらの持っているのは、拳銃だけじゃないものな…〉

二人の懐を、探った。財布の中には、米ドルが詰まっていた。倍達は、財布に手をかけて、一瞬、考え込んだ。

〈しかし、ここで金を奪ってしまったら、大山倍達は、正義の味方じゃなくて、ただの強盗になってしまうんじゃないだろうか〉

が、その考えを、強引に打ち消した。

〈いいや。こいつらくらい悪い奴からは、金までも毟り取って、自分たちのしたことを思い知らせてやらなくては、駄目だ！〉

倍達は、ジミーとバッカスの懐から財布を抜くと、中から金も抜き取った。

〈これでしばらく、飯には困らないぞ〉

倍達の正義感から始めた〝辻殴り〟は、ついに実益までもたらし始めた。

翌日、倍達は、ジミーから奪った金で、大好きな天丼をたらふく食べた。渋谷の闇市であった。夜だったこともあって、ジミーもバッカスも、倍達の顔は覚えていないはずである。

〈今日は、恵比寿にでも行ってみるか〉

天丼を食べて金を出そうとするや、倍達の脇から、さっと手がのびた。倍達の手を、押し止めた。見ると、この前渋谷で倍達の脇にいてジミーを睨みつけていた愚連隊風の若者であった。

「ここは、わたしが払います」

「君に払ってもらう義理はないよ」

若者は、ニヤリとした。

「ジミーを、倒してくれたじゃありませんか」

なんと、米兵にはわからなかったジミーの襲撃者の正体が、渋谷、目黒界隈のチンピラの間ではあっという間にわかってしまったのである。

それ以来、大山倍達の名前は、渋谷界隈の愚連隊の間で英雄のように語られ始めることになる。

幸いにも、ジミーとバッカスは、倍達の顔を覚えていなかった。夜だったのと、あまりにも不意だったので、顔がわからなかったのである。

が、米兵の中でも強いことで有名なジミーが〝辻殴り〟に倒されたことは、アメリカ軍にとってはずいぶんショックだったらしい。

中野にある憲兵基地から、指令が飛んだ。

「夜になってからは、決して一人で歩くな。歩くなら二人で歩け。いつでも、拳銃を持て。怪しい日本人がいたら、射殺しても構わない」

が、倍達は、〝辻殴り〟をやめようとはしなかった。

相手が二人になったところで、倍達にとっては、別に恐ろしくはない。

初めて〝辻殴り〟をしたときの恐怖は、もうどこにもなかった。

〈二人いれば二人、三人いれば三人、気づかれる前に叩いてしまえばいいのさ〉

倍達は、まさに天下を取ったような気分になっていた。

〈おれにかなう奴は、誰もいないぞ〉

倍達、ヤクザの用心棒になる

倍達は、辻殴りをした後、港区新橋の闇市近くに広がっている焼け跡を逃げるように急いでいて、声をかけられた。

「いやあ、先生、さっきはお見事でした」

何のことかはわかっていたが、倍達はわざととぼけて見せた。

「何のことですか。人違いでしょう」

「そんなはずはありません。おれは、あんな見事な立ち回りを初めて見ましたよ。ぜひ、お近づきになって下さい。悪いようには、しませんぜ」

にこやかな表情だった。が、心に警戒心の走る笑顔でもあった。確かに笑っているように見えるが、それはあくまで表面上のことだ。男の目は、まるで笑っていない。瞳の部分が、すうっ、とすぼまっているように見える。修羅場を潜っている眼であった。人を殺した男は、得てして瞳が小さくなる。この男も、そうに違いなかった。危険な匂いがした。

〈これには何か、裏があるな〉

わかってはいた。が、興味もあった。

倍達の顔色から、男は気持ちを読み取ったようだった。

「まあ、ここじゃなんですから。別席にご案内させてもらいまさあ」

腰をかがめて頭を下げると、男は、倍達の方を振り向きもせずに歩き出した。倍達がついてきて当然、という態度だった。気味が悪くもあったが、男の態度はどこか愛嬌があった。信用してもいい、という気にさせた。

〈まあ、いいだろう〉

黙って、男の後ろについて歩き出す。ろくに街灯もない、瓦礫だらけの街を、男の後ろについてえんえんと歩いた。月が、あたりを明るく照らしている。

新橋を抜けて、台東区の柳橋まで歩いた。

〈このあたりにいったい、何があるというんだ〉

戦前は花柳界の中心として賑わった柳橋も、いまではただの瓦礫の山のはずであった。空襲で、特にひどく全滅したはずであった。

「こんなところに、何かあるのか」

「そらもう、驚きますぜ」

男の言った通り、間もなく家の灯りが見えて来た。遠くからはわからなかったが、近くに来てみれば、月の下、みごとな塀に囲まれた屋敷が広がっている。どうやら、この一帯で、この屋敷だけ戦火を免れたらしい。

男は、遠慮がちに、なるべく音を立てないように気を遣って引き戸を開けた。何の声もかけていないのに、中から「どちら？」という声が聞えた。耳をそば立てていたのだろう。

「黒田のところのもんです」

胸も髪も薄い、ぎすぎすに痩せた老婆が紬の着物をしゃんと着て現れた。家が焼け残るということは、着物も焼けなかったということであった。

「もう、おいでになってますよ」

芯の強そうなしっかりした声で囁くと、老婆は上半身だけ外へ乗り出した。

二度、大きく左右に首を振ってあたりを伺った。

その様子に、男が苦笑した。

「心配しなさんな。こんなところ、何の用事もなしに人が来るもんか」

そう言いながらさっさと靴を脱いで上がり込む。倍達も続いた。

〈いったい、何が待っているのだろう……〉

老婆の様子からも、この場所のことがバレたらただでは済まないだろうことがわかった。

廊下を歩いていると、鹿威しの音が右から響いてきた。

その料亭には、中庭があった。ちょっとした池がしつ

らえてあり、その上には朱塗りの太鼓橋が架かってい
る。池のまわりには、さまざまな木が植えてあった。特
に、池の端にある五葉の松は、息を呑むほどに見事なも
のであった。

〈こんな日本が、まだ残っていたのか〉

深々とため息が出た。

一杯五円の残飯雑炊をすすっている外の世界とは天と
地の差であった。

廊下を抜けて座敷の前に着くと、男は、倍達の方を振
り返って一礼した。

そして改めて襖に手をかけた。

「親分。客人をお連れしました」

倍達は、男の後ろに立ちながら、どんな男が中にいる
のか、興味をそそられていた。親分、と呼ばれる以上、
ただの男ではあるまい。このような料亭に席を設けてい
るからには、よほどの古狸であろう。でっぷり太った、
貫緑のある男を想像しながら、倍達は部屋に入った。

が、「親分」は、そのような男ではなかった。まだ
三十半ばであろうか、痩せて、頬骨が張っているよう印
象がある。眼が、わずかに落ち窪んでいる。ぎらぎらと
光る眼だった。いつも獲物を狙っている眼である。恐い。
誰もがそう思う顔をしていた。

「親分」は、顔をクシャッ、と歪ませると、笑顔を作った。

「いやあ、ご足労おかけしました」

「いえ、こちらこそ」

倍達も、挨拶を返す。

が、男の顔よりも、挨拶よりも、倍達の眼は、部屋の
真ん中に並んでいる膳の方に吸いつけられていた。ぷー
ん、とたまらなく美味そうな匂いが流れている。鯛が丸
ごと一匹、活け作りになっていた。その鯛を囲むように、
焼き物、煮物、蒸し物、とずらりと並んでいる。湯気の
立ったお銚子も並んでいる。

ゴクリ、と。思わず生唾を飲み込んだ。誰もが飢えて
いた時代である。腹が減ることが世の中で一番恐いこと
だと、大山は身をもって知っていた。眼の前の見事な料
理の数々に、生唾を誘われた。

これから口に出来るとはわかっていても、嫌味の一言
も言わずにはいられなかった。

「国民は飢え切っているというのに、ずいぶんと贅沢な
ことですな」

「そう思い込んで、すきっ腹を抱えている馬鹿なやつの世界に、今夜かぎり縁を切っていただこうと、こうやってわざわざおいでいただいたんです」

男は、三つ揃いでキメていた。アメリカ製だろう、太い葉巻に火を点けながら言った。

「世の中、すべてに裏がある。国民が芋蔓を食っていようが、高級将校やヤミ成金は、こういうヤミ料亭で毎晩ドンチャン騒ぎですよ」

男は、黒田と名乗った。池袋をシマにしている、黒田組の黒田組長であった。

「まあ、先生。駆けつけ三杯と申します。盃を上げてください」

倍達は、右手で制した。

「その先生は、止めてください。わたしは、先生なんて言うガラじゃあない」

「いえ、あなたには、どうしてもわれわれの先生になっていただかなくてはなりません」

倍達は、手にしていた盃の中の酒を一気にあおった。久しぶりの酒であった。胃がきゅうっと締まるような感じがする。

〈旨い……〉

心の底から思った。盃を、音を立てて卓の上に置いた。黒田をじろっと睨む。

「それは、どういう意味ですか」

「いえね、深い意味はありませんよ」

「わたしは、腹の探り合いをするような真似は好きではない。帰らせてもらう」

倍達は、音を立てて立ち上がった。

黒田は、頭を下げた。

「では、正直に言います。どうか、わたしの用心棒になってください」

任侠の世界では、昔から用心棒のことを「先生」と呼んで奉る習わしがあった。「先生」と呼ぶには、意味があったのである。

「満足するに充分な金は、用意させてもらう。何とか、お引き受けくださいませんか」

親分は、まわりの子分に声をかけた。

「ほら、おまえたちからも、お願いしろ」

倍達をここへ案内して来たチンピラたちも、いっせいに「お願いします」と頭を下げた。

じつは、倍達もまんざらではなかった。

〈ここまで贅沢できるのなら、用心棒も悪くないかな〉

倍達は、快く引き受けることにした。

「わたしでお役に立てるのなら」

「それはありがたい。では、明日、さっそくその腕前をご披露願いましょうかな」

翌日、倍達が池袋の黒田の事務所を訪ねると、すでにお膳立てはできているという。

あくまで偶然にすれ違うことを装い、喧嘩の原因を作って叩きのめすのだと言う。

喧嘩には、自信があった。

〈相手が十人までなら、必ず勝てる〉

午後五時過ぎ、倍達は池袋駅西口に連れて行かれた。

「もうすぐ、ガード下からチンピラが四、五人出て来ます。そいつらを、のしてもらいたいんで」

凶器を持っているか、いないか。それはわからないという。が、どうせ相手はやくざ者である。持っていると想定して間違いあるまい。

五分も待たないうちに、チンピラどもは肩で風を切りながら向こうの方から歩いて来た。相手は、五人である。

「あいつらか」

「そうです。お願いします」

黒田は、なんと物陰から見ていると言って、いなくなってしまった。

倍達は、そばにいた子分のひとりに訊いた。

「喧嘩は、どうやって吹っ掛けるんだ」

「そんなの、定番でいきましょうや。ついて来てください」

そういうと、男はさっさと歩き出した。

男のいう定番とは、自分でわざと相手にぶつかって因縁をつける、いかにも定番の喧嘩の吹っ掛け方であった。男は、肩から相手の先頭の男にぶつかっていった。

「おう、おまえら、ぶつかって来ておいて、何の詫びもねえのは、失礼じゃねえのかい」

「何を！」

いかにも、下衆の喧嘩である。こんなところにしゃしゃり出て行くのは、倍達も気が重かった。

男は、倍達に声をかけた。

「先生、お願いします」

が、これが目見えの試験と言うなら、大暴れせずにはいられなかった。

倍達は、五人のチンピラに向かって身構えた。一番恐ろしいのは、呼吸を合わせて一斉に襲いかけられることだ。が、眼の前のチンピラたちの呼吸はバラバラで、統一感はない。

〈子供をいじめるようなもんだな〉

戦う気が失せてきそうだ。

チンピラは、サッ、とポケットからナイフを抜いてかざした。むろん、本気で刺す気ではあろう。が、素人の使うナイフなど、割箸ほどの役にも立たない。

「てめえっ！」

チンピラのうち、倍達にもっとも近いところにいた二人が、動いた。並んで、襲いかかってきた。

倍達は、左に一歩、ステップした。それだけで、仲間が楯になって一人は攻撃ができなくなった。

「ムンッ！」

倍達は、左の拳で、チンピラの頬を思いきり叩いた。

ゴリッ、という音がして、相手の顔が歪んだ。チンピラの体が吹き飛んだ。白眼をむいて、痙攣を始めた。口から、ピンク色の泡が出ている。

もう一人のチンピラの顔が恐怖に引きつった。闇雲にナイフを振り回してきた。

倍達は、ナイフの動きをよく見ながら、男の左足首にローキックを撃った。鈍い音がした。足の骨の折れる音である。

「ガハア！」

男は、右足を持って、地面に転げ回った。呆気ない戦いであった。ものの三十秒と経ってはいない。

倍達は、残りの三人を、睨みつけた。

「おれは黒田のところの、大山だ。今度うちのシマを荒したら、承知しねえぞ」

あとの三人は、大あわてで逃げて行った。逃げながら、捨てゼリフを吐く。

「てめえ、覚えてろよ」

いつの間にか、陰から黒田組長が出て来ていた。

「いやあ、先生、お見事でした」

倍達は訊いた。

「テストは、合格ですか」

「合格だなんて。最初から先生は、合格ですよ」

それから、黒田組長は何処に出かけるにも、倍達を連れて歩くようになった。

用心棒稼業から足を洗う

黒田組長は、倍達を用心棒として使い回した。

倍達が駆り出される喧嘩の原因は、大きく三つあった。第一は、金の問題。第二は、子分が親分を裏切ったり、シマの勢力争いといった力の問題。第三が、女の問題である。

あるとき、倍達は黒田組長に頼まれた。

「また、ひとり懲らしめてやって欲しいやつがいるんだ。海音寺だ」

「どの程度懲らしめれば……」

「半殺しにしてほしい」

聞けば、海音寺は倍達も知らないではない。金貸しで、ずる賢い、こすい奴だと、風評の芳しからぬ男だった。

倍達は、黒田組長から金をもらっているから頼み事に逆らえない。なぜ半殺しにしなければならないのか。訳は聞かないのが、暗黙の了解になっていた。

倍達は、言われるまま新宿二丁目にある海音寺の事務所に出向いた。

ドアを開け、机に座ってソロバンを弾いている海音寺を見つけるや、すかさず殴りつけようとした。海音寺は、鼈甲の眼鏡越しに怯えた眼を向け、震えながら訴えてきた。

「大山さん、わたしの言うことを聞いてから、殴ってくれ」

倍達も、言下に言った。

「聞いてしまったら、おまえを殴れない」

倍達は、そう言い終えるや、机に上り、海音寺の顔面を蹴りつけた。

海音寺は、立ち上がり、倍達に歯向かってみた。が、初めから勝負は見えていた。

倍達は、机から飛び降り海音寺の顔面に右拳を叩き込んだ。

海音寺の顔は、原型を留めないほどに赤く大きく腫れ上がった。なんとも後味の悪い仕事であった。倍達は、さっさとその場を離れようと思った。

すると、後ろから蚊の鳴くような声で話しかけられた。

「…大山さん」

倍達は、ふり返って海音寺の顔を見た。見ると、眼鏡の外れた海音寺の両目には、あふれんばかりの涙が浮かんでいる。

海音寺は、涙ながらに訴えた。

「どうか、わたしの話を聞いてください……」

そこまで言われては、倍達も聞かないわけにはいかない。

海音寺が言った。

「あんたにおれを半殺しにするよう頼んだのが誰か、とうに察しはついてるよ。黒田だろう。だけどな、おれの言い分も聞いてくれ。おれは、黒田にあり金全部を巻き上げられちまった。何とか仕返ししてやろうと思うのは、当然だろう。ところがな、黒田の野郎は、よりによって、おれの女房まで寝盗りやがったんだ。これが、恨まずにいられるか」

ぐずぐずしていたら、海音寺が行動に出ることは目に見えている。その前に口を塞いでしまえと、黒田は倍達を差し向けたのだ。

海音寺は、息も絶え絶えになおも訴えた。

「金も取られ、女房も盗られ、そのうえに殴られたんじゃ、おれは言うことねえじゃねえか。おれは、どうしたらいいんだ……」

倍達は、かれの話に、急に胸が重くなった。息苦しくさえ感じた。

〈正しいことをやるなら、命を賭ける。だが、いくら用心棒とはいえ、これはいくらなんでも人の道に反する〉

倍達は、つくづく用心棒という稼業が嫌になった。

〈こんなことをしていては、おれ自身が駄目になってしまう〉

倍達は、さっそく事務所に引き返した。

黒田組長は、大山の帰りを、今か今かと待ち受けていた。

「おう、首尾はどうだった?」

「はい、言われた通りに」

倍達は、一歩黒田組長に近づいて、きっぱりと口にした。

「黒田さん、じつはお願いがあります。今日限りで、辞めさせてもらいたいんだ」

「金が欲しいのか。よし、わかった。おまえはよく働いてくれる。いままでの三割増しということで、手を打たないか」

「銭金の問題じゃないんです」

「じゃあ、何が不服だっていうんだ。三割以上は、びた一文出せないからな。おまえ、まさか、他に移るんじゃねえだろうな」

倍達は、ぎろりと黒田組長を睨んだ。

「銭金の問題じゃないと言ってるでしょう。黒田さんは、そんな風におれを見てたんですか」

黒田組長は、口を濁した。

「いや、そんなことはないが……」

「それじゃあ、文句はありませんな」

「そんな急に、おれは、どうなるんだ」

「また、次の用心棒を探すことですな」

最後の給金も受け取らずに、倍達は事務所を辞した。

黒田組長が追って来ることは、まず考えられなかった。倍達の恐ろしさは、誰よりも黒田が知っているからだ。

藤巻照子との出会い

昭和二十一年の年が明けた。

大山倍達は、戦友の清川とふたりで、焼跡の臭いの依然消えていない赤坂の街をぶらついていた。清川が、不意に言った。

「こんな殺風景なことばかりしても仕方ない。美人でも見に行こうか」

赤坂の山王ホテルで美人コンテストがあるという。が、倍達は、突っぱねた。

「美人を見たって、しょうがないじゃないか」

美人を見たからといって、腹が膨れるわけではない。倍達は、生きることに追われて、そんな心のゆとりも持てないでいたのだ。

「いいから、行こう、行こう!」

結局、清川に押し切られる形で、倍達は山王ホテルまで引っ張られて行ってしまった。

行って見て、倍達は驚いた。なんと、尊敬する文学者の菊池寛が、講演を行なっているではないか。倍達は、池袋に住んでいたとき、電車の中で二度ほど菊池を見かけたことがある。が、あまりにも恐れ多いという気遅れから、声をかけることが出来ずにいた。

〈何で、こんなところで菊池先生が……〉

当時、菊池は、自分の創設した文藝春秋社社長のほかに、大映の社長もしていた。どうやら、美人コンテストの一端を、大映も担っているらしかった。

倍達は、思わぬ出来事に、空いていた席に腰をかけると、熱心に耳を傾けた。

講演は、運よく倍達の好きな作品『恩讐の彼方に』についてであった。

市九郎は、主人の中川三郎兵衛の愛妾お弓との仲が露顕し、主人を斬って逐電する。が、女の強欲さに絶望した市九郎は、出家し、了海と名乗って諸国を遍歴する。豊前耶馬溪の難所を知り、隧道開鑿を志す市九郎。そこへ、父親の敵を探し、中川実之助がやって来る。実之助は、了海の悲願を知るや、仇討ちをするどころか、一緒に協力して隧道を掘り始める。隧道は、二十一年目にして開通し、ふたりはともによろこびを噛みしめるというストーリーである。

菊池は、着物姿で、訥々と語った。

「文芸作品の題材の中には、作家がその芸術的表現の魔杖を触れない裡から、燦として輝く人生の宝石がたくさんあると思う」

講演が終わると、美人コンテストが始まった。

が、倍達は、いつまでも講演の余韻に浸り、美人コンテストどころではなかった。

終戦間もない当時は、現在のように水着審査というものはなかった。あくまで着物の装いと立居振舞で、優劣を決めた。

倍達が、ふっと我に返ると、もうコンテストは終わっていた。フロア一面に広がる男女は、これはもうダンス会だという。

見ると、蚤の夫婦よろしく、小男が、大きな女の子とダンスをしている。目立っていたので目を引かれただけだったが、女の子の姿に目を移すなり、倍達の目は彼女に釘づけになった。

〈なんて、きれいな女性なんだ〉

目元はあくまで涼しく、しゃんと背筋を張り、優雅に、大きく弧を描きながらフロアを回り続けている。彼女には、天性の品が漂っている。倍達の胸の奥は、ジンと熱くなった。

〈何とか、あの子と知り合いになりたい〉

そう思うと、体はもう次の行動に出ていた。ダンスが終わるのを待って、彼女に声をかけた。

「きみ、ちょっと話したいんだ」

そばで見ると、やはり立派な体格をしている。一七三センチの倍達に、背伸びをすればすぐに追いつくほど長身である。後ろにまとめた黒髪が、照明に当たってキラキラと光り輝いている。

〈これだけの長身なら、このおれとも釣り合いが取れるな〉

聞けば、彼女はさきほどのコンテストで、第三位に入ったという。なんと「ミス東京」の第三位であった。

彼女は、瞳をキラリと輝かせながら訊いた。

「何の用ですか?」

倍達は、女性は強いものに憧れるという持論があった。倍達のやり方は、押しの一手である。男も女も、口説きより先に行動に出る。言うことを聞かなければ、のしてしまうだけである。倍達は言った。

「用なんかない。会いたいんだ。一緒に、食事をしよう」

彼女も、倍達のストレートなやり方を「男らしい」と受け取ってくれたのか、すぐに承諾してくれた。

彼女は、名前を藤巻照子といった。のちに俳優になる藤巻潤は、照子の実弟である。照子は、スポーツ万能で、弓道もやっているという。

倍達は、納得した。

〈彼女の姿勢の良さは、弓を引いていたからか〉

倍達も子供のころ、弓道をやっていた。弓道をやっている彼女にいっそう魅かれた。

それから、ふたりは都合をつけては、デートを重ねるようになった。

三回目のデートに、倍達は、武蔵野にある井の頭公園に照子を誘った。

ふたりは、ボートに乗った。春はまだ浅く、肌寒かった。が、熱いふたりに気温はあまり関係がなかった。照子は、始終うれしそうな笑顔を満面にたたえている。が、倍達が目を逸らすわずかな間に、ふと暗い表情をすることに、倍達は気づいた。

二度目にその表情をしたとき、倍達は、照子に訊いた。

「何か、心に引っかかることでも、あるのですか?」

照子は、目を伏せ、黙りこくってしまった。ボートは、照子の心を物語るがごとく、風も感じないのに、ゆらゆら揺れている。

どれくらい時間が経っただろうか。照子は、意を決したように顔を上げた。

「わたし、フィアンセがいるんです」

照子の婚約者は、横浜市磯子で、会社を経営している。何代も続いた名門の社長だという。

倍達は、少しも怯まずに言った。

「それが、どうしました。あなたの気持ちは、かれの方に大きく傾いているんですか？」

「そんなこと、ありません。わたしが好きなのは、大山さんです」

「だったら、問題ないじゃありませんか」

「でも……」

倍達には、鉄拳があった。いつも、問題が起こったときは、拳で処理をして来た。拳こそ、正義であり、法律であった。

〈いざとなったら、彼女を力づくで奪い取ってやる！〉

倍達は、彼女を安心させるように、努めてやさしく言った。

「あなたさえ、わたしを信じてついて来てさえくれれば、すべてが上手く行きます」

照子は、倍達の胸に飛び込んだ。

「大山さん……わたしを、連れて逃げてください……」

博打場あらし

昭和二十二年二月のある日、どうしているかと倍達が久しぶりに清川を訪ねてみると、清川が、倍達の拳銃を物色している。

倍達は驚いた。

〈殺し合いにでも、行くつもりか！〉

反射的に、清川に訊いた。

「おい、ピストルを、どうするんだ」

「ちょっとね。これから、博打場に繰り出そうと思ってね」

清川は、無類の博打好きであった。博打場は物騒だから、いざというときのためにピストルを忍ばせておくのだという。

ピストルは、携帯用の小型のものが多かった。清川は言うが早いか、拳銃をひとつ、ジャケットの内ポケットに忍ばせた。

そのとき、倍達の頭に、ある考えが閃いた。

〈そうか、博打場か！〉

博打の金は、所詮あぶく銭である。博打場に集まるやつらも、悪党と相場が決まっている。博打場を襲って金を奪ったとしても、悪人から金を奪うも同然である。

大山は、ニヤリとした。見ると、横の清川も、ニヤッと笑っている。

「おう、大山。ひとつ、やってみるか」

あえて口にしなくても、阿吽の呼吸である。作戦は、すぐに決まった。

まず、博打場に踏み込むと同時に、銃を構えている清川が、天井に向けて何発か銃を撃つ。威嚇したところで、大山が麻袋を携えて、みんなが持っている金をかき集めて回る。相手が襲いかかって来たときには、倍達が鉄拳を振るい、逃げおおせるという段取りであった。

では、どこの博打場を襲撃するか。やはり、勝手がわからないところでやるのは命取りである。かといって、東京でやるのは、何かと差し障りがある。誰に顔を見られて、いつふい討ちを食らうかわからないからだ。

清川が提案した。

「おれの出入りしたことのある、高崎の博打場がいい」

思い立ったが吉日である。ふたりは、その日のうちに、群馬県高崎市へと向かった。

高崎に着くころには、陽もどっぷりと暮れていた。

博打場まで来ると、ふたりは物陰に隠れて様子を伺った。

清川が、声を押し殺すようにして囁いた。

「おい、もうちょっと人が集まって来るのを待とう」

どれくらい、時間が経っただろう。

どうせ押し込むのなら、闇夜にまぎれてというのが相応しいのに、今日にかぎって月は皓々とさえ渡っている。

清川が、声をかけた。

「そろそろ、行こうか」

どうやら、人がたっぷりと集まったらしい。まずは、普通の客を装って中に入る。入ってからは、予定通りだ。

倍達は、手に握っていた軍隊で使う麻袋を、ギュッと握りしめた。

「入ってすぐ右側に、通路がある。その先の扉の中が、博打場だ」

清川は、そう説明すると、ズンズン前を歩いて行く。倍達も、黙って清川の後に従った。清川の行動は、何もかも予定通りであった。ふたりは、組員だろう、若い衆に案内されるまま、右側の通路を進んでいく。

若い衆が扉を開けると、熱気と人熱れが、倍達の目の前に広がった。

博打に興じていた人たちの目が、一斉に新参者のふたりに注がれる。ざっと二十人はいるだろうか。一瞬後には、また人々の気は、何ごともなかったように、勝負に戻っていた。

博打は、花札のオイチョカブ博賭であった。

清川が、新参者としての挨拶をする。

「ちょっと、遊ばしてもらいますよ」

そういい終わるやいなや、清川は懐に手を入れ、ピストルを取り出した。間髪置かず、天井目がけてぶっ放した。みんなは、度肝を抜かれている、さらにもう一発、発射した。

清川は、ニヤリとして、もう一度発射した。

清川は、今度は銃口をみんなに向けた。大声で叫んだ。

「動くな！　みんな手を挙げてもらおうか！」

清川は、構えていた銃を横にひと振りして、倍達に金を集めるよう促した。

倍達は、持っていた麻袋を広げると、一番手前にいた者から順に、金を集め出した。

ジャケットを羽織っている者は、だいたい内ポケットに財布を忍ばせている。

倍達は、手に金を握っている金はそのまま奪った。金を出していない客は、ジャケットの内ポケットに手を差し入れて、財布ごと奪った。

ひとりひとり金を取って行くのは、案外時間がかかった。

最後に、入口横にある帳場にも手を伸ばした。木箱に重石を入れて入っているひと掴み以上の仕度金も、根こそぎ麻袋に放り込んだ。

取り終えると、倍達が先に向かって走り出した。

〈万事、順調だな……〉

後は、このまま走って逃げおおせればいい。が、扉を開けたとたん倍達の心も体も凍りついた。もともと用心棒役として雇われていたのだろう、二十人近いやくざ者が、ずらりと入口を包囲しているではないか。若い衆は、手に手に、棍棒やスコップを握り、大きく振りかざしている。中には、ツルハシを握っている者もいた。

倍達は、さすがに立ち往生した。そこに、清川が、賭場の中から勢いをつけて駆け出て来た。入口をふさぐ格好で立ち尽くしている倍達と、ぶつかりそうになった。

若い衆も、倍達も、ピクリとも動かない。麻袋を握っていた倍達の右手の掌に、冷汗が滲み出て来る。

〈これは、死ぬな……〉

清川は、ピストルを持っているから、まだ逃げおおせることはできるかも知れない。が、自分は素手だ。素手で戦うには、いくら倍達でも相手があまりに多過ぎた。

〈ここが、命の捨て場か〉

もともと自分は、特攻隊として、異国の空に散華する身だった。ここまで生き延びて来られたのも、運命のいたずらといえばそうである。命を捨てることは、怖くはなかった。

〈自分が死ぬのはいい。が、清川だけは、助けてやらなくちゃいかん〉

清川は、ピストルを構え直すや、倍達の右側に一歩踏み出した。すばやく、横目で倍達を見た。

倍達は、清川を一瞥するや、持っていた麻袋を、空いていた清川の左手に握らせた。小声で、つぶやいた。

「東京で、会おう」

そのとき若い衆が、一斉にふたりに飛びかかって来た。

清川は、倍達を守ろうと一発、かれらに拳銃を見舞った。が、なにせ数が数である。自分が逃げるのが手いっぱいと判断した清川は、拳銃を乱射しながら、そのまま全速力で走り逃げた。

いっぽう、倍達は、頭上めがけて降って来た棍棒からすばやく身をかわした。

人間の中心は、頭である。体の中心を叩けば、人は必ず気絶をする。頭を叩けば間違いないのだが、それでは相手に致命傷を負わせてしまう。

睾丸を蹴るのも、効果がある。気絶をするが、本当につぶれてしまうから、一生男の役目が果たせなくなる。これも日本人相手の喧嘩のときには、使わないことにしていた。

倍達は、振り下ろした棍棒を握る組員の両腕の間から鳩尾に、鉄拳を叩き込んだ。

「ウォォッ！」

男は、そう叫びながらその場につっ伏し、すぐに動かなくなった。

気絶したらしい。が、その左からまた別の男が、横殴りにスコップを叩きつけて来た。

倍達は、右脚に重心を置くと、左脚を大きく振りあげて、飛んで来るスコップごと逆に男を吹き飛ばした。

男は、スコップもろとも地面に叩きつけられた。が、今度は右側から日本刀が降って来る。

倍達は、いつの間にか取り囲まれていた。前から敵を叩いても今度は後ろからツルハシが降って来る。縦に攻めて来るものは、横から攻撃すればいい。倍達は、ツルハシを振り下ろした男の腰を狙った。水平に、手刀を叩き込んだ。

グシャッという、鈍い音が、倍達に伝わった。相手の肋骨が折れたらしい。叩き、突き刺し、吹き飛ばした。

何人倒そうとも、敵は次から次へと襲って来る。倍達は、一刻も早く逃げたいのだが、敵の数の多さに、逃げるに逃げられない。飛んだり跳ねたり目まぐるしい攻防が展開された。

そのうち、敵もバテて来たらしい。ひとりの老人が、ひょこひょこっと、倍達の前に歩み出て来た。

「この男は、空手の使い手だ。あまりそばに寄らない方がいい」

老人は、一六〇センチもない小男である。

「なあ、話し合いをしようじゃないか」

老人は、そう言いながら、とぼとぼ倍達に歩み寄って来る。

〈もしこんな老人が殴りかかって来たとしても、老人の力など大したことはないな〉

そう判断した倍達は、構えていた拳をつい下した。

大金を手に照子の家に

老人は、倍達の手の届くところまで近寄って来た。

〈な、何をするつもりか……〉

突然、倍達の胸目がけて、真っ直ぐ小型ナイフを刺し込んで来るではないか。掌中に隠していたのである。

〈しまった！〉

倍達は、反射的に、右拳で老人の鳩尾をついた。が、老人の動きの方が一瞬早かったらしい。老人は、その場に素早くうずくまった。

が、ナイフは、倍達の胸を外れ、右頬の下に突き刺さっていた。歯茎にまで達し、右下の奥歯で止まっていた。

老人は、組の幹部であるらしい。若い衆の何人かが、あわてて老人に走り寄った。他の数人が、倍達めがけて飛びかかって来る。

倍達は、突き刺さったナイフを引き抜く暇もなく、二、三人を左右の拳で撃ちのめした。

〈逃げなくては、殺される……〉

倍達は、必死の思いで駆けに駆けた。

背後から、何人かが追って来る足音が響く。賭場の右手には、山稜に向かって延々と桑畑が続いている。桑畑の中を、逃げに逃げた。右頬に突き刺さったナイフの柄の先から、生温かい血が滴り落ちる。ナイフを、引き抜こうとした。が、走りながらだ。思うように抜けない。

〈くそっ！〉

不思議と、痛みはあまり感じない。

自分が、どちらに向かっているのかわからない。

追手には、土地勘がある。追手と倍達との距離は、縮まって来る。倍達は、焦り、より足を早めた。そのとたん、足を取られた。

〈な、なんだ！〉

ズブズブと、腰まで潜り込んでしまった。

〈く、臭い！〉

な、なんと肥溜めだったのである。神経が、刺さったままのナイフの方に向かっていて、肥溜めの臭いに気がつかなかったのだ。

倍達は、肥溜めから這うようにして出た。糞まみれのまま、また走り出した。が、余分についた重みと濡れに、足が思うように前に進まない。

追手も、倍達が肥溜めに落ちたことを笑っている。

「あの馬鹿」「アハハハ」という笑い声が聞こえて来た。

倍達は、走りながら、依然ナイフを抜こうと必死だった。ナイフは、あまりに深く歯茎に食い込んでいる。走りながらでは、とても抜け切れるものではなかった。

逃げ道が、上り坂になって来た。山に入ったのだろう。

追手も、倍達が山に入ってようやくあきらめたらしい。追手の足音も、聞こえなくなってきた。

が、倍達は、足を緩めなかった。

ただし、ひと安心したらしい、ようやく神経が回り出した。刺さったままのナイフよりも、自分のあまりの臭さに耐え切れなくなった。鼻がひん曲がりそうであった。

ちょうど山ひとつ越えたとき、川が流れていた。

〈おおッ！　恵みの川だ〉

すっ裸になって、川に飛び込んだ。水は凍るほど冷たかったが、気持ちがいい。

体を洗い終わって、ようやく刺さったままになっていたナイフに気が回った。

力任せに、ナイフを引き抜いた。

「ウッ……」

このときばかりは、さすがにうなり声を上げた。にわかに、寒気を感じて来た。いくら五月とはいえ、山の中で丸裸では寒くて仕方がない。

空を仰いだ。月が皓々と冴え渡っている。

大山倍達は、東京に戻ると真っ先に、杉並区方南町の清川の家を訪ねた。が、清川の姿はない。

〈まさか、あいつ、途中で、警察にでもとっ捕まったんじゃあるまいな〉

二日経ち、三日経った。が、清川は帰って来ない。

〈やはり、警察に捕まったかもしれぬ〉

しかし、もし捕まっていれば、ここに警察が踏み込んでくるはずだ。

ひょっとして、奪った金を、ひとり占めされたのかもしれぬ。

〈やられた！〉

腸が、煮えくり返った。が、時が経つにつれ、次第に怒りも薄らいでいった。

〈もともとなかった金と思えばいい〉

ところが、襲撃から一ヵ月ほど経ったある日、清川がひょっこり帰って来たではないか。倍達は、清川の姿を見るなり、忘れかけていた怒りが込み上げてきた。機関銃のごとく、一気にまくし立てた。

「どうして、こんなに遅れたんだ！　きさま、殺すぞ！　おれは、一ヵ月もここで待ち続けていたんだぞ」

「まあ、まあ、まあ」

清川は、神妙な顔をして腰を下ろすと、仁王立ちのままの倍達を見上げながら言った。

「こういうものはね、すぐに現れちゃいけない。冷却期間ってのが必要だ」

倍達は、食ってかかった。

「おまえ、友達同志でも冷却期間が必要なのか！」

清川は、まったく悪びれずに続けた。

「まずは、味方を欺かないとね。敵も騙せないよ」

「馬鹿野郎！　生死をともにした相手に向かって、何を言ってるんだ！」

清川は、あの夜、通りかかったトラックを奪って、東京に逃げ帰ってきたという。

「まあ、それはそれで置いといてさ」

清川は、そう言うと、持っていたバックに手を突っ込んだ。中身をまさぐり始めた。机の上に、どかりと札束を積み上げた。

「全部で、六十万円ある」

新円切り替えで円の価値が変わったとはいえ、大卒の初任給が二百円の時代である。六十万円もあれば、山の手に新築の大きな一戸建てが土地つきで買えた。

現ナマを見せられると、倍達も弱いところがある。そのまま、その場に、腰を下してしまった。

「金は、平等に分けよう」

分け前はひとり三十万円ずつということになった。

倍達は、金を手にするや、よろこび勇んで大森の照子の家を訪ねた。

この日ばかりは畏まって、倍達は、照子と母親を居間に呼びつけた。「ウウン」と咳払いをして、バッグの中から金を取り出し、机の上に置いた。

照子が、目を剥いた。

「まあ！　どうしたの、こんな大金……」

「あげますよ」

照子の母親が、家財を金に換え食い繋いでいるのを、倍達は知っていた。

「ええっ！」

後ろ暗い金であるとは、微塵も思っていないらしい。母親は、無邪気によろこんでいる。照子も、目を潤ませている。

「大山さん……」

倍達と照子の仲に反対していた母親も、それほど反対しなくなった。

倍達、ついに指名手配に

さて、倍達の欝憤は、いっそう横暴を重ねている進駐軍のアメリカ兵に向けられるようになった。

夜な夜なアメリカ兵の多く集まる場所に出向いては、「辻斬り」ならぬ「辻殴り」を重ねた。

「辻殴り」を、ひとつのところで続けてはしない。泳がせ捜査ではないが、アメリカ兵の罠に引っかかる場合がある。アメリカ兵は治外法権だから、捕まったら本当に殺されてしまう。

倍達は、上野で「辻殴り」をやった翌日は、横浜に、その翌日は浅草にと、毎日場所を変えては「辻殴り」に精を出した。まさに、神出鬼没である。

倍達の存在は、アメリカ兵の間にも恐れられ、アメリカ兵の間には、夜はひとりでは出歩かないよう命令が出ていた。が、倍達にとって、ふたりだろうが三人だろうが、逃げ道さえ確保してあれば、そんなことはどうでもよかった。

アメリカ人に虐げられていた日本人は、倍達の行状に溜飲を下げ、快哉を叫んだ。犯人は、ピストルを取り、金を奪うが、殺すような真似は絶対にしない。アメリカ兵が連れていた日本人女性にも、手を出さない。噂は、噂を呼んだ。

「何でも、犯人はアメリカ兵が発砲したピストルの弾丸を素手で受け止めちまったという話しだぜ」

これだけ連日大量のアメリカ兵負傷者を出しているのだから、是が非でも犯人を捕まえなければ、日本の警察としても沽券にかかわる。ＧＨＱ（連合国軍最高司令部）からの圧力もあり、全力を投入して犯人を検挙しなければならない。それなのに、一向に捕まらなかったのは、当の警察官から倍達に情報が入っていたからである。

警官は、捕まえるどころか、倍達を見ると、耳打ちしてくれた。

「いま、向こうからアメリカ兵がやって来るよ」

その情報をもとに、倍達が派出所の目と鼻の先でアメリカ兵を襲っても、警官は知らんぷりである。

後で進駐軍から問い詰められても、警官は「わからなかった」ととぼけて見せればいいだけのことである。倍達は、同じ場所で続けてやるということはなかったから、警官たちも安心して情報を教えたのだ。が、襲われたアメリカ兵は黙ったままではいられない。犯人は続けて現れっこないから、いつも同じ場所にいる警官に目をつける。アメリカ兵は、難癖をつけては、警官たちをいたぶった。

その夜も、倍達は、獲物を求めて街を徘徊していた。銀座から、有楽町にかけて歩いていたときのことである。銀座四丁目の交差点の角には、進駐軍用のマーケットがあった。昔の服部時計店（現・和光）が、マーケットに充てられていた。お壕端のGHQ本部も近いことから、銀座にはアメリカ兵が溢れている。アメリカ兵は、新橋の闇市にも繰り出しては、横暴を繰り返していた。

ちょうど、倍達が数寄屋橋に差しかかったときのことである。何か人だかりがある。寄って行って見た。数寄屋橋派出所の巡査ひとりが、交番の前でアメリカ兵ふたりにいじめ抜かれているではないか。警官のズボンを脱がせ、尻を剥き出させ、なんと肛門に警棒をむりやり突っ込んでいる。

アメリカ兵は、白人と黒人で、ふたりとも熊のような大きな体をしている。まわりには、見物人が山ほどたかっているが、誰もアメリカ兵が怖くて手を出せずにいた。

倍達は、いきり立った。

〈ようし！〉

脱兎のごとく駆け出すと、自分のすべての体重をかけた右拳を、手前の米兵の脇腹に叩きこんだ。黒人兵は、「グッ」と声を詰まらせ、うずくまった。が、彼の声よりも、「おーっ」という歓声の方が、倍達の耳に大きかった。

白人の米兵は、あわててピストルに手をかけようとする。倍達は、引いていた左拳を米兵の鳩尾に叩きこんだ。白人兵は、そのまま勢いよく、交番の中へ吹き飛んだ。ガラスは割れ、安ごしらえの机が、砕け散った。

その直後、先に一発食らわせた黒人兵が、再び態勢を起こそうとしているのが見えた。倍達は、すかさず、さきほど拳を打ち込んだ場所とほとんど変わらない脇腹に、思い切り蹴りを入れた。

「グエーッ！」

やじ馬は、やんややんやの喝采である。そこへ、騒ぎを聞きつけたほかのアメリカ兵が、徒党を組んでやって来た。

倍達は、襲われていた警官に目だけで挨拶をするや、急いでその場を離れた。

ところが、この一件がもとで、倍達はついに指名手配になってしまったのである。いくら助けてくれたとはいえ、目の前でアメリカ兵が襲われたのを、見なかったとは当の警察官も言えなかったらしい。

結局は、自分の身かわいさから、倍達を売った形になったのだ。

倍達の身元が割れたことで、東京中の警官とアメリカ兵が血眼になって倍達を探し出すことになった。

〈これは東京を離れなければならない……〉

ビール瓶切り

大山倍達の罪状は、行政人倒壊。行政を司るアメリカ国民に反抗した危険人物ということである。

当時、倍達は、大山猛虎と呼ばれはじめていた。

「あいつは、あまりにも強い。まるで猛虎（もうこ）のように恐ろしい男だ」

ひとりが「猛虎、猛虎」と呼び始めた。そのうち「猛虎」の読みが、名前らしく「たけとら」になった。その呼び名が広がったのだ。実際、当時の倍達は、猛虎と呼ばれてもおかしくないほど、殺気に満ちていた。誰もが「猛虎」をてっきり本名だと信じ込んだ。本人の倍達も、その方が通りがよかったため、あえて異を唱えず、みんなの呼ぶに任せるようになった。

これが、幸いした。町々の交番には、倍達の顔写真や似顔絵が貼られた。その横に、「凶悪犯・大山猛虎」と大書されていた。が、本名ではないから、当然戸籍にその名はない。そのため、米軍側も、倍達の素性を簡単に割り出せなかった。

それでも、手配書があちこちに出回っているため、それまでのように外を肩で風切ってわが者顔で出歩くことはままならない。したがって、仕事である辻殴りも、これ以上は出来なかった。

〈外を勝手に出歩けないでは、他の仕事も出来ぬ〉

困り果てた倍達は、可愛がってもらっていた小澤専七郎を訪ねた。

小澤は、日本国民食糧、茨城缶詰、小澤木材工業を経営している実業家である。そのうえ、政治にも意欲を示していて、翌昭和二十二年四月の衆議院選挙では、初当選を果たすことになる。戦後、食うに困っていた倍達は、飯さえ食べられるなら、何でもした。金を持っていそうな人物の前に行っては、空手を見せてご馳走してもらっていた。倍達は、そのような席で木の板を割り、喝采を浴びた。倍達の芸を一見して、すっかり惚れこんでしまったのが小澤であった。以来、小澤は、倍達の顔を見るたびに、黙っていてもいくらかの金をくれるようになっていた。

そんなあるとき、小澤から声がかかった。

「自宅で宴会を開くから、そこで空手の演武を披露してほしい」

倍達は、一瞬、ためらった。本来なら、恩のある小澤の頼みである。ふたつ返事で引き受ける。が、いまは、指名手配の身である。小澤が、不審に思って訊いた。

「どうした」

「は、はい。やらせていただきます」

倍達は、己に言い聞かせた。

〈捕まれば、捕まったときのことだ。ここは小澤先生のために、ひとつビール瓶切りを見せよう〉

ビール瓶切りとは、素手でビール瓶を切る技のことである。板を叩き割るより、ビール瓶を切った方が席が盛り上がることを、経験上知っていた。が、この芸は、あちこちでやたら披露しないようにしていた。技術的に、非常に難しかったためである。ビール瓶は、ガラスである。下手に手刀を叩き込めば、ガラスに負けて指を落としてしまう。実際、のちに倍達の弟子のひとりが、このビール瓶切りに失敗し、指を一本失ってしまった。それほど危険を伴う技なのだ。

ビール瓶は、栓を開け、ビールを出し、中身の入っていないものを使う。これをテーブルの上に置き、手刀で叩き割る。

倍達は、ある席でビール瓶めがけ、勢いよく手刀を叩き込んだ。ところが、次の瞬間、ビール瓶そのものが吹き飛んでしまった。飛んだビール瓶は、割れもせず、元の形のままゴロゴロと床に転がった。このとき、幸い怪我人は出なかった。が、万が一ということもある。恩ある人の宴の席で、負傷者でも出してしまっては申し訳が立たない。そんな配慮もあり、特別な席以外では、あまり披露しないようにしていたのだ。が、今回ばかりは、特に世話になっている小澤の頼みである。どうしても、ビール瓶切りの芸を見せたかった。

千葉県市川市にある小澤の私邸で開かれた宴会には、ときの政財界の大物が、ずらり顔を揃えていた。衆議院議員の三木武吉もいた。三木武夫、楢橋渡、星島二郎、林譲治もいた。さすがの倍達も緊張した。

〈失敗は、許されない〉

宴もたけなわとなり、いよいよ倍達の出番がやって来た。道着を来た大男の倍達が現れると、会場に「おおっ」という歓声が上がった。

小澤が紹介した。

「こちらは、空手家の大山猛虎君です。名前のごとく、虎のような男です」

いったい、何を見せてくれるのか。万が一失敗したら嘲笑してやろうという視線が集中している。

倍達は、テーブルの上に用意されたビールの栓を抜き、グラスに注ぎ始めた
が、半分注いだところで、止めた。

〈いままでは、空のビール瓶を使っていたから、瓶がそのまま飛んでしまったんだ。半分中身を残して、重みを増しておけば、空のときよりは、飛びにくくなるに違いない〉

それなら、栓を抜かないままのビール瓶が一番重いわけだが、そのまま切ってしまえば、中身が散乱してしまう。見物人の衣服を汚してしまってもまずい。そういう慮りから、半分だけ残すことにしたのである。

右の手刀をゆっくりと上げ、ビール瓶めがけて気を溜めた。

大きく息を吸い込むと、一瞬、息を止めた。

次の刹那、かけ声もろとも手刀をビール瓶に叩き込んだ。

「ハーッ！」

ビール瓶は、見事に切れた。ちょうど首がくびれはじめたところから上が吹き飛ばされる格好でポロリと折れている。

「おおーっ！」

一斉に、歓声が上がった。

倍達は、次に、空のビール瓶を用意した。

右の拳を引き、かけ声もろとも瓶を突いた。

「タァッ！」

瓶の腹の部分に拳が突き入った。

「おお……」

ふたたび歓声が上がった。

倍達が拳を引いたときには、瓶の腹に穴が開いていた。倍達の見事な技に、会は最高潮の盛り上がりを見せた。

以来、倍達は、小澤に何でも相談できる仲になった。

倍達、父になる

小澤の経営する日本国民食糧は、赤坂見附にあった。指名手配中の倍達が、ときの財界人と会っていることがわかれば、とんだスキャンダルとなる。倍達は、なるべく目立たないよう、こっそりと小澤の事務所を訪ねた。

「大山といいます。小澤先生を、お願いします」

しばらくして、小澤があらわれた。

小澤は、倍達の顔を見るなり、黙って背広の内ポケットに手を差し入れた。中から、茶封筒を取り出すと、無言のまま倍達の前に差し出した。その厚みからいって、相当の金額の入っていることが察せられた。いつもより金額の桁が違う。

倍達は、おもわず小澤の顔を見上げた。

「せ、先生……」

小澤は、声を潜めた。

「きみ、これ以上、東京にいたら駄目だよ」

小澤の耳にも、倍達が指名手配を受けていることが入ったらしい。小澤は、別に深い事情を聞くこともなく、そっと心遣いをしてくれたのであった。

倍達も、あえて釈明することなく、眼でうなずいた。

「はい。ありがとうございます」

金をもらって辞した。

倍達は、その足で、大森に向かった。惚れている照子を訪ね、しばらくの別れを言うためであった。

ところが、照子は、ひどく具合悪そうにしている。食べた物も、ほとんど戻してしまった。とても別れを口にできない。

「疲れたんだろう。早く休むといい」

翌日元気になったら別れを口にしようとしたが、照子の具合はよくならない。その次の日もよくならない。一向に食欲は増さず、食べてもまたすぐに戻してしまう。顔色も、青い。

〈これは、ただの疲れでもなさそうだぞ……〉

倍達は、ただちに照子を近くの医者に連れて行った。

しばらく廊下で待たされた後、診察が終わったのだろう。医者が診察室に入って来いという。

座れと差し出された丸椅子は、倍達の尻の大きさの半分にも満たない小さなものであった。

倍達は、その上にちょこんと乗っかるような格好で腰を下した。とたんに、医者がにっこり微笑むではないか。

「おめでとうございます。おめでたですよ」

一瞬、倍達は呆気に取られた。

照子の顔を見た。照子は、うれしそうににっこり微笑んでいる。心なしか、さっきより頬にも赤味がさしているように見える。

だが、倍達は、子供の誕生を素直によろこべなかった。

〈自分たちの食料を手に入れるのさえ、ひと苦労だというのに、子供の面倒までおれには見切れない。まして、指名手配を受けて逃げ回っている身だ〉

照子の実家に戻るや、照子を諭した。

「今のおれの身を考えると、子供を産むことは……」

照子は、倍達の言葉が意外だったのだろう。目を剥いて、声を張り上げた。

「嫌。嫌よ。どうしても、産みたいの！」

倍達も苦しかった。

「おれにはまだやらなくちゃならないことがある。そのためには、子供は、おれの手枷、足枷になる。子供に縛られて、やりたいことも出来ないような人生は、おれには歩めない。第一、おれはまだ、おまえひとりも食べさせてやれない」

「何といわれようとも、神様から授かったものは、嫌……」

照子の左の目頭から、涙がひと筋頬を伝った。

倍達は、思わず照子を抱きしめた。

「おまえの気持ちは、よくわかる。しかし、おれは指名手配の身だ。これからも逃亡生活を続けなくちゃならないんだ。そばにいて、おまえを守ってやるわけにはいかないんだ。そんなとき子供を産むと、産まれてきた子供がかわいそうだ。それでも、おまえは産むと言い張るのか」

いつの間にか、照子は倍達の胸の中でしゃくり上げている。

「あなたが何と言っても、わたしは産みます……」

照子は、体を震わせて泣きじゃくっている。

倍達も、それ以上のことは言えなかった。

「おれは、おまえについていてやれないんだぞ。それでも、産むっていうんだな」

照子は、倍達の胸に強く頭を押しつけるようにしてうなずいた。倍達も、肚を括った。

〈これで、おれも父親になるのか……〉

倍達は、照子をさらに強く抱きしめた。

「おまえの気持ちは、よくわかった。産みたいのならば、産めばいい。だが、おれは、今日にもここを出て行くよ。なんと薄情な男だと、恨むのならば恨めばいい。だが、おれは必ずおまえが認めてくれるようなものを手にして、ここに帰って来る。それだけは信じて、待っていて欲しい。おれは、どうしても空手を極めなければならないんだ」

照子は、涙に濡れた顔で、倍達を見上げた。

「あなた」

「照子……」

倍達は、いま一度、照子を強く抱きしめた。

重量挙げの開祖、若木竹丸の教え

倍達は小澤からもらった金の半分を照子に残し、姿を消した。が、行く宛てなどなかった。

〈空手を極めるなどという、漠然とした命題だけがあっても、具体的に何をすればいいのか…〉

空手を極めるためには、空手の道に励んでいる達人に教えを請えばいいに決っている。だが、いまの日本に、自分以上に強い空手家がいるとは思えなかった。

適当な汽車に乗り込み、窓外の風景をぼんやり見続けた。そんなとき、隣の座席の会話から聞くともなしに聞こえてきたのが、「重量挙げ」という言葉であった。

倍達の頭の中が、にわかにはっきりとして来た。

〈そうか。重量挙げか〉

倍達は、戦前、重量挙げの開祖、若木竹丸が書いた『怪力法並びに肉体改造体力増進法』という本を読み、参考にしたことがあった。

空手道に励むのは、何も空手家から教えを請うことだけとは限らない。

〈若木氏に会えば、何か道が拓けるかも知れない〉

重量挙げのことはまったく知らないが、どこか通じるものがあるだろう。

倍達は、さっそく若木の所在を確かめにかかった。

が、日本重量挙げの開祖と謳われるほどの者なら、すぐに所在が割れてもおかしくなさそうなのに、若木の所在はなかなか掴めなかった。

当時、若木はすでに落ち目であった。人気がなかったのは、ほかの者に台頭され押されたという理由もあるが、決定的だったのは、戦前神田で喧嘩をし、結果的に人を殺してしまったからである。

若木は、殺人罪で刑務所に入った。

「そんな強いやつを、刑務所に入れちゃいかん」

そういって、若木に手を差し延べたのが、右翼の大物、頭山満であった。頭山は、玄洋社の中心人物として、政界の裏面で活躍し続けていた。若木は、頭山のひと声で、釈放されたのであった。

若木は、力が強いことでは名を馳せていた。

若木が、牛込関口町にいることがわかった。倍達は、すぐさま若木を訪ねた。倍達は、若木に会うと、驚いた。

〈こんな小柄なのに、日本に名の轟くほどの力持ちなのか〉

若木の身長は一六五センチくらいしかなかった。

倍達は頼み込んだ。

「わたしは空手をやっている大山倍達と言います。じつは、先生をお訪ねしたのには、訳があります。わたしは今、壁にぶつかっています。それがどんな壁か、自分でもわからないくらい大きな壁です。でも、どうにか自分でその壁をぶち壊し、乗り越えて行かねばなりません。わたしは、より強くなりたいんです。どうか、わたしに稽古をつけてください」

若木は、倍達の頭のてっぺんから足の先まで、嘗めまわすようにじっくりと見渡している。倍達が黙って眼だけで訴えていると、若木は訊いてきた。

「あなたの体重は、どれくらいあるんです？」

「八十キロあります」

「八十キロありますか。八十キロあるんなら、わたしの言う通りやってみなさい」

若木は、さっそく倍達を焼け跡の古ぼけた小屋へ案内した。稽古場には、そこここにバーベルが置かれている。

倍達は、生まれて初めてバーベルというものを目の当たりにした。

〈これがバーベルか。これで練習するのか〉

物珍しさに、さっそくどんなものかと持ち上げてみることにした。倍達がバーベルに手をかけているのを見て、若木は制した。

「大山さん。稽古に、そんなものはいりませんよ」

若木は、そう言うと、やおらズボンのポケットに手を突っ込み、何かを取り出そうと動かしている。

〈何をやっているんだろう……〉

倍達は、バーベルから手を離した。いったい何が出てくるのかと、じっと手の動きを見守った。

若木は何やら指でつまみ出すや、倍達に突きつけるように勢いよく腕を伸ばした。

右手の親指と人差し指の間に挟まれていたのは、十銭硬貨だった。

「あなた、親指と人差し指。いや、中指もくわえて三本指でもいい。三本指に、自分の全体重八十キロを集めることが出来ますか」

倍達は、眼を見張った。

〈この人は、何が言いたいのか〉

じっと倍達が見つめ続けていると、若木が続けた。

「バーベルを持ち上げるのは、他力本願の稽古だ。どうせ稽古をするなら、自力本願の稽古をしなさい」

倍達は、訊き返した。

「それは、どういうものですか」

「大山さん、昔の忍者はどういう訓練をしたか、知ってますか？」

忍者のことなら、知らないこともない。倍達は、説明し始めた。

「忍者は、非常に成長の早い麻の実を蒔き、日々それを飛び越えることで、自分の跳躍力を養いました」

若木は、感心したように、大きくうなずいた。

「あなたはずいぶん勉強しているようですな。忍者の訓練は、基礎的なことをひとつひとつ学んでいく。ひとつこなせるようになったら、次のステップに進むという形を取った。三しかできない人間が、いきなり十の稽古をしても無理だということです」

若木の言葉に、倍達は後ろから思い切り頭を殴られたような気持ちになった。

若木が続けた。

「八十キロの人間が、八十キロを持ち上げることは簡単です。八十キロの人間が八十キロを持ち上げたとき、ひとはその人を一人前と言う。八十キロの人間が、九十キロを持ち上げたとき、十人力と言うんですよ。それが日本の、東洋のやり方です」

若木は、さらに意外なことを言った。

「あなた、空手が強くなりたいんでしょう。それなら、バーベルを持ち上げるより、腕立て伏せをやりなさい」

倍達には、腕立て伏せをやれという意見が理解できなかった。

「腕立て伏せが百回出来るようになったら、拳立て伏せを百回やりなさい。拳立て伏せも出来るようになったら、五本の指でやりなさい。それも出来たら、三本指で。三本指で百回出来るようになったら、つぎに、三本指で逆立ちをしなさい」

三本指で逆立ちなど、出来るわけがないではないか。

が、若木は、「よおく見てなさい」と親指と人差し指と中指の三本で十銭硬貨をつまみ、指に力を込め始めた。

倍達は、あきれかえった。

〈三本の指で、固い十銭硬貨が、曲がるわけがないじゃないか〉

若木の顔が、見る見る真っ赤に染まっていく。息も荒くなる。若木はついには「ウーン、ウーン」と唸り始めた。顔の赤い色が、一瞬黒くなったかと思われたとき、若木は大声を張り上げた。

「ウォリャーッ！」

十銭硬貨が、なんと見事に曲がっているではないか。

倍達には、信じ難いことであった。およそ人間技とは思われなかった。

若木は、大きく肩で息をすると言った。

「逆立ちをすれば、嫌でも自分の全体重を手で支えねばなりません。あなた、三本指で毎日逆泣ちが出来るようになったら、間違いなく硬貨を曲げられるようになりますよ」

倍達は、悄然とその場に立ち尽くした。

若木は、さらに続けた。

「昔の忍者は、天井の桟を指で握って天井を這い回った。何も、講談や映画のなかのことでなく、実際に出来ることなのです」

倍達は、自分の思い上がりが打ち砕かれる思いがした。

〈自分には、基礎がなかったんだ。武道の奥は、深い……〉

いつの間にか、焼け跡に若木の姿はいなくなっている。

倍達は、ハッと我に返ると、ポケットに手を突っ込み、硬貨を取り出した。若木同様、右の親指と人差指と中指で、曲げようと必死になった。が、いくらありったけの力を込めてみても、硬貨は曲がらない。

逆立ちも、試みた。

掌立ちは何なく出来た。掌を拳に代えてやってみた。これも、不安定ながら何とか出来た。では、五本指ではどうか。

五本指を床につき、足を蹴り上げてみた。体が真上にまで来ないときから、指は体重を支え切れずにグニャリと曲がり、掌が地べたについてしまった。

〈自分は、こんなことすら出来なかったのか〉

空手なら、自分に敵う者はいないと思い上がっていたのは、ただの慢心に過ぎなかった。

〈修行を、し直そう。どこかの山へ籠ろう……〉

倍達、山籠もりする

大山倍達は、昭和二十三年四月、修行のため、千葉県の清澄山に山籠もりすることにした。

その前にまず館山の友人の香山を訪ね清澄山に入ると告げた。

香山は止めにかかった。

「何を言っているんだ。これから、いろんな技術が発達してよくなっていく。そんなときに、山籠もりとは、どういうつもりだい。時代錯誤も甚だしい。それよりも、おれの商売を手伝ってくれ。そうしたら、おれだって、おまえだって、どんな贅沢でもできるんだぜ」

清澄山は標高三百八十三メートル。山としてはそう高くはない山である。

国鉄の安房小湊駅から十キロのところに登山口があった。

倍達は、ひとりで山の中に入って行った。ひんやりした空気が山に入ったことを教えてくれた。肩にずしりとくる荷物を背負いながら、黙々と山道を歩んでいた。ひと月分の食料を、背中に背負っている。

山の中腹まで行くと、清澄寺が見えてきた。かつて日蓮上人が修行したという寺である。寺の本堂の前には、高さが五十メートル、幹のまわりが十五メートルという杉の巨木があった。杉の巨木を見上げた。樹齢何年になるのか、見当もつかない。日蓮上人が修行をしていたころから、すでにあったのでは、とすら思われた。杉の葉の深い緑の間から、抜けるような春の青空が広がっている。

〈これから、ここで修行をするのか……〉

日蓮ほど、とはいかないまでも、大山倍達として、ここでどこまで大きくなれるのか、頑張ってみたかった。倍達は、本堂に向かって、大きくひとつ、頭を下げた。

山に籠もって、最初の朝を迎えた。軽く伸びをした。人里離れてポツンと建った小屋から出た。倍達のいるのは、清澄寺からさらに上に登った所で、派出所ほどの大きさの粗末な小屋であった。

町中と違ってひんやりとした清々しい空気が胸いっぱいに入り込んでくる。

空気が、舌に味となって感じられるのではないかと思えるほどにうまい。地平の向こうから、ちょうど朝日が昇ってくるところであった。白っぽいオレンジ色をした朝日であった。朝日を見ながら、グッ、と両の拳に力を入れた。

〈よし！　今日から、やるぞ！〉

朝日に背を向けると、山道のランニングを始めた。山道、といっても、人が通った痕などほとんどない獣道である。平坦な道を走るのとは、全然違う。体にかかる負担は、倍以上である。が、倍達は、楽しかった。俗世のことは忘れ、空手だけができる。体にさらに負担をかけるため、走っているペースを途中で変えた。

遅く走る。

速く走る。

スキップする。

これらを織りまぜた。

走っているうちに、体がカッ、として、筋肉が柔らかくほぐれてくるのがわかる。一時間ほど走って、小屋に戻ってきた。軽く柔軟体操をしたあと、腕立て伏せをする。ただの腕立て伏せではない。若木竹丸に習った指立て伏せである。掌を地面につけず、二本の指だけで体を支える。最初の十回は、何ということはない。が、二十回、三十回とやるうちに、だんだんと指が痛くなってくる。掌の中に、指がめり込みそうにさえなってくる。が、倍達はやめない。

脳裏に、硬貨を軽々と折り曲げた若木竹丸の姿がある。身延山では三本指で、五十回まで腕立て伏せが出来たが、今回の清澄山では百回まで出来るようになっていた。百回やると、今度は、二本指に挑戦してみることにした。中指を、外す。

〈一本くらい、何とかなるだろう〉

が、中指たった一本の差で、どうしても腕立て伏せが出来ない。指が、折れそうになってしまう。いろいろ工夫したが、やはり出来ない。大きく息をついた。

〈まだまだ、修行しなくては〉

思わず、空を見上げた。すると、大きな音をたてて、腹が鳴った。

〈とりあえず、飯にしよう〉

持ってきた米を炊いて、みそ汁をつくる。小屋のまわりに生えていた山菜と、魚の干物をおかずに朝食を摂った。バリバリと音を立てて、干物をかじる。頭の先から尻尾まで、残さず食べた。倍達は知らなかったが、武道家にとっては理想の食事であった。運動するために必要な炭水化物は米で、たんぱく質は味噌と魚で摂れる。

さらに、山菜は、キャベツやレタスといった外来野菜よりも、ビタミンやミネラルの類はずっと豊富なのである。魚の骨を食べるから、カルシウムもたっぷりと取れる。肉を食べないので、余分な脂肪が体にたまることもない。食べ過ぎないように食事をすると、三十分ほど休憩をした。腹の中で食べ物がこなれるのを待つ。そのあとは、いよいよ基礎稽古であった。

まずは、型である。

幼い頃、義和団の生き残りである李相志に習った跳び蹴りを、五百回。

さらに、松濤館流空手の型を繰り返す。

なんの変化もない、基本練習だけである。普通の人間なら二時間も練習すれば飽きてしまう練習を、みっちりと四時間もやった。が、じつは、ここまで基礎練習をやって、はじめて本当に体の筋肉がほぐれてくるのである。

太陽が真上に来るころまで基礎練習をしたあとに昼食を取った。

やはり簡単な食事を終えて休憩する。

太陽がわずかに傾いてくるころから、いよいよ本格的な空手の稽古に入った。

小屋のまわりに、ひと抱えもあるような木が、生えている。その木にグルグルと縄を巻きつけた。本堂前の杉の巨木は、さすがに叩かない。太過ぎて向かない、というものあったが、やはり多少は罰当たりな気がしたのである。杉の巨木よりは細いが、それにしても巨大な巻藁である。グウッ、と腰を落として気合いを溜める。

縄を巻いた大木めがけて、まず、右の拳を叩きつけた。拳に、わずかに痛みが走った。

大木は、倍達の拳では、木の葉を揺らすことすらなかった。

左の拳。

右の蹴り。

左の蹴り。

いくら叩きつけても、びくともしない。木を叩きながら、まるでその木が語りかけてくるような気がする。

「腰が入っていない！ そんな突きでは、とても強いとは言えないぞ！」

「そんな蹴りしか出せないのか！」

木に、叱咤されているような気分である。

突いて。

突いて。

蹴って。

気づいたときには、すでに陽は傾きかけている。

ほうっ、とひと息ついて、手を見た。

いつの間にか、拳が血に染まっていた。

赤く、腫れ上がっている。

川に降りて軽く手を冷やした。

その日は、夕食を摂って早く眠った。

倍達の空手人生において、真に空手だけの時期があるとしたら、まさにこの時期であった。

朝から晩まで、空手だけである。生きるのに必要な最低限の行為以外は、空手だけであった。髪も、切らない。髭も、剃らない。

月に一度、山の麓に米と一ヵ月分の新聞が館山でアイスキャンディー屋やどぶろくを造っている友人の香山唐吉から届けられる。

倍達が山の麓まで行くのは、そのときだけである。それでも、誰かに会うわけではない。ただただ、空手だけであった。

〈このまま、ここで朽ちてもいい……〉

そう思う日すらあった。

清澄山の天狗

山に籠もって二ヵ月近くたった。

ある日。いつものように練習を終えた倍達は、小屋の中で眠りに入ろうとしていた。が、妙に寝つかれない。疲れているはずなのに、妙に神経が高ぶる。妻の照子のことが、思い出された。下半身が、火照ってたまらなかった。人の肌が恋しい。思わず、上半身を起こした。人間が相手なら無敵に近い倍達にも、どうにもならない強敵であった。性と、孤独である。

人間は、自分が孤独である、と感じると、百日もすれば気が狂ってしまう、と言われている。その狂気の入口にいた。狂おしいまでの人恋しさである。孤独を初めて感じてから、それでも三日は、こらえた。

四日目の夜。眠ろうとして、ふと息苦しさを感じた。天井が、ズウッ、と自分を押しつぶしそうに迫ってくるような感じがした。宇宙の真っ只中にひとりきりになったような気がする。

〈強くなって、どうする〉

疑問が湧く。

〈こうやって、山の中で一人でいて、強くなったといっても力を振るう相手もいない。本当に強くなったのかすら、わからないじゃないか〉

寝汗とも、脂汗ともいえないものが、全身にじっとりと染み出してくる。

グッ、と唇を噛んで我慢する。が、心のどこかで、弱い心がささやく。

〈山を、降りよう。わずか三十分も歩けば、麓じゃないか〉

我慢しようとすればするほど、誘惑は強くなる。人間と、会いたい。痛切に思った。

女が欲しい。

いま、山を降りれば、朝には、人の住む町で生活できるようになる。

〈山を、降りよう〉

とうとう、誘惑に負けた。

〈もう、いいじゃないか、二ヵ月も修行したじゃないか〉

決意すると、もう矢もたてもたまらなくなってきた。

倍達は、はね起きるようにして荷物をまとめた。もともと少ない荷物である。あっという間にまとめあげた。

リュックを肩に担いで、小屋を出た。

〈これで、町に帰れる〉

心臓が、期待に高鳴る。いままで住んだ小屋を、あらためて振り返った。

そのとき。

「逃げるのか！」

誰かがささやいたような気がした。気のせい、と言えば気のせいである。が、倍達は、その声を、森のささやきとして聞いたのである。毎日、叩いている木を見た。二ヵ月、倍達の突きを受けながら、いまだにびくともせずに立っている木であった。木にさえ、ささやかれているようだった。

「逃げるのか……」

木々の音が、棄の泣き声が、倍達には、すべて自分を嘲笑っているような気がする。しかし、どうしても町は恋しい。泣きたくなった。

〈おれは、なんて弱い人間なんだ。せっかく決意して山の中に入ったというのに、人間が恋しいからという理由でまた町に帰ろうというのか〉

自分が、たまらなく嫌になる。

〈どうしたらいいんだ……〉

小屋に帰ることも、町の方に足を踏み出すこともできない。

〈いっそ、町がなくなってしまえばいいのに〉

ふと、考えた。

〈とても、町まで出られない顔にしたらどうだろうか〉

町がなくならないのなら、いくら心が弱くても、恥ずかしくて町に出られないようになればいいのではないか。ふっ、と思いついて、眉を、片方だけ剃り落としてみることにした。近くの川まで歩いて行って、水面を鏡にして眉を剃った。月明かりの中で、水面に顔が写る。髪も、髭ものびている中で、眉が、それも片方だけない。

われながら、なんとも滑稽な姿であった。

〈まるで馬鹿だな……〉

自分の姿を見て思った。

〈が、おれにはふさわしい姿かもしれない〉

この姿では、町に降りることはできない、ということがかえって心を落ち着かせた。

小屋に帰って、荷物を下ろした。

「逃げなかったのか」

小屋が話しかけてきたような気がした。

疲れ果てた倍達は、その日は、泥のように眠り込んだ。

が、眉は、しばらくすればまた生える。髪の毛を剃っても、眉を剃っても、すぐに生え揃ってしまう。倍達にとっての真の苦しみは、まだまだ続いていた。昼間はいい。体を動かしている間は、すべてを忘れることができた。

が、夜になると。町への誘惑が耐えがたいほどの内圧を持って襲いかかってくる。

心を鎮めるために、竜沢寺で山本老師から学んだ座禅を組んでみた。足を組んで、眼を閉じる。が、煩悩を鎮めるどころか、かえって煩悩が湧き上がってくる。

〈いったい、どうすればいいんだ〉

ほとほと、困り果てた。しかも、そろそろ、米と、新聞が山のふもとに届けられる時期であった。

〈いま、麓に下りて行くと、そのまま小屋に帰ってこないのではないか〉

そんな不安もあった。

が、米が尽きては、修行ができない。倍達は、念を入れて、眉を剃った。両方の眉を、半分ずつ剃った。さすがに、人前に出られる顔ではない。食料を取りに行くのも、夜中を選んだ。

修行のために、なるべく地面を歩かない。鬱蒼と茂っている木の枝に飛びついて、猿のように木の枝を渡った。折れそうもない太い枝を選んで、飛びついた。掌が、木の枝でこすれる。並みの人間なら、手の皮を擦り剥いてしまうところだ。が、倍達の手は、修行で、グローブのようにぶ厚く、丈夫になっていた。木の枝を渡っていくのは、むしろ、地面を歩くよりも早い、といえた。

その日も、木の葉を揺らしながら、枝の上を飛び歩いていた。ふだん、人のいない獣道である。が、その日に限って、地元の猟師が山の中に入り込んでいた。

ザーッ、と枝を揺らす倍達を見て、猟師は、最初猿か何かだと思ったらしい。眼の端に猟師を捉えて、一瞬、倍達はたまらなく会話をしたくなった。久しぶりの人間である。

〈獣だと思われて、銃で撃たれてもつまらないしな〉

自分を納得させると、倍達は、猟師の前に飛び降りた。

その瞬間。

「アッ、アアアーッ！」

猟師が、凄まじい悲鳴をあげた。

「て、天狗だあっ！」

その場で、腰を抜かしてしまった。

そのときはじめて、倍達は自分がどんな恰好をしていたのか気がついた。髪も髭もぼうぼうで、顔はほとんど見えなくなっているといっても過言ではない。その上に、眉は半分ずつ剃ってある。さらに、ボロボロの空手着姿である。その姿が、青白い月明かりで浮かび上がって見える。化け物、と見られても仕方がなかった。

〈どうしよう……〉

驚かせてすまない、というのもおかしい。

何と言葉をかけていいのかわからない。

結局、何も言わずに木の枝を渡りはじめた。

言葉こそ交わさなかったが、久しぶりに人間を見て、心は落ち着きを取り戻した。

食料を手に入れ、新聞を手に入れる。小屋に帰って新聞を広げた倍達は、思わず新聞に顔を近づけてインクの匂いを嗅いだ。インクの匂いが、そのまま文明の匂いのような気がした。終戦でボロボロになった日本が復興していくさまが、こうやって山の中にいてさえ感じられるような気がした。

〈どれ、どんなことが載っているのか〉

記事を読みはじめた。記事には、大きく「昭電疑獄」事件のことが報道されていた。昭和二十三年五月二十五日、警視庁による昭和電工本社の家宅捜索が開始された。いわゆる「昭電疑獄」の幕明けである。昭和電工は、肥料工場拡充のため、二十三億円あまりの復興金融公庫の融資を受けた。が、その際、昭和電工社長、日野原節三が、膨大な運動費をばらまいた。

民主自由党は芦田均内閣打倒を狙い、四月二十七日、衆議院不当財産取引調査特別委員会に持ち込み、政治問題となった。

日野原は、さらに事件もみ消しのため、相当の金額をばら撒いた。このため、六月二十三日には日野原が逮捕。九月十日から三十日にかけて、前農林次官重政誠之、大蔵省主計局長の福田赳夫、元自由党幹事長の大野伴睦、日本興業銀行副総裁の二宮善基、前蔵相で経済安定本部長の栗栖赳夫、十月六日には、辞任していた前国務庁長官の西尾末広が次々に逮捕された。十月七日、芦田内閣は総辞職に追い込まれ、十二月七日には、芦田も逮捕されるにいたる事件である。

まだ捜査ははじまったばかりだが、新聞は、黒い疑惑を持つ、人物の名前を列記していた。

　倍達は、新聞記事を眼で追っているうちに、信じられない人物の名前を見つけた。福島出身の衆議院議員、小澤専七郎の名であった。

　それを見た瞬間。

「なにっ！」

　と叫んで思わず立ち上がった。

〈小澤先生が、信じられない〉

　まるで自分が濡れ衣を着せられて逮捕されたかのような気持ちになった。

〈無念だ……〉

　倍達は、力まかせに自分の膝を叩いた。小澤が、黒い金を動かすなど、考えることもできなかった。

〈これは、何かの陰謀に違いない……〉

　悔しさで、唇が震えてきた。が、山に籠もっている自分に、できることはない。山の上で修行をしながら、小澤の無事を祈るしかなかった。自分の心に、喝を入れた。

〈人に会いたい、などと弱音を吐いている自分が情けない。もっと心を鍛えねば……〉

倍達、ひとつの境地に達する

　いつの間にか、山に来てから二度目の秋を迎えていた。

　倍達の髪の毛は、腰にまで届きそうなほど伸びに伸びていた。髭も、顔を覆ってしまいかねないほどである。ときおり、子供たちが山に登ってくる。倍達の姿を見ると、「天狗だ、天狗だ」と喚いて逃げていく。そう言われても、無理もないほどの様相に変貌していた。

　倍達は、右手に、風呂敷に包まれた石を持っていた。眼よりも、やや高いところにぶら下げている。この石に、自分のつくったタコを剥がされてからというもの、一日に何時間かは、こうして石を睨み据えている。静かに息を吐き、再び吸い込む。

　まわりの雑音がすべて消え去り、まるでこの世には、自分とこの石しかない。そんな錯覚にとらわれる。この十日ほど、そんなことがしばしば起きるようになっていた。

〈気力が充実しているのだ〉

その程度にしか思っていなかった。もう一度、息を吸い込んだとき、倍達にとって思わぬことが起きた。力みとは違った力が、左の拳に、流れ込むように入ってきた。内側から沸き起こったのではない。自分の想像もつかないところから、与えられたといった方が正しい。

倍達は、石に正拳を叩き込む態勢に入っていた。森を引き裂くような奇声を発した。

「イヤーッ！」

左腰あたりで構えた左拳を、繰り出した。拳は、見事に石の中心をとらえた。倍達は、眼にも止まらぬ早さで、拳をもとあった左腰に引き戻した。何ごともなかったかのように、石を睨み据えて後屈立ちの体勢に戻った。

が、全身からは、汗が噴き出していた。

〈とうとう、やったな……〉

石の中心をとらえたとき、相手を倒したときとおなじ、充分な手応えがあった。石は、砕けているのに違いない。

倍達は、風呂敷を地面に下ろし、結び目を解いた。

ゴロリ。

石は、やはり砕けていた。音を立てて、いくつかに割れ落ちた。

倍達は、石をもとの形に戻してみた。自分の拳が当たったと思われるところから、放射線状に割れていた。

〈あれだ、あれなんだ！〉

倍達は、まるで別人の動きを見ているかのようにはっきりと見えていた。それが、無の境地というものに違いない。

〈砕く自分と砕かれる石、おそらく両者の持つ生命力がひとつに溶け合った結果に違いない〉

倍達は、ひとつの境地に達したかのようであった。

倍達は、そんなある日、枝渡りをしていた。慣れたものだ。猿のように枝から枝へと飛び移った。

が、猿も木から落ちる。倍達は、誤って細い枝を掴んでしまった。ほかの枝を掴む間もなく、真っ逆様に落ちた。

頭を打ち、気絶してしまった。

倍達は、夢見心地であった。なにか、柔らかな物に包まれている安心感に浸っていた。

はたと気づいたときには、すでに陽がとっぷりと暮れ、辺りは暗闇に包まれていた。

むっくりと起き上がり、小屋に向かって歩きはじめた。目の前は、ただ闇が広がっている。それでも、少しも恐れはしなかった。

が、脳裏に懐疑がもたげていた。

〈おれは、果たしてどれほどまで強くなっているのだろう。本当に、強くなったのか…〉

入山したときには、次の日のことなどまったく考える余裕がなかった。いま歩いている山のなかのように、闇に飛び込んだような気分だった。ましてや、山の生活に慣れ親しんでいる自分を想像できはしなかった。

体力的にも、かなり充実してきていた。三本の指での逆立ちも、いとも簡単にできるようになった。倍達は、無事に小屋まで行き着くことが出来た。

遅い晩飯を食べ終えると、ずた袋の中から、小刀、軽石、それから油薬を取り出した。

拳にできたタコを削りはじめた。再び、さきほどの疑問が頭をもたげてきた。


〈いったい、どれだけ強くなったのか〉

ふと、糸東流創始者である摩文仁賢和のエピソードを思い出した。摩文仁は、沖縄の出身であった。沖縄は、おなじ日本でも、本土の者からは異国人のように扱われることがあった。摩文仁は、そんな声を聞き、ある省庁の長官が訪れたとき、長官の入っている風呂の風呂焚きをしたという。摩文仁は、長官の目の前に、わざと掌のコブのあるあたりで薪を割って見せた。

長官は、その光景に恐れをなした。

「きみは、おれをおどかす気かな」

その修練も、激しかった。

沖縄は、秋口になると、かならず台風が襲ってくる。暴風雨で荒れ狂う。摩文仁は、風速三十メートルから四十メートルもの強風に向かって畳を向け、耐え忍ぶという荒行に出た。その姿勢のまま、二時間は耐えていたという。そうして鍛えた足腰は、並みたいていの力ではなかった。摩文仁の放つ正拳は鋭く、牛でさえ倒したとも言われていた。

倍達は、さらに、ほかの達人の逸話も耳にしていた。

その達人は、貫手で牛のぶ厚い皮を突き破り、内臓をえ

〈みんな、ありがとう。この恩は一生忘れない。恩に報いるためにも、おれは、日本一の空手家になってみせるぞ〉

そう言っているかのようである。

倍達は、一本一本を見回しながら、胸の内で語っていた。

「元気でやれよ」

倍達は、翌朝、さっそく荷物をまとめた。ずた袋を背負い、小屋から一歩踏み出したときである。あたりの木々が、ざわざわとざわめいていた。

倍達は、じつは三十カ月、つまり二年半は山に籠もり、修行を積むのが目標だった。それまでは、あと一年ある。が、思いつくや、いても立ってもいられなくなった。

これほどまで過酷な修行を積んだのだ。できないわけがない。自信も持っていた。

〈何としても、牛を倒してみたい〉

軽石で毛ばだっているタコの表面を、軽くこすり取った。

倍達は、今度は、軽石を手に取った。

〈摩文仁先生やほかの達人たちは、本当にできたのだろうか〉

ぐり取ったという。貫手とは、指をそろえ、掌を上に向けて、相手を突く手技である。

―第5章―

戦後復興の輝ける星

力道山対シャープ兄弟に日本全国が熱狂

◉昭和二十八年～二十九年

冷ややかな反応

昭和二十八年三月六日、アメリカから帰国した力道山を待ち受けていたものは、周囲の冷ややかな態度であった。

三百戦してわずか五敗という戦績を引っ提げて凱旋し、これから日本にプロレスリングを展開していこうと野心を膨らませている力道山にとっては、皮肉なことであった。

それとは別に、格別の土産も持ち帰ったのである。それは、これまで力道山以前に渡米した日本人格闘家が、まったく見向きもしなかったものだった。プロモーターとしてのライセンスである。

NWA世界チャンピオンのルー・テーズ、それに世界タッグチャンピオンのシャープ兄弟というアメリカのドル箱スターをはじめ、多くの名レスラーを抱える一大勢力NWA（全米レスリング同盟）のジョー・マルコビッチから、「力道山が日本でプロレス興行を行なう場合、NWAは外人レスラーの派遣等、全面的に支援する」というお墨付きを得てきた。マルコビッチの署名と、ハワイのプロモーター、アル・カラシックの署名も添えてあった。

力道山は、胸を張った。

「日本でのプロレス興行は、このおれが取り仕切る」

ところが、その気負いも空回りしてしまった。まず後見人である新田建設社長の新田新作が、プロレスを日本で始めましょうと言う力道山に、まったく取り合わないのである。

力道山の渡米に協力した日本精工社長の今里広記も、日本ドリーム観光社長の松尾国三、吉本株式会社社長の林弘高も、自分の仕事に追われ、一年以上も日本を離れていた力道山の存在など、もはや薄れてしまっていた。

ただひとり、日本においてはじめてのプロレス興行を実現できる人物と頼んでいた肝心かなめの日新プロ社長、永田貞雄は、東京にいなかった。はるか九州で、興行師としての腕を揮っていた。

その永田は、秘書の中川明徳からの電話で、力道山が帰国したことを聞いていた。が、わざわざ電話して、ねぎらいの言葉をかけてやるほど、力道山のことを重要視してはいなかったのである。

三月の末、永田はようやく東京に戻ってきた。力道山は待ちかねていたように、永田と会った。

土産の置き時計を手渡しながら、力道山は、熱を帯びた声を上げた。

「社長さん、早くプロレスの興行ができるように力を貸してください。プロレスというのは、アメリカに行く前にもお話ししたように、とにかく大変流行ってるんです。わたしも、この眼で実際見てびっくりしました。アメリカでは、大変流行ってます。日本でも、きっと成功します」

だが、永田は簡単には首を縦に振らない。稀代の興行師として、飛ぶ鳥を落とす勢いの永田にしても、まだ、海のものとも山のものともわからぬプロレス興行に手を染めることに、多少の不安があった。

力道山は、食い下がった。

「社長さん、絶対に仕事になりますよ。必ず成功します。自分はプロレスをやって、事業家になりたいんです。アメリカの有名レスラーを呼ぶこともできます。ぜひ、お願いします」

「事業家」というところに、力道山その人の特長があった。単にレスラーとしてやっていこうというのではないのである。永田も内心、おどろいていた。

それでも、一向に色よい返事をしない永田を、力道山は朝に晩に訪ねた。永田は毎晩、新橋や赤坂、柳橋の花柳界へ出かけて行く。力道山はそのときもぴったり寄り添い、かたときも永田から離れようとしなかった。

いくらNWAのお墨付きといっても、永田の力がなければ、日本での興行は一歩も動き出さないのである。

プロレスがどんなものだったかということも、すぐには思い出せぬほど、永田は力道山の説くプロレスから遠く離れたところにいた。口説かれ続けていなければ、二年近く前に、両国のメモリアルホールで、力道山から入場券をもらってプロレスを観たことも、思い出せなかっただろう。

そういえば、なかなかおもしろかったな、と永田は思った。

前年の七月、何気なく眼にした新聞記事が、ふと思い出された。ヘルシンキ・オリンピックで、日本の石井庄八がレスリングで優勝したという記事である。

プロレスという限りは、プロということなのだから、アマチュアのものよりもずっとおもしろく、見世物的な要素もずいぶんあるのだろう。永田は、そう解釈した。

それに力道山の猛烈果敢な攻めが加わって、ついにプロレス興行に乗り出すことを決意したのである。

永田が稀代の興行師と謳われた理由には、この人物の潔さがあった。未知数であるプロレス興行に乗り出すための資金づくりとして、永田は築地小挽町の自慢の高級料亭「蘆花」を、あっさりと売り払ったのである。当時の金で、一千八百万円だった。

力道山は、ようやくひと安心した。

五月に入ると、目黒の雅叙園で、力道山の帰国パーティーがようやく開かれた。政財界から三百人が集まった。永田はステージの上に、力道山、新田新作と並び、代表して挨拶を行なった。これから日本にプロレスリング興行をはじめて展開していこうと熱弁をふるった。

ところが、その直後、日新プロの社員たちから反対の声が上がったのである。秘書の中川明徳、結城康晴のふたりが、銀座の事務所に出社してきた永田を待ち受けていた。

永田が、強張った表情の彼らに、

「どうした、何かあったのか」

と促すや、中川が切り出した。

「社長、プロレス興行の件、やはりやめたほうがいいと思います。危険すぎます。失敗したら、社長ひとりの損害だけではすみませんよ」

それを引き取って、結城が激しい口調で言った。

「プロレスがアメリカでどれだけ人気があると言っても、日本ではルールすら知られていないんですよ。リキは、もうプロレスしかやることがないんですよ。自分ひとりじゃ興行ができないんで、社長を利用しようとしているだけのことです。あんな若造に踊らされちゃいけませんよ」

永田は、しかし、「もう矢は放たれたんだ」と旗を降ろさなかった。

社内には、以後も、反対論が渦巻いた。雅叙園で永田の演説にプロレスをやろうと、いったんは気持ちを固めた松尾国三や林弘高らも、日が経つにつれ、熱気が冷めていった。

力道山道場

それとは知らぬ力道山は、日本人レスラーの発掘のために、走り回っていた。同時期にハワイ、アメリカでプロレス修業をした遠藤幸吉は、いざというときは参加してくれることは明らかだった。

まず眼をつけたのは、やはり相撲取り上がりだった。相撲界で先輩だった駿河海は、身長も百八十五センチあり、外人レスラーと並んでも見劣りがしない。現役時代は、その長身と腕力を恐れられた。駿河海が幕内のとき、力道山は三段目でしかなかった。大先輩である。将来を嘱望されていたが、膝を怪我し、終戦とともに相撲の世界から去ったのである。

力道山が帰国した当時、駿河海は力道山と同じ日本橋浜町で、とんかつ屋を営んでいた。そこへ力道山は連日、押しかけた。

「リキはアメリカから帰ってくるとすぐ、うちの店にやって来ました。毎晩ですよ。それも、店が終わるころを見計らってやって来る。アメリカで儲けて帰って来たから、毎晩飲み歩いているんです。酔っぱらって、うちに来るわけですよ」

駿河海が語りはじめた力道山は、永田に対する情熱の払い方と変わらぬほど、駿河海に迫った。

「駿河関、自分はこれから日本で、プロレスをはじめます。枯れ木も山の賑わいで、わしだけではとてもやれません。人がいなきゃ、駄目なんです。いっしょにレスリングをやりませんか」

力道山は、駿河海にそう切り出した。

いまさらそんなことなどできない、と駿河海は思った。

「何を言ってるんだ。おれは相撲をやめて六年が経ってるんだ。膝を怪我してやめたんだ。そんなおれに、できるわけがないだろう」

駿河海は断わり続けた。それでも力道山は、毎晩押しかけてくる。駿河海は、迷惑だった。

そのうち、力道山は、

「新田建設の倉庫を道場にするんですよ。いよいよ、道場ができますよ」

と駿河海に声をかけた。新田新作が、道場に使っていいと許可を出したのである。材木などの資材は、豊富にある。自分たちの手で、つくろうということになった。

駿河海も、手伝うことになって、いつの間にやら、レスラーになる道をつけられてしまった。

そのようにして、力道山は大相撲時代自分の付け人であった田中米太郎、のちに羅生門を名乗る巨漢の新高山、阿部修を名乗る大成山らを引き入れたのだった。

道場をつくるといっても、倉庫の壁を張り替える程度の作業であった。丸太の柱が四隅にドンと立っているだけの、いわゆるバラックである。プロレスラー力道山門下の一期生たちは、自分たちの手で道場としてつくり替えていった。プロレスのリングは、直径二十センチほどもある丸太を何本も底に通し、その上に三センチの厚さの板を五寸釘で打ちつけたものだった。丈夫一点張りのつくりであった。

そのリングは、いまでは考えられないことなのだが、直角に結び合うふたつの辺が、壁にぴったりとくっつけられ、道場の隅に設置されたのである。壁から離して置かなければ、ふたつのロープが壁に当たって使えなくなる。草創期ならではの逸話である。

入口には、「力道山道場」という看板が、掲げられた。永田の秘書の中川明徳が、達筆で書いた。

日本プロレスリング協会の発足

日新プロ社長の永田貞雄は、日本にプロレスを起ち上げるために動き回った。一向に腰の上がらない新田新作、林弘高らに働きかけ、日本プロレスリング協会をつくり上げた。

これから興行を打ち続けていくためにも、国家にきちんと保証されたものでなくてはならない。そのために、会長には元伯爵で横綱審議会委員長の酒井忠正に座ってもらった。役員には、政治家の楢橋渡、大麻唯男らが名を連ねた。設立は七月三十日であった。

その日、日本橋浪花町の力道山道場で、披露パーティーが行われた。政財界人のほかに、マスコミを含めた百人ほどの列席者が集まった。

パーティーの席で、永田が力道山と遠藤に耳打ちした。

「模範試合でも、やって見せてやれ」

パーティーのあと、力道山は遠藤幸吉とリングに上がり、上半身裸のトレーナーパンツ姿で、エキジビションマッチを公開した。ふたりは、白熱の攻防を展開し、列席者はその迫力に度肝を抜かれた。

力道山は、いよいよ近づいた日本プロレスの開闢に、胸を熱くした。

ところが、ここにきて、またもや力道山の後援者たちが動かないのである。

永田もまた、失速していた。

力道山は、苛立った。道場の披露をした十二日前の七月十八日、大阪でプロ柔道の山口利夫六段が、プロレス興行を華々しく打って出たのである。大阪府立体育館で、山口は大相撲元前頭筆頭出身の清美川梅之と、「柔道が勝つか、相撲が勝つか」という刺激的なテーマで、試合を行なった。だが、内容は完全にプロレスマッチであった。

日本で初のプロレス興行を、先に打たれてしまった力道山には、いっそう苛立ちが募った。

永田貞雄の家に押しかけた。

「社長、どうして、プロレス興行を打っていただけないんです、お願いします」

手にはバットを下げていた。

そういったあと、力道山はアロハシャツを脱ぎ、上半身裸になった。

「社長、わたしの腹を、バットで力一杯殴ってください。わたしがどれだけこれまで鍛えてきたか、見てください。どうぞ大笑いしてください。興行から手を引いていただいて結構です」

そう言われたからといって、まさか、いい大人が殴るわけにもいかない。それほど力道山は鍛えあげた肉体に自信を持ち、これほどに修練を積んだ自分を、みすみす放っておくようなことはしないでほしい、と必死に訴えたのである。

力道山は、朝に晩に永田を攻め立てた。

その力道山に、さらに追い討ちがかけられてきた。よりによって、後見人である新田新作からだった。新田が、こう言ってきたのである。

「なあ、リキ。上万一家の貸元が、おまえと柔道の木村とを札幌で試合させたいと言ってきている。貸元から頼まれてしまったんだが……」

〝呑み込みの新ちゃん〟〝合点の新ちゃん〟の異名を取る新田のことであった。気のいい親分肌で、頼まれたらいやとは言えない性分である。じつは、力道山がアメリカ修業中に上万一家の貸元から頼まれて、「ああいいよ」

と安請け合いしてしまっていた。それが、正式に協会をつくるや、あらためて貸元が頼んできたのである。

力道山は、新田を前にして、声を荒らげた。

「冗談じゃありませんよ。第一戦は、失敗は許されません。プロレスに命を賭けてるんですよ。わたしは、北海道まで行って、木村なんかとやらなきゃならんのですか。わたしは、第一戦の相手は、アメリカでものすごい人気のある世界タッグチャンピオンのシャープ兄弟を呼んで、東京でやろうと考えてるんです。第一戦を札幌で木村とやるなんて、とんでもないことです。会長のおっしゃることなら、大抵のことは従いますが、これぱかりは、ご勘弁願います」

さすがの新田も、確かに筋が通っていると、黙ってしまった。それにしても、力道山は、いまだにこの程度の認識で受け止められていたのである。そのことに、力道山はさらに苛立ちを募らせた。

上万一家の貸元に、新田は断わりを言わなければならない。が、この世界では、このような揉め事について当事者同士では会わない。代理人を立てる。新田はそれを、永田に頼んだ。上万一家は、柔道新聞社長の工藤雷介を立ててきた。

永田、プロレス興行に踏み切る

昭和二十八年夏の終わり、日新プロ社長の永田貞雄は、柔道新聞社長の工藤雷介と、本橋浜町の料亭「桔梗」で会った。

「桔梗」は、女優の花柳小菊の姉が経営する店だった。

上万一家の代理人工藤は、福岡の出身である。隣の佐賀県出身の永田と、懸案についてはすぐに話さず、同じ故郷の九州の話題に花が咲いた。

ふたりは、すっかり打ち解けていった。永田はざっくばらんな性格で、工藤はどこか人懐かしさを感じさせる人物である。永田がようやく懸案の話を持ち出したのは、ほとんど座敷もお開きになるころだった。

「工藤さん、上万の貸元の立場はよくわかります。ただ、力道山の事情も考えてみてください。本人はプロレスに、命を賭けとるんです。わたしとしても、興行をやるとなったら、旗揚げは、やっぱり東京で華々しくやりたいですよ。会場も国技館級でないといかん。札幌くんだりで木村と試合をやっても、はっきりいって客は集まらんですよ。新田さんは興行師じゃないから、それがわからんのです。なにしろ、〝呑み込みの新ちゃん〟て言われとる人ですからね。だから、どうせ軽い気持ちで、いよって貸元に言うたんでしょう。約束を破るなんて、大袈裟なことじゃないんですよ。そこんとこ、察してやってくださいよ」

工藤は、白い歯を見せながら、

「わたしも、どうせ、そんなことだと思うとりました」

とあっさり言った。

「事情さえわかれば、それでよかとです。上万の貸元にゃ、わたしんほうから納得のいくように、ちゃんと説明しときますから」

じつに、あっけなく話はまとまってしまった。

もし、北海道で試合を行なっていれば、力道山の運命も大きく変わっていたかもしれない。潰れた力道山対木村の一戦も、のちに実現したときには、〝昭和の巌流島〟として歴史にその名をとどめることになっていくのである。そして、永田と工藤は、このときを境に交流を深めていく。のちに、工藤は日本プロレス協会の事務局長にまでなり、力道山のプロレスにおおいに協力していくことになる。

ちょうどそのころ、吉本株式会社社長の林弘高が、永田のもとにやって来た。

「じつは、永田さん、プロレスのことで、話があるんやが」

力道山のことなど視野にないような素振りだった林から、プロレスという言葉が持ち出されたので、永田はどうしたのだろうと思った。

「いま日本に来とるアイス・ショーのミスター・ローゼンが、プロレスというのがアメリカでなかなか受けとると、おもしろいと言うんですよ。それで、プロレスのことなら永田さんやと思うてね」

アイス・ショーの一行がアメリカからやって来ているのは、興行師の永田も知っていた。「ホリデー・オン・アイス」という大きな会社の一団である。いくつもアイス・ショーの団体を持っており、一方がヨーロッパに行けば、一方は東南アジア、また一方はアメリカ本国という具合に同時に世界各国に散らばって興行を打って歩いている。日本では読売新聞社の主催で、アイス・ショーを行なっていた。ミスター・ローゼンは、そのマネージャーであった。

林弘高は粋な遊び人で、頭の回転も速かった。永田とはのべつ遊びをともにする仲で、別に互いに訪ねて行かなければならぬ関係ではなかったが、このときはわざわざ林のほうから永田を訪ねて来たのである。

林はローゼンから聞いたプロレスの話をしたあと、永田に言った。

「あんた、プロレス、本気でやるのか、それとも、やらんのか」

「いやあ、じつのところ弱ってるんだ。おもしろいもんだろうけど、なかなかむずかしい。力道山本人は一生懸命だけども、笛吹けど踊らずだな……」

「永田さん、プロレスというのは、おもしろいかもわからんよ」

と林が身を乗り出してきた。

それからというもの、ローゼンの話を中心にして、林はプロレス興行の日本での可能性を語り、

「わたしも、手伝いまっせ」

と永田をけしかけた。割り切りが速い。

永田も決行するかどうかの瀬戸際に立たされた。林の言葉に急に針を刺されたように、ピンと神経が立ち上がった。

林は自分もプロレス興行をやろうというのではなく、力道山に頼られている友人の永田に、ローゼンの話を紹介して成功するかもしれないと勧めに来たのである。

永田は、林に言った。

「じゃあ、やってみるか」

札幌での木村戦を阻むいっぽうで、永田はプロレス興行に踏み切る決断をした。そのころ、力道山は腐り切っていた。

金も底をつき、アメリカで買ってきた絨毯や英語の大辞典を、ブローカーまがいに高く売り捌いていた。

昭和二十八年の夏が過ぎ、秋になっていた。相も変わらず、永田のもとを訪ねた力道山は、切り出した。

「社長さん、わたし、またアメリカに行こうと思うんです。向こうに、シャープ兄弟という世界タッグチャンピオンがいて、アメリカじゃ大スターです。背が高くて男前で、町を歩くと、みんなが振り向くほどなんです。そいつらを日本に呼んで、試合ができればと思っているんです」

永田は、それまでにも何度かシャープ兄弟の名を力道山から聞いている。タッグマッチというのは、二対二でやる試合のことで、一対一のものよりも、選手が自分の体力を考えて次々に交代して闘うので、見ていて非常におもしろいということである。

そのような試合形式は、日本の格闘技にはないものだった。

「だけども、そいつらを呼べるかどうか、まだわかりません。向こうに行ってみて、交渉してみるしかありません」

「それは、おおいに交渉して、日本に来れるようにやって来なさい」

あっさりと永田が認めたので、力道山は拍子抜けしてしまった。これまで渋っていた永田が、激励までしてくれている。急に力が湧いてきた。

アメリカに行くというのも、シャープ兄弟を招待するためでもあったが、ここらへんでレスラーとして稼いで来ようという思いもあったのである。日本に帰ってきて八カ月近く、形ばかりの日本のプロレスリング協会はできた。道場もできた。が、興行開催の見通しもつかぬま、ブラブラしてきたのである。体もなまってきていた。

永田も、そんな力道山の事情を、よく理解していた。

ふたりはシャープ兄弟について語り、来日の際はパレードを出すこと、会場は国技館でやろうということ、そして世界選手権の力道山のパートナーは、木村政彦にしようと話を進めた。

日本人で名の通っている者といえば、全日本十連覇を達成し、「鬼の木村」、さらには「木村の前に木村なし、木村の後に木村なし」と謳われた柔道七段の彼をおいていない、と踏んだのである。

力道山は十月三十日、大望を抱いてアメリカに飛んだ。今度こそ日本でプロレス興行を打てるのだ。

ハワイ、アメリカとおよそ七十戦を消化していく中で、力道山はさかんにシャープ兄弟と連絡を取った。パレード用のビュイックのオープンカーも注文した。

ＮＷＡのお墨付きをもらっている力道山は、さすがにプロモーターのアル・カラシックらの応援を受けて、実現に向かいつつあった。

何と言っても十二月六日ハワイのホノルルで、ＮＷＡヘビー級チャンピオンのルー・テーズとタイトルマッチを行なったことが、力道山の名前をその世界に不動のものにした。テーズの得意技のバックドロップで後頭部をマットにしたたかに打ちつけられた力道山は、一対〇で敗れたが、四十三分間攻め続けた。不用意にヘッドロックにいったところを、バックドロップで切り返されたのである。

力道山は十二月十五日に、永田に宛てた手紙に書いている。

《自分の試合の報告は、八名でトーナメントをやり、勝ち抜きに勝ち残り、十二月六日選手権試合をしましたが、四十三分連續やって自分がずっと優勢でしたが、マットへ頭を打って目が廻ったので負けましたが、試合は自分の優勢ですから少し(見)下したのが負けの原因と思って居ります。今後は絶封負ける様な事はありません。今に日本にも来てもらえる様話をして置きました》

シャープ兄弟招聰の交渉を続ける傍ら、力道山は師匠格である元世界チャンピオンのボビー・ブランズをレスラーとして、トレーナーの沖識名をレフェリーとして来日してもらう話を取りつけた。

同じ手紙で、力道山はシャープ兄弟と接触したことを書いている。

《シャープ兄弟は今シカゴに居ります。五、六回電話で話しましたが彼達もやはり商賣ですから三ヶ月や半年先のスケジュウルが出来て居るのです。ですから、今の所本人は行きたいのですが、先のプロモーターが又はっきり返事してこないのです。それは先のプロモーターも、シャープが居ないと他のレスラーを見つけて返事するわけです。ですから自分が二十八日にサンフランシスコに行って、話をして正月の初週には白黒がはっきりします。しかし自分としては保証出来る程の自信があります》

いっぽう、日本にいる永田貞雄は、まず力道山の後見人である新田新作に、断わりを入れに行った。

「力道山が、どうしてもプロレスをやろうといってきかん。毎日毎日うちに来て、攻められた。わたしも、とうとう興行を打とうかと思ってるんですが、新田さん、どうですか」

「それは、永田さんに、任せる」

と新田は答えた。

「本当にいいんですか？　新田さんとこの力道山だということで、あとでこっちがなんやかんやと言われでもしたら、困る」

「自分は興行のことは何もわからんから、永田さん、あんたがやってくれ」

永田は、念を押した。

「文句は、ありませんね」

「ああ、好きにやってください」

その後、日をおいて、永田がまたしつこく念を押したときも、新田は、

「それはもう、前に話がついてるじゃないですか」

とサバサバしたものだった。

〝柔道の鬼〟木村政彦を破格の金で

永田は、殺人的な毎日を送らなければならなくなった。浪曲の興行のほかに、美空ひばりの興行も手がけ、さらに日本ではじめてのプロレス興行の準備を進めなければならなかった。

永田の動きは、疾風のようだった。全国の興行網を使って、熊本、小倉、大阪、神戸、岐阜、名古屋、静岡、宇都宮、横浜の興行師たちと連絡を取った。


あるところは独立の興行会社であり、あるところは「日新プロ支部」と社名を冠するところもある。いずれにせよ永田の興行チェーンで、彼らは永田の頼みならひと肌もふた肌も脱ぐ。

永田にはそういう者たちが、全国に五十人ほどいた。

彼らは永田の号令一下、ただちに小屋と日程を押さえはじめた。

興行を打つためには、宣伝がいる。それには新聞社の協賛がどうしても必要だった。

永田は、まず読売新聞の広告部長で、のちに報知新聞の社長となる深見和夫のところに話を持っていった。深見とは、仲がよかった。が、深見はすぐに乗って来なかった。

永田はつぎに、毎日新聞事業部長の森口忠造と会った。森口は、のちに専修大学理事長、そして総長も兼務する。だが、森口ははっきり断わってきた。

「永田さん、とても、うちではやれません。来年はドジャースというアメリカの強豪プロ野球チームが来るんです。読売とうちが交代で、一年ごとに試合の主催をやることになっている。たぶん、うちが来年の主催社だか

ら、うちの社は、上を下への大騒ぎになります。とてもそこまで手が回りませんよ」

永田は森口とは、読売の深見ほど懇意ではなかったし、そこまで言われてあきらめた。

何とかならないか、と永田は友人でもある日本精工社長で、経済同友会幹事でもある今里広記に話をした。今里とはざっくばらんな飲み仲間でもあった。

今里は何とかやってみようと、大映社長の永田雅一に話を持っていった。そのとき永田は、フランスのカンヌに映画祭で行っていた。

今里は、カンヌまで連絡を取ったのであろう。永田雅一から、毎日新聞の本田親男社長に連絡があり、突然、本田の号令一下、毎日新聞がプロレス興行の主催社になるという決断が下ったのである。

興行は、毎日新聞が力を入れている、マナスル登山の基金募集という名目で打たれることになった。

柔道新聞の工藤雷介にも、手伝ってもらうことにした。プロレスのルールさえ知らない永田は、柔道を知っている工藤なら、プロレスもおなじ格闘技だからわかるところもあるだろう、と引き込んだのだった。工藤は評論家の白崎秀雄を伴って、事務レベルの仕事を黙々とこなしはじめた。

工藤は、力道山のパートナーにと考えている、柔道の木村政彦とも親しい。工藤の紹介で永田は、木村獲得のために熊本へ飛んだ。

木村は、熊本市内の玉突き屋にいた。そこの雇われ社長をしていた。永田が話を持ち出すと、木村が言ってきた。

「考えてみますけどね、一試合十万円ください」

「…………」

いきなり十万という莫大な金の要求に永田は、おどろくよりあきれかえってしまった。

〈太いことをいう男だなあ〉

しかし、ここは一応聞くだけ聞いておいて、この話はあとで政治的に解決しようと肚に含めた。

木村が熊本弁で言った。

「来月、新潟に行くけん、その帰りにお宅に寄りますよ。そこで工藤さんを交えて、よく話ばしましょう」

永田は東京へ戻り、工藤とふたりで木村からの連絡を待った。

「一試合、十万円くれと言うてきたけど、高過ぎるものなあ」

「しかし、リキの相手は、木村しかおらんだろ」

そんな話をしながら、いつ木村がやって来るかとまんじりともせず待っているところへ、突然電報が届いた。木村からだった。こう打ってあった。

『ココニオリマスキムラ』

何のことだかわからない。発信元が熊本になっているので、ようやく「ココ」という意味がわかった。熊本にいて東京には行けない、と言っているのである。

「こりゃあ、いったいなんかね」

と永田は、苦笑してしまった。普通であれば、東京に行けぬことを詫び、その後の連絡の段取りについて言うところを、たったそれだけで済ましている。

工藤も笑いながら、

「永田さん、連中ときたら、こんなもんですよ。常識が、まったくないとやけん」

「そんなもんかねえ」

と永田もあきれて工藤と大笑いした。

しばらくして、木村は東京にやってきた。そこでも、木村は一試合十万のギャラを譲らなかった。

客が入らなきゃ、いくら安くてもしようがない。高くても客さえくれれば、なんとかおぎなえるのだ。そこを一発で決めるか、永田の興行師としての肚のすわり方であった。

力道山ひとりで試合をやらせるわけにはいかんのだから、と永田もあきらめた。

「わかった。それじゃ、十万で決めよう」

縁側付きのリング

昭和二十八年の暮れも押し詰まったころ、世界タッグチャンピオン、シャープ兄弟という大物を担いで、日本ではじめてプロレスリング世界選手権試合を実現すべく、稀代の興行師・永田貞雄は、〝柔道の鬼〟と呼ばれる木村政彦を、力道山のパートナーとして、破格のファイトマネーで呼び入れた。

これだけのレスラーでは、まだまだ少ない。永田は柔道出身の山口利夫六段を、引き込みたかった。

山口は、大阪に本拠をおく三代目酒梅組組長の松山庄次郎が会長を務める全日本プロレスの所属のレスラーだった。永田は全日本の存在などほとんど視野に入れず、直接山口にはたらきかけた。

永田は、静岡県三島に住む山口と連絡をとり、東銀座の日新プロに来てもらった。山口は六万円のギャラで出場を快諾した。ところが、試合の日程が近づいてきたころ、松山庄次郎のマネージャーから、クレームがついた。

「永田さん、うちの全日本プロレスと契約してください。山口は、うちのレスラーですから」

永田は突っぱねたが、最後は、山口が酒梅の顔もあるからと言ってきて、永田は呑んだ。

レスラーの数が、もっと必要だと考えていたころだったので、もっけの幸いであった。

結局、山口のほかに清見川、長沢日一、ユセブ・トルコといった全日本プロレスのレスラーと一括して契約することにした。山口のギャラも含めて、二十万円弱で決めた。

さて、力道山はアメリカを転戦しながら、シャープ兄弟招聘の詰めを急いでいた。

昭和二十八年十二月二十四日の永田宛の手紙には、こう書いている。

《話はホノルルのプロモーターより一〇〇パーセントきまってますが、パスポート、旅券、飛行機のキップまで出来ないと、僕は一〇〇パーセントと思いません。でも心配ありません、ありません》

この段階で、ほぼ決定をみたのである。

翌二十九年一月二日の手紙では、シャープ兄弟用の東京―サンフランシスコと、ボビー・ブランズと沖識名用の東京―ホノルルの往復切符を、早急に送ってほしいと永田に催促している。

シャープ兄弟のギャラは、ひとり一試合七万円であった。交渉は、力道山が任されていた。永田からは、なるべく抑えてくれ、と言われただけだった。永田にとっても、納得のいく値段であった。世界タッグチャンピオンより、三万円も多い無冠の木村は、べら棒なギャラを獲得したのである。

永田は永田で、プロレスのルールについて、力道山に問い質した。力道山は手紙にそれを書き込んで送っている。

初日は二月十九日、場所は東京、蔵前国技館と決定した。蔵前で三連戦、力道山も手紙にマッチメイクの案を書いたが、まだ決定まではいかない。

試合のためのリングも、つくらなければならなかった。が、素人の永田には、リングがどのようなものなのかわからない。

毎日新聞運動部記者の伊集院浩に相談した。

伊集院は、アドバイスした。

「リングの下に落っこちゃったら、怪我をするでしょう。だから、リングの四方に、一メートル近い縁側のようなものをつくったほうがいい」

「そういうもんですかね」

永田も、鵜呑みにした。スポーツ用品メーカーの美津濃に頼んで、リングをふたつつくった。

ロープの外側のエプロンまわりが、異様に広いものができ上がってきた。

運動部記者として、齧り知った程度のプロレス知識が、そんな奇妙なリングをつくらせたのだった。プロレスは、にわか仕込みの素人ばかりである。そんなリングができても、だれも不思議がるどころか、いよいよ世紀の興行が近づいたと、浮き足立つばかりだった。

木村政彦が、日新プロに訪ねてきたとき、永田は出来上がったばかりのリングのことを自慢した。

ところが、それはおかしい、と木村が首を傾げる。怪我を防ぐため、エプロンまわりを幅一メートル近くにしたことを聞くや、あきれた声を上げた。

「何ですか、それは！　そがんもんは、いらんですよ。怪我するからって、プロレスちゅうのは、リングの外にもレスラーが落ちるけん、スリルがあっておもしろかとですよ」

そんなものなのか、と永田はレスリングの奥深さを知らされた気がした。

木村の一言で、ようやく余計なエプロンの部分が切り落とされた。

ふたつのリングは、早稲田大学のグラウンドに保管され、世紀の興行を待った。

こうして、はじめての日本でのプロレス国際試合の準備は、ドタバタを重ねながら整ったのであった。

ただひとつ、残っているものがあった。宣伝である。

力道山は試合をこなしながら、シャープ兄弟との折衝を詰め、十二月はじめには彼らの写真のほか、いっしょに来日するボビー・ブランズの写真、さらにはプロフィールなどをまとめて、後援の毎日新聞事業部長森口忠造に送り続けていた。

ところが、いっこうに記事が出ないのである。

力道山は、アメリカからさかんに手紙で永田に対して、「宣伝はどうして出ないんですか」と訴えていた。永田も、何度も森口に会った。が、森口は、

「いま、アメリカの支局にシャープ兄弟についての綿密な取材をさせているところです」

と繰り返すばかりだった。これでは、なんのために毎日新聞に後援を頼んだのかわからない。

そうしているうちに、旗揚げ興行が、一カ月後に迫った一月二十一日、はじめて新聞に記事が載った。ただ、それは、ライバルの朝日新聞であった。

『シャープ兄弟ら招待』という見出しの小さなベタ記事であった。来日外人選手の名前を列記して、試合日程を並べただけのものである。

それでも、朝日に抜かれてしまった毎日は、奮い立った。アメリカの支局と至急連絡を取り合った毎日は、二月二日ついに書いたのであった。記事は朝日以上に綿密で、読者の興味を充分に煽ってくれるものだった。

「ニューヨーク特派員発」でアメリカのプロレスの近況と、代表的レスラーたちの活躍を書き、シャープ兄弟については、こう詳述していた。

《天下無敵でアメリカにも相手がない。過去四年、五年間レスリング界を荒らし回った兄弟で、現在もタグ・チームとしては世界選手権を保持している。二人とも身長六フィート五ないし六あり、体重も二百五十ポンド以上、力も強く技量も十分あり、平素は温厚な紳士だが、マットの上では、相手次第でどんな乱暴でもする恐ろしいレスラーだ》

それを境に、スポーツ新聞、週刊誌もこぞって書きはじめた。気がついてみれば、新聞、週刊誌が、いつの間にやら「世紀の国際試合」といっせいに煽り立てていた。

飛び込んできたスポンサー

永田は、それまでスポンサー探しにも、躍起になっていた。が、プロレスなど聞いたこともない企業の社長たちは、二の足を踏んでいた。そこにマスコミが書き立て

はじめたので、スポンサーが、向こうから飛び込んできた。大田区大森にある「八欧電機」であった。

前年の二十八年に本放送を開始したばかりのテレビに乗じて、まだ小さな工場の域を出なかった八欧電機は、「ゼネラル」というブランド名でテレビ受像機を売り出し、上昇気流に乗ろうとしていたのである。

永田にとって、なんでもない朝日新聞の記事が、まるで女神のごとく見えた。

「世の中というものは、何が災いになるか、幸いになるか、わからんもんですね。昇り調子にあるときには、なんでもうまくいく」

八欧電機は、プロレス興行の宣伝いっさいの面倒を見ることになった。ポスターからチラシ、切符、それに観客用のプロレスルールを書いた印刷物にいたるまで、八欧電機がまかなうことになったのである。

テレビ局も、ＮＨＫと日本テレビが中継を申し込んできた。

永田の本心は、テレビ中継など入れたくなかった。テレビに取られて、観客が会場にやって来ないのではないかと考えたからだった。

だが、テレビ局からは放映権料が転がり込んでくる。一試合、日本テレビが十七万円、ＮＨＫが二十五万円を出すことになった。

これまで永田は自慢の料亭「藍花」を投げ売って、八ヵ月以上ものあいだ力道山以下、レスラーとして入門してきた者たちを、自腹で食べさせ続けてきたのである。食べるといっても、ふつうの人間ではない。寿司でもひとり五、六十個はぺろりと食べてしまうのだ。飲み食いだけでも、凄まじい支出だった。興行に乗り出したときには、「蘆花」を売ってつくった千八百万円は、ほとんどなくなっていた。

〈ここは、当面のことを考えなければ……〉

永田はテレビを入れるかわりに、テレビ放映のための前宣伝は一切しないことを取り決めた。

国技館の借用は、日本プロレスリング協会の理事に、日本相撲協会理事長の出羽海に就任してもらっていたことで、一発で実現した。三十万円ほどで借りられた。

力道山が永田を攻め、永田を旗頭にした人脈でできあがった協会の成果が、ここにも発揮されたのである。

永田は日新プロの社員をはじめ浪花節協会の手勢たち

を借りて、チラシを蔵前国技館内に配って回った。

一月場所が開幕中であった。連日一万二千人が詰めかけていた。

プロレス旗揚げ興行も、同じこの国技館である。

八欧電機にチラシを三十万枚刷ってもらい、それを国技館の四人掛けの枡席の座蒲団の上に、一枚一枚置いていく。そうすれば、腰掛けるとき客はかならずチラシを手に取る。

それを場所中の十五日間やり通した。

それだけではない。力道山とシャープ兄弟の等身大の写真看板を、客の眼につく場所に置いた。すべては出羽海理事長の胸ひとつだった。付き合いの古い永田のいうことなら、何でも聞いた。

相撲界を勝手に飛び出して行った男として、力道山を断罪する理事たちもいたが、出羽海の前にすべてを噛み殺していた。

入場料は、リングサイドを千五百円とした。最低は二階席の三百円であった。その切符が、はじめはなかなか売れなくて、永田は花柳界に遊びに出るたびに、芸者たちに十枚、二十枚と持たせていた。ところが、新聞が書き立て、スポンサーがついて宣伝活動がいき届いてくると、凄まじい勢いで売れはじめた。試合前一週間ほどになると、地方からも注文の電話が殺到した。切符は、またたく間に売り切れた。

蔵前国技館、一万二千人の大観衆

昭和二十九年二月十日、力道山はレフェリーの沖識名とともに、日本に帰ってきた。七日後の十七日、ベンとマイクのシャープ兄弟が、世界タッグのチャンピオン・トロフィーを持って来日した。

この日は、朝から小雨が降り続いていた。

力道山がアメリカから送ったビュイックのオープンカーで、羽田から日比谷にある宿舎の日活国際ホテルまで、パレードを行うことにしていたが、この雨で中止せざるを得なかった。

二月十九日、蔵前国技館は一万二千人の大観衆を呑みこんだ。なんとしても見たいという人々が引きも切らず、ダフ屋のさばくリングサイドの切符は八千円以上もの高値をつけた。

第一戦のカードは、十五分一本勝負の清美川対ハロルド登喜、二十分一本勝負の駿河海対長沢日一、三十分一本勝負の遠藤幸吉対ボブ・マンフリー、四十五分一本勝負で山口利夫対ボビー・ブランズ、そしてメインエベント六十一分三本勝負で、シャープ兄弟対力道山、木村政彦組のノンタイトルマッチであった。

力道山は、黒のロングタイツで、颯爽とリングに上がった。大歓声に右手を高く振って応えると、両膝に手をついて深々と頭を下げた。

顔が紅潮していた。勢い込んでいるなと、コーナーで見守る付け人の小松敏雄は思った。

ところが、力道山が頭を下げた瞬間、聞こえてきた力道山のかすかな声に、小松はもう一度耳をすまそうとした。二度と言うはずはないのだが、小松が自分の耳を疑ってしまうほど、それはこの戦闘の場には不似合いな言葉だったのである。

力道山は、頭を下げながら、たしかにこうつぶやいていた。

「今晩は。どうもありがとう。精いっぱい頑張ります」

力道山、一夜にして日本の英雄に

百九十五センチの兄のベン・シャープ、百九十七センチの弟のマイク・シャープがリングに上がると、日本の観客たちはその長身と均整のとれた肉体美に溜息をもらした。

力道山は、百八十センチ、パートナーの木村政彦は、〝鬼の木村〟の異名はとっても、百七十センチをようやく越えるほどの小兵である。だれもが、こんな筋肉の塊の大男たちに勝てるのかと、手に汗を握った。

いまなお太平洋戦争での敗戦の痛手は、癒えていない。アメリカ人へのコンプレックスは、深いものがあった。

六十一分三本勝負の一本目は、憎らしいほどの巧みなタッチワークで、シャープ兄弟が木村を攻めたてた。自軍コーナーに引きずり込んで、徹底的にいたぶった。

力道山はリング内に入れないので、さかんにレフェリー沖識名に相手の反則をアピールしている。

大観衆は、野次と怒号を浴びせた。木村がようやくタッチを果たすや、力道山は勢い込んでリングに飛び込んだ。怒濤の空手チョップを、ベンとマイクに代わる代わる浴びせた。

　修羅の形相に、観客は沸いた。

「力道山、怒れ、怒れ！」

「やっちまえ！」

　十四分十五秒、力道山が兄のベン・シャープを空手チョップの乱打から押さえ込み、一本目を奪った。ドッという拍手と歓声が、蔵前国技館を埋めつくした。あのアメリカに勝ったという思いが、日本の観客の溜飲を下げさせた。

　力道山道場のレスラー第一号となった駿河海が、試合を回想する。

「シャープの弟のほうが、とくに技の受け方が上手かった。リキがバーンと逆水平チョップを打ち込んでも、背が高いから胸の下あたりに当たるんです。それでマイクはダメージを受けたように後退して、ロープに背中をあてがって腰をがっくり落とす。そこにリキのチョップが、きれいに胸に入ってくる。ちゃんと胸にチョップが入るように、マイクは計算しているのです。本当に上手かった」

　ただし、技のひとつひとつは真剣に掛けている、と駿河海はいう。

「中途半端にやっていると、必ず怪我をしますから」

　ストーリーは、力道山を中心に、シャープ兄弟、木村政彦のあいだで決められていた。

　興行を取り仕切った永田貞雄は言う。

「日本側が負けるときは、力道山より木村のほうが負けるということが多い結果となった。木村も、大男のベンやマイクを投げて、しとめることももちろんあった。小兵の木村が、大男のシャープ兄弟を投げたときには、観衆は一段と大きな歓声を送った。力道山は、たしかに木村以上に強かった。体力的にも、力道山のほうが上であることは間違いなかった。試合運びも、天賦のものがあった。それに加えて、あの鋭い動き、輝かんばかりの表情、肉体の張りは木村にはとうてい及ばないものだった。プロレスラーは、おたがいに事前に細かいことを取り決めなくとも、言わず語らず、たがいの分を試合運びのなかで敏感に悟るものです。日本側が勝つ場合には、木村より力道山のほうが、結果的にシャープ兄弟を押さえ込むということになっていたんです」

　相手に応じて技を出し、自分の持ち前の力を充分に発揮していく。相手もまた同じである。こうして、たがいに存分に実力を出しあって試合をつくり上げ、観衆の熱狂を引き出していくのである。

阿吽の呼吸、暗黙の掛け合い、そうして観客を沸かせ、その熱狂をこの一試合だけでなく、つぎの、そのまたつぎの、さらに何年のちの試合まで持続させていく能力が要求される。それを持ちえぬレスラーは、トップに立つことは許されない。

二本目は、小柄な木村がマイクに場外に投げ飛ばされた。ロープを飛び越え、リング下に落ちるその姿に、観客は度胆を抜かれた。

必死の形相でエプロンに上がってきた木村は、怒りもあらわに、外からマイクの首を絞めた。

ロープにかかったままの反則攻撃に、力道山組の負けが宣せられて一対一。

三本目は、たがいに入れ代わり立ち代わり、攻防の秘術をつくし、果てはベンと木村の殴り合いが演じられ、時間切れ引き分けとなった。

日本対アメリカという対決の構図は、一万二千の大観衆を熱狂させ、ヘビー級同士のぶつかり合いは迫力満点であった。そして六十一分をフルに闘い抜いてみせたあたりは、レスラーの体力の凄まじさをまざまざと見せつけた。

とりわけ力道山は、一方的にやられる木村に代わって、空手チョップという日本の技でシャープ兄弟を叩きのめし、強烈なインパクトを与えた。人々は、はじめて見るその技に沸き、アメリカの巨人チームがバッタバッタと斬り捨てられるさまに、狂喜した。

街頭では、試合が行われている間に、異変が起こっていた。新橋駅西口広場には、二万人もの群集がひしめき合っていた。有楽町の朝日、毎日両新聞社前でも、銀座の読売新聞社前でも、新宿駅青木靴店前、渋谷駅東急デパート広場、神楽坂毘沙門天境内ほか都内三十カ所以上の広場では、群集の小競り合いが起こった。各所の電器店前にも、人だかりができていた。

それらの街頭には二十一インチ、あるいは二十七インチの白黒テレビが据えつけられ、プロレス放送を実況していたのである。

日本テレビは夜七時三十分から九時、NHKは八時から九時までだった。ちょうどメインエベントがはじまって終わるまでの時間帯であった。

街頭テレビは、都内ばかりでなく、横浜、川崎、大宮、水戸、前橋、宇都宮など関東一円の主要都市にも置かれ、立錐の余地もないほどの黒山の人だかりをつくった。

電器店などの店頭サービス用に、およそ五千台が置かれていた。一台十五万円から二十万円もする。出はじめたばかりの高価なテレビは、家庭には一万七千台しか普及していなかった。が、家庭に入ったテレビにも近所から人々が集まって、食い入るように画面を見つめ、非道をつくす大きな白人を空手チョップで蹴散らす力道山の姿に声援を送った。

街頭テレビを考えた読売新聞社主で、日本テレビ社長の正力松太郎は、当時のプロレス解説者の田鶴浜弘に、こう言っている。

「力道山が、白人を投げ飛ばすプロレスリングは、日本人に勇気を与える。わしは、そう思っとる。街頭テレビを、わしは関東一円に二百二十台置いたから、そのまわりに集まる全部の人数は、何十万、いや何百万人、おどろくべき人数だから、プロレスリングはきっと日本で盛んになる。それに伴って、テレビの受像機の普及に、おおいに役立つぞ」

まさしく正力の読みどおりとなった。力道山は一夜にして日本の英雄となり、テレビは爆発的に売れていくのである。

二日目の二月二十日夜六時前、蔵前国技館は人、人の波で押し潰されそうだった。街頭テレビを見た人々が、殺到してきたのである。切符を持たぬ客までがなだれ込んで来て、怪我人が出た。

力道山は、国技館に入ろうとすると、子供たちにドッと取り囲まれ、もみくちゃにされた。

リキという男、千両役者だ…

蔵前国技館では、翌日の日曜日まで三連戦である。大博打のつもりで三連戦を打った日新プロ社長の永田貞雄は、わずかひと晩にしてここまでの支持を集めるとは、予想だにしなかった。

街頭テレビにも、前日以上の群集が押し寄せた。放送時間中、都内の大通りからほとんどのタクシーが姿を消した。テレビを置いている喫茶店や食堂などは、整理券を出す始末だった。なんと千四百万人もの人々が、街頭テレビに噛り付いたのである。

二日目を独占中継した日本テレビの越智正典アナウンサーは、試合の合間を縫っては、くり返し絶叫した。

「街頭のみなさん、押し合わないようお願いします！危ないところに上がらないでください！」

前夜、見たい一心で、木や電柱に登って落ちた怪我人が出たのである。

メインイベントは、力道山対ベン・シャープの六十一分三本勝負であった。力道山は、悪役で反則を畳みかけてくる兄のベンに対し、やられるだけやられて見せた。

超満員の大観衆は、野次と怒号をベンにあびせた。そうして、耐えに耐えた力道山が、必殺の空手チョップで一転、反撃に出るや、どっと沸いた。二対一でベンを破った力道山は、熱狂の渦につつまれた。

人々は、真剣勝負と信じ切っていた。永田貞雄は、国技館の枡席でじっと見つめながら、心のなかで稔っていた。

〈リキという男、千両役者だ……〉

力道山は、シャープ兄弟招聘のため渡ったアメリカから永田に書いた昭和二十九年一月二十一日の手紙に、はっきりと書いている。

《山口（利夫）君なんか、レスリングを根本から誤解して考えている人です。われわれとしては客に満足させるのが、商売として本意です。（中略）永田様、末永くやらねばならぬレスリング興行です。野球、相撲より人気を出して行くにはシンチョウに考えましょう》

はっきり「ショー・ビジネス」として、とらえていた。

興行面は永田に委ねていたが、マッチメイキング、それに演出を手がけた力道山は、プロデューサーとしてもその才覚を発揮したのである。

二月二十一日、蔵前三連戦の最終日は、日曜日であった。シャープ兄弟の保持するＮＷＡ世界タッグ選手権に、力道山、木村組がいよいよ挑戦するとあって、ボルテージはいやが上にも盛り上がった。

六十一分三本勝負、一本目は、木村がまたもやメッタ打ちにあい、二十四分五十七秒でフォールを奪われた。

二本目は、力道山の怒りの空手チョップ乱打で、弟のマイクをわずか五十七秒でフォールした。

三本目は、反則をくり返す兄のベンを力道山がロープの最上段から外に投げ落とすなど、激しい総力戦を展開した。リング外に転落するベンの姿に、大観衆は沸きに沸いた。

街頭テレビでは、戦う木村の苦闘の表情や力道山の怒りの表情が大写しとなり、見る人々に迫力を伝えた。

ところが、白熱の攻防戦は、あっけない、そして壮絶な幕切れとなった。

力道山が両脚でベンの頭を絞り上げた。ヘッドシザーズの猛攻である。そのままベンの頭を逆にして、マットの上を引きずった。力道山がその技を解いたとき、顔を上げたベンに、観客がどよめいた。レフェリーの沖識名が、あわててベンを心配そうに見た。

鮮血が、額からほとばしっていたのである。

観客は度肝を抜かれた。プロレスリングという競技には、これほどまでの代償が伴うものだろうか。

沖識名は、試合続行不可能と判断し、無判定試合を宣言した。シャープ兄弟が、世界選手権を防衛した。

だが、これもまた巧妙に考えられた演出であった。

駿河海が、それを裏付けるように言う。

「レスラーは、血を流すことをいとわない。本当にすごいと思うレスラーが何人かいる。〝メキシコの巨象〟といわれたジェス・オルテガは、本当に上手いレスラーだった。下の前歯と唇のあいだに、テープで巻いて先端だけをのぞかせたカミソリの刃を忍ばせてリングに上がった。そこに忍ばせておくと、ちょっとのことでは落ちないんです。それを気づかれぬように出して、自分で額を傷つけた。爪の固いレスラーは、爪で引っ掻いて血を流した。ベンもカミソリで、わからないように切ったんです。カミソリは、コーナーマットに隠しておくこともある。無判定試合のゴングが鳴って、試合が終わったあと、力道山はシャープ兄弟と三人で、何かガラスの破片でも落ちていたのかどうか、リングの上をこれ見よがしに探し回った。しかし、あるわけがない。沖識名がサッと拾ってどけているのだから。一流レスラーというのは、技の駆け引きの呼吸と同時に、うまく血を流してみせる術を要求されるのです」

それにしても、流れ出る血は、つくりものの血でもトマトケチャップでもない、正真正銘の血である。阿吽の呼吸とはいえ、繰り出す技は真剣である。それをまともに引き受けることができるだけの肉体の練磨と、感性の柔らかさが一流のレスラーには要求されてくるのである。

蔵前国技館でのはじめてのプロレス国際試合は、想像を越えた魔界を人々に見せ、熱狂のうちに幕を閉じた。

以後、木村政彦の地元である熊本から地方興行へ踏み出した力道山一行は、小倉、大阪、神戸、岐阜、名古屋、静岡、宇都宮、ふたたび東京、横浜と転戦し、なんと十七日間に十四試合という強行日程を、すべて開館以来の動員記録をつくりながら、成功裡に終了した。

総水揚げ高は、八千万円を超えた。テレビの発展にも、大きく貢献した。力道山は、戦後復興の輝ける希望の星となった。

第6章

『ゴッド・ハンド』誕生
大山倍達、カラテで全米を行脚する

◉昭和二十六年〜二十八年

武者修行でアメリカへ

大山倍達は、東京都新宿区麹町三番町にある豪邸の門前に颯爽と立った。

門柱に、桐の木でつくった立派な表札が掲げられ、「大山」と書かれている。

〈ここだ……〉

アメリカの貿易会社ロダンインプロデンツの社長大山勝彦の家である。倍達とおなじ大山と言っても、血のつながりはまったくない。

門の前にいる社員らしい男に、告げた。

「選考会にやって来た、大山倍達です」

「どうぞ、お入りください」

倍達は、唇を真一文字に引き締め、黙ってうなずいた。一歩一歩踏み締めるように、邸内に入って行った。

〈ここで認められれば、アメリカに武者修行に行けるのだ〉

五百坪はあろうかという広い庭には、北風が、木の葉を散らしながら吹きすさんでいた。昭和二十六年十一月のことである。

倍達は、数日前、柔道家である牛島辰熊に呼ばれた。牛島は勧めた。

「きみな、喧嘩して歩いてはしょっちゅう警察沙汰になるような問題ばかり起こしていないで、どうだ、アメリカに行ってみないか」

倍達は、思わず身を乗り出した。

「アメリカですか」

牛島が言うには、この話は、貿易会社ロダンインプロデンツの社長である大山勝彦が、持ち込んで来た。大山社長は、ロサンゼルス出身で、日系レスラーであるグレート東郷と同郷であった。その関係で、グレート東郷から頼まれ、空手の達人と柔道の達人をアメリカに探さなければならないのだという。

倍達は、昭和二十六年二月ごろから数カ月の間、アメリカ進駐軍兵士たちに空手を教えてきた。彼らは技術こそ未熟ではあったが、そのパワーにはおどろいた経験がある。

アメリカで武者修行ができるのであれば、これほどの幸運はない。

「ぜひ行かせてください」

「よろしい。しかし、簡単には行けないぞ。十日後に、達人たちが、全国から大山邸に集まる。そのときに、もっとも強いところを見せつけなければならない」

十日後倍達は、大山邸を訪ねて、簡易な控室に入った。

男の汗の匂いがムンムンする。倍達は、来るのが遅いほうだったのだろう。三十人近い男たちが、すでに空手着に着替えはじめている。入口近くで着替えている男が、ちょうど着ていたシャツを脱いだところだった。無駄な肉がまったくない、鍛えあげられた肉体をさらけ出した。拳は、一日何千回も巻藁を叩いているに違いない。肉が盛り上がっている。そんな猛者が、三十人も集まっているのだ。額に汗が滲んだ。

ビニールシートを引き回したような控室だ。北風が隙間から入り込み、額を吹き抜けていく。寒気が増してきた。アメリカに行くためだ。寒さなど問題ではなかった。

倍達は、着替え終えると、すぐ外に出た。早く着替えた者たちは、倍達よりも早く準備運動をはじめている。倍達は、初めて気づいた。ここには、空手の達人ばかりがいるわけではない。

鶴が舞うような形の型を練習している者もいる。

〈鶴の拳と言われているものだな〉

少林寺拳法らしき者もいる。体格も、中肉中背のひょろっとした男から、本当にこんな体で動けるのかといった大男までいる。倍達は、大きな眼でひとりひとりの特徴を見続けていた。

そのときだった。右肩に、ズシリと重みがかかった。倍達は、拳を固めた。振り向きざまに、相手に拳を叩き込む態勢になった。それほど神経質になっていた。

が、後ろを振り向いたとたん、拳をグッと止めた。遠藤幸吉が、立っていた。倍達とも顔見知りの、牛島の弟子である。

遠藤は、真っ黒な縁の眼鏡の奥に潜む負けん気の強そうな視線を送ってきた。

「大山君、きみも来ていたのかい」

「ええ、遠藤さんもですか」

「おれは、もう終わってしまったよ」

柔道の達人を選ぶ選考会は、空手の選考会の前に行われていた。

遠藤は、すでに普段着に着替えていた。柔道家の印象にはそぐわない、緑のチェック模様の洒落たセーターを着ていた。

　倍達は訊ねた。

「どうだったのですか」

「さあ、どうかな。まあ、やるだけのことはやったよ。きみも、頑張ってくれ」

「ありがとうございます」

　遠藤は大きな体を揺らしながら、去って行った。

　いよいよ、空手の選考会がはじまった。名前を呼び上げられた者が、ひとりひとり庭に出て行く。選考会では、実戦である組手はない。大山社長らロダンインプロデンツの幹部たちの前で、型を見せる演武や特技を披露するのだ。

　倍達の名は、なかなか呼び上げられなかった。

　控室には、すでに十二人しか残っていない。残った者たちだれもが、焦りの色を隠せない。なかには、露骨に膝を震わせている者さえいる。

　鶴の拳を使う男が、出ていった。しばらくしてから、これまで以上に大きな歓声が湧いた。鶴の拳は、その名の通り、鶴の動きを巧みに拳のなかに取り入れている。動きは、しなやかで華麗だ。その美しさに対する、賞賛の声に違いない。

　倍達は、ジリジリとして落ち着かなかった。

〈組手であれば、負けることは決してない。しかし、型の披露だけならば、空手よりももっと華麗な拳はいくらでもある。アメリカプロレスに行く男を決めるのに、なんで組手がないのか〉

　もう一度、割れんばかりの拍手が起こった。鶴の拳の演技が終わったのだ。

　呼び出し係の者が、入って来た。

「大山倍達さん、おいでください」

　倍達は、思わず舌打ちした。

　空手の動きは、実戦のために無駄のない動きに洗練されている。が、表面的な、舞踊的な美しさとはほど遠い。ただでさえ型の披露だけでは不利にもかかわらず、鶴の拳のあとだ。見ている者の印象がより薄くなってしまうのではないか。

　鶴の拳を使う男とすれちがった。満面に笑みをたたえていた。

　倍達は庭に出、縁側に向き直った。ロダンインプロデンツ社の幹部がずらりと居並んでいる。検分役なのであろう、牛島の顔も見える。まるで江戸時代の御前試合であるかのようだ。倍達は、真ん中にどっしりと腰を下ろしている男をじっと見据えた。倍達よりもやや歳が上なのだろうが、すっかり頭は禿げあがっている。社長の大山勝彦だ。

〈この男になんとしても認められ、かならず、アメリカに行く〉

倍達は頭を上げるが早いか、いきなり演武をはじめた。

倍達は思っていた。

〈空手には、華麗さはない。それならば気迫で勝負だ！〉

五分もの間、基本技の連続である演武を続けた。まったく息が上がらなかった。

倍達は、縁側に向き直った。

「では、試割りを……」

用意されていた台の上に、掌を上向きにして左手を置いた。自分であらかじめ持ってきた石を左手の掌に乗せる。この日のために探し歩いた、とっておきの割りやすい細長い石だ。

左手の薬指、小指の二本で、石の左端を下からしっかりと握り締めた。石の試割りには、この左手が特に重要なのだ。

倍達は気合いを入れ、右手を振りかぶった。

「イヤーッ」

手刀を、振り下ろした。ゴリッといった音とともに、石はまっぷたつに割れた。

じつは、手刀を石に当てた瞬間、左手を石の中心に向かって捻った。左手を力点とした、挺の力が生まれる。石は、いとも簡単に割れる。倍達には、朝飯前なのだ。見ている者たちは、そんなことを知りもしない。拍手喝采を浴びせた。

倍達は、続けざまに石を割って見せた。さらには、近くに落ちている石をも割った。拾っては割り、拾っては割る。

まさに、石割りの連続技だった。一気に、二十もの石を割り続けた。

あまりの気迫のこもった石割りに、拍手が途絶え、話し声すら立てない。見ている者たちは、圧倒されてしまったのである。

「そこまでだ！」

倍達に向かって、声がかけられた。

「そんなに割られては、庭にある石という石が、みな粉々になってしまう」

声の主は、大山社長だった。

倍達は立ち上がり、大山社長の真っ正面に向かい合った。

大山社長は、左にいる牛島に、何やら訊ねている。倍達には、聞こえない。

牛島の豪快な笑い声が、あたりに響いた。

「あれはもうこれしか使い道がないのではないかというほど、空手ばかりしているんですよ。技を磨くために、街を出歩いては喧嘩ばかりしている。わたしがどんなに言ったところで、一向に止めようとはしないんですよ」

さりげなく倍達が強いことを話して聞かせていた。

大山社長も、満足げであった。

「それは、おもしろい。むしろ、それくらいのほうがいい。そういうやつじゃなければ、アメリカではやって行けない。人に機嫌を取るようなやつじゃ、駄目だ」

倍達は、十分に手応えを感じていた。

数日後、倍達は、空手の達人としてアメリカに連れて行ってもらえるとの報せを受けた。柔道の達人として同行するのは、遠藤幸吉だった。

倍達は、日比谷公園近くの富国生命ビルにあったロダンインプロデンツ社に出向いた。一年間の契約を交わした。契約料は、五十万円であった。現在のほぼ五百万円ほどに相当する。

大山社長は要求した。

「その金で、羽織袴をつくってくれ。アメリカでは、いまだ日本は着物を着たサムライというイメージが強いからな」

倍達は、遠藤とともに日本橋にある高島屋で羽織袴をつくった。

シカゴでのデモンストレーション

アメリカに発つ日が、いよいよ一週間先と近づいた。倍達は、ロダンインプロデンツ社員の前田に命じられた。

「健康診断を受けてください」

念入りな検査だった。結核から血の検査、さらには逸物まで検査させられた。性病を持っていないかどうかということであった。

二月中旬、いよいよ旅立つことになった。空港には、百人近い見送りがやって来ていた。遠藤と倍達の名が書かれた幟が、掲げられていた。

「日本の代表だ、アメリカのやつらなんかぶちのめしてこいよ」

「おめおめと負けて帰ってくるなよ！」

出発を祝って、東京農業大学で有名な〝大根踊り〟を披露するものさえいる。空港は、まるでお祭り騒ぎだった。

倍達は、遠藤とともに手を振りながら、旅客機に乗り込んだ。

当時はまだプロペラ機だった。直接アメリカまでは飛べない。途中、米軍基地のあるハワイとグアムの中間にあるウェーブ島に給油のために着陸し、その後ハワイに着いた。

倍達らは、ここで数日過ごすことになっていた。

大山倍達が力道山と初めて会ったのがこの空港であった。出迎えにきた力道山が背の小さい大山倍達に目もくれなかったことはすでに書いた通りである。

数日、倍達は、ハワイを見て歩いた。そのうち、遠藤が倍達のもとにやって来た。

ふたりは、ロサンゼルスに飛んだ。

ロダンインプロデンツ社員の前田の知り合いが、迎えに来ていた。

さっそくオリンピック・スタジアムに連れて行かれた。

迎えの者は伝えた。

「今日は、プロレスとはどんなものか、見ていただきたいんですよ。明日から、あなたたちはシカゴでリングに上がるんですから」

オリンピック・スタジアムは、観客で溢れんばかりであった。

だれもが、倍達と遠藤を興味深そうに見ている。じつは、ふたりは、日本橋にある高島屋でつくった羽織袴を身にまとっていたのである。

試合は、すでにはじまっていた。二メートルはあるほどの大きなレスラーが、リングの上で死闘を繰り広げていた。人間というより、まさに肉の塊がぶつかり合っているようだ。

片方のレスラーが、もう一方のレスラーを投げつける。そのたびに、リングが揺れんばかりに、観客が歓声を上げる。

倍達は、しばらく見ているうちに怪訝な顔をした。迎えに来てくれた男に、訊ねた。

「喧嘩をするのに、何であんなに話をするのか」

闘いはまさに生死を賭けたものである。相手と話している余裕などないのではないか。

男は、笑って濁した。

「まあ、そのうち、わかりますよ」

倍達と遠藤は、すぐさまシカゴへ飛んだ。

ロサンゼルスからシカゴまでは、八時間の長旅だった。

シカゴは寒いと聞いていた倍達は、温かいズボン下を履いていた。

暖かいロサンゼルスから行ったとはいえ、シカゴの寒さは想像を絶するものであった。足がブルブル震えて、身を縮めて歩くほどであった。

飛行場には、ふたりの大男が待っていた。

ひとりは、ロングコートに身を包んだ東洋系の小柄な男であった。口髭をたくわえ、不敵な笑みを浮かべている。

その男が、倍達と遠藤に話しかけてきた。

「きみたちが、大山と遠藤か。グレート東郷だ」

グレート東郷は、横にいる大男を紹介した。

「地元のプロモーターのミスター・サリー。イタリア系アメリカ人だ。さっそくだが、ユーたちには会場に行ってもらう。仕事だよ」

遠藤が、気色ばんで訴えた。

「マッさんが、飛行機酔いで体調を崩している。すぐに仕事なんて無理だ」

倍達は、飛行機酔いで青い顔を見せながら頼んだ。

「少し、休ませてくれないですか」

グレート東郷は、困った表情をした。

「それは、気の毒だな」

が、グレート東郷と英語でやりとりをしたプロモーターは、大声でまくし立てた。

「駄目だ。ビジネスの契約をしている。使い道がなかったら、明日にでも日本に帰ってもらうよ」

倍達と遠藤は、仕方なく会場に向かった。会場は、観客で埋まっていた。倍達と遠藤は、選手控室に向かった。控室には、身長二メートル級の大男がわんさといた。百八十五センチ、百二十キロの遠藤がまるで高校生に見えた。まして遠藤の後ろからカバンを持って歩くとカバン持ちにしか見えない、八十キロに満たない倍達は、まるで子供のようであった。

倍達は、寒さに加え、飛行機酔いを治めるためにオレンジジュースを機内で飲み続けたのがたたったのか何度もトイレに行った。

遠藤も、ガタガタ震えている。足が震え、手が震え、体が震えた。最後には、顎までガクガクと震え出した。

倍達は、遠藤にささやいた。

「おまえ、震えてるな」

遠藤は、うそぶいた。

「武者震いだよ」

が、倍達自身も寒さだけではなく、大男たちに囲まれ、本当に恐怖心で震えがきた。

ミスターアメリカの異名をとるディック・リールというプロレスラーが、羽織袴に雪駄を履いた倍達に眼をつけた。近づくや「ペッ」と倍達の雪駄に唾を吐いた。完全に舐めてかかっているのである。

倍達も、さすがに恐怖心が先に立ち「拭け」とは言えなかった。

舐められたままでは不味いと感じたのか、グレート東郷が、倍達を見て言った。

「何か、デモンストレーションができないのか」

遠藤が答えた。

「先生、マッさんは、逆立ちができます」

グレート東郷は、何を言ってるんだというふうに言い放った。

「ああそう。逆立ちくらい誰でもできるよ」

遠藤は、大声で反論した。

「マッさんの逆立ちは、違うんだ」

「どういう逆立ちだ？」

「指を立てて、逆立ちができる」

「ほう、やってみろ」

倍達は、テーブルに上り、親指、人差指、中指の三本で逆立ちをして見せた。その上、テーブルの上も逆立ちで歩いて見せた。控室にいたプロレスラーたちから、感嘆の溜息が洩れた。

ディックが、負けじとコーラ瓶を取り出した。肘を曲げ、そこにタオルを置いて、コーラ瓶をはさんだ。力瘤を作るようにグイッと腕に力を入れた。コーラ瓶は、上腕の筋肉によって「グシャッ」と破壊された。

遠藤がつぶやいた。

「あの筋力にかかると、首の骨がへし折れてしまうぞ」

グレート東郷が、間に割って入った。

「ワンダフル！　どちらも、すばらしい。大山、おまえに任せたから、デモンストレーションをやってくれ」

会場は満員であった。倍達は、リングに上がって、空手の型を見せた。が、空手を見たことのない観客には不評で、ブーイングが飛んだ。

倍達は、型を見せることを早々にとり止め、リングにテーブルを上げた。そのテーブルの上に石とレンガを置いた。細長い石の端を左手で持ち、片側を少し浮かせる。気合いもろとも右手の手刀を叩き込んだ。石は、見事にまっぷたつに割れた。

場内は、拍手に包まれた。

倍達は、続いてレンガも同じように手刀で叩き割った。

観客のボルテージは、ますます高まった。

倍達は、セコンドにいる関係者に横三十センチ、縦五十センチ四方で厚さ一インチの板を五枚持って来るように頼んだ。

が、持ってきた板を見ておどろいた。一インチの厚さの板を五枚と頼んだのに・厚さ五インチの板を持って来たのである。五インチといえば、十三センチである。

倍達は、リングに上がってきた遠藤に思わずつぶやいた。

「これじゃ、板とは言えないよ。」

遠藤は、分厚い板を両手に持ち身構えた。

「大丈夫、マッさんならやれる。しっかり持ってるから」

倍達は、ままよとばかりに手刀を板に叩き込んだ。

「トオッ！」

バシッ、という音がしたが、板は割れなかった。飛行機酔いに加え、ウォーミングアップが出来ていないのが原因だ。ブーイングが多かったせいで型をとり止めたことが響いた。縮こまったままの手で繰り出す手刀では、威力半減である。

倍達は、二度、三度と試みた。が、分厚い板はびくともしない。

観客のブーイングが高まった。倍達は、「イエーッ！」と気合いをかけながら、右肘を叩き入れた。分厚い板は「バキッ」という鈍い音とともに、砕けるように割れた。

エンピと呼ぶ肘打ちは、肘の骨が固いこともあり一点に力を集中する場合、手刀よりも威力を発揮する。このときも、とっさの判断で右肘を叩き込んだのであった。

会場は、歓声と拍手で沸き返った。

東郷三兄弟

倍達が会場から引き揚げ控室にいると、グレート東郷が上機嫌で現われた。

「感動したよ。これからは、東郷三兄弟で売り出そう。わたしが長男でグレート東郷。マッさんは、次男でマック東郷。遠藤はコー東郷で三男だ」

実際に倍達は、遠藤より一つ歳上であった。

倍達は、最初は体格のいい遠藤を実力者とみて、立てていた。なるほど柔道マッチで柔道着を着て戦えば、遠藤は強い。が、離れて戦う勝負では倍達が一枚も二枚も上手だった。

バーベルも、倍達は体重が八十キロなのに百二十キロを上げることができる。が、遠藤は、体重が百二十キロもあるのに同じ百二十キロを上げられない。

倍達は、遠藤を口汚く叱責した。

「おまえの腹のなかには、何が入ってるんだ。糞ばかり詰まっているのか」

グレート東郷は、シカゴでの興行を進めるにあたり遠藤と倍達に、プロレスラーとしての心得を説いて聞かせた。

「ここは、米国。日本人は、所詮悪役よ。役割が決まっている。リングの上では、喧嘩しているように見せていればいい。ただし、本気で喧嘩することないよ」

倍達は、納得しかねた。

「どうして、いっぺんで決着つけないんだ。実力勝負だろう」

グレート東郷は、低い笑い声を上げた。

「きみは、若いな。いいか、相手がいて自分が飯が食える。自分がいて相手が飯が食える。それは、おたがいだ。喧嘩が目的じゃない。いかにうまく金を儲けるかだ。きみは、真剣になったら困るよ。いっぺんに相手をのばしちゃうと、諮問委員会にかけられて、プロレス界から追放になっちゃうよ」

東郷三兄弟として、シカゴでの興行は大成功を収めた。上機嫌のグレート東郷は、自分用のキャデラックのほかに、倍達、遠藤のふたりにも専用車としてシボレーをプレゼントした。

グレート東郷は、そのうち、ひとりの日系人を連れてきた。

「きみたちの英語は、ひどいもんだ。きみたちに、通訳兼運転手をつけるよ。彼は、ミスター羽田。終戦直後に日本にいたことがあるから、日本語はペラペラね。これから、全米を興行して周る。ユーたちは、その車で周る。いい金を稼げるよ」

倍達と遠藤は、運転手兼通訳の羽田が付くまでは、英語で大失敗をおかしたことがあった。羽織袴姿の遠藤と倍達は、腹を空かせてシカゴの街を歩いていた。倍達は、ふと眼についたシェラトンホテルに眼をやりながら、遠藤に言った。

「腹が減ったな。きみ英語できるんだろう」

遠藤は、得意気に言った。

「できるよ。そうだ、ホテルでサンドイッチでも食べるか」

ふたりがレストランに入ると、食べていた客全部がフォークとナイフを置き、倍達たちをジッと見つめた。

遠藤は、どぎまぎしながらボーイを呼んだ。ブロークンイングリッシュで、サンドイッチを持ってくるように頼んだ。

運ばれてくる間も、客たちは倍達たちを見つめている。倍達は、思わず冷汗が出た。運ばれてきた食べ物を見て、さらにおどろいた。サンドイッチではなく、サンデーアイスクリームを山のように持ってきたのだ。遠藤の英語の発音が、あまりにひどかったのであろう。

倍達は、違うよと言いかけたが、まわりの客の視線が気になって、とにかくこの場を立ち去りたい気持ちが強かった。まわりの客たちにしてみれば、羽織袴の東洋人ふたりが何を食べるのかと見ていたところ、この寒いのに山盛りのアイスクリームをパクついているから、なおさら興味を沸かせて見つめていたのである。

が、倍達と遠藤はブルブル震えながらも冷汗を流し、アイスクリームをたいらげた。早々に立ち去った。

それからは、シカゴを中心に全米各地での興行が続いた。倍達は、車のトランクに割れやすい板、割れやすい石を積んで巡業に出かけた。

巡業先では、食ってかかってくる観客もいた。

「ヘイ、ジャップ！　日本人は、インチキが多い。だから、パールハーバーでやられた」

第二次世界大戦のとき、日本人がハワイのパールハーバー（真珠湾）を奇襲攻撃した手口を持ち出して罵っているのだ。

「この前、おまえがテレビでやったのは、インチキだろう。この石を、割ってみろ」

倍達は、巡業先のローカル局に出演し、石割りやレンガ割りなどのデモンストレーションをたびたび披露していた。観客が差し出した石を見てみると、大きな丸いものであった。細長い石の場合は片側を手で握ってわずかに浮かせて、挺の原理で割ることができる。が、丸い石では握ることができない。

しかし、倍達は、これは丸いから割れないとは、口が裂けても言えなかった。そう言ってしまえば、それじゃインチキだということで、二度と相手にしてもらえなくなる。

大山空手を、アメリカで承認してもらうには、強さのバロメーターを示さなくてはならない。観客を殴り倒すわけにはいかない。試割りがいちばん有効な手段である。試割りに成功すれば、認めてもらえ、さらに尊敬してもらえる。

倍達は、心技を神技と解釈している。示して申す。人間の精神は、その持ち方において、真っ赤な火の上でも歩くことができる。卵をずらっとならべて、それを一つも割らないでその上に立つこともできる。ひとえに心頭を滅却すればこそ、少しでもそこに邪心があればたちまち怪我をする。それは、超人的な精神力を要する。だからこそ神技である。神と技を総合したものが体である。心頭滅却の心構えが出来てこそ、神技体が成立する。

倍達は、とにかく丸い石を割ることのみを考えた。テーブルの上に台代わりの厚めの板を置いた。その板の端に、半分はみ出るように丸い石を置いた。

とっさに、手刀ではなく手のひらの親指の付け根あたりを使っての打撃技である掌底を思いついた。倍達は、文字通り心頭を滅却して上から叩きつぶすように、掌底を振り下ろした。大きな丸い石は、ちょうど板の端に当たっている部分からまっぷたつに割れた。一瞬の静寂の後、観客の歓声が轟いた。

石を持ってきた男は大よろこびで、倍達に抱きついた。丸い石の割れ口を指差して、早口でまくしたてた。

「ファンタスティック！　ミスター・オオヤマ。ここにサインしてくれないか。家宝にするから」

倍達は、石の割れ口にサインした。

試割りでは、ビール瓶やウィスキー瓶の口を、手刀で切り飛ばす技も披露した。下を固定しないで、ただテーブルの上に置いた瓶の口を、手刀で切り飛ばすのである。タイミングとスピードと力。倍達のいう神技体がそろってはじめて成せる技である。

観客は、感動の声を上げる。が、力自慢の男たちの中には感動するだけではなく、倍達に挑戦する者もいた。レンガ割りや石割りはインチキだ、と難癖をつける。おれにもできると意気揚々とリングに上がる。テーブルの上に置かれたレンガを力いっぱいぶっ叩く。が、リングが揺れるだけで、レンガは割れない。

じつは、このリングが曲者なのである。リングはバウンドするようにできている。その振動がパンチカを吸収する。逆に割りにくいのである。

挑戦者が失敗すると、今度は倍達がいとも簡単にレンガを割って見せた。

八十キロに満たない倍達を見て、直接対決を挑んでくる者もいた。こんな小さな日本人に負けるわけはない、と高を括っているのだ。

倍達は、そういった力自慢たちをことごとく、ものの数十秒で叩きのめした。

アメリカ人は、国民性からか強い者に憧れる傾向が強い。デモンストレーションを終えた倍達に、キスをせがみ、写真をいっしょに撮ったり、サインをせがむ女性が続出した。

照れ屋で、英語の上手くない倍達は、首を横に振って断わる。

が、そこがまた神秘的に映るのか、倍達に抱きつき自分からキスをする女性が多かった。

キスをしたあとは、十ドル、多いと五十ドルから百ドルものチップを置いていく。

当時の日本人の給料が一万七千円の時代である、百ドルは当時のレートで三万六千円。じつに二倍以上の大金であった。

それを見ていた商売のうまいグレート東郷は、さっそく手を打った。巡業先のローカル紙に、挑戦者募集の広告を出したのである。

《グレート東郷の次男で、ジャパン空手のチャンピオン、マック東郷に挑戦者募集。どなたでも、リングに上がって三分後無事にリングから降りることができた挑戦者に千ドル差し上げます》

この広告は、各地で反響を呼んだ。

『ゴッド・ハンド』誕生

じつは、地元プロモーターにとっても、倍達にとってもこの挑戦者募集広告は、都合のいいことであった。

倍達は、プロレスのことがわかるにつれ、プロレス特有のやりとりが自分には上手くできないと感じはじめていた。大都市とは異なり、田舎のプロレスラーには、二十代、三十代の若いレスラーはほとんどいない。それは、おたがいに怪我をしない、させないという技術がまだ身についていないからである。若いと、どうしても興奮しすぎて我を忘れて戦ってしまう。それを抑えることができるのは、どうしても四十代以上である。

倍達が、テキサス州の南部の田舎の興行に行ったとき、アメリカのプロレスの形態がよくわかった。

ファーマー（農夫）をしていた大男が、自転車に乗って道を急いでいた。

倍達は、あまりの大男なのでつい声をかけた。

家に着替えのために帰る途中で、彼は農業のかたわら、副業でプロレスラーをやっているという。

倍達が、招かれるままその男の家までついて行くと、その男の孫が出迎えてくれた。

このレスラーは、なんと六十に近い年齢だったのである。

当時、全米に四千人いるレスラーのうち、専業としてやっているのは百人程度で、あとはこの男のように副業でやっていたのだ。

当然、おたがいに怪我をしないように注意する。試合は、善玉と悪玉に分かれて戦う。

善玉は、女性に人気のあるハンサムボーイや、地元の英雄がなる。

グレート東郷や倍達のようなヨソ者は、当然悪役だ。

悪役と善玉は、控室で入念に試合の打ち合わせをする。

この打ち合わせ通りに試合ができ、なおかつ観客を沸かせることができるプロレスラーこそ、トップレスラーということになる。

グレート東郷のような悪役は、毎試合といっていいほど額から血を流す。

善玉からリングの下に落とされたとき、こっそりカミソリの刃で額を切るのである。

リングに戻ると、善玉は血の滲んだ額の傷口を殴りつける。観客には、額が割れたように映るのである。

悪役は、血出し料金として五十ドルから百ドル余分にファイトマネーをもらうシステムになっている。

倍達は、十試合ほど我慢して、グレート東郷の言う通り悪役に徹した。

が、どうしてもグレート東郷のようにオーバーアクションができない。

それよりも、これまで空手では真剣勝負をしてきた倍達にとって、前もって打ち合わせをして試合をするということは耐え切れなかった。

そこに、タイミングよく挑戦者たちが巡業先で現われるようになった。

グレート東郷や地元プロモーターにとっても、観客が呼べることは願ってもないことである。

倍達にとっても、真剣勝負ができ、大山空手の名前をアメリカに広めることができる、恰好の機会であった。

巡業先の地元レスラーから挑戦者を募るという企画は、大変な人気となった。

シカゴで出会った、「ミスターアメリカ」ことディック・リールも挑戦者のひとりであった。

ディックとは、アイオワ州で再会した。

ディックは、倍達にとってシカゴでの最初の対戦相手であった。が、そのときはプロモーターの指示で日本から来た空手マン、倍達に花を持たせた。

が、ディックは言い張っていた。

「真剣勝負では、大山に負けない」

今回挑戦者として名乗りを上げたディックとは、試合会場の控室で、すでに戦いがはじまっていた。

ディックが、挑発した。

「ジャップは、嘘つきが多い。おまえの空手も、インチキだろう。ウィスキーの瓶割りも、はじめから割れているのをくっつけておいて割って見せてるんだ」

遠藤が、食ってかかった。

「マック東郷は、インチキなしだ。コーラ瓶でも、同じことができる」

じつは、倍達はコーラ瓶を試したことはなかった。が、やって出来ないことはないと、自信は持っていた。

倍達は、コーラの空瓶を手に取ると、真上に放り投げた。落ちてくるところを、手刀で払った。コーラ瓶は、まっぷたつに割れ、転がった。手刀で叩き割ったというより、刃物で切ったような切り口であった。

ディックの眼に、驚愕の色が見えた。

が、ディックは吐き捨てた。

「いまのは、まぐれだ」

倍達は、通訳の羽田に憤慨していった。

「まぐれ当たりだと言っているが、わたしがテーブルの上にコーラ瓶を一ダース並べて、それをすべて手刀で割ることができたら子分になるか、と言ってくれ」

ディックは、とうていできるものかとばかりに鼻で笑った。ふざけた口調で、「ＯＫ」を繰り返した。英語のできない倍達にも、「ＯＫ」は理解できる。

倍達は、テーブルの上に十二本のコーラ瓶を並べた。

立ったままで禅を組む立禅をし、気を統一した。

倍達は、「ウリャアーッ！」と気合いをかけながら、ズバッ、ズバッ、ズバッと十二本のコーラ瓶に次々と手刀を切り入れた。

十二本のうち九本が切れ、三本が吹き飛んだ。

ディックが、信じられないといったような声を上げた。

「オー・マイ・ゴッド、ゴッド・ハンド！」

『ゴッド・ハンド』の名称は、このとき生まれたのである。

グレート東郷が、プロレスラー連中のなかから、割って出てきた。ディックに、得意気に言った。

「だからわたしの兄弟にね、おまえ変なイチャモンつけたら、おまえ二度とリングに上がれないよ。潰してしまうよ」

ディックは、しきりに倍達に空手を教えてくれと訴えた。

倍達は、笑いながら断わった。

「ノー、ノー、おまえに教えてやるとしたら、おまえはわたしの子分にならないといけない。それが、東洋のスタイルだ」

この出来事があってから、倍達はプロレスラー仲間からグレート東郷の弟分と承認を受けた。どこの地域に行っても馬鹿にされなくなった。

秘技中の秘技、「三角飛び」

倍達の強さが証明されると、賞金の額は、どんどん上がっていった。

対戦相手も、限られるようになっていった。

最終的には、五千ドルの賞金となった。五千ドルを賭けた真剣勝負は、七試合あった。

そのなかで、最強の挑戦者が、サンフランシスコで戦ったタム・ライスであった。

胸にサソリの刺青をしていることから、「赤サソリ」の異名を持つ。

元プロボクサーだけに、繰り出すパンチには威力がある。ヘビー級の世界チャンピオン並みだ。

力道山が、ハワイでコテンパンにやられた相手である。

グレート東郷は、力道山の仇討ちだと称して賞金マッチを企画した。

試合前、グレート東郷は控室で倍達に発破をかけた。

「ユーが負けると、五千ドルがパーよ。絶対に勝て」

が、タム・ライスの強さは想像以上であった。倍達が初めて戦う本物のヘビー級のボクサーであった。パンチが、何より速い。しかも、重かった。耳元をかすると、風切り音がする。何と言っても、ジャブが曲者であった。ジャブというと、普通、軽いパンチのような気がする。が、ヘビー級ボクサーのジャブは、それだけでKOパンチの威力を持っていた。

しかも、ガードが固い。倍達の突きが、まるで当たらなかった。

〈これは、力道山が負けるわけだ〉

力道山の空手チョップなど、倍達からすると、蝿が止まるようなものであった。

倍達は、必死でよけながらチャンスを待った。

〈とりあえず、足を止めよう〉

ローキックで牽制しようとした。その瞬間、わずかだが、隙が出来た。タム・ライスの右ストレートが飛んで来た。ガードする暇もない。目から火花が散った。目の前が暗くなる。視界がぼやけた。

〈逃げなくては〉

頭ではそう思っているのだが、体が動かない。妙にゆっくりした速度で、タム・ライスの右フックが飛んで来るのが見えた。顔が、なくなったかと思った。同時に、酔っぱらったときのような気分が襲ってきた。足元が、妙に頼りない。

どこかで、蝉が鳴いているような音が聞こえていた。ボディに、さらにパンチが来た。その傷みが、倍達を正気にかえした。

〈まずい、KOされる！〉

倍達は、歯を食いしばって我慢した。あわてて、距離をとる。

タム・ライスは、勝利を確信した顔になっていた。

蝉が鳴くような音は、まだ続いている。あまりに強烈なパンチで、耳鳴りを起こしてしまっていた。

タム・ライスが、ゆっくりと距離を詰めて来る。ほんのわずかだが、油断があった。

〈いまだ！〉

タム・ライスの勝ち誇った顔を見た瞬間、倍達は反射的にジャンプしていた。タム・ライスにではない。タム・ライスの右側にあるトップロープにであった。タム・ライスの目には、一瞬、倍達が消えたように映ったに違いない。体が無防備になった。

〈よし！〉

倍達は、トップロープをさらに蹴った。反動をつけて、タム・ライスの無防備な側頭部に思い切り蹴りを叩き込んだ。確かな手応えであった。無防備な人間は、ほんの少しのダメージでも大打撃を受ける。倍達を見失ったタム・ライスは、まさにその状態であった。

丸太のように、タム・ライスは倒れた。

空手の秘技中の秘技、「三角飛び」であった。

倍達は、耳を押さえながら、勝利を噛みしめていた。

シーンとした場内が、拍手の渦でいっぱいになった。

倍達はリングを降りながら、口の中がムズムズするのを感じた。口の中に手を突っ込むと、なんと、奥歯が一本、取れていた。倍達は、あらためて唸った。

〈外人のパワーは、すごい……〉

前歯はともかく、奥歯が折れるなど、普通では考えられないパワーだった。

〈よく勝てたな……〉

運が良かった。ただそう思った。

グレート東郷が、大袈裟に両手を広げて倍達に抱きついてきた。

「ユーは、世界一だ！　すばらしい！　何と言う技だ。見たことないよ」

倍達は、汗をしたたらせながら答えた。

「三角飛び。相手が見たこともない技だったから、あれほど見事に決まったんだ。紙一重の試合だった。ただし、わたしの奥歯は、ガタガタだよ」

一般に、蹴りの威力はパンチカの三倍から五倍ある。そのかわり、蹴りはパンチの三倍から五倍繰り出す速度が遅い。そのため、のち極真会の大会では足蹴りによる顔面への攻撃は認めているものの、手による攻撃は禁止しているのである。

さて、巡業サーキットは、じつに三十二州におよんだ。巡業先へ移動する車中で倍達がよく歌ったのは、『サーカスの唄』であった。

♪旅のつばくろ　淋しかないか
おれもさみしい　サーカスぐらし
とんぼがえりで　今年もくれて
知らぬ他国の　花を見た

この歌を唄うと、外国に来ているんだなとしみじみ感じた。

倍達は、時速百キロ以上で一日中、車を飛ばしても目的地に着かないアメリカ大陸の大きさに感嘆した。

さらに、大都市は夜中でも人が歩いている。不夜城のように明かりがきらめいてる街を見ながら、思った。

〈戦後復興がはじまっているとはいえ、日本では考えられないことだ。よくこんな大国と日本は戦ったもんだな〉

巡業では、ショックを受けることもあった。

フロリダ州のある小さな街の馬場で、倍達は、空手のデモンストレーションと挑戦試合を行なった。挑戦者を退け、意気揚々と花道を引き揚げる倍達に、コカコーラが入った紙コップを差し出す白人の老婦人がいた。倍達は、気持ち良く受け取ろうとした。が、その老婦人は、そのコカコーラの入った紙コップを、倍達の顔にひっかけるではないか。

さらに、煙草の火を倍達の腕に押しつけてきた。

大勢が見ている前で、叩くこともできない。ましてや、相手は女性だ。

その老婦人は、罵るように言った。

「ジャップに、わたしの子供を殺された。子供を、返しておくれ！」

テキサス州のダラスでは、地元の力自慢が倍達に叩きのめされたことに興奮した観客のひとりが、セコンドにいた遠藤に椅子を振りかざして殴りかかってきた。不意を突かれた形の遠藤は、まともに頭に椅子の一撃をくらい、怪我を負った。

倍達にも、椅子の一撃が降りかかってきた。が、倍達は、肩で受け止め椅子を砕いた。

会場は、「キル・ザ・ジャップ！」の大合唱に包まれた。地元プロモーターも、さすがに顔色を青ざめさせている。

身の危険を察した倍達は、遠藤に日本語で叫んだ。

「やばいぞ、逃げるんだ！」

観客のなかには、手にナイフをかざして襲いかかって来る者もいた。

倍達は、空手の型を見せて威嚇しながら遠藤に叫んだ。

「遠藤、いまのうちだ、逃げろ！」

倍達と遠藤は、控室に戻らず裏口に向かった。

裏口に待たせていた羽田の運転するシボレーに、飛び乗った。まさに、間一髪であった。昭和二十七年は、まだそれほど反日感情が強い時代だったのである。

倍達がいちばん感激したのは、太陽の国キューバの首都ハバナに巡業に行ったときのことである。キューバは、カストロが政権を取る前であった。グレート東郷、倍達、遠藤の三人はフロリダ州タンパ飛行場からハバナに向かった。

飛行機は揺れに揺れ、倍達は墜落するのではないかとさすがに青くなった。

デモンストレーションは、公会堂で行なった。会場は、黒山の人だかりである。

倍達は、一ポンド半（約七百ドル）のハンマーを取り出した。

贋物じゃないということを示すために、まずコーナーの鉄柱を叩いた。

「ギーン」という重々しい金属音が響き、リングが揺れた。

さらにそのハンマーで、レンガと石を叩き割って見せた。

そのうえで、おもむろに倍達は前列にいた体格のいい若者を指差し、リングに上がって来い、とゼスチャーで示した。

若者は、手渡されたハンマーが本物であると観客にアピールした。倍達は、リングの上に置かれた椅子の上に手拭いを敷いた。その上に、自分の右手を開いて置いた。さらにその上に、手拭いをかぶせる。

通訳に頼んだ。

「最初の十回ほどは軽く叩くように、わたしがOKと叫んだら、思い切り振り下ろしていいと伝えてくれ」

若者は、承知したようであった。

最初の七、八回は軽く叩いていた。倍達の「OK!」というかけ声とともに若者は、ハンマーを力いっぱい振り下ろした。

「ズーン」という鈍い音とともに、リングが大きく揺らいだ。

倍達は、何事もなかったように右手を掲げ、観客にアピールした。リングの振動が手を守る。それに、手拭いを敷くことで、ずいぶん衝撃がやわらぐ。

会場は、驚愕と、歓声が飛びかった。


「ゴット・ハンド!」

そのとき、ひとりの日本人のおばさんがリングに駆け登ってきた。

倍達の右手を、抱きかかえるようにして言った。

「こんな無茶なこと、止めておくれ。ぜひ、家に来ておくれよ」

倍達と遠藤は、言葉に甘えた。

その女性は、ハバナに来て三十年になるという。商社、工場を経営する富豪であった。

家族は全員日本人であった。自分の娘を、倍達に引き会わせた。

「こんないい顔して、いい体して。日本に帰らないで、うちの娘と結婚して、ここに残りなよ」

遠藤は、倍達をけしかけた。

「結婚しろよ。そうしたら、おれがたびたび遊びに来れるから」

さすがの倍達も、これには参った。何とか、理屈をこねて結婚だけは勘弁してもらった。倍達には、日本にかわいい妻がいるのだ。

が、鍋料理をはじめ、心づくしのもてなしには、すっかり感激した。

アメリカの巡業では、チャイニーズレストランが親切にしてくれた。同じ東洋人だということで、どこのチャイニーズレストランに入っても温かく迎えてくれた。倍達は、中国人の大陸的な寛容の広さにただただ感じ入った。

十一カ月におよぶサーキットの最後は、ロサンゼルスであった。

来た時にはまったく無名であった男は、「ゴッド・ハンド」として有名になっていた。

帰国直前に出演したNBC放送の番組では、一分間に千ドルものギャラが支払われた。

そのとき倍達は、二十五ドル硬貨を曲げ、石割り、レンガ割り、ウィスキーの瓶割りと十五分に渡って試し割りを披露した。しめて、一万五千ドルである。もっとも倍達の手に渡ったのは、千ドルに過ぎなかったが、それでも大金であった。

倍達は、自分の取り分である二万ドルを懐に、帰国の途に就いた。二月の羽田空港は、肌寒い木枯らしが吹いていた。乗客のだれもが、寒そうに身を縮めていた。が、倍達は晴々とした気持ちだった。二万ドルといえば日本円で約七百二十万円。月給が一万七、八千円の時代である。はじめてつかんだ大金だった。シカゴの寒さが懐かしく思えた。

〈アメリカでの興行は成功した。おれの空手を、アメリカでアピールすることが出来たんだ〉

牛を倒す

大山倍達は、帰国すると、アメリカ巡業で手にした金の一部で目白に百二十坪の土地を購入した。妻の照子に、初めて孝行をすることができた。その敷地のうち四十坪ほどを使って、家を建てた。

家は、懇意にしていた田中清玄が建ててくれた。田中は、三幸建設の代表に就いていた。大山倍達は腰を落ち着ける間もなく、四月の終わりには再度アメリカへと向かった。

シカゴで倍達の運転手兼通訳を務めたミスター羽田からの要請に応じたものであった。

再びシカゴを訪れた倍達を、羽田が出迎えた。

「大山さん、牛を倒せますよね。やってもらいたいのですが」

「やりましょう」

倍達は、シカゴ郊外にある畜場に案内を受けた。アメリカでは、すでに電気ショックによる屠畜がおこなわれていた。近くの広場には、一頭の牛が用意されていた。日本で何十頭もの牛を倒した経験のある倍達は、ひと目見て、その牛の体重が八百キロ、年齢七、八才であるとわかった。四才から六才までの牛の角は、脂分が多くて折れにくい。が、それ以上になると、角は立派であるが、折れやすい。

広場には、プレスや観客で黒山の人だかりであった。倍達は、深呼吸をした。

「押—忍！」

気合いをかけながら、正面から牛の右側に回り込んだ。左の角に、手刀を振り下ろした。「バキッ！」という鈍い音のあと、ボトリと牛の角が落ちた。

倍達は、続けざまに牛の左耳の下に正拳を叩き込んだ。

さらに、右角を掴んだ。そのまま抑え倒した。牛は、もんどり打って倒れた。

羽田が叫んだ。

「マス大山！　角だけ折ればいいです」

しばしの静寂のあと、歓声が沸き起こった。

「オウ、ヘラクレス！　ゴッド・ハンド！」

翌日、新聞に倍達を讃える記事が載った。

『東洋のヘラクレス、マス大山。牛の角を引きちぎる』

『ジャパンの空手チャンピオン、ピストルの弾も素手で掴む』

倍達のもとには、ぜひうちでデモンストレーションをやってくれという各地区のプロモーターからの依頼が殺到した。

羽田が、大山にささやいた。

「ミネソタのミネアポリスで、大きなプロレスの大会があります。そこに行きましょう。ギャラもいいですから」

ミネアポリスは、ミネソタ州の州都である。倍達は、一も二もなく承諾した。

ミネアポリスの会場で、レンガ割り、石割りなどを行なった。

最後に、自分の手を観客のひとりにハンマーで叩かせるデモンストレーションを見せた。

観客のだれもが、信じられないものを見たという表情をしている。

そのなかに、ボクシングの元世界ヘビー級チャンピオン、ジャック・デンプシーがいた。

ジャック・デンプシーは、アメリカボクシング界でも不世出のヒーローと言われたチャンピオンである。一九一九年、当時チャンピオンだったジェス・ウイラードをノックアウトして第九代世界ヘビー級チャンピオンになった。このときの試合があまりにも残酷だったので、「マナッサの虐殺者」と呼ばれた。他のボクサーよりも小柄だった彼は、「デンプシー・ロール」と呼ばれる独得のパンチを使ってチャンピオンになった。アメリカ人に比べるとやはり小柄な倍達に、好感を持ったに違いなかった。

彼は、溜め息まじりに賞賛した。

「こんなに拳の強い男ははじめてだ。ぜひ、自宅に招待したい」

世界一の力持ち、「象を持ち上げる男」と言われたスタイン・ボウも、いっしょに連れて来た子供たちふたりに倍達の強さを語った。

「東洋から来た空手チャンピオンだ。あんなに強い男がいるんだな」

ミネソタ大学の学生からは申し込みがあった。

「ぜひ、マス大山先生の両手のレントゲン写真を撮らせて下さい」

倍達は、快諾した。ミネソタ大学をあとにすると、デンプシーの誘いを受け、ニューヨークにある彼の自宅に向かった。

倍達以上によろこんだのが、羽田であった。彼は興奮していった。

「マス大山。これは大変なことよ。ヘビー級のチャンピオンといえば、国民的英雄よ。その英雄が、自宅に東洋人を招くなんて、よっぽどのことだな。大変名誉なことよ」

倍達は、羽田とともに主な都市でのデモンストレーションを続けた。

国境を越えた大山空手

昭和二十八年十一月、倍達は再びアメリカへ旅立つことになった。

今回の渡米は、一年以上にもおよんだ前回のように長期のものではなく、一カ月程度のごく短期の予定である。テール社長は、倍達の招聘に当たり、シカゴで牛と戦うデモンストレーションを行なってくれるよう申し込んで来ていた。

テール社長が、どういうきっかけで倍達が牛と戦うことを知ったのかはわからなかった。倍達も、何頭もの牛の角を折っているとはいいえ、それはあくまで和牛の、しかも食肉用の牛のものばかりである。

「はい、はい」と二つ返事で引き受けて、出て来たのがバッファローのような大牛では、本当に殺されてしまう。倍達は、日本の牛と同様のものを準備してくれるよう、事前に固く申し渡していた。

いざシカゴに着いてみると、倍達の申し入れていた通りの牛が用意されていた。

シカゴのデモンストレーションは、大成功に終わった。

「牛殺しの空手」、「牛殺しの大山」の話題は、たちまち全米中に広まった。

「牛をも殺す東洋の神秘、空手とはいったいどんなものなのか」

当時、ロサンゼルスやニューヨークといった、全米の大都市には、柔道の道場がいくつもあった。柔道を志していた者たちが、一斉に空手に注目した。

さっそく、ニューヨークにある柔道の道場の一つから、倍達に依頼があった。

「ぜひ、うちに来て、空手を教えて下さい」

七十名からいる生徒のほとんどが、素手で牛をも倒す空手に転向を希望しているというのである。

「世界に通用する空手」の確立を目指していた倍達にとって、願ってもない申し出である。

マンハッタンのど真ん中にある道場に入って行くと、道場生が総出で出迎えてくれた。

「ウェルカム・マス・オーヤマ」

「マス・オーヤマ」とは、米国内の新聞が取りあげた倍達の呼び名である。

倍達も、実際に「マス・オーヤマ」と呼ばれてみると、妙に自分が偉くなったような気がして、まんざらでもない。倍達は、そのよろこびを噛み締めていた。

〈いま、自分は世界の桧舞台に立っているんだ〉

倍達は、ひと通りの空手の型に加え、ジュース瓶切りと、板割りの演武を披露して見せた。

道場主が、日本式に倍達の前で膝を折り、地に手をついて頼み込んで来た。

「噂には聞いていていましたが、本当に空手はすばらしい武道です。わたしは、すっかり空手に、いや、マス・オーヤマに惚れこんでしまいました。どうか、わたしたちを、あなたの弟子にして下さい。そして、この道場を、『マス・大山空手ニューヨーク支部』と呼ぶことをお許し下さい」

芸術にしろスポーツにしろ、言葉を超え、国境を越えて伝えられていくものは、いくつもある。そこに、いま「大山空手」が新しく仲間入りしたのである。

禍福はあざなえる縄のごとし。母親を亡くした倍達にとって、これはまぎれもなく願ってもない幸運の第一歩であった。倍達にとって、記念すべき世界進出への一瞬であった。

『猛牛と戦う空手』

倍達は、とてつもない心のゆとりと自尊心を土産に、意気揚々と帰国の途に着いた。

シカゴでの牛のデモンストレーションの成功は、日本のマスコミにもすでに伝わっていた。

帰国した倍達を待っていたのは、映画会社の松竹のプロデューサーであった。

「ぜひ、大山先生の映画を撮らせて下さい」

大山空手の存在を広く訴えるには、映画はこの上ないい手段である。倍達は、ふたつ返事で出演を了承した。

倍達の留守の間、弟子たちはそれぞれに稽古に励んでいた。

水島は、自宅や学校で、暇さえあれば稽古に励んでいた。

そこへ、電報が届いた。倍達からである。

『すぐに来られたし』

水島は、パッと顔を明るくした。

〈先生が、帰られたんだ！〉

ただちに目白の倍達の家に急いだ。猛牛と素手で戦うという未曽有の記録映画を撮るという。

「撮影は、館山でやる。きみも、いっしょについて来なさい」

倍達が牛と闘い、角を折ったことがあるという話は聞いていた。が、水島はそれを見たことはなかった。荷物持ちとして、待田ともども撮影に参加することになった。

それからわずか一週間後の翌週から、撮影はすぐにはじめられた。

水島は、牛をそばでまじまじと見たのは、そのときが初めてであった。

黒光する雄々しい牛は、五百キロ近い体重があるという。

〈先生は、本当に、この牛と闘うのかな〉

闘うのは倍達なのに、水島はなぜか自分がオドオドした。控室にいると言われても、心配でどうにも落ち着かず、居場所がなかった。肝心の倍達はといえば、控室の壁を透かし、外側の風景を見抜いているかのように、ただジッと一点を睨みすえたなり、何者も寄せつけないといった感じである。水島は、荷物を持ったまま、控室と撮影現場の間を行ったり来たりしている間に、時間となった。

撮影は、浜辺で行なわれた。倍達は、波打ち際、牛と闘う。カメラや観衆たちは、木の棚の向こうから、倍達の格闘を見守るかたちであった。

助監督の「用意、スタート！」という声の直後、カチンコの音がして、棚の扉が開け放たれた。

「そらあ、放すぞぉッ！」

牛は、勢いよく浜辺へ駆け出した。型をつくる倍達の数メートル前までやって来ると、ピタリと走るのを止めた。牛は、いまにも飛びかからんばかりに、前足で交互に砂を掻き出している。

倍達にとって、牛が相手の動きを見据えて来るのは、毎度のことであった。いきなり突っかかって来ないところがすでに、猛獣並みといわれる戦闘能力を牛が持っている証拠である。いつもなら、体の小さい倍達を見くびって、牛の方から攻めかかって来るのが普通である。ところが、今日にかぎって、牛はなかなか自分から攻め込んで来ようとしない。

倍達も、いつもとちがう展開に考えた。

〈こいつは、おれが飛び込んで行くのを待ってるんだ。そこを、角で突くつもりだな〉

五百キロ近い牛に角で突かれれば、角は簡単に倍達の筋肉と内蔵を破り、骨まで達するだろう。牛と闘う倍達の姿を初めて目の当たりにする水島は、ただただ無我夢中だった。

〈先生が、勝ちますように〉

負けるとは思っていなかったが、それでもいつの間にか心の中で手を合わせながら試合を見つめ続けた。牛も倍達も、対峙したまま一向に動こうとはしない。

倍達は、依然考え続けていた。

〈仮に角をかわしたとしても、こっちから飛び込んで行くのはまずい。向こうの突進力を利用して、拳で眉間を突いても、こいつは果たして一撃で倒れるだろうか……〉

汗が、額から一筋したたり落ちて来る。

〈とにかく、一度し損じてしまえば、手負いの牛は怒り狂う〉

闘牛士が殺られるのは、し損じて牛を手負いにしたときである。それだけは、避けなければならなかった。牛は、ジリジリとではあるが、倍達との間の距離を確実に縮めていた。ただ草を食んでいるときの間抜けな表情ではなく、この牛はいままでになく、特に冷酷で悪賢そうに映る。形勢を不利にしてしまっては、絶対にならない。

〈とにかく、正面にいては、じわじわと死地に追いやられるだけだ〉

なんとか眉間を真正面から突けるよう、相手に突進させねばならない。

倍達は、牛から少しも目を逸らさず、砂地を横へ走り出した。

牛は、動く物に向かって突進して行く習性がある。倍達が走り出すと、それに合わせるように、牛も突進を開始した。

走りまわらせたはいいが、いつまでも走りまわっているだけでは勝負にならない。スタミナも、倍達の方が先に尽きてしまうだろう。

〈もっと怒らせて、加速をつけさせなくては〉

倍達は、高くジャンプすると、牛の眉間に向かって蹴りを入れた。が、全身の力を込めて蹴り込んだのではなかった。逆に、牛の眉間に足をつき、その反動を利用して、遠くにまた離れていくという脅しの蹴りである。

倍達の読み通り、牛は憤怒を露わにした。

今度は、牛から離れるように、走り出した。

牛の動きが伸びたと思った次の瞬間、牛は倍達めがけて全力で突進して来た。

〈よし、勝負だ！〉

「タアッ！」

倍達は、右の拳を、牛の眉間に思い切り叩き込んだ。

自然石を割ったときのような音とともに、大きな図体をした牛が、ドッと倒れ込んで来た。牛の口から泡が吹き出しているのが見える。

倍達は、手応えを感じていた。

〈頭蓋骨にみごとひびが入った手応えが、おれの正拳にズンと響いたぞ！〉

が、これで安心してはいけない。倍達は、ここぞとばかりに牛の角に両手をかけた。牛の角を折るのだ。ところが、牛は苦しまぎれに首を振り、倍達を振り払おうと角を振り回しはじめるではないか。おどろいたのは、倍達である。

〈確かに、眉間を打ち砕いたはずなのに……〉

次の瞬間、牛の角が倍達の右の腹をかすめた。アッという間だった。右の腹から鮮血が飛び、見ていた水島は叫ぶ間もなかった。映画のスタッフも、総毛立った。

「どうする！」

「殺されるぞ！」

が、だれも止めることは出来なかった。牛は、なおも倍達の体を引き裂こうと、力ずくで頭を振りまわして来る。今度は、倍達も角を押さえるのだけで精一杯であった。白い道着は、見る間に真っ赤に染まっていく。

「やっぱり、人間が素手で牛と闘うなんて無理なんだよ」

こうなっては、外野の台詞ももっともなような気もする。水島は、どうしたらいいかわからず、ただオロオロするばかりだった。

倍達は、いったん牛から離れた。体勢を立て直し、あらためて牛に挑みかかった。

〈もう一度眉間を突くか。それとも……〉

牛には、もう一カ所急所があった。耳の下である。耳の下は、直通で頭蓋骨の内側につながっている。が、耳は、角のすぐ後ろにある。眉間を突くより困難なことは、よくわかっていた。

倍達は、なおも攻めてくる牛の頭を、下から蹴り上げた。足は、涎にぬめる牛の口を直撃した。

牛が上を向いたその瞬間、倍達は右の手刀を、横から牛の耳の下に叩き込んだ。

牛は、ふたたびドサリとその場に倒れ込んだ。今度こそ、と押さえ込んだ。すかさず、倍達は角に手をかけた。「ウォリャアッ！」というかけ声もろとも、全身の力を込めた。バキッ、という音がした。

次に、角を皮膚から引き剥がすメリメリという音がした。次の瞬間、倍達は右手を高々と掲げた。その手には、牛の左の角がしっかと握られていた。

映画のスタッフからも、「オオッ！」という歓声が上がった。

水島は、あまりの感動に体が震えていた。

〈牛の猛攻をかわしつつ、自分の攻撃のもっとも有効な体勢に牛の角を掴み、押さえつけていくあの俊敏な動き。腕力の凄さ。激烈な一撃。世界中にこれをたらしめる人は、やはり先生ただひとりしかいない〉

助監督の、「はい、オッケーです」という声とともに、倍達はドサリとその場に手をついた。水島は、急に我に返り、倍達のもとへ走って行った。倍達の傷は、浅くはなかった。

倍達が、日本でも牛と戦ったニュースは、NHKニュースでも取り上げられた。映画の撮影は、大成功であった。

昭和二十九年秋、『猛牛と戦う空手』と題された記録映画は公開され、好評を博した。

―第7章―

昭和巌流島の血闘

大山倍達、力道山の奸計に激怒する

◉昭和二十九年～三十一年

力道山と大山倍達、対談す

大山倍達は、文藝春秋社の『オール讀物』の企画で、力道山との対談することになった。

倍達が帰国した一カ月後の三月六日、力道山もハワイから十三カ月間の修行を終え、帰国していた。

力道山の帰国からほどなく、文芸春秋社から力道山との対談の申し入れがあったのである。

倍達は、力道山に好感を抱いていた。なんとなく、親しみやすい感じがしていたのである。それは、力道山も同じであったろう。

倍達は、二つ返事で快諾した。

それにしても、帰国した力道山は華々しかった。彼は、アメリカにいた十三カ月間の間に三百もの試合をこなし、わずか五敗という戦績を下げての凱旋してきたである。五月には帰国パーティーが目黒雅叙園で開かれ、政財界から三百人もの人々が集まった。

「サムライ日本」と銘打たれ、対談は行なわれた。

進行役の、記者が訊いた。

「力道山さんがアメリカにいらっしゃったのは、どういうことで」

「そりゃもう、ただ本格的にレスリングの修行を積んでこようと思って行ったんです。昨年の二月ですよ。向こうに行ってレスラー・ルーム。相撲でいえば、支度部屋ですね。そこに入ったらびっくりしましたよ。身柄のものすごく大きな、胸毛のすごく生えた、キング・コングみたいのがいっぱいいる」

大山が、相槌を打った。

「キング・コングですね」

「キング・コングなど顔負けですよ。口は切れてる。鼻は曲がってる。見ただけで震え上がる」

「ホントですよ。ものすごいですよ、向こうのレスラーは」

力道山が続けた。

「それでも、ナニこんな野郎に負けるかという気持ちでやった。一番初めにやったのは、ウルフ・チーフという名のやつ。つまり、狼のチーフというわけで、アメリカ・インディアンの酋長ですよ。勝負にとても汚いやつでね。ひどい目にあった。でも、八分くらいで勝ったんです」

記者が訊いた。

「どこでしたか?」

「ホノルル。それが第一試合。それからずっと勝ちっぱなしなので、『ボクシング・マガジン』という、世界的にも有名な雑誌に三ページにわたってぼくのことが出た。いまアメリカのレスラーの十指に入ると書いてくれた。おかげで、宣伝が行き届いて、テレビにもドンドン出るものだから、何処に行ってもレスリングをやっていけるようなスケジュールをつくってくれる。アメリカ本土では、サンフランシスコ、ロサンゼルスからシカゴ、デトロイト、ニューヨーク。カナダ、メキシコまで行って試合しました。一週間のうち休日は一日という強行軍だったけど三百回戦って、敗れたのは五回だけだった。大山さんは、日本で契約して行ったから縛られたわけだな」

倍達が答えた。

「わたしは、日活ビルでドラッグ・ストアをやっている二世のオーヤマという人にね、あちらでレスリングさせるために、柔道をやる人と空手をやる人がほしいということで、オーヤマが仲に入って契約して、プロ柔道の遠藤幸吉六段といっしょに行った。だから、自由がとれない。一例を挙げると、あっちに行ったら日本服の紋付羽織袴を着て、ロサンゼルスでもシカゴまでも行くんです。洋服だっていいじゃないかっていったら、駄目だ。そういう契約になっていると言って許さない。正直な話、着物は着たことないでしょう、変な話。サル又はいて着物着たら、歩けないんですよ。足袋履いたでしょう。スリッパが滑るんです。仕方がないから片手で持って歩いた」

一座は、大笑いとなった。

大山が続けた。

「グレート東郷に、紹介されて、グレート東郷がわたしをマック東郷、遠藤をコウ東郷と名乗らせた。名前だけは本名を名乗らせてくれ、と言ったらひどく怒られてね。もう、広告に載せてしまってた」

力道山が、口をはさんだ。

「あの東郷というのは、ひどい奴だ。あなたたちはダシになったようなものだよ。この間テレビを見てたら、前に空手チャンピオンとしてアメリカにやって来たのは、ぼくの弟で、今、日本で勉強させている。あれは、四段かな。ぼくはもっと強い、なんてしらばっくれてる。空手の力の字も知らん奴なんだ」

大山は、苦笑いしながら言った。

「わたしは元来、乗り物に弱いんです。それが四日も飛行機に乗ったので、体がすっかり変調になるし、また食べ物も馴れない洋食のため、吐き気とともに悪寒までしてくる。シカゴに着くとすぐ、今晩八時からレスリング・ホールで行われるエキシビジョンに出ろという命令なんです。そこでぼくは身体のコンディションを取り戻すまで、二、三日の猶予を乞うと、先方は怒って『きみにはものすごい金がかかっているんだぞ。今晩のエキシビジョンに失敗すれば、即刻きみたちを東京に帰さなくちゃいけないのだから出ろ』と、ものすごい剣幕なんです。仕方がない。その晩シカゴのレスリングホールへ出ました。そしてグレート東郷の弟だといって紹介されたら、みんなが『トーゴー、トーゴー』と叫んで、『ウー、ウー』と声がするんです」

力道山が言った。

「そうでしょう。東郷というやつは、卑怯なことばかりやって、それで人気を取っているんです」

「その晩は、一万五千名くらい集まっていました。レスラールームに入ると、さっき力さんの言った通りです。ものすごい腕っぷしをしたのばかりで、わたしのなんかまるで雀の足ですよ。みんな裸です。全部三十貫（約百十キロ）越しますね。わたしみたいのは、ほんとに少ない」

「いない、いない」

「それでその晩出たら、盛んにブーブーいうんです。初めは人気があるのかと思っていた。そのうち、小銭を投げる。紙を丸めて投げる。人気がないからなんです。人気がある人が出て来ると、手を叩くんです。その晩は、力が入らない。めまいがして仕方がない。煉瓦のときは煉瓦二枚と石と板をやったんですが、食べていないから一回、二回とも手刀でやったんですが割れなくて、三回目に手刀と見せかけて拳を固めて打ち下ろしてやっと割れたんです。アメリカの煉瓦は日本のと違って、とても硬いんです。あんな硬い煉瓦、見たことないですよ。それにレスリングをやるところだから、下が軟らかで力が抜けてしまう。下が硬い床だと割りいいわけです。それから三戦の型といって、これができれば一人前だという空手で一番難しい型をやった。どうせわかるわけがないです。それと鉄騎の型をやって見せた。やっぱりウーウー言うだけで、あちらさんとしては初めて見る空手の型は、きわめて噴飯ものだったでしょう。次に一インチの板を六枚重ねて割った。汗びっしょりでした。これで見物者はすっかり眼を瞠った。東郷が出て来て、よろこんで涙を流してましたよ。前に、どうしても出ろといって、あんなに怒ったのに、この成功にすっかりよろこんで、翌日はわたしの名前で自動車を買いに行くんです。あの晩こそ、もう覚悟を決めましたね。男、度胸だ。矢でも鉄砲でも持って来いっていう気持ちでした」

力道山も、同感というようにうなずいた。

「その気持ちですね」

「それから東郷のところに、人間の手で煉瓦を割るなんて嘘だろう。割れたやつに糊をつけてあるんだろう。石だって、板だってそうだろう。そんなこと人間にできるわけがない。もう一度エキシビジョンに出てくれという手紙が来たんです。アイオワ州のディランド市に行ったときですよ。東郷は人気を取るためなら、こっちが死んだってかまわないんだから、煉瓦を出して、万一、これを割る人があったら千ドルあげるといった。そうしたら、州の警察官で柔道三段だという三十貫以上の大男が、のっしのっしと上ってきた。東郷は震え上がった。もし割れたら千ドル取られるし、わたしの人気も飛んでしまうが、東郷としてもその地盤であるアイオワを失ってしまう」

大山は、記者にも気を配りながら、話を進めた。

「力さえあれば、一枚ぐらいの煉瓦は割れるものです。しかし、手に油気があったら、絶対に割れない。だから初めてやる人は、石鹸で手をきれいに洗って、さらに煉瓦の上に白いタオルを被せてやれば割りやすい。ところが、その大男は、そのコツを知らないから、手に汗をかいている。その油気で殴ったが、滑って割れない。血が出た。血が出たら、あとは何回やっても駄目です。それを、わたしは一回で割って見せた」

力道山は、「ホーッ」と溜息をついた。

「すると彼は、今度はレスリングの試合を申し込んできた。観衆に引っ込みがつかなかったんでしょう。こっちも引けません。その挑戦に応じました。観衆は興奮している。相手もただ復讐の塊になって殺気を帯びて迫ってくる。相手を殺すか、自分が殺されるか、もう大変な試合になりました。まともにぶつかったら、身体の小さいわたしが負けるに決まっている。わたしは自慢ではないけれども、相手の眼を突くのは、天下の名人です。毎日千回ずつ練習しましたからね。眼を突くときは、うんと近づいて、鼻の上の方から上に持ち上げてしまう。手には力を入れない。すると、入るんです。それを、やった。相手が、アッと言う。その瞬間に睾丸を蹴り上げたから、ひっくり返った。この間、約一分半です。ところが、アメリカでは睾丸を蹴るということがないから、観衆が怒った。相手は、ノビちゃった。しかし、こっちは空手なんだから、構いやしないわけだけれども、群衆が怒り出して、コカコーラの空瓶が雨のように降ってくる。そして、口々に『トーゴーを殺せ』『トーゴーを殺せ』の怒号です。やっと警官に守られて帰りましたが、まあひどい目にあったですよ」

「向こうのショーマンは、ひどい奴が多いですからね。グレート東郷とか、ミスター・モトとか、どっちも知ってるんですが、とにかく悪いです。ほんとに八百長ばかりやって歩く奴なんです。羽織袴に高下駄でマットに上がって、お焼香をしたり、瞑目合掌したり、思わせぶりなことをする。それはそれなりに愛嬌がありますが、八百長でも真に迫った八百長をやらぬと観衆は怒りますよ。日本のスポーツでは、空手と柔道が昔からアメリカで名が通っている。日本人は、体は小さくても、妙な技術を持っている。オリンピックでも小さいのが勝つし、水泳の古橋広之進とか、ボストンマラソンの山田敬蔵とか、とにかく日本人に好奇心を持ってるので、それを利用して彼らはインチキをやって歩いて稼いでいるわけです」

大山があとを継いだ。

「その東郷が、わたしが帰国する直前になって、レンガ割りを教えてくれって。ギリギリまで教えなかった。挺を利用することを教えてやった。ロサンゼルスの友達の手紙によると、わたしが帰ってからテレビでそれをやったらしい。もう一つのエピソードは、初めは六枚の板を、相手に持たせて割って見せた。ところが東郷が、それじゃ興行的に価値がない、大衆の心理というものは一枚割っても感心する、二枚割っても感心する、だから六枚割れるものなら三枚にしろというんです。その代わり、割ると同時に飛び込んで、相手の胸に突きを入れて相手の人間を板を割ると同時に倒してしまう。これをわたしにやらせたんです。これが大変な興行価値を呼んで、『超人だ！ワンダフル』だということになったんです。そういう興行という面では天才的ですね。東郷という奴は」

力道山が同調した。

「そりゃ、向こうの二世興行師というのは、金を儲けさえすればいいという泥棒みたいなもんですよ。だから、日本のレスリングなんてウソばかりだということになってしまったら、ぼくは、そうじゃないというところを見せて、名誉を挽回させて見せますよ。わしはその気持ちがあるんです。どんな強い者でも、命賭けても、こんな者に負けられるものかと思ってね。だから、ジョー・ルイスでも、世界一のボクサーかもしれんけれども、いつでもやってやるという気持ちを持っています」

記者が、対談の最後を締めくくるべく、大山に訊いた。

「それでは最後に、これから後継者についてご希望をひと言……」

「わたしは、後継者としては二十貫（約七十五キロ）以上でなければ、教えるつもりはないです。同じ技術だったら、身体の大きい方が、何と言っても有利です。もし力さんの体力でわたしほど修練したなら、牛でも馬でも、一撃で引っ繰り返るでしょう。惜しいかな、わたしは二十二貫でしょう。牛や馬の体重は、あまりにも大きい。だから、出来ないです。だから、これから空手が伸びて行くためには、十貫、二十貫の人じゃ駄目だと思います」

力道山は、「うん、ぼくもやるよ」と相槌を打ち、対談は終わった。

力道山はくり返した。「金がすべてだよ」

じつは、この対談の後に、一つの余興が催された。どちらが強いか、『オール読物』の出版元の文芸春秋が、その場でふたりに腕相撲をしろというのだ。

やるからには、倍達は負けたくなかった。

倍達は考えた。

〈自分が勝てば、力道山の面目がなくなるだろう。ここは、引き分けでいこう〉

だが、このときの倍達は、体重が八十キロしかなかった。一方、力道山は百三十キロある。ひどく不利だった。

案の定、倍達は負けてしまった。

「いやあ、すごかったですねえ」

記者のひとりが、真剣勝負の感想をもらしたが、倍達は引き分けに持ち込めなかったことが、口惜しかった。

その場で十円玉を取り出し、指で曲げて見せた。

今度は、力道山が眼を剥いた。

「強いことは知ってるけど、大山師範は、そこまで強いのか！」

対談から数日後、力道山から大山に会食の誘いがあった。

酒の席で、力道山が切り出した。

「どんなことがあっても、人の足の裏を舐めてでも、金を儲けなくちゃいけないよ」

それまで楽しく飲んでいた大山は、とたんにムッとした。

〈それじゃ、対談であんたが批判したグレート東郷と同じじゃないか〉

が、つとめて穏やかに言った。

「おれはそんなことはできない。武道家だからね。きみ、やれよ。きみは、金持ちになればいい」

力道山は繰り返した。

「金がすべてだよ」

大山は首を横に振った。

「わたしは、自分の信念を金のために曲げたくないよ」

力道山は、声を荒らげた。

「おまえね、そんなことを言うから貧乏だろう」

大山は、胸を張って答えた。

「貧乏だよ。だけど、きみには、決して金を借りに行かないから心配するな」

力道山は、苦笑し、それ以上何も言わなかった。

対談の模様は、昭和二十八年七月号の「オール讀物」に、「サムライ日本」と題して掲載された。副題には、『全米を震骸させた二人の怪豪が大気焔を吐く凄烈な武勇伝の内幕！』とあった。

倍達が、渋谷のセンター街にある力道山の事務所に遊びに行ったときのことである。

力道山の後援会長は、衆議院議長歴任後、当時第五次吉田茂内閣で北海道開発長官をつとめていた大野伴睦だった。

力道山は、政治家の中曽根康弘のことを、平気で「中曽根」と呼び捨てにした。

中曽根は、二十二年に初当選した、民主党の反吉田の急先鋒の青年議員であった。当時、中曽根は、力道山の経営するリキマンションに住んでいて、力道山のいうことを素直に聞いていた。

大山が訪ねていくと、ちょうど力道山がだれかを怒鳴りつけている。振り上げているのは、なんと、ゴルフのクラブだった。

〈そのままクラブを振り下ろせば、相手は、片端になりかねない。ずいぶん、ひどいことをするなぁ〉

大山が来たから、虚勢を張ったということもあったかも知れない。そのとき怒鳴られていたのは、なんとアントニオ猪木だった。

猪木は、いつ力道山に殴られるかと、その場で震え続けていた。

プロレス興行成功裡のすきま風

昭和二十九年二月、シャープ兄弟を呼んでの日本初の国際試合は、力道山という英雄を一夜にしてつくりあげ、大成功のうちに幕を閉じた。

が、収益のわりには、ほとんど手元に残らなかったと、日新プロ社長の永田は慨嘆する。

「興行を打つまでのお膳立てで、各地の料亭にマスコミや土地の顔役を集めて宴会をやったし、赤坂の『千代新』の大広間を借り切って、テレビを入れて力道山のインタビューをやった。日本プロレス協会の理事になってもらっている大麻唯男が、地元の熊本県玉名市に大麻会館をつくったので、そこに百万円を寄付した。親分筋からクレームがつき、東神奈川のちっぽけな体育館で、力道山を除いた、木村と山口をメインエベンターとする手打ち興行をやった。だが、力道山抜きでの興行では、客は来なかった。手渡す上がりもなく、百万円を包んだ。大阪では、吉本興業が興行をやらせてくれと言ってきて、向こうでも『新大和屋』という料亭で、勘定はこちら持ちで関係者を集めて宴会をやった。明治座の新田新作も、まわりから『あんたんとこのリキは、たいしたもんだよ』とさかんに言われ、柳橋の料亭『稲垣』で一席持った。シャープ兄弟と力道山、木村には、吉原かんつなぎという織りものでつくった丹前を贈った。またシャープ兄弟には、兜を贈った。マナスル登山隊のために百万円を寄付した。そんな具合で、収益は手元に残らなかった。最後に力道山が飛び込んできて」

と永田は、表情を曇らせた。

二週間の興行が終わるや、力道山は東銀座の日新プロにやって来た。永田は試合のギャラのことを説明した。

「木村には、一試合十万円払った。二週間で百四十万円だ。きみはアメリカに行って、いろいろと交渉してきてくれたし、金もいるだろう。きみには、百五十万円出そう」

すると力道山は、すかさずこう言った。

「いや、社長さん、十万円でも、五万円でも何でもいいから、とにかく三百万円貸してください」

功労者の力道山の申し出を、むげに断わるわけにもいかない。永田は、ポンと三百万を渡した。それだけではなかった。アメリカに第一回目行ったときに、力道山はチャンピオンベルトを二本持ち帰っていた。それを一本八万円で買ってくれと言ってきた。ほかにも楯を五万円でと言ってきた。人気も出たことだしと、永田はそれらを含めてなんやかんや四、五十万円分買わされてしまった。

興行が終わったあと、残っていた金は、それですっかりなくなってしまったのである。

力道山は、永田から借り受けた四百万円近くの金で、大田区梅田町に三百坪の土地を買い、豪邸を建築した。坪五千円の土地だった。以前に、この土地購入の手付として、永田は三十万円を力道山に貸してあった。だが、それらの金はすべて、返ってはこなかった。

住宅は二階建てで、居間はバーもある広々としたモダンなものだった。新田建設が建築にあたったが、建築費用は半分も払わず、社長の新田新作は、力道山に怒りをおぼえた。

プロレス王力道山生みの親でもある永田、そして後見人である新田は、このあたりから力道山の強引さに徐々に違和感を持ちはじめる。また、新田と永田の関係も、力道山が永田を頼り切っていたことで、すきま風が吹きはじめた。

いずれも、初のプロレス興行が、蓋を開けたら大成功に終わったために起こった悲劇であった。

「そごう」副社長の有富光門の案を入れた新田が、興行会社を設立することを提案してきた。永田も賛成し、シャープ兄弟来日から三カ月後の五月、「日本プロレスリング興業株式会社」が発足した。永田に何度もプロレスのことは任せる、といっていた新田が、みずからプロレスに乗り込んできたのだ。どんぶり勘定の親分でも、興行の成功に色気が出てきた。新田はみずから社長となり、永田のほか大阪の吉本興業社長の林正之助、その弟で東京吉本株式会社の林弘高が取締役として名を連ねた。新田に会社設立の知恵を与えた「そごう」副社長の有富光門、その友人ひとりもこれに加わった。資本金五百万円であった。力道山は、平の取締役にすぎなかった。

内と外のふたつの敵

力道山道場は、すぐ近くの人形町の電報電話局の隣に新しく移転した。その二階が、力道山の事務所となった。日本プロレスリング興業の事務所は、浪花町の新田建設ビルの三階に設けられた。

世紀の興行が終わってみると、力道山にとって、どうにも我慢ならない状況が展開されていた。

「プロレスは儲かる」

すっかりそう思いこんだ木村政彦が、五月郷里の熊本で「国際プロレス団」を結成した。すでに大阪で「全日本プロレス協会」を結成していた山口利夫も、勢いを得て地方興行を開始した。

木村にすれば、自分の団体を旗揚げしてスターとなり、シャープ兄弟戦でやられ役だった汚名を、なんとか晴らしてやろうと意気込んでいた。

三団体乱立である。力道山のもとに残ったレスラーは、駿河海と遠藤幸吉しかいなかった。

八月には、シャープ兄弟に続いて、太平洋タッグ選手権者のハンス・シュナーベル、ルー・ニューマンを招いての国際試合を打ち、力道山は遠藤と組み、九月十日このタイトルを奪取した。観衆はシャープ兄弟以上に熱狂し、力道山人気は不動のものに見えたが、それも東京だけで、地方は小屋の大きさにもよるが、二千人程度しか集まらなかった。

　力道山自身はそれに甘んじているわけにはいかなかった。

「人物往来」昭和二十九年十二月号のインタビューで、

「ところで、現在の貴方に最大の脅威となるものは?」

　との質問に、こう答えている。

「(さあーてネ、腕組みをして暫く考えていたが)一番怖いのは商売敵だろう。とにかくプロレスは日本では初めて生まれてきたものだから、これによってショックを受けている人が相当いる。こういう人達はまた他に野心を持っていて、流言を飛ばしたり、陰でコソコソとやる。これが一番怖い。面と向かって堂々とやられる分には、決して怯まないが、裏に回られたのでは、手のつけようがない」

「商売敵」とは、あきらかに木村の国際プロレス団であり、山口の全日本プロレス協会である。その他にも、雑多なプロレス団体が、ふたつほどできた。

　シャープ兄弟を招いたとき、力道山としては木村政彦をやられ役にして、徹底的に全日本柔道選手権十連覇の輝かしい栄光を潰したはずだった。それがいま自分に牙を剥いてきている。柔道六段の山口利夫も、同じだった。このふたりが組み、関西の一大勢力となれば、力道山にとっては大いなる脅威となってくる。

　だが、コメントに、ことは外部の敵だけに絞られたものではないようなニュアンスが漂っているのはなぜだろう。「裏に回られたのでは、手のつけようがない」という力道山の言葉――。

　この二十九年の十月場所を最後に、大相撲横綱の東富士が引退したという事実がある。

　東富士は、プロレスに転向するのではないかと、さかんに噂されていた。

　永田貞雄が語る。

「東富士は、新田さんがプロレスに連れてこようとしていた。東富士にとって、新田さんは最大の贔屓だった。力道山が新田さんの言うことを聞かなくなって、それまでの恩人に対する態度が一変したんだ。あまりにも居丈高になった力道山を、新田さんは東富士をプロレスに入れることによって、潰そうとした。天下の横綱、東富士は人気もすごかった。元関脇の力道山の姿は、東富士によって霞むだろう。そうして、東富士をリーダーとする新体制にしよう、と思いをめぐらせていたのです」

敏感な力道山は、そのことを東富士が大相撲を引退した時点で、察知していたのである。東富士のプロレス入りは、翌三十年に入ってからのことであった。

たしかに、太平洋タッグ選手権を奪取した直後から、力道山の態度は豹変した。

シリーズが終わったあと、力道山は永田のもとにやって来た。

「社長、選手に支払うギャラのことは、わたしに任せていただけませんか。社長さんは、選手たちから離れているから、彼らのことはよくわからないでしょう。わたしは、いつも道場で彼らを見ていますから、だれがよくやっているか、知っています。ですから、ギャラの一切は、わたしに渡してもらって、配分はわたしのほうでやらせてもらえませんか」

当然のことかも知れぬと永田は思い、その要求を受け入れた。ところが、あとになって選手たちから不満が湧いてきたのである。

「リキ関が、約束した通りの金を、払ってくれない」

というのである。つまり、ピンハネであった。

力道山は、永田の信用を失っていった。だが、同時にギャラの配分権を握ることで、選手たちを掌握し、「力道山の日本プロレス」という印象をアピールしていったのである。

さて、内と外のふたつの敵を見ながら、力道山はまず外部の敵を潰滅する方法を考えていた。ところが、向こうから絶好のチャンスが転がり込んできた。

木村政彦が、興行先の岐阜で朝日新聞の記者のインタビューに、こう答えていた。

『シャープ兄弟のときは、力道山に頼まれてタッグを組んだが、引き立て役に利用された。力道山のプロレスは、わたしと違って、ゼスチャーの多いショーだ。実力で戦う真剣勝負なら、絶対負けない』

全日本柔道十連覇のプライドで、やられ役にされた屈辱が、木村にそう言わせていた。

新聞記者が力道山のもとにやって来て、質問した。

「木村がやりたいと言ってるんだが、どうする？」

力道山の表情は、見る間に怒りの色に染まった。

「わたしだって、いつだってやってやりますよ。木村なんて、どうとも思ってません！」

それを記者が木村に伝え、木村も応じる。そうして、さかんに新聞が煽りたてた。

新聞は、力道山と木村はどちらが強いか、と刺激的な記事を書きたてた。

『今様・巌流島の決戦』

『柔道の木村か、相撲の力道山か⁉』

『昭和巌流島の血闘』

永田貞雄が、ついに動きはじめた。熊本に飛び、木村との話し合いに入った。

倍達、木村政彦のセコンドに

昭和二十九年十一月二十五日、空手の大山倍達のもとに一本の電話が入った。

「いよいよ、力道山と一戦交えることになった。ぜひ、おれのセコンドについてくれないか」

声の主は、木村政彦である。

この前年昭和二十八年の冬、大山は、木村、柔道家の遠藤幸吉とともに、空手、プロレス、柔道の格闘技トリオを組み、国内を巡業してまわっていた。

木村は、大正六年九月十日に熊本で生まれた。木村の祖父は、江戸時代の捕り方で、父親は小さな船で砂利を運搬する砂利屋を営んでいた。木村は、小学校一年生のときから、この砂利の積み下ろしを手伝った。腰の強さは、小さいころからの筋金入りだった。

小学校四年生のとき、〝喧嘩に弱い木村〟の名を返上するために柔道をはじめた。地元の鎮西中学から、昭和十年、拓殖大学商学部予科に入学。倍達と木村との出会いは、昭和十五年までさかのぼる。木村は、心に思っていたことがあった。柔道では、相手の襟、袖を掴むとき、親指を伸ばし、ほかの四本の指で握る。が、ただ掴んでいるだけでは、力が入らない。相手を引くときでも、押すときでも、四本の指だけでは十分ではない。親指に、力が入らないといけない。なぜか。まず、スピードが鈍る。それに、簡単に相手に振り切られてしまう。四本の指の力が内側に向かえば、自然と親指の力は逆方向に向かってしまう。つまり、親指以外の四本の指を道着の内側に差し入れて握り、さらに外側から親指で押さえてこそ、初めて強靱な力で道着を握ることができる。そこで初めて、引き、押し、相手の振り切りを許さなくできるのだ。

　木村は考えた。

〈親指を使わないというのは、力学に反することだ〉

　五本の指すべてで、相手の襟や袖を握ればいい。が、理論的に効果があるとわかっていても、なかなか思い通りにできなかった。生まれついての練習の習慣が、そうさせるのだ。気をつけているときは、五本の指で握っている。が、つい夢中になると、また親指以外の四本の指で握っている。木村は、なんとしてもこれを克服したかった。

　そんな昭和十五年のある日、木村は、東京、六本木の技道会の道場に顔を出した。

　技道会では、柔道の稽古のほかに、曜日を決めて空手の稽古も行なわれていた。

　木村は、たまたま空手の稽古にぶつかった。見ると、むくつけき男たちが、列をなして巻藁を突いている。彼らの拳を凝視して、木村はハッとした。

〈みんな、親指を人差指にそえて、突いているではないか！〉

　空手の巻藁突きにならって練習すれば、悩みは解決するかも知れない。木村は、一番近くにいた精悍な男に、声をかけた。

「ちょっと、ぼくも練習してみたいんだ。拳の握り方を、教えてくれないか」

「は、はい！」

　精悍な男は、緊張しきって、拳を開き、もう一度握って見せた。

　腰の両脇に両拳を握って構え、それから上に向かって突き上げる型から教えた。木村は、教わると、実際に巻藁を突いてみた。

〈確かに、親指を伸ばして巻藁を突けば、突き指をするな〉

　自衛のためにそうしているのだろうが、自然と親指に力を込める体勢になっているのだ。ひと通り教えてもらい納得した木村は、大きくうなずくと、この男に礼を言った。

「ありがとう。今日から、ぼくも、毎日巻藁を突くことにするよ」

　この男こそ、大山倍達であった。木村は、大山倍達についてまったく知らなかった。が、じつは、倍達は、木村にあこがれて拓大に入学したほどであった。ひと眼見るなり、木村とわかった。

木村は、この日から、がむしゃらに巻藁突きをはじめた。突き続けてみて、初めてわかったことも多かった。柔道の修行を積んだ者は、指先、肘、手首、拳などが特に強いと木村は思い込んでいた。が、巻藁を突いてみると、手首から腕全体が、しびれるほどに痛いのだ。

〈これくらいでこんなに痛いようでは、すぐに腕全体を痛めてしまう。そうなっては、いざ試合で相手と組み合ったとき、相手の体を引き寄せるにも、相手の攻撃をかわそうと手首や肘で相手の動きを制するときにも、敏捷に腕を動かすことができなくなる〉

腕全体を痛めてはいけないと、木村は、弱い箇所だけを強化する練習に切り替えた。

腕を痛めない程度に巻藁を拳で叩き終えると、今度は手刀で叩いた。それが出来ると、今度は手の甲で叩いた。次には、砂を四つ指で突いた。これを、毎日千回も、実行した。

三カ月のち、木村は、講道館で練習をしていた。

相手の道着を握っている自分の両手をふいに見た。両手とも、五本の指でしっかりと相手の道着を掴んでいるではないか。

〈これなら、いままで相手の道着を四本の指だけで掴んでいたときのように、簡単に握っている道着の手を振り払われることはないぞ!〉

「人の三倍は努力する」が信条の木村は、半年もすると、鋼鉄のように丈夫な手を鍛え上げることができた。

木村の空手への興味は、そこで尽きなかった。ふたたび、技道会を訪ねた。空手の師範代に訊いた。

「おれも、空手を習ってみたい。だれか、いい先生を紹介してくれないか」

「それなら、船越先生のところがいいんじゃないですか」

道場の場所を教えてもらい、訊ねたのが池袋の松濤会流の船越義珍であった。

木村政彦と大山倍達

船越の門を叩き、そこで二年あまり空手を学んだ。

同じ門下に、大山倍達がいた。

一方、異種格闘技を自主的に習う木村の姿に、倍達も心に思うようになった。

〈いつの日か、おれも、本格的に柔道を習ってみたい〉

昭和二十二年、倍達は、戦後初の全日本空手道選手権で優勝する。

同じ年、柔道の全日本選手権も開かれた。決勝戦を戦ったのは、木村と山口利夫であった。

試合は、両者引き分けの優勝であった。

当時の倍達は、自分よりも強い者がいれば、だれにでも挑んでいた。さっそく、手合わせを頼もうと、木村を訪ねた。

「今年の全日本空手道選手権で優勝した大山と言います。ぜひ、一度お手合わせ願いたい」

「いや、いまからちょうど出るところなんだ。なんなら、きみもいっしょに行かないか」

贔屓筋が、優勝の祝いをしてくれるのだという。

倍達は、あらためて挨拶した。

「先輩はわからないでしょうが、わたしは、昔からよく木村さんのことを存じ上げているんですよ」

贔屓筋とは、熱海のやくざの親分であった。木村は、その親分に何かと面倒をみてもらっているらしかった。

新宿の十二社で、大盤振舞を受けた。

それから、倍達は、木村とおたがいに行き来するようになった。

木村は、じつに人間性豊かで、つきあいにぬくもりがあった。

ふたりは、武道についていろいろ話し合った。

あるとき、木村がふいに倍達に言った。

「おれが、戦いに死を賭けて臨むようになったのは、昭和十二年、全日本選手権大会に初めて優勝してからだったなあ」

昭和十年、木村は、宮内省五段選抜試合で、大沢貫一郎と阿部信文に敗れていた。

翌十一年、同じ選抜試合で優勝し、雪辱を果たした。

「だが、その次の年、昭和十二年の全日本選手権大会の決勝戦、中島選手との試合は、まさに僥倖だった」

木村はしみじみと言った。

「だけど、おれは、心からよろこべなかったね」

チャンピオンになったということは、もうだれにも負けられないということだった。

幸運を単に幸運とだけ受け止めて過ごしていては、次の年には幸運は離れ去ってしまう。幸運を持続させるには、それなりの決意が必要なのだ。

「負けることは、無進歩を意味する。勝負師は、勝負に命を賭けてこそ、初めて栄光の道を驀進し得るものなんだ。そのとき、おれはそう実感したね」

もし敗者となったら、腹を切る。木村は、そこまで覚悟を決めた。

〈だが、実際に腹を切れるものだろうか〉

「忠臣蔵」の大石内蔵助の長男主税は、齢十五で腹を切った。このとき、木村は二十歳である。

〈五歳も下の大石に、腹が切れたんだ。おれに、切れないはずがない〉

ちょうど昨年度の宮内省五段選抜試合の優勝の賞品が、短刀であった。刀剣に興味がなかった木村は、そのままトランクの中にしまい込んでいた。

あらためて、取り出してみた。

〈ちょっと、試してみよう〉

鞘を抜くと、刃は不気味にキラリと光った。木村は、切っ先を腹に当てた。チクリとした痛みが走る。その途端に、全身が硬直した。が、かまわず真一文字に横に引いてみた。浅くではあるが、皮膚は切れた。鮮血が、滲み出てきた。

〈よし、この要領で深く突き込んで、思い切り引けばそのままいける。もう、死は怖くないぞ。いつでも、死ねるぞ！〉

そう自分自身に言い聞かせた。

木村が、倍達に言った。

「その日から、訓練にも命を賭けるようになってね。負けたら、どうせ死ぬんだ。それなら、死ぬほどの訓練をして勝ち続けた方が、まだ死ななくてすむ確率が高い」

木村は、しみじみとした口調で言った。

「でもね、それからすぐに戦争に取られて、訓練どころじゃなくなった」

「わたしも、学徒動員で軍隊に取られたクチだ。おれの場合、特別特攻隊でしたから、これは是が非でもお国のために死ななくちゃならない、と決意してました」

ふたりは、酒を酌み交わしていた。そのまましんみりした酒になるかと思っていると、ふたりとも軍隊でははみ出し者だったという笑い話で、その日は幕となった。

木村と話をするうち、倍達は考えるようになった。

〈いまこそ、おれが柔道を学ぶべきときじゃないのか〉

木村の師匠の牛島七段の紹介で、戦前の天覧試合で牛島と引き分けた曽根幸蔵の阿佐ヶ谷の道場で、柔道の修行に励んだ。

稽古をはじめてちょうど一年目で、倍達は初段になった。黒帯の仲間入りをした。

柔道を習ってつくづく感じたのは、柔道家の腰の強さである。なかでも、木村の腰の強さは、天下一品であった。

柔道を習っての一番の効果は、握力が目ざましく強くなったことだ。対戦するとき、何かの技をかけられそうになっても、決して握った相手の道着を離さなかった。空手にない寝技をおぼえたことも、大きかった。

末木が主将、倍達が副将で、対抗試合にも出場するようになった。

初段が二段になるためには、技ありか、一本勝ちをして、二十人を負かせばいい。

倍達は、二年目に二段、三年目に三段。満三年で講道館から四段をもらった。

四段になったある日、倍達は縄飛びをしようとして、あわてた。以前のように、うまく手首が回転しないのである。空手は、スピードが命だ。

〈柔道を長くやり過ぎては、肝腎の空手が駄目になってしまう〉

本物の喧嘩の場合、空手なら、柔道のように着物を掴み合うところに行く前に、相手を撃ちのめしてしまうことができる。

〈これ以上稽古を続けても、わたしは木村以上にはなれない〉

どうせやるなら、日本一、世界一にならないと気がすまない倍達である。

木村が柔道からプロレスに転向したと聞いたのは、そのころだった。

昭和二十五年四月十六日、木村は、牛島の誘いにより、プロ柔道協会の旗揚げに参加していた。後楽園の仮設道場で行なわれた旗揚げ興行で、木村は初代日本チャンピオンのタイトルを獲得した。が、プロ柔道は、客が入らなかった。柔道の試合は、展開が遅い。スピード感に欠けるため、盛り上がりにも欠けた。なかなか、金を取りにくかった。第一「プロ」という言葉自体が、庶民に根づいてなかった。「プロ」と聞けば連想するのは、「専門家」ぐらいのものだった。

そんなある日、木村のところに、同じプロ柔道仲間の山口利夫が、ハワイ在住の日系二世、松尾興業社社長を連れてやって来た。ハワイで柔道の興行をしてくれという。

木村は、山口と坂部保幸の三人ともども、プロ柔道協会を脱会し、ハワイに行った。この脱会には、木村の牛島に対する反抗心の影もないではなかった。何しろ、弟子入りのとき、牛島は木村の父親から、「煮て食おうが焼いて食おうが、勝手にしていい」という証文を取っている。

寝食は、牛島といっしょだ。

朝、学校へ行き、放課後学校で二時間柔道の稽古をし、その足で警視庁に行ってまた二時間稽古をする。それから講道館に行って、また二時間稽古。毎日がこの繰り返しだ。

息抜きに、稽古をさぼって映画に行き、家に帰ってきて、牛島に挨拶をしようと部屋の襖を開けた。

「ただいま、帰りました」

牛島は、いきなり木村を板でひっぱたいた。

「おまえ、左右も見ないで、襖を開けるんじゃない！敵がいたら、殺されるじゃないか！」

そんな縛られっぱなしの生活に、辟易していたのだ。

三人の脱会がもとで、半年後にプロ柔道協会はつぶれてしまった。

木村は、激しく非難された。

「金のために、武道を売った！」

渡米先のハワイで、木村はプロレスへの転向を求められた。

〈妻のため……〉

木村は、ふたつ返事で引き受けた。じつは、木村の妻は、このとき子宮ガンに冒されていた。当時、ガンの特効薬とされたペニシリンは、一本三千円もした。とても、木村の収入で買える薬ではなかった。

帰国後、木村は、昭和二十六年十一月に設立していた国際プロレス協会を率いて、全国各地を巡業した。このとき、木村、じつに三十三歳。武道家としての全盛時代はすでに過ぎていた。

木村のプロレス転向に、倍達もおどろいた。

〈わたしにひと言の相談もなしに、何でそんなことを……〉

倍達は、木村の試合を観に行き、試合ののち、木村に言った。

「木村さんは、プロレスに入っちゃいけないんだ」

木村は、じつにすまなそうに言った。

「おれは、身売りしたんだ」

一方、力道山は、昭和二十八年七月三十日、「日本プロレスリング協会」を設立していた。

会長に、酒井忠正、理事長に新田建設社長の新田新作、常務理事に吉本興業の林弘高、永田貞雄らを据えた。

交わされた秘密の確約書

大山倍達は、木村のセコンドを引き受けたにあたり、さっそく力道山についての情報を集めにかかった。

なんと、力道山は、自分の試合のコーチを、木村の師匠の柔道家牛島辰熊七段にすでに依頼していた。木村戦を迎えるに当たって、木村が得意とする柔道の締め技と関節技を警戒して取った策だろう。

それにしても、なぜ木村の師匠である牛島が、よりによって敵方のコーチにつかねばならぬのか。

大山は考えた。

〈やはり、プロ柔道協会をつぶした感情のもつれがあったのか〉

が、牛島が力道山サイドについている事実は、曲げられない。あちらが万全を期して挑んでくるなら、こちらはそれ以上の危機感を持って対戦しなければならない。

大山は、気が気ではなかった。

〈これは、木村さんだけの試合ではない。わたしの、全身全霊を賭けた、男の闘いだ！〉

十一月二十六日、木村は記者会見のため、急遽上京した。

大山は、木村を東京駅に出迎えた。ところが、大山は、汽車から降り立った木村の顔を見て、おどろいた。頬が赤く上気し、ほんのり酒臭さが漂っている。

〈これから大事な一戦を迎えるというのに、何ということだ〉

迎え酒ということなのか。酒を飲まない倍達に、木村の気持ちはわからなかった。

が、それにしても、この穏やかな表情はなんだろう。

とても、世紀の対決を前に、これから記者会見に臨もうとする男の顔ではない。

〈男は、勝負に命を賭けるといっていた、あの木村さんはどこに行ったんだ……〉

大山は、思わず木村に訊いた。

「大丈夫ですか」

「ああ、大丈夫だ」

木村は、口を開いても、緊張の「き」の字も窺えない。笑みさえ浮かべている。

大山は、面白くなかった。

つい、本音をぶつけた。

「力道側は、コーチに牛島さんを持ってきて、もう特訓を開始してるんですよ」

これには、木村もギョッとした。

「なに、牛島先生が……」

「これから大事な試合になるっていうのに、そんな悠長なことしてていいんですか」

「なあに、大丈夫。それは、ただのパフォーマンスだ。先生は、必ずこっちについてくれる。それに、力道との話も、夕べ、あらかた電話で済ませた」

木村が大山に電話を入れたあとすぐに、力道山から電話が入ったという。

烈火のごとく怒ったはずの力道山は、じつに機嫌がよかった。

「いやあ、いつも通りやりましょう。ただし、おたがいの意志を確かめるために、文書を事前に取り交わしましょう」

それなら、話は決まったも同然である。木村は、あっさり力道山の言い分を認めた。

「いいよ。おまえのいいようにしてくれ」

この世紀の大勝負も、いつものプロレスの試合同様、ショーで済ませようというのだ。

木村の話に、大山は唸った。

〈たしかに、プロレスはショーだ。この世紀の大一番も、その例外に漏れないというのなら、おれの口出しするところではない〉

それなら、自分をセコンドにつけたことも、力道山の牛島同様、ただのパフォーマンスに過ぎなかったのか。

そう思うと、大山はじつに自分の立場が情けなくなった。

大山は、いささか口を尖らせて言った。

「木村さん、とにかく、酔いだけは冷ました方がいいですよ」

「ああ、そうだな」

ふたりは、その足で記者会見が行なわれる神田橋にある千代田ホテルに向かった。

間もなく、記者会見が開かれた。会見には、大山も立ち会った。

木村は、その席で、正式に力道山に対戦を申し入れた。

記者会見が終わり、大山は、木村に気になっていることを訊いた。

「もう、正式に発表してしまったんです。一歩も引き下がれませんよ。いつもの通りやるにしても、きちんと話し合いをつけておいた方がいいですよ。力道とは、いつ会うんですか」

「じつは、これからなんだ」

これには、倍達もおどろいた。

「いまから、ですか」

「向こうがすべてお膳立てしてくれてな。一刻も早く、裏取り引きも正式に決めたいということだろう。向こうの言う通り、もう書面も書いてきてある」

大山は、「いっしょについて来てくれ」という木村の言葉を待った。が、肝腎の話し合いに、木村は声をかけてはくれなかった。

間もなく、六人が極秘裡に、築地にある新橋演舞場のはす向かいにある料亭「花蝶」に集まった。

力道山側の興行主、永田が持った席である。六人とは、力道山と木村、永田、永田の秘書の中川明徳、力道山のパトロン新田建設社長の新田新作、毎日新聞社事業部長の森口忠造の六人である。力道山と木村は、卓を挟んで座った。込み入った話は後回しというように、まずは食事となった。

食事を終えると、永田がかたわらの中川にささやいた。

「上手く、話してくれよ」

永田は、新田と森口のふたりに顔を向けると、うながした。

「では、われわれは、席を外しましょう」

三人が退席し、のこるは、三人だけとなった。

木村は、事前にしたためておいた確約書を、懐中から取り出した。

力道山の前に、スッと滑べらせた。

「例の、文書です」

「そうか」

力道山は、そう言うと、畳んであった書類を広げ、読みはじめた。

『確約、日本選手権に対する申し入れ、
第一回の日本選手権試合は引き分け試合をすること。

一本目は君が取り、二本目は自分が取る。決勝の三本目は時間切れで無勝負とする。

昭和二十九年十一月二十六日
右、木村政彦、
力道山君』

名前の下には、拇印が押してあった。

確約書のほかに、書類はもう一枚あった。

力道山は、そちらの書類も広げてみた。

『昭和三十年内第二回日本選手権試合二際シテワ力道山氏二対シ、勝チユズル事
昭和二十九年十一月二十六日
右、木村政彦、
力道山君』

力道山は、二枚を読み終えると、背広の内ポケットに、二枚の書類を素早くしまった。

妙に思った木村が、訊いた。

「おい、おまえはどうした」

力道山は、じつに何気なく言った。

「いや、忘れた」

木村は、いぶかしい顔をした。

力道山は、木村を安心させるように言った。

「大丈夫です。決して、違反はしません」

木村は、相手の誠意を認めた。

「じゃあ、その通りにやろう。勝ったり負けたり、引き分けにして巡業を打っていけば、おたがい儲かるじゃないか」

「そうだな」

その日は、それで別れた。

ここで、木村自身の証言を聞こう。

雑誌「Ｎｕｍｂｅｒ70」昭和五十八年三月五日号で、木村はつぎのように、このときのことを語っている。

《(文書については)おたがいの意思を確かめるために取り交わしましょうと(力道山が)言うんで、いいよおまえのいいようにしてくれ、って。でその文書を取り交

わす日、ぼくが書いて持ってったら、あれは持って来なかった。忘れた、と言うんだね。大丈夫です。決して違反はしません、って言うから、その通りにやろう、と相手の誠意を認めたわけです。で、ぼくが書いたものは、むこうが持っていってしまった》

木村はさらに、勝ったり負けたり、引き分けにして巡業を打っていけば、おたがい儲かるじゃないか、と力道山に言い、それを力道山も受け入れたと証言している。

力道山に手渡した、一試合目は引き分けに持ち込む、二試合目は力道山に勝ちを譲るという二通の念書が、のちに暴露されるとは、夢にも思っていなかった。

正式な調印式は、翌々日の二十八日、木村が、日活の調布撮影所に訪ねるという形で行なわれた。

力道山は、彼を主役にした映画『力道山物語・怒涛の男』の撮影中であった。会場は、貴賓室である。

《試合は、十二月二十二日夜、蔵前国技館でおこなう。ファイト・マネーではなく、賞金制とし、百五十万円を、勝者七分、敗者三分の割合で分配する》

ふたりは、厳かな雰囲気の中、書類にサインをした。

ふたりは、カメラがあるところでは、眼に剣を露わにしていた。が、カメラがなくなり、退室するころになると、眼配せをした。

〈では、本番は、予定通りに〉

おたがいに、そう言っていた。

木村は、力道山が署名、捺印した確約書の片方を持って来ているものと思った。

が、いざ退室となっても、力道山はいっこうに声をかけてこない。

まさか、衆人監視のなか、確約書を寄こせともいえない。その日は、すごすご帰って来た。それきり、力道山から確約書について何か言ってくることはなかった。

新聞は、初の日本選手権試合と派手に書き立てた。

さらに、この試合の勝者が、全日本プロレスの山口利夫の挑戦を受けることになった。これで、正真正銘の日本チャンピオンを決定するのだ。

木村は、大山に、いったん故郷の熊本に帰り、トレーニングしてくるという。

「試合の前には上京して、最終トレーニングをするから、そのときはよろしく頼む」

大山は、拍子抜けしてしまった。

一方、力道山は、連日激しいトレーニングに打ち込んでいた。

プロレスを売り物にしている夕刊紙「内外タイムス」の記者が、大田区梅田の力道山の自宅にインタビューに行った。

力道山は、こう吐き捨てた。

「あんなロートルの木村なんかに、負けるわけがねえじゃあないかよ」

大正十三年生まれの力道山は、三十歳。木村より、七歳年下である。

牛島は、依然力道山側についたままだった。

力道山は、人形町の道場で、激しい稽古を繰り返していた。

このころ力道山のもとには、幕内力士の芳の里、豊登、藤田山らがつぎつぎと入門してきていた。芳の里は二所ノ関部屋の後輩力士で、横綱となる同門の若ノ花、琴ヶ浜とは〝三羽烏〟と期待を集めた。豊登は大相撲に入るときの体力測定で握力計のワイヤーをちぎってしまったほどの怪力の持ち主として、力道山も力士時代から注目していた。このふたりは、梅田町の力道山の新居に寝起きしていた。

十二月二十二日の蔵前国技館は、力道山対木村戦ばかりではない。木村率いる国際プロレス団との総力戦である。芳の里は、国際プロレス団の市川登と対戦することになっていた。

朝食のたびに、力道山は芳の里を睨みつけ、檄を飛ばした。

「おい淳、市川を殺せ。いいか、絶対に負けるな。市川を殺すんだ！」

これが毎朝であった。力道山は血走った眼で「殺せ、殺せ」と吠えた。芳の里は、まともに朝食が喉を通らなかった。

「毎朝毎朝、言われるんだもんねえ、殺せ、殺せって。リキさんとしてみれば、そこまで言うことでわたしに勝負への執念を植えつけようとしたんでしょう。他団体には、絶対に負けるわけにはいかなかった」

芳の里の回想である。その芳の里も、あまりに毎朝ぶっそうな言葉を吐かれるので、試合が間近に迫ってくると、たまらず力道山に向かって言った。

「関取、やります。殺しはしませんが、かならず勝ちます」

そうやって力道山は、門下生と己の闘争心を高めていった。弟子に「殺せ」というかぎりは、自分もそうである。木村の〝確約〟は、はなから頭にはなかった。

牛島辰熊七段はスパイなのか

〝昭和の巌流島〟を二日後に控えた十二月二十日、人形町の力道山の道場に、柔道日本一の木村の育ての親、牛島辰熊七段が現れた。

牛島は「柔道の技を教える」といって、柔道着に着替えた。リングに上がった力道山は、牛島と一時間ほど組み合った。木村が得意とする寝技を、牛島は力道山に教えた。

力道山を手伝っていた小松敏雄は、木村と敵対するようになった牛島が力道山に木村の技を伝授しに来たのだ、と素直に受け取った。

が、日新プロ社長の永田貞雄は、そうは思わなかった。

〈そういう素振りは見せないが、あれはスパイだ。柔道技を教えてやってはいるが、ちゃんとプロレス技のことも、リキから引き出しているじゃないか〉

激しい格闘のすえ、牛島は右足の親指のナマ爪を剥してしまった。

力道山は、余裕しゃくしゃくで牛島を送り出した。

本番を二日後に控えた十二月二十日、木村はいよいよ上京してきた。

調整は完璧、体調は万全という力道山側の情報は、倍達の耳にも入ってきていた。

本番に向けて完璧なトレーニングを積み重ねてきたはずの木村の顔は、酒臭かった十一月二十六日同様、ほの赤かった。

大山が言った。

「木村さんとの対戦を控えて、力道はもう大変です。連日、牛島先生をコーチに招いて、連日猛特訓しています」

が、大山の言葉に、木村は少しも動じなかった。

稽古場に行くと、何とその牛島の姿があるではないか。

〈さっきの木村さんの余裕は、これだったのか〉

さっそく、稽古となった。牛島は、文字通り、手取り足取り、対策を木村に教え込んだ。

そもそも、力道山の得意技「空手チョップ」を力道山に教え込んだのは大山である。大山も、「空手チョップ」

の回避法を、木村に教えた。それ以上、大山にしてやれることは、何もなかった。

翌二十一日、世紀の決戦を翌日に控え、百五十万円だった賞金の額が、一気に倍の三百万円に増えた。

横綱審議委員会委員長で、日本プロレス協会会長でもある酒井忠正が、初代プロレス・コミッショナーとなり、設定した額であった。

このやり方と、連日の新聞報道がいかにも真剣勝負の緊張感をあおり、チケットの前売りは二日で完売した。

一番高いリングサイド席は、それまでの千五百円より五百円高い二千円。その二千円の席が、プレミアがつき、一万五千円出しても手に入らない人気ぶりであった。

決戦当日、蔵前国技館は、定員の一万三千人を遥かに超える観衆でひしめき合った。入場できない群衆は、国技館のまわりを取り巻き、戦う両陣営の緊張が乗り移ったように殺気立っていた。

機動隊が、ものものしく警戒に当たった。

力道山一行は、開場の二時間前に国技館入りした。

試合にあたり、興行主の永田は、コミッショナーの酒井に申し出た。

「新聞もずいぶんと煽ってきて、力道と木村の双方も気持ちが高ぶっているでしょう。あんまり闘志が剥き出しになって、試合がみっともないものにならんように、あなたからふたりに言っていただけませんか」

酒井は、貴賓室に力道山と木村を呼んだ。

永田と、吉本興業株式会社社長の林弘高も同席した。

酒井は、いかにも元伯爵らしく、ふたりに向かってさらりと言った。

「今日の試合は、観客から見ても、あまりおかしな具合にならないように。あなた方も、プロの選手同士なんだから、そこのところは、あまりひどい印象を観客に与えないように上手くやってください」

酒井は、ふたりを握手させた。

凄惨、血まみれの木村政彦

大山は、この日、木村の後援会の筆頭会員をつとめる小浪義明といっしょに試合会場に来ていた。

小浪は、大阪で近畿観光を経営していた。戦後、神戸で米兵相手にダンスホールを開き、その成功で、大阪に二軒、名古屋に一軒キャバレーを開いていた。小浪は根っからの商売人で、のち昭和三十六年十月十日には赤坂二丁目にキャバレー「ミカド」を開店させる。オープニング記念として、フォルクスワーゲン車百台を用意し、赤坂の街をパレード。その百台の車すべてを、来店者に抽選でプレゼントし、話題をまく…。

小浪は、木村の贔屓で、毎月十万円もの金を木村に上納していたという。力の強い者、喧嘩の強い者が好きだった。そんな縁で、倍達も小浪には世話になった。大山は、アメリカから帰ったばかりのとき、小浪の家に世話になったことがあった。敷地五千坪もある豪邸で、庭にプールまであった。小浪の邸宅は、神戸の六甲山の中腹にあった。そこでしばらく居候させてもらった。

小浪は、この世紀の大試合を、ぜひとも上京して観戦するという。が、大山は、試合の結果がすでに出ていることを知っていた。一本目は力道山が取り、二本目は木村が取る。三本目は時間切れで、引き分け。力道山と木村との間で、八百長はすでに契約済みなのだ。

大山は、これを言うべきか言わないべきか、迷った。こんな結果の見えた試合を、わざわざ大阪から上京してもらって見せるべきか、恩ある人ゆえに悩んだのである。

が、二試合目は、大阪で試合することも、このときには決まっていた。それなら、忙しい中、わざわざ出て来てもらう必要もない。大山は、小浪に連絡を入れた。

事実を知った小浪は、怒りに狂った。憤怒のあまり、言葉が吃音になってしまったほどだ。

「お、おれは、そ、そんなへなちょこ野郎のために、毎月大枚を出しているんじゃないぞ！　男なら、正々堂々と勝負しろ！」

小浪は、直接木村に文句を言ってやるという。大山が言った。

「その気持ちは、おれだって同じです。最初から決まっている勝負なら、わたしがセコンドについた意味はないじゃないですか」

大山の憤りに、今度は小浪が慰める番になった。

「まあ、プロレスとはそういうものなんだろう」

「とにかく、先輩が負けるわけじゃないんです。我慢して下さい」

「そうだな。木村が負けるわけじゃないんだ」

とにかく、世紀の一戦は見ようということになった。

大山は、小浪自身だけでなく、夫人や彼の秘書までも席を用意し、大阪から呼び寄せた。

国技館へも、小浪らといっしょにやって来た。

ロングコートに身を包んだ大山は、国技館へ着くと、木村の控室を訪ねた。

「いい試合をしてください」

それだけいい残すと、リングサイドの席に腰を沈めた。

力道山のセコンドを務める木村の柔道の師匠の牛島辰熊の姿は、反対側、力道山側のリングサイドにあった。

この日、蔵前で行なわれるのは、力道山対木村戦ばかりではなかった。

第一戦は、日本プロレスの芳の里と、国際プロレスの市川登戦である。この第一戦から、試合は凄惨を極めた。

芳の里はプロレスをはじめたばかりで技を知らなかった。そのため、真剣勝負の喧嘩マッチと化した。

力道山は、花道の奥から試合を見つめながら、「よし、やれ！　やれ！」と興奮を抑えられずに声を上げていた。

試合は、芳の里が勝った。

芳の里に顔をさんざん張られた市川は、後に入院し、頭部に出血した血を抜かねばならないほどであった。

第二試合の駿河海と大坪清隆と、第三試合のユセフ・トルコ対戸田武雄は、引き分け。

第四試合の遠藤幸吉対立ノ海戦は、遠藤が立ノ海を体固めに破り、日本プロレスは、国際プロレス団を撃破する形になっていた。

そして、メインイベントである。いよいよ決戦のときを迎え、場内は騒然とした。

酒井忠正プロレスコミッショナーが、挨拶した。

「本日行なわれる力道山対木村政彦の一戦は……」

せっかくの宣言も、割れんばかりのファンの声にかき消され、よく聞きとれない。

リングサイドの警備員の動きが激しくなったと思った次の瞬間、人波に埋もれた通路を、まず木村が入場して来た。紺色のガウンの背中には、鯉が躍っている。

続いて、力道山が入場。紫地の裾に、桜と富士山があしらったガウンを着ていた。

ふたりは、リングに登ると、ガウンを脱いだ。

力道山は、リングシューズに、トレードマークの黒いロングタイツを履いている。

一方木村は、短いトランクス。足にリングシューズはなく、柔道家らしく裸足で試合に臨んでいた。

ふたりの裸を見て、大山はガックリした。

力道山の肌は、肩が桜色に張りつめて、輝いてさえいる。

ところが、木村の肌ときたら、カサカサに乾いているではないか。単に木村の方が、力道山より七歳年上という問題だけではない。

〈夕べもまた、酒を飲み過ぎたんだな。こりゃ、駄目だ〉

レフェリーのハロルド登喜が、凶器がないか、両者をチェックする。

力道山は笑みさえ浮かべ、自分から木村に握手を求めた。

両者、サイドに分かれた。大山は、ゴクリと音を立てて唾を飲み込んだ。

ゴングの乾いた音と同時に、力道山はコーナーを蹴った。

つられるように、木村も、リング中央に歩み寄った。

腕を伸ばし、腕を組み合う。

木村が力道山をロープに詰めると、今度は力道山が木村をロープに詰める。

両者、まったくの互角であった。


最初に大技を見せたのは、木村であった。

四分を過ぎたとき、力道山は木村の足を取って攻めた。

木村は、それをかわし、両手で力道山の胴を締めつけた。さば折りである。

と、すばやく両手を離し、力道山の左手を取った。組み合った姿勢から得意の一本背負いを放った。これが、見事に決まった。

大山は、フーッと大きく息を吐いた。

怒濤のような歓声が、場内に起こった。

力道山は、すかさず立ち上がり、寝たままの姿勢だった木村の首を締めにかかった。

木村は、このとき力道山にだけ聞こえる小声でささやいたという。

「ドローだ、ドローだ」

引き分け。つまり、最終的に引き分けにするのだから、ここで本気を出してもらっても困る、と訴えたのだ。

立ち上がった力道山は、抱え投げを打った。

その投げ方は、あまりに弱かった。リングサイドの大山は、つい舌打ちをした。

〈ゆっくりとマットに置くように投げ方は、なんだ。ま

るで赤子をあやすようじゃないか〉

これには、木村も気恥しかったらしい。木村は、リング外へ逃れた。

観衆は、総立ちになった。

「木村、戻れ！」

木村はすみやかにリングに戻った。

力道山優勢のうちに十分が過ぎた。一本目が力道山が取ることは、大山も知っていた。が、木村のあまりの不利に、大山はやきもきしてならなかった。

〈おれが戦っていれば、こんな展開には……〉

そう思っていた直後、力道山の闘争心に火をつける攻撃がなされた。

試合開始から十三分後、力道山の腕から首を抜いた木村が、息をはずませながら、ふたたび力道山と腕を取り合った。

木村は、直立の姿勢から少し身をかがめ、左足で力道山の腿をめがけて蹴りを放った。押し込むような蹴りだ。

これが、力道山の急所近くをかすめた。

力道山は、瞬時に怒気に包まれた。

「この野郎！」

力道山は、完全に感情の虜になってしまった。

木村に、いきなりフライング・キックをあびせた。

手を振り上げた力道山を見て、木村は、〈空手チョップが来るな〉と思ったという。

プロレスで使われるショーのチョップは、大きく右手を振り上げ、相手に当たる瞬間に掌が上を向くようにして、その甲だけが軽く当たるようにする。その方が痛くないし、「バシーン」という音がして、客にはより痛そうな感じを与える。

打つ箇所も、胸部を軽く叩く。

「チョップか、どうぞ」

木村は、そう言わんばかりに、両手を大きく広げて見せた。ところが、そこに力道山は、容赦なく本式の「空手チョップ」を叩き込んだのだ。

大山は、ハッとなった。

〈あのチョップは！〉

空手道のチョップは、敵の急所に打ち込む。手刀で、頸動脈を叩くのだ。急所を突かれ、木村はよろけた。

フラフラと倒れる木村を、力道山はリングシューズで何度も蹴りつけた。

大山は、思わず立ち上がり、拳を握った。

館内から、一斉に罵声が上がった。

「殺せ！　殺せ！」

「木村、立てッ！」

レフリーのハロルド登喜が、カウントを取る。

「ワン、ツー…」

大山は、思わず声を張り上げた。

「立ち上がれ、木村！」

力のかぎりに、声を張り上げ続けた。

「立ち上がらなくちゃ、駄目だ！」

ようやく立ち上がった木村の顔は、眼の上が異様に腫れ上がっている。顔全体が変形して、とても見られたものではなかった。

大山は、心の底から怒りが込み上げてきた。

〈確かに、一本目は力道山が取る約束だ。しかし、あのやり口は、汚い！〉

あんなにコテンパンに打ちのめされては、これから二本も戦い続けることは体力的にとうてい出来ない。

〈あの野郎！〉

大山は、思わずリングサイドに駆け寄った。


力道山は、よろめくようにロープ際をまわる木村に、なおも「空手チョップ」をふるい続ける。

腰から砕け落ちる木村に、力道山は変形した顔になおも蹴りを浴びせ続けている。

木村の口から鮮血がほとばしり、木村は、うつぶせにマットに崩れ落ちた。

力道山は、それでも攻撃の手を休めなかった。顔面めがけ、キックを二発叩き込んだ。木村の前歯が、折れた。

レフェリーが、力道山に割って入った。カウントを取りはじめた。

「ワン、ツー、スリー……」

歓声の渦となっていた館内が、凄惨な結末を迎え、水を打ったように静まり返っていく。観客の顔が青ざめ、声も出なくなっている。

大山は、思わず声を張り上げた。

「立ち上がれ、木村！」

力道山は、勝負をしようという者を、動けないようにしてしまったのだ。

力道山は、いけしゃあしゃあとリング内を歩き回っている。

大山は、レフェリーのカウントをさえぎるように、声を張り上げた。

「この野郎！　このままじゃおかないぞ！」

カウント「ファイブ」のとき、木村はわずかに身を起こした。

が、それは、リングの内側に向いていた顔の向きを、外側に変えただけで終わってしまった。

レフェリーは、無情にもカウントを続けている。

「……エイト、ナイン、テン！」

レフェリーが手を振り上げ、ゴングが打ち鳴らされた。十五分四十九秒。

木村は、コーナーのマットに腹這いになったまま、ピクリとも動かなかった。完全に、気を失っていた。

二本目は、ドクターストップがかかった。試合続行は、不可能となった。

レフリーは、力道山のKO勝ちを宣言した。

高々と手を上げる力道山。が、館内には、拍手一つ、声一つ湧き上がらなかった。

大山は、たまらず声を上げた。

「そんな馬鹿な判定があるか！　力道、待てい！」

力道山は、なおもリング内をうろうろ歩き回って止まない。歩き方は、まるで弾みをつけているかのように軽やかで、体は上下に揺れている。腰に当てられた両手は、両方とも親指一本だけがタイツの上に添えられている。

大山は、着ていたロングコートを脱ぎ捨てた。リングに上がって行こうとした。

「貴様、力道！　これは、プロレスじゃない。喧嘩じゃないか！　喧嘩なら、力道、たったいまここで、おれが相手になってやる！」

横にいた国際プロレスの大坪清隆や立ノ海らが、必死になって大山を止めた。

力道山は、大山に一瞥をくれただけで、あとは視線をわざと逸らし、二度と大山を見ることはなかった。

リングに上がることを食い止められ、無視された大山の激昂は、収まるところを知らなかった。

倒れたままの木村は、さっそく控室に運ばれた。一足遅く、大山も後を追った。

控室のソファーに横になっていた木村は、まったく動けないでいた。惨めな木村の姿を前に、また腹が煮えくり返った。

そこへ、牛島がやって来た。牛島は、木村の師匠であったが、今回は力道山のセコンドについている。

牛島は、木村の姿を見るなり言った。

「おい、大山、救急車を呼べ」

大山は、牛島の言葉に一瞬、耳を疑った。

〈この人は、いったい何を言い出すんだ〉

木村は、たったいま全国民の前で恥をさらしたばかりなのだ。ここで動けないほど力道山にやられ、救急車を呼んだとなれば、一生の恥になるではないか。

そもそも、今回の牛島の行動を、大山は気に入らなかった。策があったのかも知れないが、牛島は、自分の愛弟子を裏切り、力道山のセコンドについた。弟子が、師匠から離反することは往々にしてある。が、その逆は、考えられない。たとえ自分にそういう気持ちがあったとしても、師である者が、どうして弟子を離反することができよう。

力道山からセコンドについてほしいと依頼があったとき、どうして「力道、きみには教えられないよ」ときっぱり断ってくれなかったのか。せめて牛島には、それくらいの度量があって欲しかった。

それを、じつはいくら木村とは裏でつながっていたとしても、「木村はここが弱いからここを攻めろ。木村は、この技が上手いから警戒しろ」と、細かにひと月にもわたって教え込むとは。

〈確かに、わたしをアメリカに連れて行ってくれたことには感謝する。しかし、この木村に対する仕打ちは、許せない〉

大山が最初に渡米したとき、審査員を務め、大山を空手代表に推挙したのは、だれであろう牛島だった。

大山は、本気で牛島に殴りかかっていきそうだった。握りしめた拳を震わせながら、牛島に言った。

「何を言っているんですか。負けたことでさえ悔しいのに、救急車までこの場に呼んでしまっては、彼の一生の恥になってしまうじゃありませんか！」

大山は、くるりときびすを返し、木村を振り向いた。

「おい、木村！　血を流してホテルへ帰れ！」

凄まじい気迫だった。だれも、大山のそばへは近づけない、そんな殺気が大山の体全体から滲み出していた。

牛島は、気押されてそれ以上は何も言わなかった。黙って、タクシーを呼びに外へ出て行った。

「大山、敵を討ってくれ」

木村は、大山の言う通り、泊まっていた千代田ホテルへタクシーで引き揚げた。

ホテルの部屋に入ると、木村は声を上げて号泣しはじめるではないか。

木村は、鼻水をすすりながら、大山に訴えた。

「大山、敵を討ってくれ」

大山は、胸を叩いていった。

「先輩、心配しないでくれ。あんなやつ、かならず叩きのめしてやる」

そこまで言うと、今度は蔵前国技館の方に向き直って言った。

「あの野郎、二度とリングに上がれないようにしてやる」

しばらくして、千代田ホテルを、力道山のプロレス興行主の永田貞雄が訪ねて来た。

永田は、この試合の立会人を務めていた。木村の怪我の具合を心配して、やって来たのだ。

部屋に入ると、木村の顔は異様にふくれ上がっている。

永田は、目立たないようホテルの裏口に車をまわした。手配しておいた赤坂の山王病院へ、木村を連れて行った。

眼の上を、二針縫った。前歯が、一本折れていた。

治療が終わったとき、寝台の上の木村が、かたわらの永田に言ってきた。

「永田さん、煙草ありますか？」

永田は、木村に煙草を手渡すと、火をつけてやった。

木村は、うまそうに一服吸うと、あのような凄惨な負け方をしたばかりの者とは思えぬ言葉を、永田に吐いてきた。

「永田さん、おもしろかったかや？」

熊本弁である。力道山に近い永田である。どうして木村が自分にこんなことを訊いてくるのか、永田にはわかるような気がした。

木村は、それを笑いにまぎらせようとしたに違いなかった。

〈きっと、きまりが悪かったんだな……〉

永田は、そんな木村という男が好きだった。微笑んで、木村に言った。

「ああ、おもしろかったよ」

一方、控室に引き揚げてきた力道山は、記者団の質問に、とてつもないことを暴露した。

「リングに上ってから、二度も木村は引き分けでいこうと言った。自分から挑戦しておきながら、こんなことを言うのはとんでもないことだと思った。開始直後、首を絞めたとき、フォールできたのだが、このときも木村は止めてくれと言ってきたので、離れた。その直後、彼がぼくの急所を蹴ってきたので、癪に障り、遠慮していた空手チョップを用いて、あのように叩きのめす結果になってしまった」

これを受け、記者は木村のところに殺到した。病院から千代田ホテルに戻ると、大勢の記者が待ち受けている。

力道山の吐いたという言葉を聞き、木村は唖然とした。あきれてものが言えなかった。

少しの間の後、気を取り直した木村は、記者団にこう答えた。

「力道山は、ぼくが引き分けようと言ったという話だが、そのようなことを彼が言ったとしたら、彼の心理状態を疑いたい。この試合で、力道山も大した技もなかった。そもそもこの試合をやる前に、プロレスのルールの範囲内でフェアプレイでやるように、おたがい証文を一札入れ、日新プロの中川氏に渡してあるわけだ。それだから、わたしとしては、引き分けにしてくれなど、スポーツマンシップに反するようなことは絶対に言わない」

試合後も、前代未聞の舌戦が展開される結果となったのだ。

力道山の裏切りに怒ったのは、大山だけではなかった。木村の後援会の筆頭会員小浪は、大阪のやくざ者にすぐ連絡を入れた。

「木村をあんな目に遭わせやがって。ぶっ殺しちまえ！」

木村の地元の熊本でも、試合の意外な結果に、大騒動になっていた。血気盛んな木村の親衛隊たちも容赦しなかった。

その夜のうちに、数十人のやくざ者が上京した。大挙して、力道山の命をつけ狙うこととなった。

その夜、大田区梅田町の力道山宅には、無頼の徒たちからの脅迫電話が殺到した。

「木村を、えらいことしてくれたなあ。ぶっ殺したるで！」

「用心しろよ。今晩はゆっくり眠れると思うなよ」

蔵前国技館から自宅に戻った力道山は、震え上がった。応接間に、芳の里、豊登、田中米太郎の三人を呼んだ。サイドボードの奥から取り出したのは、何と本物の猟銃三丁であった。

力道山は、吼えるように言った。

「いいか、塀の上からひとりでも顔を出してくるやつがいたら、構わねえから撃ち殺せ！」

力道山は、ひとりひとりに銃を手渡すと、そそくさと奥の寝室へ引っ込んでいった。

豊登に渡された銃は、他のふたりと違い、猟銃ではなくカービン銃であった。

カービン銃とは、歩兵銃の銃身を短縮した短小銃で、自動装填機構を持ち、十五発から三十発もの実弾を装填することができる。

三人は、実弾を込め、窓から銃を突き出した。

生来、好奇心旺盛な豊登は、初めて持つカービン銃に興奮した。

〈この銃は、どれほどの威力があるんだろう〉

そう思うと、つい試してみたくなった。間髪置かず、庭の木の枝に向かって、銃をぶっ放した。轟音がとどろき、枝は見事に吹き飛んだ。おどろいたのは、力道山である。奥の部屋から、血相を変えて飛び出して来た。

豊登は、銃口からのぼる硝煙を、しげしげと眺めていた。力道山の狼狽など気にも止めずに言った。

「おお、関取、すごいですねえ」

それから、力道山は寝室へは戻ろうとしなかった。三人のいる応接間のソファーに座り、じっと腕を組んだ。

夜が更けて行くなか、力道山はまんじりともしなかった。

芳の里は、依然猟銃を身構えながら、心の中で繰り返し祈っていた。

〈ああ、どうか、だれも来ないでくれ。人殺しなんか、したくねえよ……〉

同じころ、木村は、千代田ホテルの一室で、修行時代、試合の前夜によくやった座禅を組む「瞑想」をやってみた。

昔は、「勝」か「負」の文字が脳裏に浮かんだものだが、このとき頭に浮かんだ文字は、じつに「死」だった。

〈おれが死ぬのか、あいつが死ぬのか……〉

木村もまた、体は疲れ切っているというのに、眠れぬ夜を過ごした。

芳の里の祈りが通じたのか、夜が明けても、力道山邸に刺客はついにやって来なかった。四人は、緊張に身を引きつらせながら、恐怖の一夜を明かしたのだった。

夜が明けた十二月二十三日、浪花町の力道山道場で、アルバイトの学生たちが、昨夜の決戦の場となったマットを洗い流していた。そのアルバイトのひとりに、のちにアントニオ猪木の仕掛け人として、スポーツ平和党の幹事長となる新間寿がいた。新間は、当時中央大学の柔道部員であった。

白いマットには、四、五十センチの幅で木村の血がベットリとこびりついている。それを、洗濯石鹸をつけ、亀の子たわしでゴシゴシ洗うのだ。が、いくらこすっても木村の血は落ちない。新間は、洗いながらも、木村の怨念の深さを感じずにはいられなかった。

結局、血は落ちず、そのマットを力道山は使わなくなってしまった。

暴露された密約

木村側の報復におののいた力道山は、次の手を打ってきた。なんと、力道山は、木村から預かっていた確約書二枚を、内外タイムス記者の門茂男に暴露してしまったのだ。

力道山は、ゴツイ指で、茶封筒から二枚の便箋を引っ張り出して見せた。

「ほうれ、両の眼をしかと見開いて読んでみろ」

そう言って、目の前でひらひら便箋を振って見せたという。力道山が説明した。

「〝力道山のパートナーをやっていると、いつも自分は負け役ばっかりだ〟と言って、真剣勝負でどっちが強いか決着をつけようと、このわしに挑んできたのは木村政彦だ。それがどうだい。真剣勝負をやろうといい出した当人が、こんな八百長試合をこのわしに申し入れてきたんだ」

翌二十四日の夕刻、一大スクープが内外タイムスの見出しに躍り、世間をあっと言わせた。

これには、木村サイドもお手上げだった。

この記事により、木村の評価はガタ落ちとなった。

この記事で、大山の堪忍袋の緒は、完全に切れた。

〈もう、力道を許すことはできん！〉

大山は、本気で力道山を襲う肚を固めた。

正々堂々と勝負するのが男の道なのだろうが、公の場へ持ち出せば、また力道山が何か情報操作する可能性もある。それで陥れられては、木村の二の舞いになってしまう。第一、そんなことは面倒この上ない。

〈道端で、果たし合いをやってやれ〉

大山は、夜な夜な力道山をつけ狙った。

ところが、あの試合以来、力道山はひとりでは決して行動しないのである。

昼夜を問わず、力道山は、豊登やアントニオ猪木ら、四、五人の取り巻きを連れて歩いた。さしもの倍達でも、これだけの人数を相手に戦い抜き、そのうえ二度とリングに上がらせないような傷を力道山に負わせることは困難だった。

じつに、半年の間、大山は力道山の後をつけ狙った。その間、一度たりとも、力道山はひとりで外出したことはなかった。

その半年の間に、力道山の名声はますます高くなっていった。

昭和三十年一月二十八日、力道山は、大阪府立体育館で、全日本プロレスの山口利夫の挑戦を退け、名実ともに実力日本一の座についていた。

それと対照的に、木村はジリ貧になっていた。木村は、そのあとも細々と興行を続けていたが、門下のレスラーたちにも去られ、プロレス界から消えていかざるを得なかった。

木村の国際プロレス団、山口の全日本プロレスとともに、消滅していった。ほかにも、アジアプロレス、東亜プロレスがあったが、それらは力道山が注意を払うほどの存在ではなかった。力道山の日本プロレスだけが、華々しく君臨することになったのだ。

木村は、力道山との一戦で自らのプロレス生命を完全に断たれた。大山は、何としても木村の汚名をそそいでやりたかった。木村に、もう一度王道を歩ませてやりたかった。

が、大山も、半年間、力道山の後をつけ狙っていて、金が底をついていた。

仕事もせずに力道山の後ばかり追い回しているのである。当たり前の話だ。あとは、執念でしかなかった。

ところが、ある日、大山がスポーツ紙を見ていると、おどろくべきことが書かれているではないか。

『力道山、木村と手打ち』

あいだにスポーツニッポン社が立ち、五十万円で木村が力道山と手を打ったというのだ。大山はおどろいた。記事を読み終えると、読んでいた新聞をグシャグシャに握りつぶした。

自分が、食うや食わずで半年もの間、力道山をつけ狙っていたその間に、木村はまた金で、あれだけの屈辱を受けた相手と手を打ったというのだ。腸が、煮えくり返った。

〈木村、いくら先輩とはいえ、許せん！〉

そのまま、木村のところへ行った。

木村の顔を見るなり、大山は大声を張りあげた。

「あんた、何やってるんですか。五十万円の金で……」

木村は、いい訳しようとしてきた。

「いやあ、大山君な、こうなんだよ」

が、大山は、聞く耳を持たなかった。

声を、荒げた。

「釈明は、いらない！　これじゃ、おれの名分が立たないじゃないか！　何のためにおれは、あんたのためにいままで苦労して力道の後をつけ狙っていたのか」

大山は、きっぱりと言い切った。


「これで、わたしは木村政彦と縁を切る。これからは、先輩でもなければ、友人でもない！」

そう啖呵を切ると、木村の家を後にした。

しばらくして、熊本に帰った木村から、大山宛で手紙がきた。

『力道山の件で話がある。ぜひ、熊本まで来てほしい』

後で考え直したのだろう。大山は、わざわざ熊本まで木村に会いに行った。

木村は、大山の顔を見るなり言った。

「力道のやつ、このままじゃおかないぞ」

大山は、わざとらしく言った。

「力道とは、仲直りしたんじゃなかったんですか」

「いや、話が違うんだ」

大山は、訊き返した。

「どう違うんですか」

「はじめの金額と、全然違うんだ」

大山は、どういうことなのか、最初から事情を聞くことにした。

間に立ったスポーツニッポン新聞社の話では、和解金額は五百万円だったという。

「どうですか、五百万円で力道山と和解しませんか？」

木村も、プロレスでは食っていけなくなって、いくらでも金が欲しいところだった。

背に腹は替えられぬと、木村はスポーツニッポン新聞社に仲介を頼んだ。ところが、力道山は、五百万円では高いという。

「三百万円なら、和解してもいい」

三百万円でも、もらわないよりはマシだと、木村は和解に応じる約束をしたのである。

木村は、指定された待合で、力道山と会った。ところが、力道山が持参してきた金は、五十万円だけであった。訊けば、これは手付金だという。

その話し合いをしている間中、力道山は床の間を背にして、見下すように木村を見ている。金を受け取り、木村が席を立っても、力道山は上座を離れようとはしなかった。ついに、見送りには出てこなかった。

翌日、スポニチは和解を記事にし、間もなく木村は東京を離れた。が、それからも、一向に力道山からの残り二百五十万円の金は届かない。催促の電話を入れても、取り次いでくれない。困り果てた木村は、恥を忍んで縁を切られた倍達に泣きついてきたのである。

大山は、あきれ果てて言った。

「先輩も、人がいいですよ。『渇しても盗泉の水を飲まず』、という諺があるじゃないですか。どうして、こういう金をもらうんですか」

木村は、シュンとして肩を落としている。

大山は、自らの愚かさも笑い飛ばすように言った。

「馬鹿は死ななきゃ治らないというが、先輩もわたしも、本当に馬鹿だ。年中だまされてばかりいる。金に汚い力道のことです。残念ですが、もう残金の二百五十万円を取ることはあきらめた方がいいでしょう」

このまま煮え湯を飲まされ続けるのも、癪である。大山は、意を決して言った。

「先輩、おれが一回力道に挑戦しますよ」

木村は、それまでうなだれていた首を上げた。

大山は、東京に取って返すと、さっそくマンガ原作者の梶原一騎に連絡を取った。梶原は、のち昭和四十六年から大山の半生を描いた『空手バカ一代』を「少年マガジン」で九年間にわたって連載することになる。

梶原とは、一度大山のところに取材に来たときから、付き合いがはじまっていた。

大山は、梶原に頭を下げた。

「一つ頼みがある。力道と一回試合をさせてくれよ」

梶原は、すぐに力道山のもとを訪ねてくれた。

力道山は、話を聞くと、鼻で笑い飛ばした。

「大山とは、試合はしたくない。第一、そんな金にならない試合、何でしなくちゃならないんだ」

金をくれるなら試合はやるという。

梶原は、言われた通りのことを大山に伝えた。

「力道はこう言ってるが、金は出せるのか」

「おれに、金があるわけないじゃないの」

それで、話はご破算になった。

これでは、木村に会わせる顔がない。

結局、大山は、それまで同様、力道山をつけ狙うことにした。

そして、ついに力道山を捕まえた。じつに、試合から一年半後のことである。一年以上過ぎて、さすがの力道山ももう大丈夫だろうと油断したのだろう。

力道山は、赤坂のクラブ「コパカバーナ」からひとりで出て来た。

〈いまが、チャンスだ！〉

そう思って大山が襲いかかろうとしたとき、おやッと思った。力道山は、片足を痛めたのか、引いているではないか。それでも、一年半も待ってようやく巡ってきた機会だ。みすみす逃すわけにはいかなかった。大山は、物陰からスッと立ちふさがるように、力道山の前に姿を現した。

力道山は、「あッ」といまにも声を上げげんばかりに眼を剥いた。

大山は、声を低くして言った。

「力道、よく会ったな。きみには、長い間会いたいと思っていたよ」

すると、なんと力道山は、人懐っこい顔で、にっこり微笑みかけてくるではないか。

「いや、大山さん、久しぶりでしたあ！」

そういって、深々と頭を下げるのである。

力道山は、馴れ馴れしく大山に近づいてくると、手を握ってくる。

「いやあ、本当に、しばらくでした。ご無沙汰でしたあ」

出鼻を挫かれ、大山は戸惑ってしまった。そのうち、力道山の姿を見つけ、ひとが集まってくる。力道山は、相変わらず頭をぺこぺこ下げ続けている。まさか、衆人監視の中、頭を下げている者をいきなり殴りつけるわけにもいかない。

ややあやっているうちに、大山も戦闘意識が薄れていってしまった。

結局、その日はそのまま別れて帰ってきた。それきり、力道山への闘争心も萎えてしまった。

─第8章─

野望と敵意
力道山、命を狙われる

◉昭和三十年〜三十四年

おれがこの会社を牛耳る

力道山はもうひとつの野望を、激しくたぎらせていた。以前から親しくしていた、アトランティック商事という外車販売会社専務の吉村義雄と、タイピストの辻みえ子を秘書として雇い入れた。

辻は、英語ができる。レスラー招請のための力道山の手紙を英文タイプで打ち、アメリカに送る仕事をメインとした。

吉村は、どうだったか。

「力道山は、事業家になるため、プロレスで稼いだ金を有効に事業に生かしていこうと考えていました。わたしは、その部分を受け持つ秘書になったのです」

そうして、力道山は吉村に宣言した。

「ヨッちゃん、しばらく待ってくれよ。おれがこの会社を牛耳るようになったら、悪いようにはしないからな」

力道山は、日本プロレス興行株式会社の一介の取締役にすぎなかった。つまり、いつの日か必ず自分が社長になると言っているのである。

だが、その社長は、恩人の新田新作であった。力道山は、ことあるたびに新田に反発し、新田の言うことを聞かなくなった。それにくわえて、永田にばかり寄り添っている。その永田にしても、力道山の横柄さには内心、苛立っていた。

「体を張ってやってるのは、このおれなのに、会社の連中ばかりが、高みの見物でぼろ儲けしていやがる」

跳ね上がった力道山の声が、永田にも聞こえていた。

新田は、力道山が相撲の世界から飛び出したときに引き取ってくれた恩人。永田は、プロレス王力道山の生みの親である。それをまったく省みなくなった。

リキの野郎、目にもの見せてやる。

新田は、力道山潰しのため、大物をプロレスに引きこんだ。元横綱の東富士であった。

昭和二十九年十月場所で引退したばかりの東富士は、江戸っ子横綱として人気を博していた。彼をもってくれば、もともと格下の力道山の影が薄くなる。相撲出身のレスラーたちも、彼のもとに結集するに違いない、と考えたのであった。

勘のいい力道山は、すでに見抜いていた。が、そのような素振りすら見せず、東富士を迎え入れた。

昭和三十年三月二十七日、力道山はプロレス修業のため東富士を連れてハワイに渡った。東富士は、髭をつけたままの渡米であった。

そのとき力道山は、三重県松阪のある筋から仕入れた大量の真珠を、東富士のでっぷりとした腹に巻かせて飛行機に乗り、ハワイで売りさばいたりした。

七月二日ふたりが帰国するや、次期シリーズの力道山のパートナーとして東富士は華々しく売り出された。しかし、いかに東富士が元横綱の人気を博していようと、プロレスの世界では、力道山の敵ではなかった。

七月二十九日、狂乱ファイトでその名をとどろかせた〝メキシコの巨象〟ジェス・オルテガとの一戦で、東富士はパンチばかりでなく、眼を突かれたり、爪で額を引っ掻かれたりと、雨あられの反則攻撃をくらった。一方的に攻め込まれて、血だるまとなり惨憺たる姿をさらけ出した。

そのとき花道を、一陣の風が吹き抜けた。黒のロングタイツに、焼けた褐色の上半身、力道山であった。力道山はリングに駆け上がるや、オルテガの厚い胸板に、怒りの空手チョップを叩き込んだ。

めった打ちにされたオルテガは、リング下に叩き落とされ、超満員の大観衆は、東富士を助け出した力道山に大喝采を送った。力道山は、顔面を押さえてうずくまる東富士の巨体のかたわらで、勝ち誇ったように、両手を高々と上げて声援に応えると、さっさと控室に引き揚げた。

力道山の前ではおとなしくしている東富士も、一歩離れれば相撲出の若い衆を連れ歩き、さかんに力道山のことを批判していた。それが耳に入っていない力道山ではなかった。

「この野郎、思い知ったか！」

花道を引き揚げていく力道山から、そんな声が聞こえてきそうだった。

これで決まりだった。力道山は元横綱を救ったヒーローとなり、東富士は面目を失った。

その夜、力道山は、プライドを傷つけられてムシャクシャしているオルテガを、歓楽街に誘った。

「おい、きれいなねえちゃんがいるところに、行こう」

それで充分、オルテガという男は、手なずけることができたのである。

たがいに額から血を流し合ってはいても、七月から九月にかけての長い巡業である。夜になれば、宿舎で宴会もやる。

そんなとき力道山は、子供のような茶目っ気を出して、オルテガにどんどん酒を飲ませた挙句、さかんに囃し立てた。

「ミスター・オルテガ、あのすばらしい芸を見せてくれ」

すっかり乗せられたオルテガは、いきなりズボンをパンツごと下ろすや、毛むくじゃらの巨大な尻をむき出しにして、若手レスラーがかざす火のついたマッチに向かって、すさまじい音量を響かせたのだった。とたんに蒼白い炎が、五十センチほど走った。本当に火がついたのだ。

全員が腹を抱えて、笑い転げた。そんな気のいい男なのだった。

そのオルテガと毎試合、血みどろの喧嘩マッチを操り広げながら、力道山は九月七日、最終戦での一騎打ちでオルテガを二対一で降した。

敗れ去ったオルテガは、悪漢から豹変し、リング上で勝利を讃えてパンチョと帽子を力道山に贈った。両雄は、満場の温かい拍手に包まれた。

これによって力道山は、完全に東富士との実力の差を、全国のファンに見せつけたのであった。

新田新作には、怨みが深まった。新田がもらす力道山への不満の声を聞いた「コーちゃん」と呼ばれていたヤクザが、それならとばかり、豊登の命をつけ狙った。豊登もまた、力道山を守って、新田に反発していたのである。

永田貞雄は、東銀座の日新プロ事務所にふらりとやってきた、そのヤクザを迎え入れた。

「豊登が来てると聞いて来たんですが、いませんか」

事情のわかっている永田は、すぐに悟った。

「豊登はおらんよ。いったい、何事かね」

彼は答えず、疑った眼で部屋を見渡した。

永田は穏やかな口調で彼をなだめ、いくらかの金を渡して帰した。

力道山を奪ったということで、永田も新田から恨まれている。

〈悪いことが、これから起こらんければいいが……〉

命を狙われた豊登は、浪花町の新田邸に躍り込んだ。

新田をつかまえるや、怒りにまかせて声を張り上げた。

「リキ関に妙な手出しをするなら、許さねえぞお！」

言い捨てるが早いか、新田に飛びかかっていった。怪力で鳴らす豊登にかかっては、いかに大親分であろうとひとたまりもない。バネのように床から跳ね起きると、一目散に素足のまま家から飛び出した。

豊登は、追いかけた。外に出ると、新田は五十歳とはとても思えぬ脚力で、はるか五十メートルほど先を曲がって路地に消えた。逃げ足の速さに、豊登は地団太を踏みながら舌を巻いた。

この事件で豊登は解雇され、しばらく力道山のもとを離れなければならなくなった。

命を狙われる力道山

昭和三十年、力道山は命を狙われていた。

狙ったのは、渋谷を地盤にする学生ヤクザからのし上がった安藤昇率いる安藤組であった。安藤組には最盛期五百三十人もいた。

桜がようやく蕾をつけはじめたばかりの、春まだ浅い渋谷宇田川町の真夜中のバーで、力道山襲撃の発端は開かれた。

キャッチバー風のトリスバー「マンボ」に、髪の毛をポマードでテカテカ光らせた、気障な男がふらりと入ってきた。だれの眼にも、あきらかに水商売人だとわかるその男は、カウンターに腰掛けると、オーダーしたウイスキーをひと口含んで、カウンターの中でシェーカーを振っている安藤組の若い衆に、憎々しげな言葉を浴びせた。

「おれは近く、すぐそこに開店するマンモスバー『純情』のマネージャーだ。まあ、このあたりの客は、ウチが全部とって、閑古鳥が鳴くようになるね」

午前零時をまわっていた。

「純情」のマネージャーは、この店を安藤組の若い衆が経営しているとは知らなかった。

若い衆のシェーカーを振る手が止まった。「純情」のマネージャーを睨みつけた。

マネージャーはなおも、うそぶいた。

「おれたちのバックには、あの力道山がついているんだ。恐いものはねえよ」

若い衆は、頭に血を上らせた。

「てめえ、力道山がバックについてたら、だれも恐れることねえと思ってるのか」

カウンターを飛び越えて客席に出るや、「純情」のマネージャーの膝を蹴り上げた。

「ここを、だれの店だと思ってるんだ。安藤昇の若い衆の店だぞ。文句あるなら、力道山でもだれでも、連れてきやがれ！」

翌日、若い衆から事情を聞いた安藤組幹部の花田瑛一は、いきりたった。

「このままだと、安藤組は、やつらに舐められてしまう。『純情』を、ぶっ潰してしまおうじゃねえか」

花田は、開店当日の「純情」に、五十人もの子分を引き連れて出かけた。

開店は午後の一時であった。昼間は喫茶をやると聞いていた。店が開くと、どっと店内になだれこんだ。五十人が別々のテーブルに座り、店を占拠してしまった。

一般の客が入ってきた。が、五十人もの猛者に占拠されているので、座る席がない。

そのうち、力道山のもとでレフェリーをしている阿部修が、何事かとフロアに出てきた。

五十人の中にいた大塚稔は、髭をはやした阿部の顔をよく知っていた。「パール」というナイトクラブに出入りしていて、そこでよく顔を合わせていた。

大塚は、のちに万年東一の跡目をついで大日本一誠会の二代目会長となる。

阿部は、大塚の顔を見ると、動きを察したらしく、すぐに引っこんだ。

しばらくして、力道山が、阿部といっしょにフロアに姿をあらわした。

大塚が、突然号令をかけた。

「うちの生徒全員、起立！」

五十人が、どっと立ち上がった。

「力道山に敬意を表して、礼！」

全員が、力道山に向かって礼をした。

「着席！」

力道山は、憮然とした表情で、踵を返して奥の部屋に消えた。

阿部が大塚の席に、使いとしてやってきた。

「リキさんが、号令をかけた人に来てくれって言っている」

大塚は、啖呵を切った。

「なにも、おれが行く必要はない。話があるなら、自分が来ればいいだろう」

阿部が引っ込むと、今度は、元横綱の東富士が、大塚の席にのっそりとやってきた。

レスラーに転向したばかりのときには、人気も沸騰したが、力道山の巧妙なインサイドワークによって、東富士は完全に力道山の陰に隠れてしまっていた。

東富士は、大塚のそばに来るには来たが、何も言わないで引っ込んでしまった。人のよさと淡泊な性格が、東富士の持ち味であった。

ふたたび阿部がやって来て、苦りきった表情で頼んだ。

「大塚、なんとかならないのか」

「なんとかなるも、ならないもないね」

とうとう阿部は力道山を連れてきた。そばで見る力道山は、さすがに大きい。力道山は、大塚の肩に手をやった。

「夕方の六時に、あらためてここに来てもらいたい。そのとき、話し合おう」

「わかった」

ひとまず、引き揚げることにした。


大塚は六時過ぎ、約束どおり「純情」を訪ねた。だが、力道山は姿を見せなかった。

「美空ひばりが、リキさんに会いに来ている。リキさんは、ひばりの前では話ができない、と言っている」

ボーイから力道山の伝言を聞いた大塚は、頭に血を上らせた。

「六時に来てくれと指定したのは、力道山のほうだぜ。そっちの都合で変更があるのなら、申し訳ないけど、また明日にでもとか、言い方というもんがあるだろう」

安藤組組長、安藤昇は、花田瑛一から一部始終を聞くや、吐き捨てるように言った。

「プロレスラーに、用心棒までされてたまるか。用心棒は、われわれの収入源と同時に、縄張りの誇示だ、面子だ」

安藤は、力道山に以前から不快な思いを抱いていた。

つい半月前、あるクラブのホステスが、力道山に殴られたことがあった。そのホステスは、姉さんクラスのホステスだった。力道山に、女を世話しろといわれ、言下に断わったとたん、いきなり平手で殴られたのである。彼女は意識を失い、病院に担ぎ込まれた。左の鼓膜が破れて、聞こえなくなってしまった。

このホステスが、安藤のもとに「力道山を、なんとかしてくれ」と訴えてきたことがあったのだ。

安藤昇が、当時を振り返る。

「力道山というやつ、表面では英雄と祭り上げられているが、質（タチ）の悪いやつだと思ったね。おれを舐めるにも、ほどがある。おれは、力道山襲撃の肚を固めた」

まず、大田区梅田町の力道山の自宅付近に網を張った。力道山の邸宅は、小高い丘の上の住宅地にある。門前は、狭い道路に面している。おそらく、彼のキャデラック・コンバーチブルが通るにはやっとの道幅であり、その道に入る前にはどうしても速度を緩めなければならない。

狙うには、最適の場所だ。

安藤は、みずから愛車のマーキュリー・コンバーチブルを駆って、力道山の通る同じ道を走ってみた。何度かそうしたあとで、同乗している子分たちに言った。

「おれの車でも、ここで一旦停止しなくてはならない。やつの車も当然、止まることになる。この曲がり角の空き地の生け垣が、狙い射ちに格好だ。いいな、この生け垣に隠れて、この道を通る力道山を狙い射ちしろ」

しばらくして、安藤のもとに、生け垣に交代で隠れて力道山を狙っている子分から電話が入った。

「社長、力道山め、恐れて、家に寄りつきませんよ」

別の情報網からも、電話があった。それによると、力道山は弟子を三人車に乗せ、実弾を装填した猟銃をたえず携帯している。どこへ行っても、寝る間も離さないらしい。

大塚は「純情」に出かけ、東富士と会った。

東富士は、力道山より大きい体を折り曲げるようにして、丁重に言った。

「わたしがリキさんの代わりに話をさせていただきますので、明日の三時、銀座の資生堂パーラーで待っていていただけませんか」

「わかった。その代わり、力道山を、必ず連れて来るんだぞ」

花田と大塚ら七人は、翌日、車四台に分乗して、銀座八丁目の資生堂パーラーに向かった。ふところには、全員拳銃をしのばせていた。

約束の時間より十分早い二時五十分に、資生堂パーラーに入った。東富士が、すでに来ていた。

そばには、やはり相撲から転向した豊登、芳の里、それに阿部修らテレビでよく見る顔が、陣取っていた。ただし、力道山は来ていない。

花田が、険しい表情で訊いた。

「力道山は、どうした」

東富士が、申し訳なさそうに言った。

「リキさんは、都合があって、どうしても来られない」

「都合？　あれほど約束しておきながら、どうして逃げ回っているんだ」

「とにかく、まわりにこれだけ人がいては話しにくい。渋谷あたりのどこか静かなところで、話せませんか」

花田は、渋谷の円山町の料亭に、部屋を取らせた。双方そろって車で向かった。

東富士の車には、大塚が乗りこんだ。東富士が、困りきった表情で懇願した。

「なんとか、解決の糸口を見いだしてほしい」

「……………」

「お金で済むことだったら……。しかし、いくら包んだら許してもらえるのかわからない」

「恐喝じゃないんだから、いくら出せとは言わない。ただ、悪いと思ったら、包んだらいいんじゃないの」

大塚の肚の中は、金銭での解決の場合の額は決まっていた。

五十万円。それ以下の額だったら蹴ろうと決めていた。それを東富士に告げた。

しばらく考えていた東富士は、神妙な顔つきで口をひらいた。

「百万円つくる」

大塚は、東富士と接していて、彼の人柄のよさがしみじみわかった。力道山には頭にきても、東富士への憎しみはなかった。東富士の誠実さに免じて、彼を助けてやることにした。

「百万円という話は、おれは聞かなかったことにする。五十万円つくれ。しかし、あんたが百万円つくるといったのに、おれが五十万円といったことが知れるとヤバイ。あくまで、ふたりだけの話にしよう」

円山町の料亭で、仕切り直しがはじまった。花田は、席に着いてくれ、というと、おもむろにふところから拳銃を抜いて座卓の上に置いた。

それに合わせて、安藤組の六人がそろって拳銃を取り出し、卓の上に置いた。

おれたちは、中途半端な気持ちでこの席に臨んでいるのではない、ということを見せつけたのである。

七丁の拳銃がならんで置かれると、さすがに威圧感があった。東富士らは、顔を強張らせ、震え上がった。

それからまもなく、大塚のもとに、東富士から電話が入った。

「約束どおり、五十万円つくった。これで、リキさんの命は取らないでほしい」

「わかった。受け取る場所を、おれは指定しない。あんたのほうで、場所と時間を言ってくれ」

大塚が指定すると、恐喝になる。

東富士は、新橋のバー「エトランゼ」を指定してきた。時間は夕刻六時。

大塚は約束の六時、花田らが同乗した車を、「エトランゼ」の近くに止めた。

かすかに、小雨が降っている。

大塚だけが降り、店内に入った。東富士がひとりで待っていた。大塚が座ると、東憲士が、テーブルの下で新聞紙の包みを出した。

大塚は、テーブルの下で包みを受け取り、鞄にすばやくしまいこんだ。中身は確認しなかった。

バーの近くでは、花田らが車の中で、やきもきしながら待っていた。

大塚は、いそいで車に乗りこんだ。

「うまくいった」

新聞紙を開いてみた。五十万円あった。力道山には内緒で、東富士自身がつくった金であることは間違いなかった。

その夜、大塚は五十万円持って安藤組の会社である「東興業」へ行き、安藤に報告した。

安藤も、東富士の誠意に免じ、力道山の命を狙うことをやめた。

「ただし、手は引くが、条件がある」

安藤は大塚に言った。

「東富士を通じて、力道山に伝えておけ。今後、用心棒など一切やらぬ。悪酔いして、人に暴力は振るわぬことな」

ところが、のちに無銭飲食で逮捕された安藤組のひとりが、安藤組の七人が円山町の料亭で東富士らを前に、座卓の上にそれぞれ七丁もの拳銃を取り出して脅かしたことまでしゃべってしまった。

その七人と安藤に、令状が出た。全員が逮捕された。安藤は、五年は食らう、と覚悟を決めていた。

ところが、逮捕されるや、東富士がわざわざ渋谷署まで来て、彼らのために証言したのである。

「たしかに料亭で、拳銃を出された。しかし、あのときはただ恐ろしくて震え上がったが、いまから考えると、あの拳銃が本物かどうか、確証はない。もしかしたら、偽物かもしれない。本物とは、言い切れない」

被害者である東富士本人のこの証言によって、安藤たちはわずかの勾留で全員が釈放された。安藤はいまさらながら、感心したように言う。

「東富士って男は、本当に心優しき男だな。やつがいたから、おれも力道山を殺さずにすんだよ」

なお、安藤は、その三年後の昭和三十三年、横井英樹の債権取立のトラブル処理を請け負うが、その話し合いの席上で横井のあまりに人を舐めきった態度に激怒し、組員に横井襲撃を命じる。恐喝などの容疑で逮捕され、六年間服役したのち、安藤組は解散した。

安藤はその後役者に転じ、松竹から東映に移籍し、高倉健や鶴田浩二らに続き、やくざ映画のスターとして活躍する…。

プロレスに秋風

日本プロレス内は、力道山派と東富士派とに分かれていた。東富士との実力の差をまざまざと天下に見せつけた力道山であったが、ギャラの未払いやピンハネなど、横暴ぶりに目立って拍車がかかってきて、古参の駿河海をはじめとするレスラーたちの大半が東富士に付いたのである。

日本プロレス協会理事長で、日本プロレス興業社長でもある新田新作は、その勢力をもって力道山を押さえ、日本プロレスを実質的に手中に収めようと目論んでいた。あわよくば、新団体を結成しようとまで考えていたといわれる。

しかし、その新田は、昭和三十一年六月二十五日、あっけなくこの世を去った。五十歳の若さであった。

上野の寛永寺でおこなわれた通夜には、三千人もの会葬者が集まった。葬儀委員長は、自民党の実力者、河野一郎であった。

力道山は、弔問客に深々と頭を下げながら、悲しみを全身ににじませていた。

遺体に白足袋を履かせるのに遺族が手間どっていると、力道山は静かに近づいて手を合わせ、代わって白足袋を履かせた。懸命に涙をこらえているのが、ありありと受け止められた。まるで本当の親を失ったときのように、肩をがっくりと落としていた。

だが、新田のそばにいた永田貞雄の眼には、どうしてもそうは映らなかった。

〈リキのやつ、ここでも芝居を打ちよるか…〉

力道山のことなら、何から何まで知り抜いている永田である。精いっぱい誠意をつくし、情に訴えて、渋る永田をプロレス興行に踏み切らせたときと、〝日本の英雄〟となった今の恩をかえりみない行状の落差はあまりにも大きかった。

昭和二十六年ころ、永田が出かけるというときには、必ず十五分から三十分前には車で迎えにやってきた力道山のことが、可愛くて仕方がなかった。

大きな体を恐縮したように丸めて、プロレスについて一所懸命語る力道山に、稀代の興行師といわれる永田もほだされるところがあったのである。

それが今となっては、まるで嘘のようだった。己のためなら、どんな芝居でも打てる男だと、永田は思うのだった。政財界のお歴々がやって来ている今こそ、今後のことを含めて、力道山は総身から悲しんでいる姿を装わねばならなかった。

永田でなくとも、力道山と新田の確執を知っている者たちなら、だれもがそう受け止めた。

ただひとり、力道山の秘書であった吉村義雄が、その著書『君は力道山を見たか』でこう書いている。

《力道山は新田さんの死を、深く悲しんでいたのは事実なんです。現にわたしは、力道山が新田さんの話をしながら、涙を浮かべているところを見ていますから。

「なあ、ヨッちゃん。オレ、髷を切ったとき、新田さんに拾われてなかったら、いまごろ何してたかなあ。プロレスなんてやってなかったろうし、こうやっていい酒、飲めるような身分になれっこなかったろうな。いまさらながら、ありがたかったよ、新田のオヤジは。あんなに

早く死んじゃうなんて……」》

それとも、これも芝居だったのであろうか。

いずれにせよ、新田新作は死んだ。これによって、馘を切られていた豊登は、力道山に呼び戻された。

力道山には、新たな目標が生まれた。それは、もうひとりの大恩人である力道山の生みの親、永田貞雄を追い落とすことであった。

新田という後ろ楯を失った東富士は、新田が死んだその年の十一月、新田建設の倉庫を改造してつくった旧力道山道場のあとに、大衆割烹「東富士」を開店し、力道山とは一線を画した立場を取り続けた。力道山としては、プロレス以外の副業を他のレスラーがやることなど、認めたくはなかった。が、相手が元横綱とあっては、何も言えない。

わだかまりを深めていきながら、昭和三十二年春、東富士は突然の引退を表明するのである。江戸っ子で人のいい東富士はもはや力道山との確執に疲れ果てたのであった。

だが、それでは自分の立場が悪くなってしまう、と判断した力道山は、なりふり構わず東富士を慰留した。

「横綱、いまあんたに辞められたんじゃ、プロレスが成り立っていかないよ。お願いだから、いっしょにやってくださいよ」

永田はそんな力道山に、もはや嫌気がさしていた。

『プロレスに秋風』

新田の死の前あたりから、そんな記事が新聞に書かれるようになっていた。昭和二十九年二月のシャープ兄弟戦で大成功を収めて以降、徐々にその徴候は見られていた。

ハンス・シュナーベル、ルー・ニューマンの太平洋タッグ王者を招いての興行は、東京、大阪では成功したが、東北、北陸などの地方は観客の入りがいまひとつだった。その後のアジア選手権開催も、世間で騒がれたほどよくなかった。

昭和三十一年五月には、ふたたびシャープ兄弟を招いて興行を打った。力道山は遠藤幸吉と組み、念願の世界タッグ選手権を獲得したが、わずか十五日間で奪い返された。二年前には日本国中を熱狂の渦に巻きこみ、無名の力道山を一晩でヒーローに変えたほどのシャープ兄弟戦も、二度目とあって、ファンもすっかり冷めきっていた。

日本でのプロレスの覇権を握るために力道山が打った木村政彦戦が、微妙に響いてきているのだった。

「本当の真剣勝負ならば、あんなふうに殴る蹴るで決まるもんだ。プロレスは、やっぱり八百長だ」

という知ったげな論調がマスコミから流され、一般紙はプロレスのことを取り上げなくなった。後援していた毎日新聞までが身を引き、代わって系列のスポーツニッポン新聞が後援していた。が、まだまだ当時のスポーツ新聞は、いまのようには一般化していない時代である。

シャープ兄弟再来日以降の興行も、尻すぼみであった。こんなときに、東富士に引退されたのでは、元も子もない。ヒーローには、やはりライバルが必要であった。

永田の耳には、力道山が陰でささやく言葉が聞こえていた。

「永田さんは、外人の面倒を見すぎるよ」

「興行のやり方が、弱いんだよ。あれは、永田さんが浪花節や歌謡曲の興行のほうを本業として力を入れてるからだ。プロレスは、浪花節や歌謡曲に利用されてるだけだ」

陰口のほかにも、力道山の目に余る行状を耳にするたびに、永田の心は力道山から離れていった。

やれ、巡業先でヤクザ者に瀕死の重傷を負わせた。やれ、赤坂のクラブで大立ち回りを演じて店を目茶苦茶にした。あげくの果ては、永田が大事にしている大歌手に手を出そうとした……など、許しがたい増長ぶりに、ついに永田はみずから決意し、力道山を呼びつけた。

「社長を辞めたいと思っている」

本気であった。

いかに永田追い落としの陰謀をめぐらす力道山ではあっても、いまはまだ永田の力は必要だった。

「わたしが、あんまり威張るからですか？」

これには、さしもの永田も一瞬、言葉を呑み込んだ。単刀直入に、明け透けに本心を突かれたのだ。そんなことを、力道山がさらりと口にするほど、ふたりの関係は冷え切ってしまっていたのだった。

永田には、斟酌するところがある。そう言われたら、そうだとは言えない。

「いや、そういうわけではないけれども……」

と答えたそばから、力道山が、

「まあ、そう気の短いことをおっしゃらずに、もうしばらくやってくださいよ」

と言ってきた。

もうしばらく―とは言いぐさだな、と永田は思ったものの、力道山のペースに巻き込まれ、その場はうやむやになってしまった。

だが、もはや興行としても、それほど魅力のなくなったプロレスに、永田だけでなく、吉本株式会社の林弘高もすっかり興味を失っていた。

ルー・テーズを呼ぶ

このままでは、築き上げてきたものが潰れてしまう。力道山は永田追い落としよりも、日本プロレス建て直しのための一大イベントを打つことを迫られていた。

昭和三十二年二月十五日、力道山は豊登と秘書の吉村義雄を引き連れ、アメリカに飛んだ。ＮＷＡ世界チャンピオン、ルー・テーズとの世界タイトルマッチを日本で行なうという契約を取りつけるためであった。テーズは九百七十七連勝という前人未到の大記録を打ち立てた、屈指の名レスラーである。

力道山は二十八年十二月六日、二度目の渡米のとき、一度だけ挑戦したことがある。そのとき力道山は、七百連勝中のテーズに必殺のバックドロップを喰らい、後頭部をマットにしたたかに打ちつけて脳震盪を起こし試合続行不可能となり、無念の敗北を喫していた。

日本に世界最強の男テーズを招いて、はじめてアメリカ以外の国で世界選手権を開催できれば、これ以上のインパクトはない。それにテーズを呼ぶことは、二年前から力道山がファンに公約したまま果たせずにいた、最大の懸案なのであった。テーズを呼べず、あきらかに力道山よりも格下のレスラーばかりで打たれる興行にファンが飽きていたことも、プロレスに秋風を呼びこんだ原因となっていたのである。

力道山は、ロサンゼルスのグレート東郷邸に足をはこんだ。東郷はアメリカのプロレス人脈に精通していた。

本当は好感の持てる人物ではなかった。二十七年に初渡米したとき、日系であることを逆手にとり、さんざんにショーマンとして客から罵倒され、あげくの果ては無惨にやられ役になってみせる東郷を見てからというもの、自分だけはああはならぬと心に決めたのである。金にも汚かった。

その東郷邸の庭で、バーベキューを楽しんでいたとき、力道山は突然、東郷に向かって深々と頭を下げたのだった。随行した吉村が語る。

「力道山はあのとき、真剣な表情でこう言ったのです。『東郷さん、お願いします。日本のプロレスを育ててくれ』と」

力道山はさらに、こう続けたという。

「東郷さん、あんたが儲けてもいいよ。それでもいいから、ルー・テーズを呼ぶのに力を貸してくれ」

テーズは十月に来日し、二度の世界選手権試合を行なうことが決まった。それより前の八月には、〝黒い魔神〟と異名をとる黒人レスラー、ボボ・ブラジルがやって来ることになった。黒人レスラーは、日本ではじめてである。

五月二日、力道山一行は、意気揚々と帰国した。そうして、いよいよ力道山は、永田を追い落としにかかった。

萩原祥宏という人物がいた。戦前の右翼団体「黒竜会」の内田良平門下で、みずからも銀座に萩原青年同盟という組織をつくったこともある。その道に力を持った人物である。

もともとその萩原と親しかったのは、永田であった。永田は終戦直後に、新橋の料亭「河庄」で萩原とめぐり会った。河庄には、空襲で焼け出された大物たちが、寝泊まりしていた。永田と萩原も、そのメンバーだったのである。

力道山も永田に連れられて方々を回っているうちに、萩原と親しくなった。愚痴も聞いてもらうようになった。

「自分ばかりが骨身を削ってやってて、いいところは、みんな永田さんや林さんたち役員に持っていかれちまうんですよ。わたしの身にもなってもらいたいですよ」

萩原は、日本の英雄になった力道山に、すっかりほだされていた。プロレスの熱烈なファンでもあった。

「よし、そういうことなら、おれから話をしてやろう」

プロレス生みの親も去る

昭和三十二年初夏、永田は、東銀座の日新プロ事務所で、萩原を迎えた。

「ねえ、永田さん、そろそろ潮時じゃないですかねえ」

いきなりそう切り出された永田は、

「いったい、何のことですか」

とおどろいて訊き返した。

「いや、リキのことですよ。あそこまで天狗になったんじゃ、永田さんとどっちが主人なのかわからんじゃないですか。新田さんが亡くなってからは、それがまた、一段とひどくなった。もう、だれのいうことも聞かんでしょう」

永田は、そういうことかとうなずいた。

「たしかに、そのとおりですね。それで、なにかいい知恵がありますか？」

「考えてみたが、ないですねえ。聞けば、リキはアメリカでは、選手としてだけではなく、プロモーターとしてもふるまっとるらしいじゃないですか。日本のプロモーターは、永田さん、あなたでしょう」

永田は、腕を組んだ。萩原が、はっきりと言った。

「リキは相当のぼせあがっている。これ以上長くいっしょにやってると、最後は喧嘩別れになるかもしれませんよ。相手は、まだ若い相撲取り上がりじゃないですか。そういうのと喧嘩別れじゃ、みっともないですよ」

永田に未練などさらさらない。望むところである。力道山の膿が、ずいぶんと溜まっていた。それが萩原の話によって、ようやく外に吐き出された思いであった。

「そうか、リキと手を切りますか……」

萩原は永田の言葉を、はっきりと聞いた。

永田はこのとき気がついていないのだが、萩原は力道山に上手く丸め込まれて、力道山の立場に立っているのである。萩原は永田の気持ちを咀嚼しながら話を持っていき、うまく永田から辞任の言質を引き出したのだった。

永田はすぐに、吉本興業の林正之助、弘高の兄弟に話をした。林兄弟は、永田の決断を遮るどころか、呆気ないほどすぐに同意した。

「そうですね、そのほうが、いいかもわからんですねえ」

ふたりも、力道山に対して、永田と同じような感情を抱いていたのである。さらに、こう言ってきた。

「永田さんが辞めるのなら、われわれも一蓮托生で辞めますよ」

まもなく赤坂の萩原邸の居間に、永田、林兄弟、それに日本ドリーム観光社長の松尾国三、日本精工社長の今里広記が集まった。力道山も同席した。

萩原が経過を説明した。林弘高が、最後になって永田に言った。

「永田さん、われわれは辞めます。しかし、プロレスの創始者はあなたなんだから、なにも辞めんでもいいでしょう」

「いや、わたしは辞めるよ」

永田は、きっぱりと言った。

こうして日本プロレスを草創期から支えてきた者たちは、全員が力道山に愛想を尽かし、辞めていくことになった。

「永田さん」

不意に、力道山が声を上げた。

「これでいいんですか」

言い置くことはもうないかと念を押している。永田は、そう受け止めた。最後の最後で本性を見せたと思った。

よくもぬけぬけと。

永田は力道山を睨みつけた。

「ない」

旗揚げのとき、料亭「蘆花」を売り払った。電話を二台引いた。リングをふたつつくった。車も買ってやった。金もやった。それはだれがしてやったのか。この永田貞雄ではないか。

辞めるに当たって、さまざまな条件を付けることは、当然できる立場にあった。リングを返せということもできる。

だが、永田はいっさい口にしなかった。すべて力道山とプロレスに関わるものは、身辺から切り捨てたかった。また、そんなことを言うほど、気持ちは小さくなかった。

ルー・テーズを招いての興行を最後に、永田らは日本プロレスから去ることになった。

普段ならば、これからどこかで食事でもしようということになる。だが、だれひとりとして言い出す者もなく、出されていた茶に手をつける者さえなく、ものの二十分ほどであっけなく話し合いは終わったのである。

さらにこの時期、力道山の周辺は大きく揺れ動いていた。

もっとも大きな収穫は、日本テレビが「ファイトメンアワー」と銘打って、ディズニーランド・フィルム特番と隔週で六月十五日から金曜日のゴールデン・アワーにレギュラー放送することを決定したことである。

力道山が狂喜したのは、いうまでもない。ところが、問題が持ち上がった。よりによって頼りにしていたスポンサー、八欧電機の態度が冷たいのであった。

三菱電機がスポンサーに

八欧電機は、旗揚げ以来の大スポンサーである。それが、力道山が三年越しのルー・テーズとのタイトルマッチ契約を果たして帰国したというのに、何の反応も示さないのだった。

それに加えて、最大の功労者だった宣伝部長の成瀬幸雄が、まったく突然、八欧電機を退社したのである。窓口を欠いた力道山は、途方に暮れた。成瀬こそは力道山にぴったりと寄り添い、陰に陽にたがいの恩恵をむさぼりあった仲だった。

一介の町工場ほどの規模でしかなかった八欧電機は、プロレス中継によって、テレビ受像機部門では最大手の早川電機、松下電器についで堂々の三位に急成長を遂げていた。それも成瀬の判断でスポンサーとなったためだった。力道山を〝ミスター・ゼネラル〟として前面に押し立てて売り出したゼネラル・ブランドのテレビ受像機は、飛ぶように売れたのである。

成瀬の突然の退社は、力道山に近づきすぎたあまり、リベートの噂などが流れたからだといわれている。

ともかくも、国民のプロレスへの熱狂的なボルテージに比例して、テレビ受像機の需要も伸びに伸びたから、そのような問題が起こりうる土壌は充分にあったのである。

昭和二十九年には五万台でしかなかったのが、三十年には三倍以上の十七万台、三十一年には四十二万台、そしてこの三十二年には百万台に迫る勢いだった。以後も激増することは、確実であった。だが、プロレス興行そのものは、退潮の一途をたどっていたのである。

八欧電機は、力道山との提携の目的をほぼ確立してしまったいま、なにかと噂の絶えない成瀬宣伝部長を切り、力道山に対しても冷淡になっていた。

そうして、日本テレビの「ファイトメンアワー」のスポンサーにはならない、十月のルー・テーズ戦の放送はTBSでやってくれ、と言ってきたのである。

「そのために、力道山との間には、ちゃんと契約を結んでいる」

とまで明言したので、日本テレビは力道山に注目した。

「ファイトメンアワー」を企画した日本テレビの戸松信康プロデューサーは、あわてて力道山から事情を聞いた。

浮かび上がってきたのは、いかにも力道山らしい問題であった。

渡米前、八欧電機を訪ねた力道山は、八欧電機から三百万円もの〝餞別〟を受け取っていたのである。八欧電機はそれを指して、ルー・テーズとの世界選手権契約の前渡し金というのだった。

この時点で戸松は、スポンサーなしの自前放送という異常事態を覚悟した。

日本テレビが独占中継を勝ち取るためには、そうするほかなかったし、さらにTBSとのプロレス放映権争奪戦に完全に勝利するためには、力道山にその三百万円を叩き返してもらい、八欧電機と絶縁してもらわなければならなかった。

力道山は、悩みに悩んだ。スポンサーなしの出血放送に踏み切るという英断を下してまで、プロレスのレギュラー番組化に情熱をたぎらせる戸松と日本テレビに対して、やはり力道山も決意しなければならなかった。

三百万円の小切手を、使いに持たせて八欧電機に走らせた。ついに絶縁することに踏み切ったのである。

八欧電機は、むろん受け取らなかった。小切手を突き返してきた。

力道山は戻って来た使いから小切手をむしりとるや、それを郵便で八欧電機に送りつけ、一方的に絶縁を宣言したのであった。

麹町の日本テレビに車で乗りつけると、会長室に飛びこんだ。日本テレビ会長の正力松太郎の前で、力道山は深々と頭を下げた。

「先生、このたびは、たいへんご迷惑をおかけいたしまして、まことに申し訳ございませんでした。八欧電機との関係は、わたしが責任をもってきれいにしました。この件で、いっさいのご迷惑は、もうおかけいたしません。プロレス安定路線確立のためのテレビ企画は、いっさいお任せしますので、どうぞよろしくお願いいたします」

　正力は、その態度に満足した様子だった。

「力道山君、日本人の誇りを回復してくれるのは、きみのプロレスなんだよ。日本テレビは、最初からきみのプロレスの中継をやってきた。プロレスとともに歩んできたという自負がある。これからも精いっぱい活躍して、国民に勇気と力を与えてやってくれ」

　大正力とまでいわれる読売王国の首領は、力道山のプロレスとプロ野球巨人軍だけは、何があっても潰してはならないと社内に徹底させていたのである。

　ＴＢＳはことの顛末を聞き、怒りも露わにはっきりと宣言した。

「力道山およびプロレス興行とは、今後いっさいの縁を切る」

　その言葉通りＴＢＳは、プロレスの取材にすら、以後まったく手を出さなくなった。

　日本テレビは、スポンサー探しに躍起となった。だが、おいそれとレギュラー番組のスポンサーに名乗りを上げる企業など、あるはずもなかった。莫大な金がかかる。

　その間、戸松は飛び回り、そごう百貨店を通じて、三菱電機とコンタクトをとった。正力松太郎の同意も得てあった。

　何故に三菱電機だったかといえば、この三十二年五月に竣工したばかりの有楽町の読売会館新築工事に、三菱電機の協力を得ていた関係があったからである。重電関係ばかりでなく、家電にも力を入れている三菱電機のような大メーカーなら、なんとかスポンサーになってくれるのではないかと考えたのだった。

　戸松は力道山を連れて、丸の内の三菱電機に行った。社長の高杉晋一、副社長の関義長、常務の大久保謙の最高首脳陣は、すでに来社の意図はわかっている。正力から直々に、力道山プロレスによる社会的志気の振興という役割を担ってほしいと説得されていた三人は、長期的な企業戦略も含めて、その呼びかけに大きく傾いていた。

　戸松は、三人の最高首脳に言った。

「ご承知のとおり、力道山君はプロレスを通じて、日本国民の自覚と誇りを取り戻し、日本人の生活に活力と潤いをもたらしています。日本は講和を果たしたとはいえ、真の独立はまだまだです。力道山君は、プロレスを通じて、日米親善の架け橋をつくっています。彼は人間としても立派ですし、われわれが支援して、その道をまっとうさせたいと思います」

高杉社長が、はっきりと答えた。

「力道山君の古武士のような人柄は、まったく魅力的ですよ。ちょうど読売会館もでき上がったことだし、正力さんとも話し合って、力道山プロレスを、わが社が応援することにしたい」

大久保常務も、すぐにそのそばから付け加えた。

「力道山君のプロレス放送は、視聴率も高く、健全でもあるし、スポンサーとして、わが社のイメージにも合う。わたしも力道山君の精進ぶりに、つくづく感心していま す」

そして力道山を見ると、

「あなたがプロレスを続けるかぎり、三菱もプロレス番組を応援していきますよ」

と微笑んだ。

こうして、ついに三菱電機が、「ファイトメンアワー」のスポンサーになることが決定したのである。

力道山は、ここでも深々と頭を下げ、

「このご恩は、忘れません。本当にありがとうございます」

と総身から礼をいった。

三菱電機を出たあと、力道山は輝くような表情で戸松信康を見た。

「戸松さん、これでわたしも安心しました。これまでも、みなさんのおかげで努力を続けてきましたが、やっぱりテレビに密着したプロレスでなければ成り立ちません。プロ野球とは違うんですから。三菱さんの協力は、何よりの賜物です。ルー・テーズとの世界選手権は、必ず成功させてみせますよ」

六月十五日、「ファイトメンアワー」は、三菱電機の一社提供ではじまり、力強い新時代の第一歩を切り開いていこうとしていた。

〝黒い魔神〟ボボ・ブラジル

八月には、やはり日本ではじめて〝黒い魔神〟と異名をとる巨漢の黒人レスラー、ボボ・ブラジルを招き、退潮ムードにあったプロレス興行を一気に盛り返し、テーズ戦へといやがうえにもファンの期待感を煽った。

テーズ戦は、日本プロレス興業株式会社の社長以下役員を退いた日新プロ社長の永田貞雄、吉本興業社長の林正之助、吉本株式会社社長の林弘高兄弟の三人と、力道山との間で行なう最後の興行でもあった。

三人対力道山の歩合興行で、永田ら三人は総売上げの五五パーセント、力道山はひとりで、四五パーセントを手にすることが確約された。

永田たちの五五パーセントには、会場費をはじめ、宣伝費、設営費などの経費いっさいが含まれていた。

力道山の四五パーセントには、テーズへのギャラ、旅費、滞在費が含まれていた。ところが、テーズの来日が迫ったある日、力道山は突然、永田らに「あと五パーセントよこせ」と申し入れてきたのである。

永田は、わざわざこの件で、東京から力道山が宿泊している大阪の新大阪ホテルに乗り込んだ。林兄弟も、いっしょであった。力道山は、さかんに窮状を訴えてきた。

「大変、金がかかって、もうどうしようもないんです。テーズのギャラが、めっぽう高くて、何とか抑えてもらったんですが、それでもまだどうしようもなくて……お願いします。あと五パーセント、譲っていただけませんか」

「そりゃあ、リキさん、おたがいさまじゃないか」

一番年長の林正之助が口を挟んだ。

「こっちだって、膨大な金がかかっとるんや。チラシだって、チケットだって、いっぱい刷った。当初予定しとったより、何倍も金がかかっとる。会場だって、東京は後楽園球場、大阪は扇町プールやでえ。そら、ものすごい出費や。しかも、こっちは三人で、五割五分や。リキさん、ちょっとあんた、虫がよすぎやあせんかい」

ところが、力道山は自分のことを言うだけ言ったあとは、貝のように口を閉じてしまったのである。

林が何を言っても、答えない。

大阪で「吉本」といえば、知らぬ者はない。当年とって五十八歳、なかなか話も上手い。力道山も計り知れないほどの恩を受けている。が、その林がいくら説得しても、力道山はじっと下を向いて、咳ひとつしない。

永田は、歯ぎしりするような思いであった。

〈なんというやつだ。よくもまあ、こんな態度が取れるもんだ〉

二十分、三十分と過ぎていくのだが、力道山はついに、岩のような姿勢を頑として崩さなかった。

選手がリングの上に立たなければ、興行は打てない。結局、永田ら三人は、五パーセントを譲らざるをえなくなった。

力道山は、まんまとひとりで、総売上げの半分を手にすることになったのである。永田は、胸の奥を掻きむしられるような思いであった。

〈別れ際くらい、きれいさっぱりすればいいものを……〉

ところが、さらに新たな問題が持ち上がった。

住吉一家の泥谷直幸が、使いを永田のもとによこして、こう伝えてきたのだった。

「お別れ興行するのなら、死んではいるけれども、そこに一枚、新田新作の立場を挟んでくれればいいじゃないですか。売上げの中から、新田さんの仏前に、いくらか上げてもらったらどうでしょう」

永田は、またも頭を抱え込まねばならなかった。泥谷は、力道山とつかず離れずの関係だった住吉一家三代目の阿部重作とはもちろん、新田とも親しかった。永田も、むろん知っている。

いまさら、新田のことを持ち出されても……と思ったところで、たしかに力道山にとっては大恩人である。初代日本プロレス協会理事長と、日本プロレス興業の社長もつとめた。泥谷の申し出には、たしかに大義名分がある。

東京にいる林弘高と連絡をとり、泥谷と会うことにした。

赤坂の料亭「千代新」に、三人が会したのは、まもなくのことであった。

四、五十分ほど、世間話をしているうちに、潮時をみて泥谷が話を切り出してきた。

永田は、そこで婉曲に断わった。

「お話はごもっともだけれども、経費がどれだけかかるかはっきりしていないし、テーズ側の条件も厳しい。ですから、ここで即答はできません」

だが、泥谷もその道のプロである。大義名分があるのだ、やるならやってみろと、一歩もあとへ引かない。

「永田さん、もうプロレスは、やらんと言ってたんじゃないんですか。ところが、テーズ戦の興行はやるという。それなら、そこに新田さんのことを考えてやってもいいでしょう。でなければ、興行をやるなんておかしいじゃないですか」

「それは社長をやめるという意味ですよ。やめてからは、別の立場でプロレスをやることがあるかもしれませんよ。わたしも興行師ですからね。それに、テーズ戦のことは、もうリキと話がついてますよ」

「じゃ、興行はやるんですね」

「そりゃあ、合う商売ならやりますよ」

「それじゃあ、やんなさい！」

泥谷は、席を立って出て行った。

「泥谷さん！」

林弘高があとを追いかけたが、すでに泥谷は玄関から姿を消していた。

この話は、瞬く間に、その道の世界に広がった。あいだを取り持つ別の組の人間が、出てきた。これ以上、問題をこじれさせないためにも、永田のほうとしても、ここらで手を打たねばならなかった。

結局、総売上げの五パーセントを、新田の仏前に供えることになった。

永田は、そのことを力道山に伝え、半々の二・五パーセントずつを出し合うことで話を決めた。

テーズ来日

こうして、日本初の世界選手権試合は、華やかな装いの陰で、金銭をめぐる暗闘を繰り広げながら、ようやく開催にこぎつけたのであった。

九百七十七連勝という大記録を打ち立て、〝鉄人〟または〝不世出の名レスラー〟と称賛されるＮＷＡ世界ヘビー級チャンピオン、ルー・テーズは、昭和三十二年十月二日、フレッダ夫人を伴って、ついに日本のファンの前に姿を現した。

羽田空港には、スポーツ紙だけでなく、一般紙の記者たちまで取材に殺到した。都内の目抜き通りを、オープンカーに乗ってパレードする世界王者に、沿道につめかけた人々は歓声を送り、さかんに紙吹雪を投げて歓迎した。それほどにテーズ来日は、日本中を沸かせた社会的事件だった。

翌三日夜、テーズ夫妻歓迎のレセプションが、丸の内の東京会館で行われ、その席で酒井忠正が引退して空席となっていた日本プロレス・コミッショナーに、自民党副総裁大野伴睦の就任が発表された。

大野は、副総裁に就任してからというもの、党務に専念すると宣言し、それまで何十とあった役職をすべて降りていた。その大野を口説きに口説いて連れて来たのは、コミッショナー事務局長の工藤雷介であった。大野とは古くからの知己だった。

大物政治家のコミッショナー就任は、力道山にとって大きな力となった。大野はレセプションの席で、こんな挨拶をした。

「わたしは、プロレスが好きだからよく見るが、コミッショナーの仕事についてはは知らない。自民党副総裁になってからは、党務に専念するため、一切の役職を辞めたが、今回たっての要望に動かされて引き受けた」

顔には笑みすら湛え、ご満悦の様子だった。

力道山は九月二十八日から、箱根の芦ノ湖畔で異例のキャンプを張った。テーズに近い体格を持ち、屈指のテクニシャンである吉村道明をパートナーとして連れて行き、特訓に明け暮れた。

沖識名の指示通り、ロードワークを中心に据え、減量にもつとめた。テーズの動きについていくためであった。力道山にとっては、はじめて経験する、細心の注意を払ったトレーニングだった。

世界選手権試合は、東京の後楽園球場と、大阪の扇町プールの二カ所で行なわれる。十月六日、第一回目の後楽園決戦は雨が降り、翌日に順延になった。

力道山にとっては、少しばかり幸運な雨となった。前日、空手チョップの練習で右手の甲を痛め、水を抜いたばかりであった。試合が一日延びたおかげで、六日中に腫れが引いた。

十月七日、後楽園球場には、プロレス史上はじまって以来の、二万七千人もの大観衆が詰めかけた。

試合は白熱の攻防となった。たがいの得意技をかわし、虚々実々の駆け引きが展開された。が、さすがにテーズは試合巧者で、力道山を引っ張った。十五分を過ぎたころには、力道山は全身から滝のような汗を流していたが、テーズは汗ひとつかかず、充分に余力を残していた。

三十分が経過した。力道山が不用意にヘッドロックでテーズの頭を左の腋の下にとらえたときである。力道山の腰に両腕を巻きつけたテーズはそのまま持ち上げ、後方に体を反り返らせて、力道山の後頭部をしたたかにマットに打ちつけた。日本のファンにとっては伝説となっていた、バックドロップがついに爆発したのであった。

だが、テーズの腰の位置が低かったため、力道山は救われた。落差が少なく、首と肩から落ちた。また、テーズ自身も後頭部を打って、フォールの体勢に入ったのは数秒経ってからだった。

カウントが入ったが、力道山は必死の反転でロープに逃れた。

以後、力道山は、決してバックドロップを喰わなかった。相撲が生きた。テーズが仕掛けようとすると、力道山は、テーズの足に自分の足をからめて阻止した。相撲でいうところの「かわず掛け」の応用であった。

テーズが仕掛ける。力道山が阻止する。この攻防に、二万七千の大観衆は、熱狂した。

最後は空手チョップで果敢にテーズを追い込み、何度もダウンを奪った。観衆はダウンのたびに、レフェリーのカウントに合わせて声を張り上げた。

六十分フルタイム闘った両者は、時間切れで引き分けた。だが、観衆は、はじめて見た世界王者が紛れもなく不世出のレスラーであることを思い知り、その王者と互角、いやそれ以上に渡り合った力道山の実力を認めたのだった。

第二戦目の大阪決戦は、それから六日後の十月十三日であった。扇町プールには、後楽園球場をはるかに上回る三万人もの大観衆が集まった。

六十分三本勝負で行なわれた世界選手権試合は、一本目をテーズがバックドロップからの体固めで取り、二本目を力道山が、空手チョップの水平打ちで奪った。三本目は、両者もつれあって場外に転落し、カウントアウトで両者ノーコンテストとなった。ここでも結局、引き分けに終わったのである。

そのころ、リングアナウンサーをつとめていた小松敏雄が、ルー・テーズの魅力を語る。

「テーズというレスラーは、すばらしいレスラーだった。バックドロップも技として絶品だったが、ドロップキックも絶品だった。ジャンプしたとき、きれいに両足が空中でそろってね、相手の選手にはシューズの裏の真っ白い部分が見えるんです。胸に当たるタイミングが、これで計れる。そうして当たった瞬間、大きく後方にのけぞって倒れる。花火のように、ふたつの体がきれいにはじけて、客を魅了した」

二度の世界選手権を終えた力道山は、テーズとともに地方を巡業してまわった。どの会場も満員の盛況で、退潮ムードのプロレス人気を一気に盛り返した。

さて、しかし、大阪の二度目の選手権試合が終わったあとで、力道山はこれを最後に別れていく永田らに対して、またも苦々しい思いを味あわせた。試合が終わった夜、宿泊先の旅館では、異様な光景が現出したのである。

力道山が送り込んだ者たちが大勢やって来て、集まったチケットを細かくチェックしはじめたのだった。

永田は茫然とその光景を眺めながら、割り切れぬ思いでいっぱいになった。

〈何ということか……興行は、おたがいが信用しあって打つものなのに、こんなことをするなんて〉

興行が終わったあとで、いちいちチェックをするような、いやらしいことはした試しがない。

徹底的にチェックしていくその作業を見ながら、歩合興行ということで、力道山が持ち前の猜疑心を露わにしてきたに違いないと、永田は思った。

〈最後の最後ぐらい、きれいに別れればいいものを……〉

林兄弟も呆気にとられ、ただ茫然と見守るばかりであった。

「いやな男だな……。リキのやつ」

林正之助がつぶやいた。

力道山の生みの親、育ての親の永田は、どうしようもない不快感を抱きながら、力道山とプロレスから離れていったのである。

東富士もまた、結局は昭和三十四年に正式にプロレス界を去っていく。後ろ楯であった新田新作の記憶が、人々の心からすっかり消えていったころである。プロレスがようやく本格的な隆盛期を迎えたと悟るや、それまで必死に東富士の引退を食い止めていた力道山は、引き止めることもしなかった。

―第9章―

KARATEを世界に

大山倍達、南米、アジア、ヨーロッパを廻る

◉昭和三十年～三十三年

ミスター大山は二十世紀のヘラクレス

昭和三十年二月、大山倍達は、アメリカに渡った。アメリカは、今回で三度目であった。

アメリカの三大自動車会社の一つ、クライスラー社の社長、ベッド・フォード・テールの招きであった。テール社長の招聘は、これが二度目であった。

テール社長は、大山に対し、最大限の賛辞を送っていた。

「ミスター大山は、二十世紀のヘラクレスだ」

ヘラクレスは、ギリシャ神話のなかでもっとも有名な英雄で、ギリシャのペロポネソス半島北東部にあるネメア川上流の谷あいに住みつくライオンや、エリュマントス山の猪など、数多くの怪物退治をし、人々に崇められた。

テール社長が初めて大山に会ったとき、想像していたよりあまりに小さな男だったため、おどろいたという。

「小さな男だ。小さな日本人だ。日本の相撲レスラーのような大男じゃないじゃないか」

が、このような小柄な体にもかかわらず、これだけの業績を上げるチャンピオンならなお凄いと、テール社長はあらためて大山を認め、二度目の招待となったのである。

大山はニューヨークの五番街にある、テール社長の豪華なマンションを訪ねた。

テール社長は、ひどく機嫌をよくして、着いた早々の大山にさっそく提案してきた。

「ひとつ、いっしょに旅行をしようじゃないか」

最初に連れて行かれたのは、アメリカ一の保養地、フロリダ州マイアミであった。

テール社長は、マイアミの中でも、一等地中の一等地、バンビーチに別荘を構えていた。

空港には、すでに迎えの車が来ていた。

しばらくして車が脇道へ入ると、テール社長が言った。

「ここが、門だよ」

確かに、立派な構えの門である。ところが、いつまで走ってもなかなか玄関に着かないのである。二十分もしてから、ようやく玄関に着いた。大山は、テール社長の別荘の土地のべらぼうな広さと建物の大きさに、度胆を抜かれた。

しかも、なんとテール社長の隣りの家は、のちに大統領になるJ・F・ケネディの別荘であった。ケネディの別荘も、なかなかいい別荘だが、そのケネディの別荘より、テール社長の別荘は、格段豪華だった。

テール社長が言った。

「数日間、ここでくつろいで、それから南米をまわろう」

大山の今回の渡米の目的は、もちろんただの観光旅行ではない。倍達は、東京に正式に自分の道場をかまえようと、その資金集めのための渡米であった。今回は、きちんとプロモーターも介在していた。空手の底力を知らしめるため、プロレスをはじめ、各種の格闘技と対決することにしていた。

テール社長は、ここ一週間身辺が忙しいということで、大山は、マイアミで一週間ばかりのんびり過ごすことになった。が、テール社長の別荘がいくら贅を極めていても、三日も四日もいると、さすがに飽きがくる。別に、行動を規制されていたわけではないから、マイアミビーチで泳いだり、ドライブに行ったりして楽しんだ。

中国語で、アメリカのことを美国と呼ぶ。確かに、アメリカには美しく、豪華な光景が、国中いたるところにある。日本も、風景には恵まれた国だが、スケールの大きさでは、残念ながら敵わなかった。マイアミビーチの夜景も、その一つに違いなかった。ビスケイン湾を間に挟んで、マイアミシティとマイアミビーチが向かい合い、静かな海辺のホテルの列とハイウェイとが、きれいな点と線の灯の連なりを見せている。

大山は、ビスケイン通り沿いのホテルのバーに入った。窓から、マイアミビーチの夜景をぼんやり眺めていた。間もなく、南米にわたり異種格闘技との試合がある。それなのに、美しい夜景を眺めながら、虚ろな気分になっていた。

〈さすがのおれも、いささか疲れているのかな〉

むろん、人生に疲れてしまったということではない。まだまだ世界を歩き回って、強い人間や、優れた技の持ち主に出会ってみたかった。若いころは、日本中の柔道をはじめとする武器を使わぬ武道の猛者を訪ねては、戦いを挑んだ。いま、倍達は、日本を越え、世界の格闘技の強者に戦いを挑もうとしているのだ。

〈世界中の武器を使わない格闘術を、片っぱしから自分の眼で見て、できることなら空手との優劣を確かめてみ

たい〉

が、何十年かの人生の間には、ちょっとひと休みすることも必要だろう。そして、ひと休みするためには、マイアミというところはどうやら絶好の場所であった。

間もなく、吉本が報告に来た。

「南米の最初の訪問地は、ブラジルに決まりました」

カポエラの達人との対戦

ブラジルには、カポエラという独特の格闘技がある。ブラジルは、一五〇〇年、ポルトガル人のペドロ・アルバレス・カブラルによって発見された。ポルトガルは、ブラジル開発に積極的に乗り出し、十六世紀の終わりまでに、砂糖工場を造った。十八世紀までに、アフリカから、じつに約三百三十万人もの黒人奴隷を連れて来た。その奴隷たちの間で生まれた格闘技が、カポエラである。このカポエラの強者と戦うことになった。

リオデジャネイロに着くと、大山たちは大歓迎を受けた。それが、普通の表面だけの歓迎ではない。日本から来た空手家というだけで、みんな心から訪問をよろこんでくれるのである。それもそのはず、いま、ブラジルでは、大変な日本ブームだという。その火つけ役となったのは、柔道であった。この二年前にブラジルで開かれた柔道大会の試合で、日本人の柔道家が、ブラジル人の柔道家に殺されてしまったことがあった。

ブラジル在住の日本人たちは、恥辱とばかりに騒ぎ立てた。この屈辱を晴らしてもらおうと、彼らが日本から呼び寄せたのが、あの力道山と闘い、倒された木村政彦であった。

木村は、リオデジャネイロで、日本人柔道家を殺したブラジル人柔道家と闘った。

試合をはじめて何分も経たないうち、木村は、一本背負いで勝負を決めた。そして、なんとその相手の腕をへし折っていた。

木村は、試合に勝っただけでなく、一夜にして在ブラジルの日本人たちの英雄になった。ブラジル人も、木村の強さを誉めたたえた。これで、日本ブームに火がついたのである。

大山がブラジルに到着したとき、ちょうど木村もブラジルに滞在中であった。

空手より一足早く、柔道がカポエラと雌雄を決することになった。

大山は、カポエラというものがどんなものなのか、偵察も兼ねてその試合を見に行った。

木村といっしょにブラジルに来たのであろう柔道家は、白い柔道着に裸足。相手の選手は、茶褐色をした体躯のひどくがっしりした男で、白い長ズボンをはいている。が、それほど身長は大きくはない。

〈見た目は、五分五分といったところか〉

試合開始の合図がされると、カポエラの選手は、いきなり逆立ちをした。

大山は、初めて見るカポエラを不思議な思いで見た。格好だけ見れば、まるで軽業師のようにしか映らない。

〈逆立ちをして、いったい何をしようというのだ〉

男は、まるで忍者が自由自在に後に回転をするように、じつに敏捷に後に回転してみせた。さらに、前にも回転する。ヒョイヒョイと前に後ろに回転しながら、相手に近づいていく。大山は、目を瞠った。

〈いったい、人間が、こうもすばやく逆立ちで移動できるものなのか〉

しかも、手は相手を攻撃するためには使わず、足は回転しながら鋭い蹴りを見せる。

大山は思った。

〈奴隷は、常時、鎖で両手首と両足をつながれている。手も足も、自由に使いたくとも使えない。ただし、警察の手錠とは違い、労働には耐えられるよう、鎖は多少長く、ゆとりがある。そのため、逆立ちをして足を自在に動かし、相手を攻撃するカポエラが生まれたに違いない〉

ブラジルの国技は、サッカーである。子どものときからサッカーの練習をしているから、脚力は強い。そこにカポエラの修行をするから、威力は絶大なのだ。

足の力は、手の力の三倍から五倍といわれているから、理にかなった格闘技といえる。

柔道は、とにかく相手の体に触れなければ、なにも仕掛けることはできない。

柔道家が掴みかかろうとすると、カポエラの選手は、ヒョイと後ろに回転し、すばやく逃げてしまう。柔道家が何度しかけても、そのたびにカポエラの選手は逃げる。体に触れないため、柔道家はどうしようもなかった。

次に掴みかかろうと手を出した柔道家の体を引くタイ

ミングが、一瞬遅れた。

カポエラの選手は、そこを逃さなかった。

回転して勢いのついたまわし蹴りが、柔道家の腹に炸裂した。

「ウォーッ!」

柔道家は、その場に倒れ伏した。

柔道家は、ようやく立ち上がった。が、その後の勝負は見えていた。カポエラの選手の蹴りが、さらに柔道家の腹を襲った。柔道家は、今度は立ち上がれなかった。

カポエラの勝利であった。

が、大山は、それほど怯えなかった。

〈回転し続けていて、確かに足の蹴りは凄い。しかし、仕掛けてくるより、逃げる方が多い格闘技だ。しかも、手の技はない〉

大山は、自信をもって、自分の試合に臨んだ。倍達の相手は、リオデジャネイロで一番のカポエラの道場主であった。

〈どうせ、最初から逆立ちで回転しようとするに決まっている。その回転して地に手を下ろそうとする瞬間が、勝負だ〉

が、いざ面と向かって立ち会ってみると、カポエラの回転速度は、客観的に見ていたものより、より速く感じた。

大山は、回転して手が地に着こうとした瞬間を狙って、低く飛び足で相手の手を払いにかかった。ところが、そのときにはすでに地に手を突き終わり、さらに回転をはじめていた。

〈しまった!〉

尻をついた大山に、次のまわし蹴りが襲ってきた。

大山は、何とかよけた。

少し離れて体勢を整えると、今度は相手が回転して手を突くであろう位置を狙い、ふたたび低く飛んだ。

「ウォリャア!」

大山は、相手の手が地につくかつかぬかという瞬間に払った。

相手は、軸になる手を払われ、大きな音とともに、地に倒れ伏した。

間髪置かず、倍達はとどめをさすがごとく、相手の仰向けになった腹に手刀を叩き込んだ。

「ウォッ!」

鳩尾を突かれ、相手は一瞬、呼吸困難に陥った。

勝負はあった。大山は、柔道にも倒せなかったカポエラを倒したのであった。

リオデジャネイロの柔道愛好家たちの間で、倍達の空手が大変な反響を呼んだ。

大山は、ブラジルでは、リオデジャネイロから、サンパウロ、ブラジリアと空手のデモンストレーションをしてまわった。どこに行っても、格別の歓迎をされるため、テール社長はじつにご満悦であった。まるで天下でもとったような顔をしているテール社長に、大山は思わず苦笑した。大山らは、それからウルグアイを経て、アルゼンチン、そして、チリ、ペルー、コロンビアとまわり、プエルトリコを通ってアメリカ合衆国に戻った。それから、大山は、ひとりでヨーロッパへ渡ることになった。プロモーターの計らいである。

テール社長の紹介状は持って行ったが、今回はテール社長が同行しないため、通訳の吉本はつかなかった。まずロンドンに渡り、そこからパリに渡った。

ムエタイチャンピオンとの対決

ヨーロッパから日本に戻った大山倍達は、次の新たなる展開を考えていた。

〈ヨーロッパとアメリカを体験したいま、今度はアジアを旅してみたい〉

アジアに渡り、猛者と戦おうと思った。そう思い立つと、いてもたってもいられなかった。

大山の脳裏に浮かんだのは、タイの国であった。

〈タイには、空手より強いとさえいわれるムエタイという格闘技があるという〉

ムエタイとは、タイ式ボクシングのことである。攻撃には、グローブをはめた手だけでなく、足も使う。そういう意味では、空手によく似ているといっていいだろう。

大山は、インドネシアのジャカルタを経由して、タイのバンコクに飛んだ。

日本語のガイドをひとり頼み、さっそくムエタイを観に行くことにした。

バンコクのメインストリート、シーロム通りと交差するパッポン通り周辺は、一大歓楽街になっている。表向きは普通の酒場だが、裏では堂々と売春が行われている。そんないかがわしい淫靡な店が軒を連ねているちょうど間に、ムエタイのリング場はあった。入ると、みんな酒を飲みながら、にぎやかに騒いで観戦している。大山は、鼻を突く妙な臭いが気になった。すえたような、甘いような、一種独特の臭いである。

〈酒と煙草と人いきれが混じり合って、こんな異様な臭いが立ち込めているのか〉

大山は、ガイドの青年に訊いた。

「これは、なんの臭いですか」

青年は、少し顔をしかめてから、カタコトの日本語で答えた。

「これは、阿片です」

横では、客の手から手に、現金が飛びかっている。ムエタイの勝敗で、賭けをしているのだろう。まさに悪の巣窟といった感じであった。

選手の呼び込みの肉声でのアナウンスが場内に響くと、「ワッ」という歓声が上がった。試合は、ライト・ヘビー級だという。

〈ライト・ヘビー級なら、体重は、おれと同じで七十数キロというところか〉

ゴングが鳴った。手にグローブをしているから、見たところ、ボクシングとまったく変わらない。それゆえ、ボクシングと勘違いし、手で打ってくるものとばかりと思って見ていると、両方の選手が、いきなり足を蹴り上げたのに、まずおどろいた。

そのキックのスピードが、じつに早い。跳躍力もひどく大きく、最初のうちは戦っている選手ふたりとも、リング内を飛んでまわっているような感があった。

〈足の力は、手の力の二倍といわれているから、キック主体の格闘になるのは当たり前としても、このスピードだ。加速力がついている。まともに食らってしまったら、気を失いかねないな……〉

案じていると、まさしくその通りの結果になった。赤いパンツをはいている男が相手の肩の高さまで飛び上がったかと思うと、男の右足が、青いパンツをはいている男の顔面に炸裂した。青パンツの男は、見事に逆コーナーの隅まで吹き飛んだ。頭にかぶっていた青いプロテクトも、吹き飛んだ。選手の口から、舌を噛み切らないように咥えているマウスピースが吐き出された。口から泡を吐いて、ピクリとも動かない。

　怒号と歓声が、場内を飛びかった。ゴングが、打ち鳴らされた。とにかく、選手より客の熱狂ぶりに、大山は度胆を抜かれた。

〈さすが、ムエタイが国技の国だけあるなぁ〉

　このライト・ヘビー級のチャンピオンが、タイで一番強い、ブラック・コブラという名の選手であるという。

　青年が、説明した。

「ブラック・コブラは、ぼくらの間では、神様的存在なんですよ」

　大山は、唐突に言った。

「そのブラック・コブラに、試合を申し込みたい」

　ガイドの青年は、眼を剝いた。

「あなた、本気ですか。無茶ですよ」

「荒唐無稽なことを言っているわけではない。おれは、そのためにわざわざ日本からやって来たんだ」

　大山も一歩も引かなかった。

　青年は「わかりました」といい、さっそく次の日から取り次ぎに動いてくれた。

　国内のチャンピオンであるブラック・コブラは、タイトル維持のための試合にしか出場しない。

が、地獄の沙汰も金次第というところらしい。調べてみると、ブラック・コブラに試合を申し込みたいという命知らずは、案外多いこともわかった。そのなかに、自称空手の達人も何人か混じっていたらしい。もちろん、ブラック・コブラは無敗である。

　大山が正式に申し込むと、ブラック・コブラは鼻で笑ったらしい。

「また、日本の空手マンか」

　すでに何人か空手家を倒したことのあるブラック・コブラは、余裕綽々（しゃくしゃく）といったところか。マネージャーは、ふたつ返事でオーケーを寄こした。

　試合は、三日後ということになった。

　ブラック・コブラは、普段は故郷のチェンマイに住んでいる。試合のときだけ、バンコクにまで出てくるのだという。

　大山は、さっそくチェンマイまで出向くことになった。チェンマイは、バンコクを小規模にした感じの街だった。

　ブラック・コブラは、ここからもう少し山に入った村に住んでいるという。

「ここからは、車が通れません。別の乗り物で行きましょう」

乗り物といって、目の前に連れてこられた動物を見て、大山はおどろいた。大きな象なのである。象が三匹、静かに歩いてくる。倍達は、檻の外で、しかも働いている象というのを初めて見た。背に乗るとき、象は自分の足を「L」字型に曲げ、段を作って上れるようにしてくれる。その仕草が、なんともかわいらしかった。

そこから象に乗り、一歩一歩じつにのんびりした行進がはじまった。ところが、山道を行けども行けども、一向に村には着かない。何と、二時間も象にまたがって、ようやくブラック・コブラの住む村にたどり着いた。辺鄙なところであった。

そこに、豪邸が一軒、ドンと建っている。そこがブラック・コブラの家だということはすぐにわかった。大山が象から降りると、ものめずらしそうに人々がのぞき込んでくる。村中の人が出てきたのではないか、という大人数に囲まれ、逃げるようにして、ブラック・コブラの家の門を叩いた。ガイドの青年が到着を告げると、身内なのか、マネージャーらしき男が、応対に出てきた。

「あなたですか、わざわざ日本からブラックに挑戦しにきた空手マンというのは」

なかに通されると、極彩色の家具や調度品が眼を射た。

〈チャンピオンになれば、これだけの贅沢ができるんだ。みんな子供が憧れるはずだ〉

ブラック・コブラは、応接間のソファにふんぞり返るように座っていた。ふてぶてしい態度は、これまでに何人もの空手家を倒したという自負心からきているのだろうか。

大山は、ありったけの力を込めて、相手の心を読むように、眼の奥まで透かさんばかりに見据えた。嘲ったようなブラック・コブラの視線が、一瞬にして真剣味を帯びた。

「いやあ、よろしく」

立ち上がり、手を差し延べてくるブラック・コブラは、それほどの大男ではなかった。大山より、やや高いというほどである。体も、それほど筋肉隆々としているわけでもない。飛んだり跳ねたりのムエタイをするのにふさわしい軽さを保つためなのだろう。

試合は、夕方、少し陽が翳ってから行われることになった。ブラック・コブラの家の離れには、大山が眼を瞠るほど立派な屋根つきのリングがしつらえてあった。自分の気持ちを盛り上げるためか、単なるファンサービスのつもりか、ブラック・コブラは、リングサイドに村人たちを入れた。

大山は、道着に着替えると、眼をつぶった。脳裏に浮かんでいたのは、あの魚釣りの少年である。

〈とにかく、相手の動きを見ることだ。じっくり見て、スピードに慣れたところで、相手の次の動きを見抜く〉

大山には、試合に勝てる絶対の自信があった。

ムエタイの選手は、一発で相手を仕留めたがる。それは、体力がないせいだろう、と大山は見ていた。

タイの国は、どこへ行っても水が悪い。生水を飲み、肝臓を患っている者が多いという。それだけ、寿命も短かった。体力がないということは、持久戦に持ち込めば、それだけ有利になるということだ。

用意が整って現れたブラック・コブラは、自分は王者だといわんばかりに、名前とは違い、ブラックならぬ黄金色のパンツをはいて出てきた。

大山に気押されたのか、ブラック・コブラは、すでに挑戦的な眼になっている。

「おれは、何時でもはじめられる。そっちの都合がついたら言ってくれ」

ブラック・コブラは、言い終えると、観衆に愛想よくグローブの右手を振っている。

大山も、受けてたった。

「おれも、いつでも大丈夫だ」

大山がリングに上ると、間もなく、ゴングが打ち鳴らされた。

ブラックコブラが、するすると前に出てきた。ろくにフットワークも使わない。まるで散歩がてらに歩いているような歩調であった。

倍達も、前に出る。大山は思った。

〈射程距離に入った〉

ブラック・コブラの左足が、眼にも止まらぬ速度で伸びてきた。かすかにのけぞってかわした。間違いなくかわしたはずだった。が、ピシッ、という音がして、大山の鼻から血がしぶいた。ブラック・コブラの足の先が、ヒットしていたのだ。

ムエタイの蹴りは、一度膝を大きく突き出してから、あらためて足が伸びてくる。ちょうど、ジャック・ナイフのように。そのため、大山もさすがに間合が読みにくかった。

〈思ったより、伸びるな……〉

大山は、間合いをわずかに広くとった。

ブラック・コブラは、余裕の笑みを満面に浮かべている。相手を甘くみている、というよりも、自分の力に絶対の自信を持っているに違いない。

そして、それだけの実力もあった。

〈いったい、何人の空手家が最初の蹴りをかわすことができるだろう〉

ギリギリの間合いは、寸止めでは絶対に身につくことはない。つまり、日本の空手家のほとんどが、ムエタイの選手には勝てないということだ。右のローキックが飛んで来た。軽く足を上げて受ける。鈍い音がした。骨まで響く蹴りであった。完全に威力を殺したはずである。

大山は唸った。

〈こいつ、本当に強い……〉

下手なボクサーなどなら、この一発で足を折られてしまうに違いなかった。

〈懐に入れば、どうだろう〉

足技が得意な選手は、以外と接近戦に弱いものだ。大山は、思い切って距離を詰めた。

鞭のようなうなりを発して、右のまわし蹴りが飛んできた。左の肘で、思い切りはじく。一気に懐に飛び込んだ。眼の前に、ブラック・コブラの胸板があった。

〈よし！〉

鳩尾に、パンチを叩き込もうとした。その瞬間。大山は、反射的に飛び退いた。理屈ではない。勘であった。

大山のいた空間を、拳が薙いだ。ブラック・コブラのアッパーカットであった。もしあのままパンチを打っていたら、カウンターをくらって一発で終わっていた。

大山の背筋を、寒気が走った。

〈接近戦も、得意なのか！〉

さすがの大山も、攻め手がない。

おたがいに攻め手を欠いたまま、一ラウンド目が終了した。

二ラウンド目に入った。

ブラック・コブラは、かさにかかって攻め立ててきた。

ローキック。

さらに、ローキック。

小刻みで、隙がない。大山も、ローキックで返した。

それを待たれていた。

ブラック・コブラの巨体が、軽々と宙に浮いた。左の蹴りが、大山のこめかみに襲いかかった。間一髪、右手でブロックした。が、鈍い音とともに、ブロックがはじき飛ばされた。蹴りが、入った。こめかみである。大山の意識が、フッ、と遠くなった。ガードしていなかったら、確実に気絶していたに違いない。

ブラック・コブラが、また飛んだ。今度は両手でブロックする。かろうじて耐えた。

まだフラフラする体を気力で支えながら、大山はブラック・コブラの猛攻に耐えた。

腕が、きしんでくる。

〈このままでは、駄目だ〉

足の力は、手の力の三倍ある。いつか、腕をへし折られてしまう。

気が遠くなる思いで我慢しながら、大山は、ふとあることに気がついた。

〈意外と、単調だな？〉

確かに、すさまじいスピードと破壊力のキックである。が、よく観察すると、一定のリズムがあった。蹴り方も同じである。真っ直ぐに足を伸ばして、蹴りに来る。

〈これは、いけるかもしれない〉

大山は、はやる心を抑えて、タイミングを待った。

どのくらい耐えたのだろう。

ブラック・コブラの息が、だんだん荒くなってきた。あきらかに、苛立った様子がある。

〈よし、次だ！〉

大山は心を決めて待った。ブラック・コブラは、ひときわ高くジャンプするや、必殺の蹴りを放ってきた。大山の待っていた蹴りである。

大山は、気合いを込めて前に出た。

「イヤーッ！」

ブラック・コブラの伸び切った足の太ももに、肘を叩き込んだ。

「グワッ！」

ブラック・コブラが、もんどり打って倒れた。

大山は、大きく肩で息をついて、ブラック・コブラを睨んだ。両腕の感覚が、ほとんどない。とはいえ、これで勝利が見えた。流れは変わったのだ。

が、それでも、ブラック・コブラの闘志は衰えなかった。果敢に、左ジャブを繰り出してきた。が、片足を殺されていては、威力も半減である。

大山は、二、三発パンチを受けるのも構わず踏み込んだ。

「ヤッ！」

かけ声とともに、脇腹にショートパンチを叩き込んだ。ブラック・コブラの体が、くの字に曲がった。

〈よし、とどめだ！〉

拳を振り上げた。

レフェリーが、あわてて止めに入った。

ゴングであった。

「ストップ！」

大山は、とどめをさせなかったことを残念には思わなかった。必ず、勝つ。そう思っていた。もはや、ブラック・コブラには最後の力しか残っていない。その力のすべてを込めて、最初に飛び蹴りが来るに違いなかった。

ゴングが鳴った。大山は、すばやく間合いを詰めた。

視線は、ブラック・コブラの目に合わせていた。間合いを詰めながら、ブラック・コブラの体がわずかに沈み込んだ。

〈来る！〉

と、思った瞬間。大山も飛んだ。体が、軽かった。自分でも不思議なほど宙に浮いた。

ブラック・コブラの跳躍よりも、高かった。自分より高く飛ばれて、ブラック・コブラがあわてた。わずかに、空中でバランスを崩した。

そしてその腹に、大山の蹴りが入った。

「エヤーッ！」

ブラック・コブラの腹に蹴りを叩き込んだ。ブラック・コブラは、今度こそ戦う力を失ってマットに叩きつけられた。

大山の勝ちであった。

香港で会った大極拳の大家

ムエタイを制した大山が次に向かったのは、香港であった。日本と中国との関わり合いは、紀元三世紀、邪馬台国の時代に遡るが、空手の起源も中国とは切っても切れないものがある。征服者に武器を奪われた沖縄の人々が、武器が持てないなら、と自分の体を武器にしようとし発達させたものだというのが、大方の空手の起源である。

大山は、日本の空手は、あくまで日本で生まれたものと考えていた。

〈素手の格闘術は、おそらく歴史以前から、極端ないい方をすれば、人類がどうにか人間らしい生活をするようになったころからあったはずだ〉

『古事記』にある相撲の起源である垂仁天皇時代におこなわれた、野見宿禰と当麻蹴速の相撲の対決も、むしろ空手に近いものだったのではないか。大山は、そう考えていた。

が、空手は、中国から伝えられたものだ、という説もある。寛永五（一六二八）年、日本に帰化した明の詩人陳元贇は、少林拳を伝えた。この中国から伝わった拳法が、日本の空手の体系が整うのに、大きな役割りをはたしたことは間違いない。そうだとすれば、中国古来の拳法を身につけた中国の拳法家にはぜひ会っておかねばならない。

香港には、陳という大極拳の大家がいるという。

〈なんとかして、陳さんと手合わせ願いたいものだ〉

このアジア旅行の機会を、逃したくはなかった。大山は、香港に着くと、知り合った拳法家に、片っぱしから頼みこんだ。

「なんとか、陳さんを紹介してくれませんか」

会う人ごとに頼みこんだので、大山の来訪は、すぐに陳の耳に入った。

「日本の空手家なら、ぜひ会ってみたい」

陳は、大山が泊っているホテルまで、わざわざ迎えを寄こしてくれた。

陳の家は、香港の山手の住宅街の中にあった。小高い丘で、港を見下ろす、すばらしく眺めのいいところだった。通りには、白亜の邸宅がならんでいる。ほどなく、陳の家に着いた。周囲の家々よりは、少し格が落ちるが、きちんと道場もあるようである。

「いやあ、よく来てくれました」

わざわざ玄関まで出迎えてくれた陳本人を見て、大山はおどろいた。

〈こ、この人が、大極拳の大家といわれる陳さんなのか〉

長身だが、物腰のとても柔らかな老人なのだ。歳は、とうに六十の坂を越えているだろう。しかし、足腰はしっかりしているらしく、姿勢はおどろくほどいい。若いころ、ひどく鍛えぬいた体だということは、ひと目見てわかった。が、歳月が、たくましさをすっかり洗い流してしまっている。

陳は、奥の応接間に案内してくれた。陳は、英語で、自己紹介をした。

「わたしはね、中国本土の革命の後に、広東からやって来たんです」

挨拶もそこそこに、陳は、さっそく大山を道場に案内してくれるという。

いくら昔とった杵柄だとて、六十の老人と本気で手合わせをすれば、老人が吹き飛んでしまうのは眼に見えている。

〈これでは、気の毒で、とても真剣勝負はできない。が、負けるわけにはいかない〉

大山は頼んだ。

「あなたの技を、見せてくれませんか」

勝負は、しないことにした。

道場は、じつにこぢんまりした板の間であった。空手に限らず、格闘技でもっとも重要なことは、間合いと、相手の呼吸を読みとることである。宮本武蔵も言っている。

「相手の間合いを読みとり、相手の刀が自分に届かないと見れば、相手が打ち込んできても、むやみに動く必要もない」

いざ陳と向かい合って、大山は眉根を寄せた。陳の呼吸が、まったくつかめないのだ。息をしているのかどうか、それさえもわからないほど、不気味に静かだった。

手合わせをするつもりはなかったが、大山はいつの間にか、真剣勝負に挑んでいる気になった。

少しずつ、ジリジリと陳との間合いを詰めていった。が、陳は、一向に動こうとしない。陳が言った。

「遠慮はいらない。わたしから、いっさい手出しはしません。その代わり、あなたは本気で突いてきなさい」

足を使っても、手を使ってもいいという。大山は、なおも間合いを詰め、すばやく右の拳を突き入れた。ところが、陳は、体をまわすように、流れるように円を描いて、拳をよけるではないか。拳をよけた体から、陳の腕が、大山目がけて伸びてくる。

〈交差法か！〉

空手には、攻撃の型と防御の型のほかに、交差法がある。交差法とは、攻撃と防御が一体となったものをいう。決して、すばやい動きではないが、放っておけば腕は大山の体に当たる。大山は、陳の腕に当たらないように、全身を使ってよけなければならなかった。次の瞬間、大山は、今度は蹴りを入れてみた。陳は、またゆらりと体をかわし、大山の軸足を払いにきた。

点を中心として、陳の全身が描くあらゆる角度を持った円、いや、球体といった方が正確なのかもしれない。その円の中は、陳の制空権になっている。制空権内に侵入したものは、必ず撃ち落とす。それが陳の拳法だった。大山は、いくどもその制空権を侵そうと必死になった。が、何度挑んでも、陳はゆらりと逃げ出してしまう。

十分も続けただろうか。陳が言った。

「もうわかりました。今日は、ここまでにしましょう」

ふたたび応接室にもどると、茶が用意してあった。

陳は、にこやかにほほえんでいった。

「あなたの空手は、たしかに強い。スピードもあるし、パワーもある。しかし、あなたの拳法は、直線的ですね。線の拳法ですよ」

大山は、ハッとした。

陳は、香りの高い中国の茶を一服うまそうにすすって、続けた。

「点を中心として、円を描く。これが中国拳法の極意ですよ。線というのは、円に付随したものなんです。もし余裕があるなら、一週間ほど、わたしの家へ通ってみませんか。あなたになら、一週間で、わたしの持つ中国拳法の神髄を、そっくりお伝えできると思うんです。日本の人に伝えることができるなんて、ほんとに楽しいことですからね」

「ありがとうございます。ぜひお願いします」

大山は、翌日から、陳の道場へ一週間、毎日通った。

陳は、手を取って、大極拳の基本を教えてくれた。陳式大極拳は、立ち方や、型の練習だけでも十年はかかる。拳法家として強くなるためにはもちろん必要だが、大山には別に必要はない。陳老人が大山に教えたのは、もっと本質的なものであった。真正面から向き合ったとする。まっすぐ踏み出して殴れば、百の力で殴ることができる。受ける側も、例えば空手の十文字受けなどで受ければ、百の力で受ける。が、例えば右足を一歩、四十五度の角度で踏み出したらどうだろう。相手にとってはまっすぐでも、自分にとっては斜めになる。斜めの角度から相手の拳を受け流せば、百の攻撃を受け止めるのに百の力はいらない。四十の力でいい。柳が風を受け流すように、やさしく受け流すことができる。

陳老人は、大山と練習しながら、静かな声で言った。

「大山さん、あなたは、強すぎる。もう少し弱くなるのをおぼえた方がいい。その方が、体から余分な気が消える」

〈そうか。おれは、まだまだだなあ〉

そう思うと、気負いが抜けた。心のどこかに、自分の方が強い、という意識があったのかもしれない。力が抜けると、「円」の動きというのがよくわかるようになってきた。いわゆる日本武道でいうところの「後の先」であった。自分から仕掛ける必要はない。相手の出方に合わせてやればいい。直線で動く相手は、百の力でこちらに向かってくる。それを四十の力でさばき続ければ、放っておいても相手の体力の方が尽きる。

そして、体の動きに「点」をつくらないことが大事だった。直線の動き、たとえば四角く動けば、角のところで体が止まる。その一瞬が、隙につながってしまう。が、円の動きなら、その一瞬がない。水が流れるように淀みなく動くことができる。隙ができなかった。さらに、カウンターが狙いやすかった。直線を直線で返すときには、相手の体を弾き飛ばすことになる。たとえ受けても、距離は離れる。

が、円の動きで体をねじってかわすと、勢い余った相手の体が寄ってくる。そこに、拳を叩き込めばいい。

また、体の力を抜き、心を静かにして、無の境地になって構える、という練習をした。

〈まるで座禅だな……〉

大山は練習しながら苦笑した。この感覚は当たっていた。大極拳は、別名を「動禅」といい、座禅と違って動きながらする禅だといわれていたのである。大極拳は、大山の空手を飛躍的に強くしていった。わずか一週間である。

普通の人間であれば、一週間で何も身につきはしない。が、大山には、その前の膨大な練習の積み重ねがあった。開眼した、といってもいい。

ちょうど一週間目に、陳は、眼を皺のなかに埋めるように細めていってくれた。

「あなたのスピードとパワーとを、円に活かしてくださいよ」

そう言って、人のよさそうな微笑を見せた。翌日、大山は、帰国の途に着いた。

〈おれは、強くなったのかな〉

帰りの飛行機のなか、大山の頭のなかに、何か新しい技が生み出せそうな気が芽生えていた。その技がどのようなものなのか、大山自身、まったくわからなかった。

ただ、なんとなくそんな気がしていた。

悲願、三段蹴りの完成

大山倍達は、前回、南米からヨーロッパにまわったときにフランスを訪問していた。

フランスでは、キャバレーのショーにもやむなく出演したが、国内にある柔道のジムをまわり、空手のエキシビジョンも行なった。

そのとき、大山は、通訳を通して力説した。

「わたしは、素手の格闘技では、『空手』が世界最強だと信じている」

ところが、通訳が大山の言葉を説明し終えるやいなや、スッと手を上げるフランス人の男がいる。五十に手のとどきそうな、禿げあがった小男のフランス人である。生涯現役というが、この歳でまだ道場通いをしているのだから、よほど柔道が好きなのだろう。

大山は勘ぐった。

〈どうせ、柔道が世界一だとでも、言いたいのだろう〉

同じ日本で生まれた武道であり、たがいに相入れるところのある柔道であるが、実戦では空手の方が上だ、と大山は確信していた。

小男がいった。

「確かに、空手の威力はすばらしい。が、手を使わずに、足だけに限るという条件をつければ、フランスにも、サバットという格闘術がある。自分はかつて、サバットの試合を見たが、足だけで戦えば、空手とサバットはおそらくいい勝負になるだろう」

男は、口では「いい勝負になる」といってたが、顔には「足だけならサバットのほうが勝つ」と書いてある。まわりの者たちも、男に追随するようにうなずき合っている。大山は思った。

〈どうやらフランス人は、みんな空手よりサバットの方が上だと思っているらしい。そのサバットとやらの足技を、ぜひ見たいものだ。リオデジャネイロで戦ったカポエラとどこが似ていて、どこが違うのか〉

が、このときは時間に余裕がなかった。せっかくのサバットを目の当たりにすることなく、帰国の途に着いた。そのときから、心残りだった。

〈あれほどまでフランス人が口をそろえて言うのだから、サバットとは本当に強いに違いない〉

そんなふうにも思えるようになった。

ところが、サバットとはいったいどんな格闘技なのか、まわりの者に聞いてもだれも知らない。大山は人に頼み、サバットのことを調べてもらった。

一八三〇年、フランスは、アルジェリアに軍隊を派遣し、植民地化を開始した。が、原住民の激しい抵抗にあった。そのため、翌一八三一年、フランス国王ルイ・フィリップの命により、武力鎮圧のために外人部隊が創設された。外人部隊の志願者は、厳格な訓練と軍紀に耐えられる十八歳から四十歳までの男子であれば、国籍も過去も問わず採用された。そのため、世界中から荒くれ男たちが志願してきた。彼らは鎮圧後、アルジェリアに定住した。

三年後の一八三四年のアルジェリア併合以降も、スペイン女王イザベル二世の王位継承内乱やクリミア戦争、ナポレオン三世によるメキシコのマクシミリアン皇帝派支援に絶大なる力を発揮した。

第一次世界大戦後も、一九二五年のモロッコのリブ戦争、一九三〇年、フランス領インドシナ（現ベトナム）のイェン・バイ蜂起の鎮圧にも派遣され、その力のほどを示した。外人部隊の兵士は、その職業意識から、徹底した戦闘行為に走ることが多く、その残虐行為はしばしば世論の非難を浴びた。外人部隊では、規律を乱した兵士を罰するのに、足で尻を蹴り飛ばした。じつに、これがサバットの起源だという。大山は考えた。

〈たぶん、だれは蹴りかたが上手いとか、だれの蹴りにはスピードがあるとか、そんな話が兵士たちの間に広

まって、それが、競争のきっかけになったのだろう〉

初めは、軍隊内での兵士たちの遊びだったのが、しだいに形を整え、スポーツの一種に発展。十八世紀には、フランス国内で大流行した。

が、やがてイギリスからボクシングが入り、その流行につれて、サバットは流行スポーツの地位を追われた。現在では、一部の愛好家の間にだけ引き継がれているだけという。

大山ははたと考えた。

〈ボクシングが入って来たときに、どうしてサバットにボクシングを採り入れた新しい武術が生まれなかったのだろう〉

サバットが廃れたもう一つの要因には、武器の発達もあったに違いない。合理的な考え方をするフランス人に、素手の格闘術を発明させせなかったのだろう。

アジアの格闘技とも戦い続けてきた現在、どうしてもサバットとも戦ってみたかった。

昭和三十二年三月、大山の猛者と戦うことである。が、猛者がどこにいるのか、いざ自分と戦ってくれるかなど、まったくわかってはいなかった。


パリに着くと、以前に空手のエキシビジョンを行なった柔道ジムを訪ね訊いた。

「フランス一のサバットのチャンピオンは、どこにいるんですか」

以前、「空手とサバットはいい勝負になる」といった小男の姿はなかったが、別の、やはりそれほど体格の大きくない男が、教えてくれた。大山を試すように、靴の先から頭のてっぺんまで眺めてから言った。

「ニースのサバットクラブの道場主が、ここ数年来のチャンピオンだ」

サバットは、廃れたとはいえ、フランス国内ではまだまだ関心が高いらしい。

男は、にやりと笑って続けた。

「しかも、兄弟だ。兄弟ともに、チャンピオンさ」

大山は、ただちにニースに飛んだ。

市内の目抜き通りから少し入ったところに、サバットクラブはあるという。行ってみると、示された住所のところにあるのは、ヘルスセンターである。いくら探しても、サバットクラブは見つからなかった。辞書を見ながら、かたことのフランス語で訊ねてみると、何のことはない、そのヘルスセンターの中にサバットクラブはあるという。

大山が来訪を告げると、ジャック兄弟は快く出迎えてくれた。

「いやあ、わざわざ日本から、よくぞ訪ねてくれました！空手の達人なんですって！」

ふたりそろって、玄関まで出てきた。兄弟とも、大きなたくましい体をしている。大山より、五、六センチは高いだろう。握手を求めて差し出してきた手は、空手で鍛えた者のように節高くなってはいない。大山が力を入れる前に、相手からギュッと握りしめられた。

「わたしたちは、空手の信奉者です。ぜひ、あなたの空手を見せて下さい」

「いや、わたしの方こそ、空手より上だという風評のサバットの威力をぜひ見せてもらいたいと、わざわざ日本から訪ねてきたのです。すぐにでも、お手合わせを願いたい」

「いえいえ、遠路はるばるやって来られたんです。ひと休みしてからでもいいでしょう」

ちょうど昼飯どきである。ジャック兄弟は、大山を食事に誘った。本音は、一刻も早くサバットを目の当たりにしたかったが、大山も好意に報いざるを得なかった。

兄は三十五歳。弟は三十歳だという。兄の方が、説明した。

「いまわれわれが教えているサバットは、フランス伝統のサバットとは、少し違っています」

大山は、伝統のサバットすら知らないので、違うと言われても比べようがない。

兄は、にっこり微笑んでいった。

「空手の要素を取り入れたんです」

兄が続ける。

「空手は、すばらしい武道です。素手で戦う格闘技として、ぼくらはあんなにすばらしい格闘技は見たことがなかった。自己流ながら、さっそく自分たちの技にだいぶ取り入れました」

あまり腹をふくらませては、満足に戦えなくなる。大山は、メインの料理だけを平げると、あとは飲物にも手を出さなかった。

「じゃあ、腹ごなしに一戦交えるとしましょうか」

そううながす兄の灰色がかった青い眼が、一瞬きらりと光った。弟の方も、大山を挑発してくる。

「サバットの蹴りは、大変に威力がある。そのつもりでいるように」

大山も、「空手の蹴りは、それ以上に威力がある」そう言い返してやりたかった。が、それは我慢し、黙って席を立った。

クラブの床は、板の間。日本の道場とさして変わらない環境下で試合は行われることになった。兄が気を遣ったのだろう、最初は手合わせ程度に、と申し入れてきた。

弟の方が、最初に立つことになった。

大山は、道着に着替えて板の間に立った。

弟が、静かに構える。構えは、空手に似ていた。が、わずかだが、上のガードが甘い。

間もなく、兄が大声を張り上げた。

「アレ！」

「アレ！」とは、フランス語で開始という意味だ。大山は、身構えた。

〈どう仕掛けてくるか？〉

思う間もない。弟が大山の顔のあたりまで飛んだ。巨体に似合わぬ身軽さであった。右の前足が、大山の顔に迫ってくる。大山は、すばやく身をかわした。が、すぐに追い撃ちがきた。空中にいるまま、さらに左の足を出してきた。空中二段蹴りである。いまでこそ、極真カラテなどでは比較的知られた技になってきたが、当時は、空中二段蹴りなど存在すら知られていない。

大山は、唸った。

〈やるな〉

避けるだけで反撃をしない大山をどう思ったのか、弟はにやりと笑った。その笑顔が合図だった。

右のミドルキック。

左のハイキック。

さらに左のミドルキック。

息もつかせぬ連続攻撃が飛んできた。

大山は、すべてを捌いた。捌きながら、あらためて唸った。

〈さすがに、空手の要素を取り入れただけのことはある〉

とても、兵士の尻を蹴り飛ばすことから発展したとは思えない技だった。相手の足は右から左と、続けざまに飛んでくる。

大山は、相手の足をかわし、膝受けで防いだ。なんとか早く、サバットのテクニックとタイミングをつかみたい。

次に、相手が大きな蹴りを見舞ってきた。大山は、大きく後ろへ飛んだ。相手も、体勢を整えようとしたのか。空を切って、大山との距離を空けるように後ろへ飛び下がった。

相手の息づかいが、少しずつ荒くなってきているのを、大山は見逃さなかった。

〈確かに、サバットの蹴りは、威力は強い分、当たればダメージも大きいだろう。が、ブラジルのカポエラほどスピードは早くない〉

大山の眼には、サバットのリズムは読みやすかった。ボクシングでいうところの「テレフォンパンチ」である。

〈やはり、サバットは、格闘技ではなく、スポーツになってしまったんだな〉

スピードが遅い分、相手が足を蹴り上げてきてからよけても大丈夫であった。

大山は、不意にタイのチェンマイで戦ったタイ式ボクシング、ムエタイのブラック・コブラのことを思い出した。

大山は、ムエタイ相手の飛び蹴りを手で受け、相手の体勢が崩れたところへ二段蹴りをぶち込んだ。ブラック・コブラには勝ったが、タイからの帰途、大山は自分の技を、何とも物足りないように感じてならなかった。大山の頭の中には、手の受けと、足の攻めを一つのものにまとめられないか、という考えがあった。

〈もし相手が跳び蹴りにきたとき、こちらの手が使えない状態だったらどうするか……〉

その後も、自分ひとりで何度かその技を試してもみた。が、完成はみていなかった。

〈いまがチャンスだな〉

大山は、相手との間合いをはかりながら考えた。

〈手が使えない状態で、防御と攻撃を、完全に一つにつないだ技。もしそんなものを試すとすれば、サバットこそ最適だ〉

大山に当たらないのに焦ったのか、相手が一歩飛び下がった。ジッ、と大山を見ている。

〈来るな……〉

こういうときは、自分の最も得意な技で勝負してくるものだ。必ず、空中二段蹴りで勝負してくるはずであった。

弟が、ダンッ!と一歩踏み込んだ。

「ハイッ！」

かけ声といっしょに、宙に浮いた。

大山は、先ほどまでのように、体をかわそうとしなかった。踏み込みざまに、飛び上がった。

「ウオリャア！」

大山は、すさまじい勢いで迫ってくる相手の足を、ブラック・コブラのときのように手で受けようとしなかった。手は使えないもの、という条件で戦わなければ意味がない。

相手の足を、自分の右の足刀で内側から外に向け払いのけた。

その反動で、左足で、相手の腹に続けざまに二段蹴りを見舞った。

大山の足の動きがもう少し単調だったとしたら、あるいは相手が残った足で大山の攻撃を防げたかも知れない。相手の腹に、足がめり込んだ。空中で、相手の体がくの字に折れた。

〈完成したな……〉

大山の悲願であった三段蹴りを、ここで完成させることができたのだ。相手の体は、大きな音を立てて地面に落ちた。

一瞬遅れて、大山が足から地面に降りた。大山は、わずかにバランスを崩しただけであった。

相手は、痛みに起き上がれず、「ウウゥ…」と呻き声を上げている。

茫然としていた兄は、ハッと我にかえると、あわてて弟のところに走り寄った。弟の敗北に、カッとなった兄が襲いかかって来るだろうことは読めていた。大山は言った。

「もし、おれさえその気になっていたら、彼はとっくにこの世からおさらばしているよ」

兄は、その言葉に怯んだようであった。

「あなた、さっきこのサバットに空手の要素を自分なりに取り入れた、と言ってましたね。もっともっと強くなるよう、わたしが指導してあげましょう」

兄は、大山の顔を見た。怒りに満ちているか、と思えた兄の顔に、打ち負かされた怨念らしいものは、不思議になかった。そこがフランスの合理主義であった。日本人なら、仇をとろうとするが、フランス人はまず長所を学ぼうとする。

兄は、日本式にガバッと地べたに両手をついた。

「ぜひ、ご教授願いたい」

大山が気になったのは、サバットが蹴りを入れるときに、必ず手が下がっていることであった。つまり、足の攻撃をしているとき、手が死んでいるのだ。逆に、サバットの蹴りが、手を下ろさなければ入り込めないと考えているとしたら、手が下りない状況下にあるとき、つまり、手が暴漢などによって捕縛されているような場合には反撃できないということになる。これでは、普段いくら強いといっても、有事のときに役に立たない。

大山は、兄に訊いた。

「サバットは、なぜ蹴りを入れるときに、ダラリと手を下げるんだ」

兄は、おどろき眼を剥いた。

「そこを、空手から取ったんですよ」

大山は、つい苦笑いした。確かに、他流派の空手は、戦うときには、すべて手を下げて戦っている。大山は、世界各国をまわり感じていた。

〈手を下ろして戦うのは、おかしい〉

自分流で、改善を重ね、いまの形にまでつくり上げていったのである。手を下ろさないで戦うのは、空手のなかでも、大山の極真カラテだけである。

大山は言った。

「あなた、空手の真似をしてはいけない部分を選んで取り入れてしまったようですね。わたしの戦いぶりを見てわかったと思いますが、わたしは手を下ろして戦っていましたか。確かに、ほかの空手は戦うときに手を下げているが、わたしの空手は下げない。もし、手が下りなければ蹴れないような格闘技だとしたら、手を捕縛されてしまったら、何も反撃できない格闘技になってしまうじゃないですか」

大山の的を射た言葉に、兄はシュンとなってしまった。

大山は強調した。

「肉体から、手と足が分離してはいけない。健康体操だったら話は別だが、これは武道なんだ」

大山は、「さあ」と言って、兄をうながした。

「わたしは、あなたの蹴りは、すべて受けられます。わたしからは、一切攻撃しない。そのかわり、あなたの攻撃はすべて受けるから、やってみてください」

兄が、右足を上げて前蹴りしてきた。大山は、すかさず後ろへ下がった。次に、上段蹴りをしてきた。大山は、ストンと座った。相手は、顔面を染めて、右足で横からの回し蹴りに出てきた。倍達は、ヒョイと右側に飛んだ。そのスピードが異様に速いものだから、相手は眼を剥いた。

「あなたは、いったいどういう稽古をしているんですか」

大山は、兄に言った。

「格闘技で一番大事なのは、力だ。二番目は、速さだ。技は、その次だよ。きみは、もっと速くならなければいけない」

「速くなるには、どうすればよろしいんですか」

「縄飛びをすればいい」

「どういう縄飛びをするんですか」

「特別なものではない。ごく普通の縄飛びだよ」

が、「ごく普通」というのは、大山にとっての「普通」であった。何といっても、兄弟が縄飛びのしすぎで足を壊してしまったほどであった。

「一回跳んで、地に足をつけるまでに縄を二回まわす、いわゆる二重跳び。これは、だれでもできる。三回まわす三重跳びは、かなり高く跳ばないと、そうそうできるものではない。速くなるためには、その三重跳びを毎日、百回ずつ、続けなければならない。百回できるようになったら、二百回」

大山は、縄跳びのほかに、ボール蹴りが訓練にいいことも教えた。

「床から一メートル五十センチのところに、ボールを吊り下げておく。そのボールを飛び上がってポンポン蹴り上げて練習する。前蹴りが終われば、今度は後ろ蹴り。それもできるようになったら、ボールを吊る高さを、一メートル七十センチ、二メートルへと上げていく。そこまで上達するには、普通四、五年はかかる。わたしがここまで強くなれたのは訓練の賜物だ」

最後に、大山はいま完成したばかりの三段蹴りを、兄に伝授した。いつの間にか、兄との稽古ぶりを凝視していた弟が、大山に頭を下げた。

「どうか、弟子にして下さい」

弟は、必死で訴える。

「あなたといっしょに日本に行き、稽古を重ね、修行したい」

事実、弟は、後日訪日して三カ月間修行を積み、ニースに空手道場を開設するまでの腕前になる。

メキシコ闘牛場での死闘

大山は、六月にはアメリカに渡った。

クライスラー社社長のベッド・フォード・テール氏が、提案してきた。

「メキシコの闘牛場で、牛と戦ってみたらどうだ」

大山は、牛とは、再三戦ってきた。おまけに、世話になっているテール社長である。恩に報いるためにも、ぜひともメキシコに渡らねばならなかった。

「わかりました。やってみましょう」

すると、テール社長は、上目づかいに大山を見て言った。

「いままでのような牛と、闘牛の牛とではまったく違うよ」

テール社長は、「牛には、待ってくれとは言えないよ」とけしかけてくる。

確かに、アメリカの牛は、バッファローに代表される通り、角も大きく、手足の長いのは知っている。外見同様、気性も荒々しいのだろう。テール社長は、大山を試すつもりでいっているのだ。

が、闘牛を前に、殺されてしまっては致し方ない。大山も、条件を出した。

「わたしの条件に合う牛を選んで下さい」

大山が出した条件は、ただ一つであった。七歳以下の牛は選ばないこと。大山は、牛を倒したあとに、倒した証拠として、その牛の角を折ることにしている。若い牛だと、まだ角も成長の途中で固まりきっていなくて、柔らかい。そのため、なかなか角が折れにくいのだ。

それだけいうと、翌七月、大山はメキシコ入りした。メキシコに行くと、すでに「牛殺しのオーヤマ」ということで、大山は有名になっていた。大歓迎を受けた。

大山は、事前に、闘牛士からアドバイスを受けた。闘牛士は、きっぱりと言った。

「闘牛との戦いは、初めの五分間が勝負ですよ」

初めの五分、本気で格闘すると、牛はひどく疲れるのだという。

大山は、身を乗り出すようにして訊いた。

「なぜ、疲れるんですか」

「闘牛には、見栄えがするように、わざとまるまる太った牛を使う。太っている牛ほど、早く息切れをする。だからこそ、初めの五分間の打ち方が問題なのだ」

闘牛士は、牛を倒すコツを、身振りも交えながら教えてくれる。

「牛は、赤い旗を振ると、興奮してやってくる。闘牛は、速い。特に、直線を走ってくるときが速い」

「では、走って来たときに角を掴むなど、狂気の沙汰ですか」

「普通なら、そうだ。闘牛士でも、だれも素手で立ち向かって行く者はいない」

「それでも、敢えてどうしても角を掴まねばならなかったとする。角を掴むのは、可能ですか」

「もし、掴むとすれば……」

闘牛士は、そう言葉を切ったまま、腕組みをして考え込んでしまった。

大山は、真剣な視線を注いで、彼の顔を上げるのを待った。

「闘牛士は、突進してきた牛に剣を刺すとき、ぶつかるギリギリまで粘って、右か左に回り込んで剣を突き刺す。もし、角を掴むとすれば、左か右横へ回り切らないうちに掴まないと、掴めないだろうな……」

大山は考えた。

〈つまり、どうしたって、牛と押し相撲的な格好になるわけだ〉

が、勢いがついている牛に押されて、力だけで牛の巨体を押し返せるはずがない。そのまま、会場の壁まで押しやられて、角で腹を突かれてしまうだけだろう。

〈牛につぶされずに手で角を掴むなら、横側から掴むしかない〉

が、実際にそれを考えると、恐ろしかった。本音を言えば、怖くて、このまま日本へ逃げ帰ってしまいたかった。

闘牛士は、鼻から大きく息を一つ吐いて言った。

「素手で牛を倒したのは、おまえひとりじゃないぞ」

大山を励ますつもりで言っているらしい。

「おまえ、マックスペアを知らないか」

「ああ」

「マックスペアは、数年前までのアメリカのボクシングのチャンピオン兄弟だ。兄弟とも大男で、チャンピオンになってからは、贅沢な生活に溺れた。その怠惰な生活の結果、メキシコの屋外で行われたチャンピオン選手権大会で、兄の方が負けてしまう。兄が会場から下がってくると、ちょうど会場の外に闘牛が繋がれていた。負けた悔しさに怒り心頭していた兄は、素手で闘牛に殴りかかった。闘牛は、兄の連打に、ひっくり返ったのさ」

大山は、自分に言い聞かせた。

〈マックスペアに牛が倒せたのなら、自分にも倒せないはずがない〉

翌日、大山は、闘牛場に、本物の闘牛を見に行った。会場は、後楽園球場の二つ分はありそうな、広大な建物であった。平日の昼間だというのに、けっこうな人の入りである。それほど、闘牛熱が高いということだろう。

〈おれも、この会場で牛と闘うのか〉

めったに戦慄など走ったことのない大山だったがさすがに昨日から気が晴れずにいた。

闘牛は、ひどく華やかであった。厚いベルベットの布地を、金の刺繍で縁取ったマタドールと呼ばれる服に身を包んだ闘牛士が姿を現すと、場内は割れんばかりの拍手におおわれた。ケープを翻す一連のパフォーマンスが終わると、いよいよ闘牛の登場である。門が開き、黒い大きな牛が姿を現した。拍手と歓声が、ドッと沸き起こった。いざ闘牛を目の当たりにして感じたことは、牛の首の異様な太さであった。大きさは、さほど大きくはない。日本の牛と変わらない程度だ。が、その首が太いのには、おどろいた。

しかも、日本の牛のように、短い角ではない。横に真一文字に広がり、その先だけが、上向きに反って尖っている。角は、陽光に照らされ、黒光りしている。

〈あんな角でひと突きされたら、やはりひとたまりもないな〉

何人もの闘牛士たちが、命を失っているわけが初めてわかった。

いよいよ、試合がはじまった。昨夜闘牛士が言っていた通り、直線に走る牛のスピードは、猛烈に速かった。牛の背に、見事に剣を突き立てる闘牛士もいるが、立て損ね、牛に追われ、走って逃げる闘牛士もいる。

逃げ回る闘牛士の姿が、いつの間にか自分の姿に重なっている。

〈おれは、この異国の地で果てなければならないのか

……〉

うだるような暑さと反比例するように、大山もさすがについ弱気になってしまう。牛と戦うのに、今回ほど憂鬱な気分になったことはなかった。当日は、まず闘牛士が、いつも通りのやり方で、牛を煽る。牛の興奮が頂点に達したところで、大山は登場し、戦うという段取りであった。

試合が近づくにつれ、大山の不安は増大していく。夜も、眼をつぶると牛が襲いかかってきて、一睡もできない。が、睡眠不足の体で牛と戦うのは、危険極まりない。

大山は、生まれて初めて、薬に頼った。精神安定剤を口にし、横になった。薬を口にすると、間もなくぼんやりしてくる。ある程度時間が経つと、また元に戻る。

翌日も、試合に悪影響が出ないよう、朝起きて、会場に向かう間に、もう一度精神安定剤を服用した。

あの牛は「クリミナル」だ

会場に着くと、試合開始までには、まだそうとう時間に余裕があるというのに、すでに会場は超満員であった。前評判がよかったからだろう。一万人以上もの観客でごった返している。大山は、道着に着替えると、椅子に座ったきり動かなかった。

試合の準備がどんどん進められていくのを横目に、薬の影響のせいで落ち着いたままだった。

それから、どれくらい経ったのだろう。大山の眼にも、まわりの慌ただしさが、ようやく本物のせわしさとして映るようになった。大山に闘争本能が甦ってきた。

〈おれは、いまメキシコにいるんだ。これから、牛と戦おうとしているんだ!〉

試合開始の合図である。トランペットの陽気な音色が会場に流れた。大山も、「さあ」と声をかけられた。意を決して闘牛場のすぐ横にある控え場まで居場所を移した。板塀で仕切られていて、そこから、会場のなかは垣間見ることができない。

「レッツ・ゴー、ミスター・オーヤマ」

係員に、場内に出るよう指でうながされた。大山は、道着の黒帯に手を置き、自分自身に喝を入れた。

〈おまえは、世界の大山倍達だろう。こんなことで弱気になっていてどうする!〉

「よし、行くぞ!」と大声で唱え、大山は会場へ躍り出た。

耳をつんざく大歓声は、怯むどころかかえって気持ちがいい。いつもならそうなのだが、この日はまったく違っていた。まだ、恐怖感が心の底に残っている。

〈この感覚は、たぶん薬のせいだ〉

大山は、自分自身に無理矢理そう言い聞かせた。倍達が姿を現したのと引き換えに、それまで会場内に散らばっていた闘牛士たちが一斉に引っ込んだ。

大山は、呼吸を整えると、牛を見た。でかい。恐怖のせいであろう、見えるだけではなかった。

やや後ろ足を引いた左足に重心をかけた「猫足立ち」のまま、大山は牛の様子をうかがった。牛も、倍達をジッと見ていた。倍達は、思わず眉をひそめた。

〈こいつ、ほかの牛と違うぞ〉

ほかの牛は、闘牛士に向かって、一直線に突っ込んでいた。が、この牛は、まるで老練な格闘家のように様子を見ている。

「クリミナル!」

観客席から、声が上がった。

「あの牛は、クリミナルだっ!」

もちろん、倍達には、それが何のことなのかはわからない。

〈あまりいい意味ではあるまい〉

クリミナルというのは、「罪」という意味である。この場合、闘牛士を殺してしまった牛のことを意味していた。人を殺した牛は、普通の何倍も狡猾に、残忍になる。普通の闘牛士では手に負えなくなってしまう。そのため、普通は闘牛に使うようなことはしない。が、日本人が素手で牛を殺す、というのを快く思わない興行側が、敢えてクリミナルを用意したのである。

牛は、むやみに突進せずに、歩くような速度で二、三歩距離を詰めてきた。合わせて、倍達も下がる。

その瞬間。牛が走った。凄まじい速さである。大山がいままで見たこともない速さであった。とっさに体を右に捻ってかわす。が、牛はさらにグイッと振り返るように頭を振った。大山の腹を、角がかすめた。

〈!〉

大山の全身に、冷たい汗が吹き出した。

〈強い〉

思わず唸った。いままで殺した牛と同じだと思ったら、あっという間に殺されてしまう。大山は、二、三歩後ろに下がると、あらためて呼吸を整えた。

牛は、大山を突き殺すのに失敗すると、またも間合いをはかっている。これでは、暴れ回って疲れてくれる、などというのは夢のまた夢であった。

〈なんとか牛を疲れさせなければ……〉

が、どうしたらいいのかわからない。牛は、今度は、角を振りたてながらジグザグに向かって来た。

右から、左から、角が大山を襲った。

大山は、後ろに下がりながら、紙一重でかわした。牛の熱く、荒い息が体にかかった。反撃の余地などどこにもない。このまま壁まで押し続けられれば、殺されてしまう。

〈どうしたらいいんだ…〉

唇を噛んだ瞬間、牛の動きが一瞬、止まった。ガリッ、と。右の前足で地面を引っ掻いた。

グウッ、と体が一瞬地面に沈み込んだようだった。

〈来るッ！〉

大山は、反射的に体を左に捻った。地面から伸び上がってくるような感じで牛が襲いかかって来た。その右の角を、大山は両手でがっちりと掴んだ。牛は、あわてたように頭を振った。が、大山は角を離さない。離せば、必ず殺される。ここが正念場であった。牛は、怒りをあらわに荒い息をついた。

ガツッ、ガツッ、と地面を蹴るや、猛烈な勢いで走りはじめた。凄まじいスピードであった。最初の一、二歩はいっしょに走れた。が、そのあとは、振り落とされないように牛の角にしがみついているのが精一杯である。

大山の体が、地面をバウンドした。

牛は、首を上下に振りながら、会場と観客席をしきっている柵に沿って走り続けた。荒い息とともに、よだれが地面にしたたり落ちる。疲れてきているのがわかった。が、大山の方も、牛につかまっている両腕が痺れてきていた。

〈こうなったら、我慢比べだ〉

体力が尽きた方が、負ける。

会場を三周もしただろうか。ついに、牛の体力が尽きた。牛の速度が遅くなった。

四周目に差しかかったところで、牛がついに止まった。

〈いまだッ！〉

大山は、地面にしっかりと足をつけた。軽く腰を落とすと、両手で掴んだ角をグイッとねじった。転ばせてしまえば、大山の勝ちである。が、牛は転ばなかった。いくら力を込めても、びくともしない。大山の全身に、冷汗が吹き出した。

〈押し合いでは、勝てない〉

大山は、思い切って右手を角から離した。

右の正拳を、牛の脇腹に思い切って叩き込んだ。牛の体が、揺らいだ。

もう一発、叩き込んだ。牛が、咳込んだ。よだれが、大量に地面にしたたり落ちた。

〈いまだッ!〉

大山は、牛の両方の角を掴むと、右に思いきり捻った。牛の右の前足が、ガクリ、と折れた。が、まだ牛は力を失っていなかった。すぐさま立ち上がろうとする。

〈立ち上がられたら、負ける!〉

牛は確かに弱っている。が、大山の方だってもう限界に近いのだ。一歩右足を引くと、腰に右手を当てた。

軽く踏み込むと、牛の耳の下に拳を叩き込んだ。拳の下で、牛の耳が潰れるはっきりした感触があった。

が、牛はまだ参らなかった。

大山は、さらに角を叩いた。

「これならどうだッ!」

右の角が、ポキリと折れた。

角に手をかけると、角をむしり取ろうとした。が、角が、取れない。はっきりと折れているのに、角が、頭から取れなかった。

〈若い牛だ!〉

牛は、大山の指定と違って若い牛だったのである。

牛が、痛みで暴れはじめた。

〈どうにかして、角を取らねば……〉

牛は、角を無くしてしまうと戦う力がなくなる。大山は、必死になって角をむしり取ろうとした。角に脂がのっていて、どうしても取れない。いくら大山の力が強い、といっても、人間と牛ではもとの体力が違う。押さえつけている大山の体が、はじき飛ばされそうになった。

「折れろッ!」

牛の角の折れた場所に、さらに右の手刀を叩き込んだ。今度はよりはっきりした手応えがあった。

その瞬間、牛が倒れた。

〈しまった！〉

反射的に飛びのこうとした。が、間に合わなかった。牛の体が、大山の左足の上に倒れ込んできた。左足が、下敷きになってしまった。激痛が、頭の先まで走り抜けた。

何とか牛の体の下から左足を引き抜いた。角は、皮一枚で繋がってブラブラとしている。大山は、グイッ、と角を掴むや、一気に引きちぎった。

ブツッ、という音がして、角が取れた。

大山は、大きく息をついて天を仰いだ。

メキシコの照りつく太陽の光が、眼に痛いほど飛び込んできた。

〈空が、青いなあ〉

正直な感想だった。あらためて、牛の強さが思い出された。

大山は、角を掴んだままの右の拳をグッ、と握ると、天に向かって突き出した。

割れるような歓声が、会場中を包み込んだ。

「ビバ！　オーヤマ！」

会場中が、熱狂していた。素手で牛を殺すなど、彼らにはまさに奇跡としか見えなかった。闘牛士たちが、感激して飛び出して来た。強いものは、強い。外人の気質として、この目で見るまではなかなか信じないが、ひとたび信じたとなると、偏見を捨てて従ってくる。日本なら、たとえ大山が牛を殺したところで、権威主義者たちにいかさま呼ばわりされるに違いなかった。

「What is KARATE」の大ヒット

しかし、大山はこの決闘で大きな代償を払わされることになった。膝の骨折で半年もの療養を余儀なくされたのである。

ようやく治療も終え、日本に戻った大山は、奥秩父の三峰山の奥地に山籠もりを決め込んだ。が、決して自棄っぱちになったわけではなかった。再起を願っての山籠もりであった。

が、今回は、山籠もりといっても、山の麓の民宿に宿を借りての修行であった。山の中腹には、不凍の滝があった。滝までの道は、険しさを極めている。そこに、毎日民宿から駆け足で登って行く。汗を流したあと、滝に打たれる。滝壷の岸でひと通り稽古した後、民宿にもどり、夜は毎日、吉川英治の「宮本武蔵」を読み耽った。

大山は、毎日修行を重ねながら、心に誓っていた。

〈どうにか、もう一度チャンスを掴むんだ〉

そうこうしているうちに、ある夜、多島と名乗るひとりの男が訪ねて来た。

「先生がここにいると伺ったもんですから」

わざわざ東京から訪ねて来たという。差し出された名刺を見ると、出版社を経営しているらしい。

多島が、自己紹介をした。

「東京で出版社を経営している多島淑質と申します。じつは、先生にお願いがあってここまでやってきたんです」

わざわざ東京から出向いて来たのだ。理由がないはずがない。

「しかし、出版社の人が、わたしになんの御用ですかな」

「じつは、空手の本がつくりたいんです」

そういって差し出した本は、「故実柔道」と冠された柔道の本であった。

「これを、『故実空手』として、出版したいと思いまして」

大山が「ふうん」と聞いていると、多島は身の上話をはじめた。

「わたしは、ある本を出して失敗したんです。広島の、原爆の本です」

大山は訊いた。

「原爆の本は、どうして失敗したんです?」

「写真をふんだんに取り入れての本だったんですが、残酷過ぎたんですかねえ。原爆の写真は多く新聞でも報道されましたし、遅かったということもあったんでしょう」

「アメリカに行ってみればわかるが、アメリカ人は、原爆の被害の甚大さや、その残酷さをまったく知らないよ。日本人向けに出したから失敗したんだ。外人向けにやれば、逆に受けたかも知れない」

「はあ、そうですか」

多島は、ひどくおとなしい紳士であった。その生真面目ぶりが、どことなく気に入った。

多島は、おそるおそるという感じに、大山に訊いてきた。

「先生は、この空手の本をどう思いますか?」

大山は、簡単に答えた。

「こういうことは、やるべきだ。やってみましょう。『故実空手』をつくりましょう」

多島の頭のなかには、どういう本にしようか、すでに出来上がっているようで、

「この配置で、こういうページでいきたいと思っています」

と、滔々と語りはじめた。

大山は直感した。

〈相手もこれだけ乗り気なんだ。いい本ができるぞ〉

そのとき、大山の頭にある考えが閃いた。

「さっきの原爆の話がヒントになったんですが、史上最強の格闘技空手こそ、全世界の人に広く知ってもらわねばならない。日本で空手は当たり前だが、アメリカでは、空手は東洋の神秘だ。まったく未知の空手を広くアメリカに紹介する本をつくれば、売れるんじゃないか」

「そう言われれば、そうですねえ」

題して、「What is KARATE（空手とは何か？）」。

多島は、自分自身に言い聞かせるように言っている。

「そうだ。これは、いけるぞ」

さっそく、多島は、三峰山にカメラマンを向けてきた。

種田という、東映のカメラマンをしていた男である。

大山は、安田英治ら、弟子のうちの主な何人かを三峰山に呼び寄せた。

安田は、「What is KARATE」の出版を聞き、直感的に思った。

〈この本は、当たるな〉

それまで、空手の本といえば、松濤会流の船越義珍の書いた「空手教範」しかなかった。

「空手教範」は、空手界のバイブル的存在でもあり、版に版を重ねていた。最新の改訂版には、型のポーズをとる安田の姿も収められていた。

大山は、極真カラテに限らず、主な空手の型、技、組み手などの細かい動きまですべてをカメラに収めさせた。

それぞれの技によって場所も選び、埼玉県大宮市の大宮公園や、千葉県館山市の増上寺などでも撮影は行なわれた。

初版は、三千部。主に、空手熱の高いハワイとフィリピンに輸出することにした。

英訳は、知り合いの日本人に頼んだ。

昭和三十三年、本は刊行された。

グラビアには天燃色アート紙を使用。巻頭の写真は、大山と安田の組み手の写真。巻末は、安田が瓦を割っている写真であった。定価は、三ドル五十セントとした。

ところが、これが失敗だった。

せっかく出版したものの、まったくの日本人英語で、外国人が読んでも、何のことかわからないというのだ。

大山は、さっそく弟子のひとりを呼んだ。

「フサク君を呼んでくれ」

フサクは、倍達が山籠もりしている間、大山の代わりに、立川にあるアメリカ空軍のエデュケーションセンターに、空手を教えに行っていた。

彼は、英語も堪能で、もともとアメリカで働いていた。空手に魅せられ、わざわざ帰国して大山に弟子入りしていた。

フサクがやって来ると、大山が訊いた。

「きみは、アメリカでは何をしていたんだ」

「イリノイ大学で教鞭をとっていました」

「そうか。じつは、わたしは、本をつくったんだ」

大山は、「ちょっと見てくれないか」といって、彼に「What is KARATE」を一冊手渡した。

フサクは、本を開いて、読み進めるなり、大笑いをした。

「こりゃ、駄目ですよ」

やはり、英語が全然なっていない、ということであった。

「さっそく、わたしが手を入れましょう」

彼が英語を書き換え、さっそく再版した。すると、今度は飛ぶように売れはじめるではないか。再版分の三千部はすぐに売り切れ、すぐにもう五千部を刷った。すぐに一万の大台を越え、なんと五万部にまで達した。

多島が、うれしい悲鳴をあげ、大山に報告に来た。

「いやあ、先生。売れる、売れる。これで先生も、金持ちになりますよ」

「いやあ、金持ち、いいじゃないか」

『What is KARATE』は大変な反響で、それからも七万部、八万部と順調に版を重ねていった。

十月二十四日午後五時三十分から、目白の椿山荘で、あらためて「What is KARATE」の出版記念会を行なうことになった。

出版記念会には、内外の名士やテレビニュースなど報道関係者五十名を招待した。

当日は、空手の演武会も開き、自由組手や短刀取、試割などの公開のあと、記者会見を行なった。

大山は言った。

「わたしは、空手道をこころざして、今年で二十年になります。空手の実力については、みなさん御存知の通りですが、この本にはわたくしが山に籠もり、血の滲む修行をしたエピソードや、全米のみならず世界各地を武者修行した記録など、写真を多く入れたじつに豪華な仕上がりになりました」

日本発行の海外向け図書ベストセラーということで、マスコミがいっせいに『What is KARATE』を取り上げた。

間もなく、アメリカのタトル・カンパニーが、わざわざ多島のもとにアメリカから版権を買いつけにやって来た。

多島は、うれしそうな顔で、大山に言った。

「ほかにも、日本出版貿易株式会社や丸善が版権を買いたいといってきていますが、どうしますか」

「うれしいことじゃないか。とにかく、どんどん売れるんなら、つくろうじゃないか」

結局、発行部数は、三十八万部にまで達した。大ベストセラーである。

その後、大山は版権を日本出版貿易株式会社に売り渡してしまった。

多島は、進言してきた。

『What is KARATE』、つまり、空手とは何ぞやという本をつくったんですから、今度は、これぞ空手だ、という本をつくらなければいけません」

こうして出来上がったのが、昭和四十年に刊行された「This is KARATE」である。

なんと、フランスでは、この「This is KARATE」の海賊版「カラテ・パールイマージュ」と題された、同じ内容の本が出回るまでになった。

大山は、出版業に目をつけ、その後も「ダイナミックカラテ」、月刊誌「近代空手」と出版にも手を染めていく。

この、『What is KARATE』は全世界で大変な反響を呼んだ。

『What is KARATE』を読んで感銘を受け、ニュージーランドからダグラス・ハロウェー、イスラエルからアブラハム・ドアのふたりが、立て続けに大山に弟子入りの手紙を書いてきた。

むろん、大山は快く引き受けた。彼らは来日し、修行を積むことになった。

ＦＢＩからの招聘

昭和三十三年九月、大山のもとに、意外な招聘の連絡が入った。

「ぜひ、わたくしどものところにきて、空手の極意を教えていただきたい」

招聘の主は、なんとアメリカ連邦捜査局、通称ＦＢＩである。

これには、さすがの大山もおどろいた。

〈しかし、これ以上の名誉もない〉

倍達は、ありがたく招聘を受けることにした。

ワシントンは、政治都市らしく、それまでのニューヨークやマイアミ、シカゴといった街のような喧噪はあまりなかった。

街並みは、整然と区画されていて、白い印象が強い。その中心的建物が、文字通り白一色のホワイトハウスであった。

そのホワイトハウスのほど近くに、ＦＢＩ本部はあった。

さすがにＦＢＩ本部らしく、ゲートをくぐるときにも、入念なボディチェックをされる。ライフルを持った護衛官の間をくぐるように玄関に入ると、ふたたび足止めを食った。

再度のボディチェックである。

大山が招聘状を見せると、護衛官のひとりが、「オー」という声を上げた。

「オー、ユー・フェイマス・マス・オーヤマ」

また「マス・オーヤマ」という言葉を聞いた別の護衛官が、「ユー、マス・オーヤマ」と大山に声をかけてくる。

それぞれがそれぞれに握手を求めてくるものだから、玄関先でちょっとした握手会になった。が、間もなく、上官らしき人物が出てくると、さっと潮が干いたように以前の静けさに戻った。

「お待ちしておりました。お疲れになったでしょう」

おどろいたのは、そのブロンドの上官が、流暢な日本語を話したからである。上官は、茄子型のサングラスを掛けている。大山は、心のなかで苦笑いした。

〈これでパイプでも咥えさせれば、まるでマッカーサー元帥のコピーだな〉

上官に、「どうぞ、こちらに」と、うながされ、応接室に通された。コーヒーで労われ、一服つくと、さっそく道場に案内するという。

大山は、天下のFBIに、すでに道場があるという事実に、まずおどろいた。

上官が、弁解するように言った。

「道場といっても、柔道ジムなんですがね」

行ってみると、板張りの、じつに立派な道場なのである。道着姿で練習に励む、十数名の姿が、大山の眼を射た。大山の姿を認めると、先ほどの玄関先での反応と同じように、「オー」という声を上げ、練習の手を止めた。次々に、大山に向かって最敬礼するではないか。

上官が説明する。

「ここに集まっているのは、アメリカ全土から集められた、優秀な連邦警察官の諸君です。みんな、直々にあなたの指導が受けられるというので、数日前から心待ちしていたのですよ」

大山は、さっそく道着に着替えた。すると、さきほどの上官も、いっしょに道着に着替えるではないか。

上官が説明した。

「普段は、わたしが指導に当たっているんですよ」

大山が左側、上官が右側に並び、さっそく稽古をつけた。

大山の演武を見た連邦警察官たちは、感嘆の声を上げた。

「これこそ、防御と攻撃を兼ね備えた、典型的な格闘技だ！」

教える方も教わる方も、眼は真剣そのもの。組み手をしてみて、今度は大山が感心した。

〈さすがに選りすぐった精鋭だけある。身のこなし方から、技術のマスターなど、じつに早い〉

実際、こうしなさい、と大山が教えたことで、二度同じことを教えたことは一度もなかった。空手の指導は、じつに二週間にわたり、行なわれた。

その間、FBI本部の推薦で、ワシントンで空手のエキシビジョンを開くことになった。

なんと、この模様を、アメリカ三大ネットワークの一つ、NBC放送が、全米に放送するという。大山は、素手でレンガブロックを割って見せた。観客のひとりをリング上に上げ、ハンマーで、思い切り自分の手を殴らせた。リングが揺れるほど力を込めて叩いたにもかかわらず、大山の手はまったく何ともない。会場から、いっせいに驚嘆の声が洩れた。この効果は、絶大だった。空手をまったく知らないアメリカ人も、この技を見て驚嘆した。

「FBI本部も推薦する、日本の空手ここにあり」という評判は、瞬く間に全米各地に広がった。

翌十月には、サンフランシスコやロサンゼルスなど、ウエストポイントの陸軍士官学校に招かれ、空手の指導とデモンストレーションを行なった。

大山は、テーブルの上に並べられた十本のウイスキーの瓶を、難無く叩き割った。

五千人の観衆から、溜息が洩れた。

大山は、一カ月にわたる滞在を終え、ワシントンを去るとき、礼として金と銀で出来た拳銃と、実弾百発を記念にもらった。

が、銃刀剣法により、日本には持ち込めない。止むなく、帰りしなに寄ったハワイの極真カラテハワイ支部長に銃を預け、帰国した。

ところが、後日、ハワイ支部長は、この大切な拳銃を紛失してしまう。大山は、口惜しくてならなかった。

全米にあった柔道道場が、軒並み空手道場へと看板を掛け替えていく。

大山は、空手が全米を席巻していく様子を目の当たりにし、背中に戦慄が走るのをはっきりとおぼえた。

大山は、ここではっきりと自覚した。

〈アメリカの空手を正しく指導するためには、日本から本格的な指導者が行かなくてはならない〉

昭和三十五年七月には、アメリカ、ヨーロッパなど、十六カ国、七十二の支部道場を発足させた。各支部に、日本からの指導者を送り込んだ。

FBIは、昭和三十六年三月に、護身、逮捕術の一つとして正式に「空手」を採用した。

これを受け、

「連邦本部で取り上げたのだから」

と、大山のもとに、FBI本部ばかりでなく、サンフランシスコなどのＦＢＩ支局からも指導の要請が舞い込んだ。

多忙を極める連邦警察では、思うような練習もできない。が、柔道などである程度の護身術の基礎はできている。教え込むと、彼らの上達はひどく早かった。

そのうち、日本の大山のもとに、彼らから手紙が舞い込むようになった。

『犯人と対決するとき、ピストルを使えば相手のどこかを撃たねばならないが、止むを得ない場合以外は、たいてい空手で片づけています』

それだけではない。シカゴの新聞に、「ＫＡＲＡＴＥ」の文字が躍ったのは、それから間もなくのことだった。

『空手で賊捕らえられる』

シカゴで、ＦＢＩの一員が、凶悪なピストル強盗犯を、武器を使わず、空手で逮捕した。アメリカでは、ショッキングなニュースとして報道されたという。

これを聞いたとき、大山は最高にうれしかった。

そのうち、年に何度も、日本とアメリカを行ったり来たりするようになった。

しばらくすると、わざわざ日本の大山のもとへアメリカから連邦警察官がやって来て、有段試験を受ける者まで出てきた。

ＦＢＩが取り上げるまでは、五万人程度だった空手人口は、倍の十万人にもふくれあがった。そのうち、一割の一万人は、女性だった。

総本山「極真会館」の建設

ゆとりが出てきた大山倍達は思っていた。

〈いまこそ、長年の夢を叶えるときだ〉

大山の長年の夢。それは、自分の空手、極真カラテの道場を日本全国に開くこと。

その第一歩として、総本山となる「極真会館」を、建設することであった。

〈どうせ建てるなら、金をかけ、日本一のビルをつくってやる〉

ビルは、財団法人日本空手道極真会を申請し、財団の運営とする。出来上がった建物は、文部省に寄贈することとする。

倍達は、さっそく資金の調達に奔走した。

強く、訴えた。

「空手は、一般の人から、あまりにも誤解されています。こんなに礼儀正しく、健康的なスポーツが、なぜ発展しないのか。それは、やはり、空手界に統率力がないからに他なりません。極真とは、立派な人間をつくるという意味です。いまこそ、空手界の総本山となる極真会館を建設し、空手を通じて青少年の不良化防止、健全な体づくりに尽くそうと心しています」

大山の熱意が実り、六千万円の金をほとんど独力で集めることができた。

「利益のない仕事に、六千万円もかけるなんて……」

そんな陰口も聞こえてきた。が、大山はものともしなかった。

第10章

二人の愛弟子

馬場と猪木、対照的な育成方法

◉昭和三十一年～三十七年

敗戦国の円など紙切れ同然

力道山は日本の英雄となり、プロレスはすっかり定着したかに見えた。だが、昭和三十年を過ぎても、日本はまだまだ〝独立〟を勝ち取ってはいなかった。

日本から外国への観光旅行は、まだ認められていない。アメリカならアメリヵの然るべき人物の正式な招待状がなければ、渡航できなかった。たとえ渡ることができても、三百ドルしか持って行けなかった。

その時代に、力道山は何度となくアメリカに渡ったのである。それもこれも、プロレスのためであった。

華やかな名声をほしいままにしながら、力道山は経営者として、ファンのおよそ想像のつかぬところで奮闘していた。

外人レスラーを呼んでも、日本に滞在できるのは、二カ月がリミットだった。しかも、呼んで来られるのは、ギャラの問題もあって、多くてもせいぜい四人が関の山だった。

日本テレビのレギュラー放送は隔週で、夏と冬は客の入りが悪くなるのでそれほど興行は打たず、そのために年間の試合数は六十試合から七十試合と、二百試合近くこなす現在にくらべたら、おどろくほど少なかった。

レスラーを二十人以上抱える力道山としては、台所は火の車であった。それでも、自分の秘蔵っ子のように可愛がっている豊登には、一試合五万円ものギャラを払っていた。芳の里と遠藤幸吉には三万円、ユセブ・トルコには一万円、吉村道明には五千円……若手は千円程度に抑えていた。

外人レスラーに支払うギャラも、大変だった。支払いは、円でしかできないと決められていた。ドル払いは禁じられていた。しかも、一日一万円までであった。

だが、外人レスラーたちは、だれもがドルによる支払いを求めた。当然だった。敗戦国日本の円など、紙切れ同然だったのである。

「はじめのころは、大変でした」

と語るのは、力道山のデビュー当時からプロレスとかかわり、リングアナウンサーやレフェリーをつとめていた小松敏雄である。

「力道山から、これを頼む、と言われて千円や百円札の束を渡される。ようするに、これをドルに替えてこい、というわけです。しかし、そんな大金を替えてくれる機関は、どこにもない。それで、ぼくは横浜に行くわけです」

そこには、進駐軍相手のバーがある。何軒も連なっている。小松はそこに飛びこみ、ドルと交換してもらうのである。

当時のレートは、一ドル三百六十円だった。が、もちろん、そこでは通用しない。闇ドルである。

一ドル四百円から四百二十円で、小松は交換してもらうのだった。

「今だから言えますが、完全に外国為替管理法違反、犯罪ですよね。しかし、そうするしか方法がなかったんです」

闇ドルと交換する役目を負わされたのは、小松だけではない。事務方で力道山の秘書をしていた、長谷川秀雄もそうだった。

「ぼくは上野のアメヤ横町に、よく行きました。ある小屋に行くと、おばさんがいて、ドルと交換してくれた」

だが、それだけでは、どうしても足りない。そのためもあって、力道山はちょくちょくアメリカに行って試合をしなければならなかったのである。

当時、営業部長として、興行面の一切を任されていた岩田浩が言う。

「力道山は、アメリカでレスラーとして稼いだドルを、ハワイにある銀行、バンク・オブ・ハワイにかならず預金していたのです。日本でのシリーズを終えて帰るレスラーたちに、小切手を書いて渡し、それをアメリカ本国に持ち帰ってもらって、バンク・オブ・ハワイで金にしてもらう。そういう方法をとっていたんです」

それもいいが、しかし、もう少しうまい方法がないものかと考えた挙句に出てきたのが、沖縄であった。営業担当の岩田ならではの名案だった。

沖縄は、アメリカの支配下にあった。昭和三十二年一月に、はじめての沖縄遠征をおこなった。世界王者ルー・テーズ来日の八カ月前のことだった。

米軍慰問の名目で行なった沖縄巡業は、那覇のバスセンターに連日、二万人近くもの観衆を集めた。アメリカのレスラーを空手チョップでなぎ倒す力道山は、沖縄の人々にとっても、大きな希望の光だった。

その後、テーズ来日の際も沖縄に遠征し、大成功をおさめた。以後、沖縄は、力道山のプロレスにとって、欠かすことのできない興行の地となった。

岩田浩が語る。

「外人レスラーには、日本本土での興行分のギャラを、沖縄で全額払うようにしたんです。わざわざ力道山ひとりが、ハワイやアメリカ本土に渡って、苦労する必要はなくなったんです」

「クラブ・リキ」の成功

力道山は、徐々に事業にも乗り出そうとしていた。昭和三十一年、秘書の吉村義雄は、力道山から指示を受けた。

「クラブをつくれ」

サッポロビールの取締役であった内多蔵人から、赤坂から乃木坂に向かう緩やかな坂の左に、二百五十坪の土地を買い受けていた。

「ヨッちゃん、大丈夫かな……」

力道山は、はじめて乗り出す事業に、不安を隠さなかった。吉村は、設計から何から、任せてもらった。

「つくりはじめたところが、一千万の金が、建設会社に払えなくなったんですよ」

昇り龍の勢いであるはずだった。一千万円の金など、そのころの力道山にとっては、たいしたことではないはずだった。ところが、その金がない。工事はストップしてしまった。華やかな外見とは、うらはらであった。

岩田は吉村から電話を受けた。

「何とか、金をつくれないかな。横浜の建設会社に払えなくて、困ってるんだ」

「いくらなの？」

「一千万」

「……わかった、何とかしてみよう」

このとき岩田は、まだ力道山のもとに入ってはいなかった。俳優の長谷川一夫、山田五十鈴らと「新演技座」をつくり、衣笠貞之助監督で「小判鮫」、マキノ正博監督で『傷だらけの男』などの映画をつくっていた。吉村とは終戦直後からの知り合いで、力道山とも親しかった。

そのころ取り引きしていた東横線の都立大学駅にある城南信用金庫碑文谷支店に、岩田は力道山を連れて出かけた。

懇意にしている支店長の杉村に会い、事情を説明すると、一も二もなく融資すると言ってきた。

　おどろいたのは、力道山である。

「助かります、ありがとうございます」

　何度も何度も、杉村支店長に向かって頭を下げた。岩田が笑いながら、述懐する。

「あのときの力道山は、まるでコメツキバッタのようでしたよ。銀行が金を貸してくれるところだということを、力道山は知らなかったんですね。資本主義の契約観念など、まったくちんぷんかんぷんだった。見ず知らずの他人に、あっさり金を貸してくれるというので、力道山はびっくりして、何度も頭を下げたんです」

　以後、城南信用金庫とパイプをつくった力道山は、そこから事業のための融資を受けるようになる。

「クラブ・リキ」として完成した赤坂でのはじめての事業は、大成功した。歌手も、松尾和子らを輩出し、ジャズの生演奏は赤坂の夜を彩った。

　力道山もご満悦で、バンドのオーディションにも、必ず立ち会った。

「なんだ、あのコンガは。雇って欲しければ、あいつはクビにしろ。ベースはいいじゃないか、あれは絶対に代えたらいかん」

　バンドマスターに、厳しい注文を投げつける始末だった。

　深夜になると、酔っぱらってよくあらわれた。生演奏の終了時間まぎわが多かった。楽器を片づけようとするバンドマンの態度を見て、せっかくおれが来たのに終わるのかと、寂しがり屋の力道山は決まって暴れだすのだった。

　シンバルでバンドマンの頭を殴ったかと思えば、バスドラムを放り投げ、サキソフォーンを力まかせにねじ曲げた。

　震え上がるバンドマンたちを睨みつけるや、懐から大金を掴み出し、

「これで、あたらしいのを買え」

と渡した。

　バンドマンたちも心得たもので、毎回力道山がやって来るたびに、ひと暴れを期待するようになった。何しろ、それまで以上の、はるかにいい楽器が買えるからだった。

「おい、おまえの楽器はいくらだ」

　そう言って、力道山はひとりひとりに金を渡す。バン

ドマンたちは、恐縮した表情ながら、内心はホクホク顔で申告した。

そのなかに、新参のバンドマンがいた。かれは、むろん仲間から話を聞いている。いよいよ来たかと、手ぐすね引きながら打算をめぐらせるあまり、しばしの間があいた。

そのとき、すかさず力道山が言った。

「ばかやろう、おまえは修理代だけだ」

しっかり見抜かれていたのである。

一流のレスラーは、勘も一流だった。そんな力道山を、バンドマンたちは愛した。クラブ・リキには、いつの間にか、どんな玄人も一目置く一流ジャズ・プレーヤーが集まってきた。

レスラーとしての力道山は、ルー・テーズ戦を頂点にして、つねにトップであり続けることに腐心していた。

豊登は、そのことをもっとも強く意識したレスラーのひとりだった。

「リキ関は、われわれには、決して強くなる稽古をさせなかった。強くなれない稽古ばかりやらせましたね」

豊登らには、相撲やベンチプレスばかりをさせた。

「それでは、レスリングは強くならないんです。レスリングは、三百六十度全方位で闘うものです。しかし、相撲やバーベルだけでは、動きが直線的になってしまう」

その豊登たちの陰で、力道山はひとり、屈伸運動を黙々とこなすのだった。レスリングでいうところの、ヒンズースクワットである。両腕を膝を曲げるスピードに合わせて振る。膝は深く曲げる。これを千、二千とこなしていく。

あるいは腹筋運動でも、力道山だけは違った。ふつうは仰向けにまっすぐに寝て、上体を何度も起き上がらせるのだが、力道山は同時に膝を曲げた脚も上げるのである。ちょうど起き上がった上体と、V字を形成する格好になる。

「このふたつの方法は、全身を使った運動です。どこか一カ所だけを、鍛えるものではありません。これをやると、心臓も強くなり、持久力がつく。一瞬では決まらない、長丁場のレスリングには持って来いなんです。選手生命も、はるかに長持ちする。全身運動ですから、直線的な動きにはつながらない。全方位に向かって闘うことができる、筋肉のバランスが生まれる。しかし、リキ関は、ぼくらにはやらせなかった。ぼくらがリキ関より強くなっては、困るんです」

試合前三十分になったら教えてくれ、と豊登は力道山に言われていた。教えると、桐の箱から黄色いカプセルを取り出して呑んだ。

「これを飲むと、チンポが立たないんだ」

と力道山が言った。

あまりの興奮質を、自分で抑えようとしていた。そして、うまく試合を運べるようにと、その薬を飲むことで、自分に暗示をかけていた。

唾を吐くと、血が混じっていた。熱がよく出た。腿には、血の瘤ができた。相撲取り時代に患った、肺ジストマの後遺症である。興奮すると、てきめんだった。

試合のとき、力道山とタッグをよく組んだ豊登は、インターバルのあいだに、何度かアドバイスをしたことがある。

「テレビに映ってるんですから、もうちょっと元気を出したほうがいいですよ」

すると、力道山は肩で息をしながら、こう言ってきた。

「トヨ、そう言うな、きついんだよ……」

そんな満身創痩の力道山を見るたびに、豊登は、強くなるための稽古をさせてくれない力道山への苛立ちを覆い隠した。それでも、自分が力道山の引き立て役にさせられてしまったときには、ついカッとなってしまう。

外人レスラーにこてんぱんにやられて見せ、力道山にタッチした豊登は、例によって空手チョップで敵をなぎ倒し、やんやの喝采をあびる力道山に、ついに一度だけ罵声を浴びせたことがある。

「なんだ、てめえばかりいい格好しやがってえ！」

大観衆の歓声で、その声はかき消された。

試合が終わり、汽車に乗ったとき、ふいに力道山が豊登に言ってきた。

「おい、トヨ、勘弁してくれよ。試合中に、おれとおまえが喧嘩したら、どうなるんだ」

ハッとした。心からおどろいた。力道山には、あのときの罵声が聞こえていたのである。

「すいません」

豊登は頭を下げた。本当に悪かったと思った。

「あの人は、何万もの大観衆の声援を受けて、どんなに激しい試合を闘っていても、客の野次までちゃんと聞こえている。一本目が終わって自分のコーナーに帰ってくると、あの客の野郎、こんちくしょうと、悔しそうにしている。ぼくが浴びせた罵声も、ちゃんと聞こえていたのに、そのときは試合のことを考えて、聞こえていないふりをしていたんです」

「映画は、やがて駄目になる」

豊登のはじめての渡米は昭和三十二年で、力道山とふたりだけの旅であった。

まずハワイのホノルル空港についた。税関では、敗戦国の日本人はいちばん後回しにされる。豊登は、力道山に言った。

「関取、コーリャンと言えば通れますよ、お先にどうぞ」

「ああ」

力道山にとっては、いつものことである。先に出た。

豊登はそれから一時間半待たされた挙句、ようやく税関を出ることができた。

出たところで、力道山が待っていたのでおどろいた。

「関取、どうしたんですか」

自分のような後輩のために、一時間半も待っていてくれなくても、少しも不思議ではなかった。

「おまえは、ハワイははじめてだろう。迷子になったら、大変じゃないか」

力道山は、そう言って笑った。

豊登は、試合で力道山の引き立て役を務めなければならぬことへの苛立ちを、ときに力道山に対して爆発させたりした自分のことを恥じた。

「リキ関は、一対一になると、ひとが変わったように、やさしくなった。ひと一倍、神経の細かなひとだから、苦労をかけていることを、陰ではすまない、と思っていたんでしょう。だれかひとりでも他人が入ると、威張り出すひとでした」

慣れていない洋食の食べ方も、手とり足とり教えてくれた。

「スープは、皿を持って直接飲んじゃ駄目だぞ。スプーンですくって、音を立てずに飲めよ」

「口を開けて、クチャクチャやって食べるなよ。口を閉じて、音を立てないで食え」

欧米の流儀など露知らぬ、相撲取り上がりの豊登を、そうやって微に入り細を穿ち教えるのである。

豊登には、力道山を見るにつけ、おどろかされることが、たびたびあった。

「関取、やっぱりこれからは映画ですよね。どこに行っても、映画館は満員ですよ」

と力道山に言ったことがある。まさに昭和三十年代は、映画の全盛期であった。

ところが、力道山は、違うと言うのである。

「映画は、やがて駄目になる。テレビが映画を流すようになるし、ドラマにも食われていくぞ。見てればわかる」

あんなに客が入っている映画が衰退するなどとは、豊登にはとても信じられなかった。

「リキ関は、何度もアメリカに行って、テレビがどれほどの力を持っているのか、知っていたんですね。それにしても、あんなこと、にわかにはとても信じられなかった。ところが、実際にまもなく映画は衰退していったんですね」

ある年、徳島の阿波踊りに行った。力道山は、あらかじめ主催者から色紙を頼まれていた。力道山は、文章が苦手だった。

「おい、トヨ、おまえ考えろ」

豊登は力道山のちょっとした知恵袋でもあった。歴代天皇の名を現在にいたるまでスラスラと暗唱して教えたり、政財界人の家系図を教えたりと、じつに奇妙な才能の持ち主だった。それで力道山も、豊登をそばに置きたがったのである。

豊登は俳句を書こうと思った。時間がないので、あわててつくった。

『我もまた皆と楽しく阿波踊り』

違う、違うと思いながら、時間に追われて力道山に渡してしまった。力道山は、主催者に渡した。

そのあとで、豊登は気がついた。

「ああ、しまった、と思いました。『我もまた』じゃなかった、『明日の世は』とするべきだったんです」

未来への希望を書き込みたかった。どうしても、それをあらわす的確な語句が見つからずに、そのまま『我もまた』で出してしまったのである。

こうするべきだった。

『明日の世は皆と楽しく阿波踊り』

「『我もまた』などと書けば、いかにも威張っているように見られるでしょう」

それが、いまだに豊登にとって、力道山に対する悔恨になっているという。

いまだに豊登は、力道山の夢を見る。それも決まって、同じ夢である。

「リキ関は、髭がすぐ濃くなるんです。夢にも、髭を伸ばしたリキ関が出てくる。『関取、そんなに髭のばしてちゃ、駄目ですよ』とぼくが言うと、リキ関はこう答えるんです。『いや、ちょっと世界中をまわってたもんだからな……』。やっぱりリキ関は、どこかでちゃんと生きてるんだなと思いますよ」

プロレスの世界リーグ戦

さて、昭和三十二年十月のルー・テーズ戦で、ようやく盛り返したプロレス興行は、その後も隆盛を続けるかに思われた。だが、またも翳りが襲ってきた。

テレビ中継があるというのに、客が入らない。仕方なく、通りを歩いている人々を、ただで会場に引き込んで、何とか体裁をつくろうことさえあった。

後楽園の柔道場を借りて興行を打ったのはいいが、客の入りがあまりにも悪く、わずか八万円の会場費を払えないという事態まで起こしてしまった。

テレビ中継のスポンサーである三菱電機は、しばらく中継を中止することを決めた。

力道山は、またも頭を抱え込まなければならなかった。何としてでも一過性ではない、プロレスの復興のための新趣向を考え出さなければならなかった。

営業部長の岩田浩も、窮状を訴えてきた。

「このままじゃ、どうしようもないですよ」

宣伝部長の押山保明を交えて、力道山は知恵を絞った。押山は力道山のために、惜しみなく心血を注いだ人物である。

「このとき、力道山の頭にあったのは、辞めていった日新プロ社長の永田貞雄さんのことでした」

と岩田が、そのときのことを述懐する。

「永田さんは、浪花節の興行で、かつて大成功を収めているんです。昭和二十年代のなかば、全国から浪花節の一流どころを一堂に集めて、一大イベントを敢行した。これが大成功だった。力道山は、そのことを覚えていて、プロレスであんなことができたら、と思っていた」

　力道山のその考えがベースになった。

「アメリカから、いろいろなレスラーを集めてきて、相撲でやっているような総当たりの試合形式で興行を打ったらどうだろう」

　力道山は、そう言った。

　押山が、ふっ切れたように言った。

「ここは一発、博打を打ってみようじゃないですか。そんなに世界各国にプロレスがあるわけじゃないけれども、アメリカ一国だけで、レスラーは充分にこと足りるでしょう」

　いったい、何を言おうとしているのか、力道山には計りかねた。

　押山の言葉に、耳を傾けた。

「プロレスの世界リーグ戦をやるんですよ。アメリカには、いろんな人種がいる。白人もいれば、黒人もいる。黄色いのもいる。イギリス系からドイツ系、フランス系、インド系、ペルシャ系、ラテン系……数えたらきりがないくらいだ。わざわざ世界各国をまわって連れて来なくても、アメリカ一国で済む」

　なるほどと、わかりかけてきた。

「イギリス系はイギリス代表、ドイツ系はドイツ代表といった具合にして、世界各国からの代表が日本にやって来たぞ、ということにするんですよ。そして、総当たりで戦う。プロレス世界一はだれか、という触れ込みでやるんですよ」

　力道山も、押山のアイデアに乗った。

「よし、興行は大変だろうが、やってみよう。それしか手はないだろう」

「レスラーのことは、アメリカの東郷さんに頼んで、面倒を見てもらえばいいでしょう」

「………」

　力道山は、黙ってうなずいた。グレート東郷のことは、どうしても好きになれなかった。金に汚いし、いつかは日本のプロレスを自分の手で、と思っている節が感じられる。

　が、この際、そんなことなど言ってはいられなかった。自分自身とプロレスの浮沈がかかっている。

　十二月二十五日、力道山は全国に向かって、一大発表を行なった。プロレスの隆盛をかけたその計画は「ワールド大リーグ戦」と名付けられた。

翌三十四年三月二十四日、力道山は、ワールド大リーグ戦参加レスラーと契約を交わすため、単身アメリカに渡った。ロサンゼルスのグレート東郷と折衝し、東郷をレスラー招聘の窓口とした。

アメリカで折衝に当たっている間、力道山は赤いマントに赤覆面の怪人レスラー、ミスター・アトミックを日本に送り込んだ。

覆面レスラーは、日本初登場であった。覆面に凶器を忍び込ませての頭突きで、南米帰りの芳の里を血だるまにした。

ようやく家庭に普及しはじめたテレビに映し出された謎の怪覆面の姿は、折からの人気番組「月光仮面」の白い覆面姿と相まって、子どもたちの人気をさらった。

ワールド大リーグ戦前夜の呼び物として、時宜を得た興行となった。

四月二十日、力道山は帰国した。第一回のワールド・大リーグ戦の全貌が、そこで明らかにされた。

参加外人選手は、残留のミスター・アトミック、アジア選手権で力道山と血みどろの抗争を展開したジェス・オルテガをはじめ、なんと七人。それまで三人ほどだった規模をはるかに上回った。

試合形式も、変わっていた。八分三ラウンド制が採用され、総当たりのリーグ戦であった。

リーグの開幕は五月二十一日、千駄ヶ谷の東京体育館を皮切りに、全国主要都市を巡業し、六月十五日の最終戦でふたたび東京体育館に舞い戻るという二十六日間の大イベントであった。

華々しい前人気に沸いた。が、その陰で、力道山は不安な気持ちを、どうしても拭い切れなかった。

これだけの興行を成功させることができるかどうか、考えれば考えるほど不安が募ってきた。

脳裏に思い描くのは、自分が辞めるように仕向けたも同然の、永田貞雄の姿であった。

力道山は、永田放逐に力を貸してくれた右翼の萩原祥宏に相談した。

「永田さんに協力してもらえないか、萩原さんのほうから、訊いていいただけませんか」

興行における永田の力は、絶大であった。これだけの大規模な興行には、どうしても永田の力が必要だと思われた。自分からは、とても言うことができないので、萩原に頼んだのだった。

萩原は、その場で永田に電話を入れた。電話口に出てきた永田は、

「そこにリキがいるんでしょう、代わってください」

と言ってきた。

力道山が出ると、永田は凄まじい勢いで、こと細かに力道山への恨みをまくし立ててきた。

二時間、永田の攻撃が続いた。

「協力など、今さらできるものか」

と突き放された。

力道山は、黙って聞いていた。ようやく萩原に代わった。萩原は、丁重に何度も協力を願い出た。

さすがに永田も、ひと息ついたようだった。

「自分は出ていかないが、うちの者を貸しますよ」

と言ってくれた。

電話が終わったあと、そのことを聞いた力道山は、ホッと胸を撫でおろした。

なにしろ永田は、関西の一大組織である山口組の二代目であった山口登と、兄弟分の盃を交わしていた人物である。関西の興行は、山口組が一手に握っている。三代目の田岡一雄とも、永田は非常に親しかった。

むろん力道山も、プロレス興行を通じて田岡とは親しかった。が、永田ほど深くはなかった。永田の協力をまがりなりにも得られたことは、その方面でもありがたかった。

五月二十一日、第一回ワールド大リーグ戦が開幕した。

後継者探し

初日の東京体育館の周りには、入場できないファンが二千人もひしめいた。以後、最終戦までの二十六日間、どこの地方都市での興行も、大入り、札止めの連続だった。

広島の呉市では、なんと二万五千人もの観衆が詰めかけた。

大阪では、リングサイドの券が、ダフ屋の闇値でかるく一万円をこえた。

力道山の優勝で幕を閉じたワールド大リーグは、ジェス・オルテガ、エンリキ・トーレス、ミスター・アトミッ

クの三人の人気外人選手を残し、その後一カ月に渡って、全国で興行を打ってまわった。これもまた、大入り満員を記録した。

第一回ワールド大リーグ戦と、その後の興行は、全国三十一カ所で行なわれた。総入場者数はおよそ二十二万人、総水揚げ高は二億四千万円にものぼった。

以後、力道山は、ワールド大リーグ戦を恒例行事として、毎年続けていく。開催するほどに、成功を収めていった。プロレスは、完全に息を吹き返した。

力道山にとっては、もうひとつの懸案が残されていた。だれかひとに会うごとに、

「若くて、デカいのはいないか」

と訊いた。自分の後継者となるレスラーを、求めていたのである。

レスラーとして不動の地位を築いた力道山は、事業家への転身を夢みていた。昭和三十四年の段階で、三十五歳である。二、三歳は確実に年齢を詐称しているといわれていることを考えれば、実際は四十歳近い年齢なのである。体力の限界を、感じはじめていた。

いちばん若い側近であった宍倉久は、よく明け方に力道山に呼び出された。かれは英語が堪能で、外人レスラー招請のための渉外を担当し、また「クラブ・リキ」の社長と「リキ・アパート」の総支配人も兼ねていた。

「力道山というひとは、寂しがり屋で、いつでもひとをそばに置きたがったんです。電話魔でもあった。クラブ・リキは、午前三時が看板でした。わたしは、それから家に帰る。すると力道山から、電話がかかるんです」

ちょっと来てくれ。力道山はそう言うのである。

「本人は興行を終えたあとで一杯ひっかけている。それで家に戻ってシャワーを浴びて、そこでいろいろとアイデアを考えるんです。ダッコちゃん人形が流行ったときには、黒人選手ばかりを集めた興行を打とうと言ってきました。怪奇映画が流行ったときには、エジプトのミイラを真似したザ・マミーという包帯で全身をグルグル巻きにした選手を登場させた。そういうアイデアを思いついては、明け方の四時、五時に電話をかけてきて、わたしを呼びつけた。すぐに自分のアイデアを他人に言って、善し悪しを確認したいんですね」

宍倉は明け方に電話がかかってくると、力道山からの呼び出しだとわかるので、妻に電話を取らせた。

「もう、遅いので……」

と断わろうとすると、

「いや、ちょっとちょっと、すいません」

と丁重に言ってくる。仕方なく宍倉が出るや、力道山は怒鳴るのである。

「チビ、なんだこの野郎、おまえの女房に頭を下げさせやがって！はじめからおまえが出ろ！」

そうして、「来い」となるのである。

真夜中に沸いてくるアイデアは、プロレスのことばかりではなかった。事業についても、次々と斬新なアイデアを出してきた。

「これからは、レジャーの時代だ。ゴルフが流行るぞ。ゴルフ場をつくろうじゃないか」

まだ、一流企業の社長でも、ゴルフは限られたひとしかやっていない時代であった。

が、そうと決めるや、相模湖に土地を買い、宍倉とやはり側近の長谷川秀雄に、ゴルフ場建設を任せた。

リキ・パレスには、ボーリング場もつくった。東京で三番目の早さだった。力道山は、アメリカに行っては、しっかりとこれから日本で事業として成り立つものをつかんできたのである。

「試合で殴られるたびに発想が湧いてくるんじゃないか、と思えるほどでした」

とは宍倉の述懐である。また、力道山は、こんなことも語った。

「今にきっと、海外旅行のブームがくる。いちいち羽田でチェックインの作業をしてちゃ、追いつかなくなるぞ。世田谷の池尻に、千坪の土地があるんだ。津村順天堂の土地で、買わないかと言ってきている。あそこにターミナルを建てたらどうだろうか。あそこだと高速道路の入口もすぐだから、車で乗りつけてチェックインして、そのまま羽田に行って飛行機に乗れるようにすればいい。車もどんどん増えてくるぞ。駐車場もこれから大変になるから、屋上に駐車場をつくろう。エレベーターを外につけて、車を運び上げるんだ」

現在、事業家となっている宍倉は、溜息交じりに回想する。

「いま考えてみると、力道山というひとは、とてつもない予言者だったんだなと思いますね。まさに力道山が言っていたことは、現在の箱崎ターミナルなんですよ。

箱崎はまさに、力道山が言ったとおりの構想で生まれたんですからね」

富沢信太郎は、この構想について、さらに力道山から考えを聞いている。

「池尻の土地は千百十七坪でした。それを実際に、八千五百万円ぐらいの手付金を払って購入の権利を握ったんです。力道山は言っていました。一階には日本航空と全日空、それに旅行代理店を入れる。二階はメディカルセンターにして、内科、外科、眼科の医療からマッサージまでやるフロアにする。三階から上は事務所にする。屋上は駐車場だーと。メディカルセンターは、レスラーたちのことを考えての発想でした。レスリングができなくなった連中に、マッサージなどの技術を活かしてもらおうという考えで、力道山は事業家として彼らの生涯雇用を目指していたんです」

元巨人軍投手・馬場正平

力道山は、体力の限界を案じ、後継者について考えざるを得なくなっていた。豊登、芳の里といった実力者たちはいたが、身体が小さく、見栄えがいまひとつだった。

眼をつけているのはいた。かれは、力道山にとっては幸いにも、三十四年十一月に右肘を痛め、四年間在籍していたプロ野球巨人軍の投手を解雇されていた。

再起を賭けて、翌三十五年新春、大洋のテストを受けるため、明石のキャンプに参加した。いわゆるテスト生である。ところが、二月十二日、風呂場で転び、投手の命である右肘の筋を切った。不運にも、野球生命を絶たれてしまったのである。

とてつもなくでかい男、まさに巨人と言ってよかった。それだけでも、客寄せになる。

しかも、元巨人軍の投手というネームバリューもある。その名を馬場正平といった。のちのジャイアント馬場である。

力道山は、密かに日刊スポーツ新聞運動部記者の鈴木庄一に相談した。鈴木は、仲介の労をとった。

馬場は、ある出版社に就職を決めていたが、プロレスの世界に入ることを決めた。

力道山は、馬場が野球生命を失ってまもない二月下旬、二度目のブラジル遠征を前に鈴木に頼んだ。

「できたら、おれの留守中に馬場を道場に連れて来てくれないか。稽古はともかく、うちの連中に紹介してやってくれ」

二月二十六日、力道山は入門してまもないマンモス鈴木を連れて、羽田空港からパンナム機で出発しようとしていた。ところが、鈴木が雲隠れしてしまった。時間になっても現れないので、力道山は仕方なくひとりで乗り込んだ。

鈴木は身長が百九十八センチもある巨漢で、力道山はかれに夢を賭け、いち早くアメリカで修業させようと考えていたのだが、当の鈴木は図体ばかりデカい小心者ときていた。

ひとりでアメリカに置いてけぼりを喰らうのかと思うと、たまらなくなって逃げ出したのである。

飛行機が離陸した時刻を確認すると、鈴木はホッとして人形町の合宿所で、眠りこけた。

そこに、あろうことか力道山が、飛び込んできたのである。離陸した飛行機が、途中でエンジン・トラブルを起こし、急遽、羽田に舞い戻って来たのだった。

「鈴木、てめえ、このやろう！」

怒鳴り上げるが早いか、力道山は太い樫の棒をつかんだ。鈴木を、めちゃくちゃに殴りつけた。

頭も背中も、そこら中をめった打ちにして、終わったときには、鈴木の顔は血みどろに腫れ上がり、ふた目と見られなかった。

力道山は、ベテラン・レスラーの長沢秀幸に、

「おまえが、おれのあとから、ブラジルに来い！」

と言い残して、ようやく日本を発っていった。

日刊スポーツの鈴木庄一は、力道山との約束通り、馬場正平を人形町のプロレス・センターに連れて行った。留守を預かっている芳の里をリーダーとするレスラーたちに、馬場を紹介した。

「今度、入門させていただくことになった、元プロ野球巨人軍の馬場正平です。今日は、みなさんのトレーニングを見学させてもらいに来ました。よろしくお願いします」

低く、くぐもった声で馬場が挨拶すると、

「ほお……」

という溜息まじりの声が、レスラーたちから上がった。あまりの大きさに、眼を奪われてしまったのである。

馬場の入門は、外部に秘密にしてあった。入門発表は、力道山が帰ってから行うことにしてあった。

猪木完至、当年十七歳

力道山は四月十日に帰国してきた。羽田空港には、随行している長沢以外に、ひときわ眼を引く大きな男がいた。顎が人並はずれて長いので、だれもが好奇の眼で見た。しかし、どことなく、あどけなさがあった。

鈴木庄一は、すでにこの少年がだれなのかを知っていた。三月二十日付けの力道山からの手紙を、受け取っていた。そこには、こう書いてあった。

《将来有望の新弟子を発見し、日本に連れて帰る。猪木完至、当年十七歳。身長一メートル九十二センチ、体重九十キロ。昨年の全伯陸上選手権少年の部で、砲丸投げと円盤投げの二種目に優勝。同君の長兄は空手選手、次兄も長距離選手というスポーツ一家の三男であり、以上のようにスポーツの輝かしい記録保持者たるのみならず、骨格筋肉もがっちりしており、運動神経も発達しているので、将来有望なレスラーに仕上がると思っている……》

三男と力道山は書いているが、本当は六男の誤りである。のちのアントニオ猪木であった。

力道山は猪木と、ブラジルのサンパウロでめぐり逢った。猪木は中央青果市場につとめていた。二年前の三十二年二月に、移住してきた。

青果市場の理事長である児玉満が、力道山の世話役で、猪木を力道山が泊まっているホテルに連れて行った。力道山のことは、猪木は知っていた。マリリアという町に、力道山一行が来るというので、試合を見に行っていた。力道山は、日系移民にとってヒーローだった。猪木もあこがれの眼差しで、力道山の雄姿に見とれた。

ホテルの部屋で、力道山は猪木を見ると、いきなり「裸になれ」と言ってきた。上着を脱ぐと、「背中を見せろ」。そして、間髪置かず、有無を言わさぬ調子で言った。

「よし、日本に行くぞ」

猪木は、たった三言で、三年ぶりに日本の土を踏むことになったのである。

力道山は、児玉理事長に約束した。

「三年、預けなさい。きっと立派なプロレスラーにしてみせる。将来、ブラジルに支部をつくり、プロレスの根を植える。猪木は、その代表にさせたい」

帰国の翌日、四月十一日、馬場と猪木のふたりは、奇しくも同日の入門発表となった。

その日、鈴木庄一は、力道山とふたりだけで社長室に入り、馬場の体位を測った。

「おお、でけえなあ……」

力道山から、感嘆の声がもれた。

身長二百三センチ、体重百二十五キロであった。二十二歳である。トレーニングを重ねていけば、なお成長することは間違いなかった。馬場はその後二百九センチまで伸びていく。力道山は、馬場に期待をかけた。

日本にとどまっていた猪木家の長男である猪木康郎は、新聞を見たというひとに教えられ、はじめて弟の完至が日本に帰って力道山の門下生になったことを知った。おどろいて、すぐに力道山に会いに行った。力道山は、はっきりと言ってきた。

「完至君は、何とかものになるだろうし、きっとものにしてみせる。だから、普段のトレーニングがどんなに厳しいからといっても、決して口を出さないでください」

おのずから、猪木と馬場の待遇は違った。雲泥の差だった。

馬場は、さまざまな事情もあって、合宿所住まいをしなくても許された。東横線沿線の新丸子のアパートから、ジムに通った。

猪木は合宿所どころか、大田区梅田町の力道山邸に住み込みとなった。馬場が純然たるレスリング練習生なら、猪木は力道山の付け人であった。

給料も、馬場は破格だった。猪木のみならず、ほかの前座のレスラーたちも含めて、みな小遣い程度の支給であった。が、馬場だけは月給制で、しかも巨人時代の報酬と同額の五万円とされた。

当時、営業部長だった岩田浩は、力道山の次のような考えを聞いている。

「馬場は年齢が上だから、先に育てなければならん。アメリカにも修業にやって、早くいいレスラーになってもらわなければ困る。猪木は、じっくり鍛えていこう。まだ十七歳で、身体も出来上がっていない。まず、レスラーとしての体力づくりを心掛けねばならん」

岩田の眼には、力道山が猪木に対して力を入れているのがわかった。ふつうの選手には言わないが、屈伸運動のヒンズースクワットでも、「あと百回やれ」と猪木ばかりを集中的にしごいていた。内心、猪木のことを可愛がっているのがよくわかった。

ふたりは、先輩である大木金太郎、マンモス鈴木とともに、力道山によって「若手四羽鴉」と呼ばれた。猪木のことは、いつもそばにおき、客が訪ねて来ると自慢した。

「どうだい、見てくれ、デカいだろう。こいつは、ブラジルで陸上のチャンピオンだったんだ」

馬場のネームバリューに対して無名の猪木を、盛んに宣伝していた。

トレーニングは、苛烈であった。師匠の力道山は、木刀を持って鬼のような形相で立ち、一瞬でも気を抜けば、

「馬鹿野郎！」

怒声とともに、木刀を振り下ろした。強くなられては困るという理由で、豊登らにはさせようとしなかったヒンズースクワットも、毎日二千回から三千回させた。

若手四羽鴉から流れる汗は、バケツで水をまいたように床に溜まった。

馬場は、トレーニングの苦しさをこう言っている。

「野球の練習は、クタクタに疲れ果てたところで終わった。けれども、レスリングの練習は、クタクタに疲れ果てたところからはじまった」

馬場は、トレーニングを終えると、新丸子のアパートに帰ることができた。が、猪木は、力道山邸に戻り、付け人とならなければならなかった。

車で引き揚げてくる力道山が、家の裏でクラクションを鳴らすと、猪木は外に飛び出して門を開ける。

車も磨けば、靴も磨いた。

「おい、出かけるぞ！」

と力道山が言えば、先に玄関に立って、靴べらを渡した。

飲めぬ酒も、無理矢理飲まされた。気持ち悪くなって吐いても、まだ飲まされた。

馬場は、トレーニング以外では殴られることはなかったが、猪木は私生活でも、こてんぱんに殴られた。

「いつもいつも頭をあんなに殴られたら、頭がおかしくなっちゃう」

知っているひとに、そう漏らした。

力道山から猪木をかばったのは、豊登であった。

「猪木はね、本当にリキ関によく殴られたんです。それで、あるときぼくに、こう言ったことがあった。『そばにもし包丁があったら、うしろから先生（力道山）を刺して、海に飛び込んで、ブラジルまで逃げて帰りたい』猪木には、そのころ金なんかなかったですからね、船で帰るわけにはいかないから、泳いで帰るといったんです。それくらい、猪木は苦しんだんです」

猪木家の長男である猪木康郎が語る。

「うちに戻って来ても、愚痴は言わなかったですね。ただ、何か考え込んでるようなところがありました。いまにも、荷物をまとめてブラジルに帰りたいという感じがあって、わたしも辛くなったことがありました。我慢しろ、我慢しろと言って、慰めたこともあります」

力道山は、しかし、これほど違う待遇をしているふたりを、じっくり見ていた。岩田浩が言う。

「力道山は、ふたりをスターにしようと、はっきりと考えていましたね。違うタイプのプロが張り合って、お客を巻き込んでいく。そのために、ふたりがライバル心を燃やし合うことを、力道山は黙って見ていました」

馬場には王道を、猪木には修業を

力道山は、昭和三十五年四月十一日に同時入門してきた馬場正平と猪木完至のふたりを、五カ月のあいだ徹底的にしごいた。

馬場は、プロレスへの橋渡しをした日刊スポーツ新聞記者の鈴木庄一に、決意を語っていた。

「何も知らないんだから、自信など全然ありません。まあ、体力には人一倍恵まれているし、トレーニングさえ積んでいったら、何とかやれるんじゃないかと思ってます」

猪木もまた、こう言った。

「日本に来るとき、サンパウロで先生（力道山）の最終戦のリングに上がらせてもらって、三年経ったらこのリング上で立派な試合をお目にかけます、とブラジルのひとたちに約束してきたんです。その約束を、果たさなきゃなりません」

馬場二十二歳、猪木十七歳である。そのふたりについて、力道山は鈴木にこう語った。

「プロレスラーの修業は、想像以上に辛いが、あとのない馬場は、きっとやり遂げると思う。半年か一年トレーニングをしたら、アメリカに遠征させようと思っている。案外、早く試合に出られるかもしれない。猪木はまだまだ子供なんだから、体も全然できてない。まあ、しかしあれは一年ぐらいみっちり鍛えたら、見違えるような体になるだろう」

力道山は、明らかに、馬場には王道を、猪木には傷口に塩を擦り込むような修業を課そうと決めていた。

馬場が川崎市新丸子のアパートから通ってトレーニングを積めば、猪木は力道山の付け人として、試合が終わった控室で、力道山の足指のあいだまで、タオルで丁寧に拭った。

デビュー戦が、刻一刻と近づいていた。入門発表が同日なら、デビュー戦も同日となるのである。

何やら因縁めいたふたりを、力道山はデビュー戦でも、はっきりと差別した。

営業部長であった岩田浩が語る。

「馬場を早く売り出さなければなりませんでした。そのため、営業政策上、馬場には勝ってもらわなければならなかった。猪木は、負けてもともとでした。まだ若かったですから。力道山は、そんな考えでふたりのデビュー戦のカードを決めたんです」

昭和三十五年九月三十日、入門してから五カ月、舞台は台東体育館であった。馬場は田中米太郎、猪木は大木金太郎が相手だった。

キャリア七年とはいえ、田中米太郎は基本的には、力士時代からの力道山の付け人である。力道山がプロレスに転向するとついてきた、力道山抜きには語れぬ人物である。

パンツの洗濯からチャンコ番、果ては力道山の感情のはけ口として、日常的な殴られ役でもあった。それも素手はもとより、ビール瓶、木刀で殴られ、血を流すのは日常茶飯だった。

鈴木庄一によれば、力道山はそのうえ田中に、馬場に花を持たせろ、と指示した。猪木の相手である大木金太郎は、九カ月先輩で、野心をギラギラと燃え立たせていた。大木もまた、猪木同様ハングリーな人物であった。

本名、金一。同胞の大先輩である力道山にあこがれ、韓国から昭和三十四年四月に密入国してきた。

韓国でも、釜山まで来れば、日本テレビのプロレス中継を見ることができた。力道山のプロレスがあるという日には、周辺の町や村から釜山に、多くのひとびとが詰めかけ、民族の英雄である力道山の活躍に手に汗をにぎって声援を送った。

大木も、そのひとりだった。だが、日本に来て捕まり、横浜の法務省収容所から力道山あてに入門嘆願書を送り、日本プロレス・コミッショナーであった自民党副総裁の大野伴睦の計らいで、強制送還を免れ、無事入門を果たしたのだった。

ひとすじ縄でいく男ではない。朝鮮民族独特の誇り高いところが、同門レスラーたちから毛嫌いされる結果となっていた。だれもが試合でぶつかることを、いやがった。力道山に木刀で頭を叩かれ、それが頭を人並み以上に硬くさせていた。その石頭を遠慮なくこちらの頭に打ちつけてくる。とくに福岡あたりのテレビ・マッチでは、釜山に電波が届くので、目いっぱいファイトした。

「あのやろう、ガチンコで来やがって」

相手に技など出させず、自分が勝つことのみを考えて、妥協なく押しまくってくるレスラーのことを、プロレスの世界では「セメント」と呼ぶ。

かつて力道山も、修業時代のアメリカで「セメント野郎」と呼ばれた。力道山は大木にかつての自分を見るようで、かえって猪木同様、徹底的にしごき抜いていた。

百八十五センチ、九十キロのその大木と、もはや現役の陰に隠れてしまっている田中米太郎では、実力も勢いも、雲泥のひらきがあった。力道山の頭には、田中を豪快に倒して両手を高々と上げている馬場と、大木に頭突きでめった打ちにされ、マットにがっくりと膝をついている猪木の図が、はっきりと描かれていただろう。

力道山は、大木に命令した。

「いいか、手加減するな、猪木を潰すくらいの気持ちでガンガンいけ」

九月三十日、台東体育館でのデビュー戦は、そのとおりの結果となった。二戦とも、十分一本勝負だった。

観戦していた岩田がいう。

「馬場も猪木も、非常に緊張していたことを覚えています。馬場と対戦した田中米太郎なんて、自分で勝手にずっこけたりして、馬場に花を持たせた。大木は手加減なしのガチンコで猪木を徹底的に痛めつけた。どちらも試合らしい試合じゃなかったですよ。われわれも、おもしろがって、やれやれ、とはやし立ててました」

馬場は五分十五秒、二メートル三センチの身長を活かして、股裂きで田中を破った。猪木は大木に十八番の頭突きを浴びせられ、最後は七分十六秒、リバースアームロック（逆腕固め）で敗れた。

いずれの技も、いまの時代では、決まり手とは言いがたい。だが、田中は何なくギブアップし、猪木は腕を折られるほどの激痛に、ついに無念のギブアップを喉から絞り出したのである。試合時間の二分の差は、馬場のデビューが華々しくも整然と進められた儀式だったのに対して、猪木は大木と闘志むき出しの意地の張り合いを見せたからではなかったか。

馬場対猪木

いずれにせよ、後世まで響く大事なデビュー戦で、ふたりの明暗は、はっきりと分かれた。力道山が鈴木庄一に明言した通り、ふたりの育て方はあきらかに違っていた。

以後、ふたりは、鎬を削り合うように、連戦を重ねていく。馬場は十一月十七日、日本ジュニアヘビー級チャンピオンの芳の里と対戦して、はじめて敗れる。猪木は先輩レスラー相手に連勝を重ねていくが、試合は馬場が三十分一本勝負、猪木は二十分一本勝負と、馬場は一枚格上であった。

「そろそろ、あのふたりを、リングに上げて闘わせてみようじゃないか」

力道山がそう言い出したのは、昭和三十六年の五月に入ってまもなくのことだった。営業部長の岩田浩は、反対した。

「社長、あのふたりを闘わせるのは、やめてください。これから売り出そうというのを、いま潰すわけにはいきません」

闘えば、どちらかが負ける。たがいにライバル心を燃やしている者どうしの対決は、尾を引いていく。負ければ、ファンにとって、その存在は消えていく。

この場合、負けるのは猪木だ。馬場を促成栽培しなければならないときに猪木に勝たせるわけにはいかない。岩田が潰さないでと言っているのは、猪木のことであっかなかった。むろん、力道山もわかっている。だが、力道山は聞いていた。

「あのふたりは型が違うから、稽古だけじゃ、どのくらいおたがいに成長しているかわからん。型が違う者どうし、闘わせてみたい」

岩田には、ふたりの成長を見るということはさておき、力道山がひとりの観客として、馬場、猪木の対決を楽しみにしているようにも思われた。

「まあ、東京や大阪のような大きな会場じゃ、按配が悪いだろうから、どこか田舎でやらせようじゃないか」

五月二十五日、馬場と猪木は、富山市体育館のリングで、はじめて激突した。

結果は、フルネルソン（羽交い締め）で、馬場が勝った。この技も、今となっては、決まり手どころか、傷め技としてもあまり使われなくなっている。

「ここでも、営業政策上、馬場に勝ってもらわなければ、という含みがあった」

と岩田は言う。

その後、ふたりは十六回対戦し、馬場の全勝に終わっている。力道山存命時代に行われた、いま思えば夢のような対決は、以後、実現していない。

初対決から五日後の六月三十日は、馬場にとっても、猪木にとっても、運命の日となった。馬場のアメリカ行きが決まったのである。第二回のワールド・リーグ戦が終わり、国際選抜戦で四国を巡業しているときだった。

試合を終えた控室で、猪木は付け人として、いつものように力道山の着替えを手伝っていた。そこに馬場が、芳の里、マンモス鈴木とともに現れた。

「これから東京に帰って、アメリカに出発します」

そう言って、巨体を折り曲げる馬場に、猪木は激しい嫉妬を感じた。猪木は自伝『燃えよ闘魂』に書いている。

《馬場さんの姿が何とも晴れがましく、正直いって羨ましかった。後から入門して同時にデビュー、一人は早くも選ばれて、憧れのアメリカへ留学（修業）する。一人は師匠の付け人として、師匠の汗をふいている。「馬場さんとオレはそんなに差があるのだろうか」わたしはふとそう思った》

明暗は、どこまでも深まるばかりであった。

七月一日、ロサンゼルスを振り出しに、馬場は芳の里とともに、シカゴ、モントリオール、ピッツバーグ、ワシントン、ニューヨークと、プロレスのトップスターたちが走る日の当たる場所をサーキットしてまわった。ニューヨークの檜舞台マジソン・スクエアガーデンでも、メインエベントをつとめるようになった。

日本人にはめずらしい巨体と、力道山によって鍛えられた足腰によるスピーディーな動きのアンバランスが、アメリカのプロモーターたちの眼にかなった。

昭和三十七年一月五日のシカゴでの試合で、馬場ははじめて「ババ・ザ・ジャイアント」というリングネームをつけられた。

ニューヨークでは、「フランケンシュタイン・モンスター」とニックネームされ、怪物にされた。それもそのはず、プロモーターの命令で、ふだん町中を歩くときも、真っ赤な着流しと高下駄姿であった。その恰好で、レストランに入ると、まわりに人垣ができた。

馬場は、どこへ行っても、人気を呼んだ。プロモーターが放したがらなかった。

日本の猪木は、馬場の活躍を耳にしながら、前座をもくもくと務めていた。アメリカでメインエベンターにのし上がった馬場とは比ぶべくもなく、試合が終われば、力道山の付け人をこなし、鉄拳の制裁を受けていた。猪木の反骨精神はいやが上にも錬磨された。

ついに猪木は、力道山存命中には、一度もアメリカに出されなかった。三年経ったらこのリングで立派な試合を見せる、とブラジルの人々に約束したことは反故になってしまった。

力道山が猪木をアメリカにやろうとしなかったことについては、当時、力道山と親しくしていた、現在プロレス評論家の菊地孝が、こう解説している。

「力道山は猪木のことを、こころのどこかで自分に似ていると思ってたんじゃないでしょうか。彼をアメリカにやったら、向こうで独立してレスラーとしてやっていくようになる。それを恐れていたような気がします」

馬場には、大きなチャンスがめぐってきた。力道山も喉から手が出るほど欲しがっている、NWA世界タイトルへの挑戦である。馬場を高く買っていたシカゴのプロモーター、フレッド・コーラが、NWA会長だった。そのルートで、チャンピオンのバディ・ロジャースへの挑戦が決まったのである。

日刊スポーツ新聞の鈴木庄一は、その報せを聞いて、力道山に確認した。ところが、よろこぶべきはずの師匠の力道山は、なぜか険しい顔で言ってきた。

「しばらくのあいだ、馬場のことは書かないでくれ。理由は、やがてわかるよ」

鈴木は、不審に思った。が、力道山の言う通りにするほかなく、馬場の世界タイトル挑戦のことは、一行も記事にしなかった。

力道山は、三十七年二月二十一日、渡米した。第四回ワールド大リーグ戦の参加外人レスラーの契約と、ロサンゼルスでフレッド・ブラッシーの持つWWA世界選手権に挑戦するためだった。

鈴木はそのとき、ふたたびある人物を介して、力道山からの頼みを聞いた。

「ブラッシーに挑戦するまで、馬場の世界挑戦のことは、取り上げないでくれ」

WWAはロサンゼルス地区のローカルタイトルであることは、その道のものなら、だれもが知っている。馬場のNWAとは、権威において比べ物にならないのだ。力道山は、弟子の馬場に嫉妬し、自分が馬場の背後に隠れてしまうことを恐れた。

噴き上げる嫉妬と羨望

NWA世界ヘビー級タイトルに挑戦が決まった馬場正平に対して、力道山はマスコミに報道を控えさせた。

それればかりではなかった。馬場から鈴木庄一に頻繁に届いていた手紙も、しばらく途絶えた。

のちにわかったことだが、それも力道山の仕業であった。力道山に言われ、馬場は手紙を控えたのである。馬場の手紙は、単なる近況報告ではない。馬場の後見人である鈴木にとっては、アメリカでの馬場の活躍を、日本にいながらにして書ける、重要な情報源であった。

その後、馬場は再三に渡って、NWA世界王者バディ・ロジャースに挑戦するが、日本では詳細には報道されなかった。力道山は、馬場の報道を抑えるいっぽうで、ブレッド・ブラッシーを倒してWWA世界ヘビー級タイトルを奪い、凱旋帰国した。

馬場はその後も、力道山存命中に、二度目の渡米をする。アメリカでは、もはや、押しも押されぬメインエベンターとなる。

そうして、力道山の馬場に対する態度が、豹変するのである。噴き上げる嫉妬と羨望を、抑えることができなくなった。

ジムでは、馬場だけを休ませなかった。スパーリングでは、次々と相手を交代させてぶつけた。完全に馬場の力が尽きてしまうまで、攻撃をやめさせなかった。

あれほど馬場に目をかけていた力道山が、いまや馬場を潰しにかかっていた。

馬場の陰に隠れて、猪木完至の茨の道は続いていく。馬場はアメリカにふたたび渡り、力道山から逃れられた。が、猪木は日本にとどめられ、しごき抜かれた。修羅の男、力道山に耐え続けたふたりが、やがて大輪の花を咲かせていくのである。

力道山は、プロレスをいかに観客に見せていくかということを知り抜いた名演出家であった。

リングアナウンサー、レフェリーをつとめた小松敏雄は、試合中つねに力道山が時間を気にしていたことをおぼえている。テレビ中継のときは、なおさらだった。放送時間が終わりに近づいてくると、レフェリーの小松に訊いてきた。

「おい、あと何分だ」

「あと十分」

と答えると、力道山は「よし」といって、試合を盛り上げにかかった。そうして、放送終了間際に相手をフォールしてみせた。

ときによっては、わざと放送時間内に決着をつけないときもあった。テレビ観戦のひとびとの関心を煽って、現場に足を向けさせるためであった。

どんなに時代が進んでも、最低の入場料である三百円だけは、変えようとしなかった。

「この三百円は、絶対に上げるなよ。貧乏な人間が、いつでも来れるようにしておけ。プロレスは、金持ちも貧乏人も、みんないっしょに楽しんでもらうんだ」

力道山は、つねにそう言っていた。

昭和三十六年のワールド大リーグ戦に、ミスターXという、謎の黒覆面レスラーが来日した。実力者であった。かれとの試合前、力道山は秘書のひとりを呼び、一枚の一ドル銀貨を手渡した。銀貨にはテープが巻いてあった。

「こいつを、ミスターXに渡してこい」

「なんですか、これ?」

「渡せばわかるよ」

秘書は、ミスターXに渡した。ミスターXは、銀貨を見ながら、つぶやいた。

「えらいな、おまえのボスは……社長ならふんぞり返っていればいいのに、自分で血を流すんだからな」

力道山は、みずから血を流すために、凶器を渡したのである。

それ以前、観光ビザで来日し、ビザが切れてしまった外人レスラーがいた。素顔で試合に出られては按配が悪いと、覆面を被らせたことがあった。同じように銀貨を渡した。ところが、かれは、すっかり忘れてリングに上がってしまった。

試合中、かれは力道山にリングから投げ落とされたのをチャンスとばかり、凶器になるものを探しまわった。観客が捨てたビールの王冠を見つけ、すばやく覆面に入れた。それで頭突きを力道山に決め、力道山を流血させたのはよかったが、焦ったあまり、王冠のギザギザした側を自分の額に当てていた。試合が終わってみると、自分の額も王冠の形に傷ついていたという、笑うに笑えないエピソードがあった。

だが、正真正銘のマスクマンであるミスターXは違った。試合では、いやというほど凶器頭突きを決め、力道山を血に染めた。来る日も来る日も、力道山はみずからを血に染めることによって観客を熱狂させた。

銀貨を渡した秘書は、ある日、試合を終えたミスターXに呼ばれた。

「ボスに、アイム・ソーリーと言っといてくれ。しかし、たいしたもんだよ。かれは、グレイトだ」

その夜、秘書は力道山に伝えた。が、力道山は、つっけんどんに言うだけだった。

「ばか言うな、仕事じゃないか」

ミスターXといっしょに来日した〝密林男〟グレート・アントニオのデモンストレーションも、力道山のアイデアだった。

百九十八センチ、二百四十キロの巨体は、日本初の怪物登場である。ボサボサの長髪に、顔全体は髭でおおわれ、ブカブカのきこり靴を履いていた。

三十六年四月二十八日、力道山は東京神宮外苑の絵画館前で、アントニオをつかって、ワールド大リーグ戦の前宣伝を大々的に行なった。

八トンもある大型バスを三台、鎖で繋ぎ、それをアントニオに、やはり鎖で引っ張らせようというのである。しかも一台ずつに、身体障害児五十人を乗せていた。かれらを招待したのも、力道山のサービスだった。

アントニオは、それを五メートル引っ張った。見物に詰めかけたひとびとは、度胆を抜かれた。小松敏雄が述懐する。

「あれだけのものを、いくらアントニオの力でも、なかなか引っ張れる訳ではないんです。かれ自身、無理だと言っていたほどでした。そこで力道山は、ロープは伸びる分だけ力が半減するといって、鎖を持たせたんです。鎖なら伸びないで、そのまま力を伝えることができますからね。それと、絵画館前の道路は、中央部が盛り上がっていた。端に瞬くほど、低くなっている。そこでバスを中央部から端っこに向けて斜めに並べ、斜面を下るようにセットしたんです」

デモンストレーションは、大成功だった。ワールド・リーグ戦は、どの会場も、アントニオ見たさに超満員だった。

三十七年の第四回ワールド・リーグ戦には、「吸血鬼」の異名をとるフレッド・ブラッシーが来日した。力道山はロサンゼルスで、そのブラッシーからWWA世界ヘビー級選手権を奪取したばかりであった。

得意技は、「噛みつき」である。それで相手を血に染める。吸血鬼の登場を、ファンは熱い眼差しで見つめた。地方巡業をするほどに、駅にはブラッシーをひとめ見ようとファンが詰めかけた。

「ところが、ブラッシーには、難点があった」

と小松が言う。

「子供、とくに赤ん坊が好きで、駅で取り巻いたファンのなかに、赤ん坊を抱いた者がいると、抱き上げて頬ずりするんです。力道山には、それが気にくわなかった」

力道山は、小松に言った。

「おい、ブラッシーは、あんなことじゃ駄目だ。小さいヤスリがあるだろう。あれを買ってこい」

力道山に、鋸を研ぐための細長いヤスリを買っていくと、

「よし、これをブラッシーに持っていけ。いつでもどこでも、これで歯を研ぐ真似をさせろ」

噛みつきが売りもののブラッシーである。ヤスリで歯を研いでいる姿は、さぞかしファンをゾッとさせるだろ

うというのである。ブラッシーに、好々爺のように赤ん坊をあやされたのでは、吸血鬼のリアリティが削がれる。駅について、ヤスリで歯を研いで見せれば、だれも寄りつかなくなる。ファンの心理を煽って、観客動員にもつながる。

ヤスリで歯を研ぐブラッシーには、凄味が増した。が、まもなく、ブラッシーは小松に訴えてきた。

「ほかにヤスリはないか。これでやってると、唇や口の中を切ってしまう」

ヤスリはひょろ長い長方体の形をしていた。厚みがあり、四角ばっているので、その端が当たるのだろう。

小松は、先端が尖って全体が平べったく薄い、新しいヤスリを買ってきた。ブラッシーは、歯に当ててみた。納得したように、うなずいて小松を見た。

「ベリィ・グッド」

以後、そのヤスリは、ブラッシーのトレードマークとなった。

第四回ワールド大リーグ戦の決勝は、あの不世出の大レスラー、ルー・テーズと力道山とのあいだで争われた。力道山は宿敵ルー・テーズを二対一で破り、四連覇を果たす。テーズは「リキは大レスラーになった」と、力道山に祝福の言葉を贈った。力道山は会心の笑みを浮かべた。

―第11章―

未完の夢
力道山、刺される

◉昭和三十六年〜三十八年

金と借金に追われ、眠れない日々

力道山は昭和三十六年七月に、渋谷宇田川町に、地上七階、地下二階のプロレスの大殿堂「リキ・スポーツパレス」を完成させていた。赤坂には「リキ・アパート」「リキ・マンション」を建てた。実業家として、本格的に乗り出した力道山は、レスラーとしても日本のファンの前で、はじめてルー・テーズを破り、まさに絶頂期を迎えていた。

だが、リングを下りた力道山は、ボロボロであった。事業に乗り出したことによって、税金に苦しめられた。経理担当の常務であった富沢信太郎によれば、その額は当時の金で一億三千万円あまりあったという。

「外人レスラーのギャラを仮払いで切る場合が数多くありました。それはしかし、法律で制限されている一日一万円の枠をかるく超えてしまう額だったので、全部力道山が受け取ったということにしてあったんです。それで力道山に、多額の税金がかけられた。力道山は、びっくりしたでしょう」

国税局の調査が入った。役人がやって来ると、力道山は頭を下げた。

「おれも払わなきゃならんことはわかるんだ。しかし、払えないいんだ。どうやったら払えるか、教えてくれ」

最後は、

「おれの顔に免じて、頼む」

となりふり構わなかった。

借金も増えた。同時に事業に精出すあまり、トレーニングが疎かになり、試合でも精彩を欠くようになった。

タッグマッチが多くなった。自分はあまり闘わなくなった。闘っても、これまでの技の切れがなくなった。

それもそのはずだった。税金と借金に追われ、眠れない日々が続く。それでも自分を待っているファンがいると思うと、試合を休むわけにはいかない。

睡眠薬を常用しはじめた。それも大量に飲まなければ、鍛えあげた肉体には効かなかった。小松敏雄が打ち明ける。

「ともかく睡眠薬が切れてくると、ひどい状態になったんです。巡業先で朝を迎える。睡眠薬が効いているので、なかなか起きてこない。ようやく起きあがったのはいいけれども、睡眠薬が効れかけている。そのとき、力道山は酔っぱらったようになるんです。それで宿舎で暴れはじめる」

手のつけようがなかった。自律神経を目覚めさせるために、興奮剤のようなものを飲んだ。試合前には、己を奮い立たせるために、必ず飲んだ。時折禁酒はしていたが、薬漬けで肉体はガタガタになっていた。

三十八年一月七日には、日本航空の国際線スチュワーデス、田中敬子と婚約を発表した。前年の秋から交際を深めていた力道山は、それを機縁に健康を回復しようと努力するようになる。

その年になると、にわかに身辺も騒がしくなった。日本人にとってだけでなく、朝鮮半島に住む人々にとっても祖国の英雄である力道山には、何度も韓国訪問の話が執拗に舞い込んできていた。韓国政府からの招待には違いなかったが、問題があった。ヤクザ組織などが、こぞって自分のルートで行ってくれと言ってきたのである。六つほどあった。

力道山は、断わり続けていた。自分の出生を、隠し続けなければならないからである。韓国に行ったことが公になれば、その問題が取り沙汰されるに決まっている。日本の英雄が、じつは日本人ではなかったというと、ここまで盛り立ててきたプロレスの人気が落ちてしまうと考えていた。

だが、興行面で世話になっている山口組三代目田岡一雄や、長い付き合いをしてきた東声会会長の町井久之の強い要請もあって、極秘で訪韓することを決めた。

ただ、田岡ルートか、町井ルートかで、ギリギリまで揉めに揉めた。右翼の大物、児玉誉士夫があいだに入って、ようやく決まったのは、田岡のルートであった。

それでも力道山は、行くべきかどうか、なお悩んでいた。リキ・スポーツパレス専務の宍倉久を、力道山はリキ・アパート八階の自宅に呼んだ。リキ・エンタープライズ専務の吉村義雄が、同席していた。力道山は、宍倉をあだ名で呼んだ。

「チビ、いままでおまえには言わなかったけれども、おれは日本人じゃないんだ。そう言ったら、仕事ができるか、と言われると思って、言わなかったんだ」

「冗談でしょう。そんなこと、まったく関係ありませんよ。わたしは、力道山という人間のもとで仕事をしてるんです」

宍倉がそう言うと、力道山は感慨深げな表情になった。

「韓国行きの話があるんだ。おれは、あまり気が進まないんだが……。おれが韓国に行けば、新聞にはおそらく、力道山故郷に錦を飾る、なんて書かれるだろうな。おれは、人気が落ちるのは構わないんだ。ただ、ファンの子供たちが力道山に持っているイメージが、狂うようなことがあったら困る……」

宍倉が言った。

「そんなこと、どうってことないでしょう。たとえ百人の子供のうち、五十人が離れても、力道山の生き方を見て、やっぱり立派なひと、強いひとと思い直せば、きっとついてきますよ」

力道山は肚を固めた。

「そうか、わかった。それじゃ、おまえの言うことを聞いて、韓国に行こう」

ただし、極秘とされた。関係者には、箝口令が敷かれた。

祖国への帰還も家族は三十八度線の向こう

日本を発つのは、婚約発表した翌日の一月八日であった。宍倉はその日、早朝六時半ごろ、リキ・アパートに行った。エレベーターで上がろうと、受付のあるホールに入ってみると、顔見知りの東声会の手の者が数人いた。

「オヤジ、行くの?」

と訊いてきた。

「ああ、行くよ」

「そうか、それなら悪いけれども、今日あんたのオヤジ、撃たなきゃなんねえ。危ねえから、オヤジの近くを歩くなよ」

コートの下から、拳銃をちらつかせた。

「何言ってんだ。おれのオヤジだ。おれはヤクザじゃないし、撃たれる理由もない。ちゃんとオヤジの前を歩くよ」

右翼の大物、児玉誉士夫が、どちらのルートで行くか揉めていた山口組と東声会のあいだに入って山口組に落ち着いたというのに、やはり面子というものがあるのである。面子を潰された限りは、落とし前をつけさせてもらう、というのだった。

宍倉は、八階の力道山の部屋に上がった。韓国に同行する吉村義雄が、すでに来ていた。力道山は、ちょうど箱根にいる東声会の首領、町井久之に電話をし終えたところだった。

町井は「行くな、おれにも面子がある」と力道山に迫った。

宍倉は念のため、アパートの表と裏に車を手配した。

「下に、東声会の連中が来ています」

そう言っても、もはや力道山は怯まなかった。

「さあ、行くぞ」

荷物を抱えて、下に降りた。エレベーターを出たところで、拳銃を抜いた面々に囲まれた。

「リキさん、行くの？」

「行くよ。いま、箱根の町井と、電話で話をつけたよ。疑うんなら、電話してみな」

力道山は、嘘を言った。かれらが電話に走っている間に、表に停まっている車に乗り込んだ。運転手に「飛ばせ！」と命じるや、車は羽田に向かって、フルスピードで走り出した。

当時のことである。遠距離の電話がつながるまでは、時間がかかった。その間隙をついたのだった。

力道山の言ったことが嘘だと知った東声会の面々は、あわててあとを追いかけてきたが、あとの祭りだった。

宍倉と運転手は、力道山と吉村を見送りもせず、羽田空港でふたりを降ろすと、そのまま箱根に逃げた。

力道山らは、ノースウェスト機で飛び立った。翌日、韓国の力道山から、箱根の宍倉に電話があった。

「大丈夫か」

「大丈夫です」

こんなときに、力道山は気づかいを忘れなかった。

韓国では、国賓待遇を受けた。ジープが日韓両国の国旗を掲げて先導していく中を、力道山はシボレーのオープンカーに乗って、ソウル市内をパレードした。「東亜日報」は、大々的に力道山歓迎の記事を書き立てた。

『日本に帰化したが、血脈は変わらない』

『日本でも有数の金持ち』

『プロレスリングの王座に』

首相、文部大臣、ＫＣＩＡ長官らと次々に会見が持たれた。

親類のひとびととも再会した。が、いちばん会いたい、尊敬する兄の金恒洛は、三十八度線の向こうである。力道山は、家族を引き裂いた「三十八度線」を憎んでいた。

ひとを罵倒するとき、決まって吐いたのは、「この共産党野郎」という言葉であった。

南北を分ける板門店にも行った。真冬の冷たい風が、吹き抜けていた。

力道山は板門店の前で、何を思ったか、いきなりオーバーを脱ぎ捨てた。背広もネクタイも、ワイシャツも脱ぎ捨てると、上半身裸になった。国境を守る兵士たちが、何事かと緊張した。

力道山は、ふるさとに向かい、両腕を天に突き上げて叫んだ。

「ウオーッ!」

三十八度線の山々に、どこまでもこだました。吉村義雄は、力道山の背後で、一部始終を見ていた。

「両腕を突き上げて、叫んだ瞬間、力道山に向かって、国境の両側から一斉にカメラのフラッシュが焚かれたんです。引き裂かれたふるさとの現場に立って、込み上げてくるものを抑えることができなかったんでしょうね。わたしには、あの叫びは、おにいさん! と言っているように思えて、仕方がありませんでした」

力道山は、以後、二度と故郷の土を踏むことはなかった。

北朝鮮の娘

生まれ故郷である現在の朝鮮民主主義人民共和国から、おどろくべき証言が飛び出してきたのは、力道山の死後二十年経った昭和五十八年のことであった。その年の朝鮮問題専門誌「統一評論」三月号に、北朝鮮に住む力道山の娘、金英淑が特別手記を寄せたのである。力道山には、日本にも死後に生まれた娘を加えて四人の子供があるが、ふるさとにも血脈を残していたのである。

彼女には、「夕刊フジ」の大野るり子記者が、平成三年七月二十五日、日本人記者としてはじめてインタビューに成功している。

それによると、金英淑は一九四三年二月二日、力道山の生まれ故郷である成鏡南道浜京郡龍源面新豊里で生まれている。現在の新豊市龍中里である。平成三年現在、四十八歳、平壌の中心街にある高級アパートで、朝鮮体育委員会に勤務する夫ら家族と暮らしている。二十七歳を頭に五人の娘、ふたりの孫がいる。写真を見れば、顔の輪郭といい、ひとえ瞼の眼といい、力道山生き写しである。

力道山が何ゆえに海峡を越えて日本に渡ってきたかは、今日では明らかになっている。前にも書いた通り、朝鮮相撲のシルムでその腕を見込まれ、日本に連れて来られたのである。

金英淑の手記と、大野記者のインタビューを総合すると、そのいきさつはこういうことになる。

力道山は一九四〇年二月、十六歳で日本に渡った。そのときすでに、力道山は結婚していた。日本人に見出され、相撲取りとして引っ張って行かれることになった。

両親は反対した。相撲だったら朝鮮でもできる、というのである。それを日本人の警官がやって来て、力道山を強制的に連れて行った。金英淑によれば、そういう経緯になる。力道山は、一九四二年と一九四五年の二度、故郷に戻って来たという。当時、大相撲は本場所を終えると、内地ばかりでなく、朝鮮、満州にも慰問のため巡業を行なっていた。力道山は、巡業で戻って来たのだろう。金英淑は、一九四二年、つまり昭和十七年の巡業で妻と再会したときにできた娘ということになる。

側近たちに自分の出生については打ち明けてはいても、力道山はこればかりは口外しなかった。何人かの人間は知ってはいたが、これこそタブー中のタブーであった。

大野記者によれば、娘の金英淑は、さらに次のように語った。

「父が二度目に戻ってきた四五年の三月のときのことも、わたしはまだ三歳（数え年）だったので、記憶がありません。一九四五年八月十五日の解放の日から、父はこちらには帰って来れなくなった。そのかわり、手紙が来ました。父がいなくても祖国で頑張りなさい、と書いてありました。自分の故郷は万景台だとも書いてあった。ただ、これは事実ではありません。万景台は、金日成主席の故郷なのです。たぶん父は、尊敬する金日成主席と同郷だといって、わたしに誇り高く生きることを教えようとしたのかもしれません」

朝鮮解放の英雄、金日成とおなじ故郷だということが、どれほど朝鮮民族にとって誇りであるかは、計り知れないものがある。

力道山の秘蔵っ子であったレスラーの豊登は、北朝鮮に力道山の娘がいたことを知る、数少ない人物のひとりである。

「リキ関は、滅多な人間には、北朝鮮に娘がいることは言いませんでした。わたしは、いっしょに風呂に入っているとき、リキ関から聞かされましたよ。辛そうだったな……。新潟の港に娘が来たんで会ってきた、とリキ関は言っていました」

『統一評論』の手記に、金英淑自身が、はっきりそのことを書いている。数えで十七歳のとき、彼女は密かにに日本を訪ねてきたという。ということは、昭和三十四年のことだろうか。力道山と対面したのは、豊登の言うように新潟港だった。

《私には入国の許可が出ていないので、上陸はせず、船中で会いました。私はその頃、バスケットのナショナルチームの一員でしたので、六四年の東京オリンピックの時、是非また会おうと、父は言いました》

ごくわずかな記述である。力道山はそのとき、東京オリンピックでは、共産国の選手団の面倒を全部みてやる、とも言ったという。力道山が日本に行ってしまったあとの金一家の生活は、貧しかった。が、食べていくことはできた。金英淑は人民学校、つまり日本でいう小学校の三年生ころから背が高く、運動神経も人並み外れてよかった。まわりから注目された。本当は絵を描くのが好きで、将来は画家になりたかった。が、あの力道山の娘として、また運動能力の面でも有名だったので、バスケットボールのナショナルチームの選手として活躍した。以後、体育大学に進んだ。ちょうど彼女が大学に上がる少し前に、力道山は新潟港で再会したのである。

在日朝鮮人のあいだには、いまだにこんな話が生き続けている。新潟港から引き揚げ船に乗り、祖国へ帰っていく同胞の見送りに、力道山は時間の許すかぎり必ず行っていた、というのである。

力道山はだれにも知られず、真夜中ひとり外車を飛ばし、新潟港の陰で涙を流しながら、遠くから同胞たちに別れを告げた。船が港を離れると東京に戻り、翌日は何事もなかったような顔で側近たちを迎えた――そんな話である。事実かどうかはわからない。だが、遠い祖国からはるばるやって来た娘と再会したとき、激情家の力道山は、少なくともその言い伝え以上に慟哭したに違いない。

四日間の韓国訪問を終えた力道山は、一月十一日に帰国した。その日は金曜日であった。金曜日には、渋谷のリキ・スポーツパレスで、テレビマッチが行われる。試合に出るために、帰ってきた。

じつは、訪韓中、中日新聞一紙が、外電で力道山の訪韓を伝えていた。これには力道山も肝をつぶしたが、他紙は書かなかった。日本の英雄、力道山のタブーは、マスコミ各社が自主規制するほど強力に機能していたのである。

羽田空港から、まっすぐ赤坂の料理屋「鶴ノ家」に向かった。そこには、山口組三代目の田岡一雄が待っているはずだった。

「鶴ノ家」では、力道山、田岡、それに力道山を訪韓に向かわせた一言を発した宍倉の三人で、テーブルを囲んだ。田岡が、力道山を心配気に見やった。

「リキさん、今日は試合に出るのは、やめなさい。うちの連中には、リキ・パレスを守らせてはいるけれど、東声会の連中も、頭に血がのぼっとるからね。児玉さんに中に入ってもろて、話は一応つけてはあるが、上で話がついても、ここで名を上げてやろうちゅう若い衆が、ぎょうさんおるからね。リングの上で撃たれるかもしれん」

だが、力道山は、断わった。

「お気持ちはありがたいんですが、待ってくれてるファンがいますから。わしは、プロレスで飯を食ってる人間です。リングの上で撃たれて死ねれば、本望ですよ」

「おいおい、チビ、どうする」

田岡は宍倉を、困った顔で見つめた。

「いや、プロレスは、わたしのもんじゃありませんから。オヤジがそういう以上、任せるしかないんじゃありませんか」

宍倉が無表情で答えると、力道山が同じような顔でかれを見返してきた。

「なあ、チビ、しょうがねえよな」

「ええ、しょうがないですよ」

その日、力道山は、リキ・スポーツパレスのリングに上がった。訪韓の余韻など、微塵も見せなかった。

何十人とリングのまわりで身構えていた山口組の手の者たちは、ついに動くことはなかった。

栄光に忍び寄る影

六月五日、力道山は、虎ノ門のホテル・オークラで、五千万円の費用をかけた結婚パーティーを開いた。自民党副総裁の大野伴睦、参議院議員の井上清一両夫妻が媒酌をつとめた。新婦は、神奈川県茅ヶ崎警察署長の長女で、日本航空スチュワーデスの田中敬子だった。力道山は、三人の子供を抱えての再婚だった。ふたりは、二十日間の世界一周ハネムーンに出発した。

公称三十八歳の力道山に、ようやく訪れた春であった。が、その春も、わずか半年の幻に終わるのである。

昭和三十八年十二月六日、「魔王」ザ・デストロイヤーとの、インターナショナル選手権防衛戦を見事に乗り切った力道山は、シリーズ最終日のこの日、名古屋の金山体育館でのアジアタッグ選手権も防衛し、翌七日、夜行急行「那智・伊勢」に乗って帰郷してきた。東京駅に着いたのは、八日の午前六時であった。

他のレスラーたちよりも一足先に帰ってきたのは、この日の午後に、うれしいことが待っているからだった。大相撲のアメリカ巡業の責任者である元横綱前田山の高砂親方が、直々に力道山の部屋を訪ねてくるのである。

大相撲のはじめてのアメリカ巡業に力道山は力を貸し、ようやくまとまったというので、責任者の高砂親方が挨拶にやってくるのだ。相撲界から飛び出して、十二年が経っていた。ずいぶんと相撲の世界を恨んできた力道山は、相手のほうから頭を下げて頼まれ、それを果たしてやったことで上機嫌だった。

リキ・アパートに帰ると、昼近くまで眠った。しばらくして、高砂親方がやって来た。高砂親方は、ロサンゼルスで日本料亭「川福」を経営している中島社長を連れてきた。ロサンゼルスの大相撲興行は、この中島と力道山の五分の興行であった。その打ち合わせを兼ねていた。

そのころ力道山は、酒を控えていた。高砂親方の来訪が、よほどうれしかったのであろう、酒を飲んで出来上がってしまった。外出先から戻ってきた宍倉久はこれを見て、まずいなあ、と思った。デストロイヤーをはじめとする外人選手への支払いの計算がある。それに、グレート東郷と力道山の間に、支払いをめぐって揉めごとが起きていた。

宍倉は、話の具合を見て、力道山を別の部屋に誘った。

「支払い、どうしますか」

「このやろう、なにが支払いだ!」

酒乱の力道山は、支払いとなると、血相を変えた。「いくら借金でも、返すときには、身を切られるような思いだ」と、別の側近に言っていたほど、金払いはよくなかった。

それでも、なんとか支払いを決めた。が、どうしても、金額の張るデストロイヤーと東郷については踏ん切りがつかず、

「ええい、あのふたりは、後回しだ！」

と保留にした。

宍倉は、支払いが決まった外人選手のところへ、金を持って出ていった。

力道山は、「千代新に行こう」と言い出した。赤坂の高級料亭である。

千代新では、スポーツ紙の記者がひとり加わった。もうひとり、猪木完至、のちのアントニオ猪木が、かしこまって座っていた。ようやく二十歳になったばかりであった。

力道山は、その猪木を指しながら、高砂親方に吼えた。

「こいつは、相撲取りにしようと考えてるんだ。よろしく頼むよ。相撲で関取にして、それから、プロレスラーとしてデビューさせるんだ！」

猪木は、ちょこんと頭を下げた。

力道山は、本気だった。猪木を相撲の世界で有名にして、そして華々しくプロレスラーとしてデビューさせる。マスコミは、大宣伝してくれる。プロレスの火は、さらに燃え上がる。プロデューサーとしても、なかなかの才腕家だった力道山は、そこまで考えていた。

外人選手に支払いを終えた宍倉が、リキ・アパートに電話を入れると、「千代新に行った」と返事が返ってきた。

こりゃ、まずいな……とかれは思った。もう夕方になっている。デストロイヤーは、その夜十時三十分の飛行機でアメリカに帰ることになっていた。それにこの夜には九時から、TBSの「朝丘雪路ショー」の収録があった。あの泥酔ぶりではたいへんだ、と宍倉は暗澹となった。

宍倉は、千代新に電話を入れた。力道山が出た。

「東郷とデストロイヤーを、連れて来い」

宍倉は、グレート東郷とデストロイヤーを千代新に連れて行った。

そこで、力道山と東郷のあいだで、揉めに揉めた。ようやくまとまって、宍倉はデストロイヤーを、羽田まで送っていった。

TBSでも、力道山は上機嫌だった。泥酔状態のまま

大声を張り上げ、朝丘雪路を困らせた。興に乗って、村田英雄の「王将」まで歌った。番組のプロデューサーは、吉村義雄に耳打ちした。

「これでは、ちょっと放送ができるかどうか……」

録画だから、救われた。が、実際には、放送はされなかった。

千代新を出た段階で、高砂親方と中島社長、それに猪木は帰っていた。

TBSから出るや、もはや完全に舞い上がっていた力道山は、この時点でいっしょにいた吉村や長谷川秀雄ら側近たちに言った。

「よし、コパカバーナに行こう！　席を取っとけ！」

取り巻きは、これはたいへんなことになる、と不安になった。こうなったら、手がつけられない力道山である。

そのとき、ひとりの側近が言った。

「いや、コパカバーナよりも、どうせ行くなら、ラテン・クオーターのほうがいいですよ。あそこでは、クラブ・リキにいたバンドの連中が演奏してますから」

「よし、そうしよう！」

その側近の一言が、力道山に最後の一撃をもたらすことになろうとは、だれも考えてみもしなかった。

ニュー・ラテンクオーターの惨劇

夜十時ごろ、TBSを出た力道山は、赤坂の高級ナイトクラブ「ニュー・ラテンクオーター」に行った。ひさしぶりの酒で、したたかに酔っていた。

力道山について、ヤクザの世界では、盛んにささやかれていた。

「力道山の野郎、いつか、必ず殺られるぜ」

一番弟子のレスラー豊登は、知り合いの占い師に、奇妙なことを言われていた。

「力道山に、気をつけろと言っておきなさい。おなかの中に、金属のようなキラキラするものが見えます」

が、そんなことなど、力道山に言える訳がなかった。

空は、薄曇りであった。死を示唆する言葉は、いくらでも力道山のまわりを飛びかっていた。

ニュー・ラテンクオーターのテーブルにつくと、力道山は酒をあおった。ステージでは、側近が言った通り、クラブ・リキの常連である海老原啓一郎のバンドが演奏していた。力道山は、すっかりリラックスし、コースターを掴んでは、ステージのバンドに投げたりした。

同席していたのは、リキ観光専務のキャピー原田、リキ・エンタープライズ専務の吉村義雄、リキ・スポーツパレス常務の長谷川秀雄をはじめ、総勢八人だった。

「踊ってくる」

力道山は、ホステスを連れて立ち上がった。上機嫌で踊り狂った。

バンドの演奏が終わると、力道山はホステスと肩を組んでトイレに向かった。直美というホステスだった。

当時、小林楠男率いる大日本興行（現住吉一家小林会）組員であった村田勝志が、横井英樹の経営する銀座の美人喫茶「レディースターン」のホステスふたりを連れて、ニュー・ラテンクオーターにやって来たのは、十時四十分のことであった。

村田が彼女たちとしばらく談笑し、トイレに立ったのは、力道山がトイレに立ってまもなくの十一時十分だった。

昭和十四年四月一日生まれの村田は、当時二十四歳であった。のちに、住吉会常任相談役、住吉一家小林会理事長、村田組組長にまで出世する。

村田が、事件の真相をはじめて打ち明ける。

「ショーがはじまって、わたしはトイレに立った。そうしたら、トイレの入口前のロビーで、力道山がホステスと立ち話をしていた。わたしも知っている直美というホステスだった。あとでわかったことだけれども、そのとき力道山は、直美を口説いていたんです。一生懸命口説いてたんだけども、振られてしまった。ちょうどそこに、わたしが通りかかった」

酔いも手伝って、力道山はムシャクシャしていた。村田が、その力道山と交差する。ニュー・ラテンクオーターのトイレの入口は狭かった。わずか八十八センチの幅しかなかった。そこに胸囲百三十センチの力道山と、女が立っている。

村田は、力道山の後ろを通り抜けようとした。そして、通り抜けた。トイレの前室の手洗い場に入った。そのとき、いきなり背後から襟首を掴まれた。

「ひとの足を踏みやがって、おい、この野郎！」

とっさに村田は、ふり向いた。力道山だった。踏んだ感触などなかった。

「踏んだおぼえなんか、ねえよ」

「この野郎、ぶっ殺すぞ！」

ふたりは、向かい合った。村田は、力道山の酒癖が悪いのを、聞き知っている。懐の中に手を突っこんで、来るなら来いとばかりに睨みつけた。

「殺せるもんなら、殺してみろ！　原っぱの真ん中じゃあるまいし、てめえみたいな図体のでけえのが突っ立ってれば、ぶつかってもしょうがねえだろう！」

村田は、力道山とは何度も面識があった。つい半年前の力道山の結婚式には、死んだ兄貴分の代理で出席していた。その前にも、この赤坂で力道山の車とすれ違ったときに、カッとなった力道山に追いかけられて、喧嘩寸前までいった。

村田が懐中に手をやると、力道山はにわかに態度を変えた。

「おい、仲直りしようじゃないか」

村田は、もはやあとに引くことなどできなかった。

「冗談じゃない。人前で、ぶっ殺すとまで言われて、はいそうですかと言ったんじゃ、おれも飯が食えない。おれの顔の立つようにしろ！」

「なんだと、この野郎！」

力道山の右の拳が、捻りを上げた。村田の顎に叩きつけてきた。村田は吹き飛んだ。
二、三メートル宙を泳ぎ、トイレの壁にもんどり打って叩きつけられた。
村田の顎は、つい最近まで、その後遺症でガクガクしていたほどだった。空手チョップの名人の鉄拳は、凄まじい破壊力であった。

村田は、床にうつぶせに倒れた。

力道山は、さらにその上から馬乗りになった。村田の頭を、両手で目茶苦茶に殴った。

「殺される、と思いました。自分の命を守らなければ、と思いました。というのも、プロレスラーには以前、手酷い目にあっていたからです」

前年の二月、村田は来日していた黒人レスラー、リッキー・ワルドーと、壮絶な喧嘩を演じていたのである。

六本木の「シマ」というクラブだった。村田は銀座のホステスと、その店のテーブルに座っていた。女がトイレに行っている間に、リッキー・ワルドーともうひとりの白人レスラーがやって来て、女の席に座り込んだ。

「ゲラウト・ビア。ここは、友だちの席だ」

村田はそう言って、煙草を吸おうと、懐に手を入れた。そのとたん、リッキーが村田の顔を、いきなり殴ってきたのである。

「わたしが拳銃でも取り出すんじゃないかと、勘違いしたんでしょう」

リッキーは、そのまま外に逃げた。村田はカウンターから洋食ナイフを取り上げるや、あとを追って外に出た。外で向かい合った。

もうひとりの白人レスラーが、

「ヘイ、リッキー」

と丸太ん棒を、投げてよこした。リッキーは、丸太ん棒を掴み、村田を睨みつけた。

「カモン・ジャパニーズボーイ！」

「カモン・ブラックボーイ！」

リッキーが丸太ん棒を振り下ろしてきた。村田の頭が、鈍い音を立てた。丸太ん棒が、まっぷたつに折れた。同時に村田は、リッキーの腹を刺した。が、不運にも、ベルトに阻まれた。

殴り合いになった。村田のパンチは、鍛え抜かれたレスラーの肉体には、通用しなかった。反対に二本目の丸太で、またしても頭を、いやというほど殴られた。丸太はまたも、折れた。リッキーは重いパンチを、容赦なく村田の顔面に叩き込んできた。そのたびに村田は宙を舞い、路上に叩きつけられた。顔は原形をとどめていなかった。異様に変形し、腫れ上がった。

殺される、と思った。が、喧嘩の騒ぎを聞きつけて、六本木に飲みに来ていたヤクザ者たちが見物に来ている。逃げるわけにはいかなかった。村田は死を覚悟した。

通報でやって来たパトカーに、ようやく救われた。

じつは、このとき村田は、相手がレスラーだとは知らなかった。あとになって知り、組の先輩が力道山から、落とし前を取ってきた。力道山とは、さまざまな因縁があったのである。

「山王病院に行け」

いま、ニューラテンクオーターのトイレの床で、狂気にかられたような力道山に組み伏せられ、背後から頭を殴りつけられている村田には、二年近く前のリッキー・ワルドーの恐怖がよみがえっていた。

〈やばい……このままじゃ、殺される!〉

思わず、腹をまさぐった。硬質のグリップが、指に触れた。ベルトにさしてある登山ナイフであった。

ドイツのゾーリンゲン社製のナイフである。グリップが、象牙でできている。拳銃のグリップのように、ゆるやかに湾曲している。まだ、使用したことがなかった。

村田は、刃渡り十三・五センチの登山ナイフを抜いた。うつ伏せになりながら、上体だけを力道山に向かって捻った。左の下腹部に突き立てた。

「刺した感触はありました。これはナイフの根元まで入ってるな、と思った。まえに何人も刺してるから、わかります。下から刺すと、力道山は飛ぶようにして後ろに下がり、立ち上がった」

力道山は、刺された左下腹部を押さえて、身構えた。血はセーターから染み出してはいなかった。村田も立ち上がり、力道山と対峙した。足元に、ナイフの鞘が転がっていた。拾い上げたかったが、あきらめた。身をかがめたとき、蹴り上げられると思ったのだ。

が、力道山には、もはやそんな余力は残っていなかった。刺されたことで、精神的に深い衝撃を受けていた。

村田は我を悟ると、突っ立っている力道山の脇をすり抜け、外に出た。手に握ったナイフを見ると、刃の根元までべっとりと脂がついていた。背広の内ポケットにしまった。

長谷川秀雄は自分の席から立ち上がった。力道山はトイレの前で、ホステスと何やら話をしている。力道山のために、手拭きのタオルを取りに行った。力道山の身のまわりの世話をするのが、長谷川の仕事でもあった。

長谷川はトイレに引き返して、はじめて異変に気がついた。力道山が、トイレの前のロビーにへたり込んでいたのである。

通りかかったボーイに、鋭く言った。

「おい、ヨッちゃんを呼んでくれ!」

そのとき、グレーのスーツ姿の若い男が、トイレから飛び出してきた。ほとんど走るように、地上に出る階段を上がっていった。

顔が紫色に腫れあがっていた。明らかに、暴行を受けたことがわかった。

どうしたのか、と思った。吉村があとを追って、長谷川の前を駆け抜けた。長谷川も走った。男には、見覚えがあった。

〈小林さんところの、かっちゃんじゃないか……〉

知らぬ仲ではないので大丈夫だろうと、吉村に任せることにして、長谷川はロビーに戻った。力道山は、仁王立ちしていた。

「大丈夫ですか！」

力道山は、返事をするかわりに、ゆっくりと毛糸の細かく編んだセーターをめくった。

左の脇腹から、血が出ていた。噴き出ているというわけではなかった。

長谷川は、蒼くなった。

「刺されたんだ、と思いました。そのとき、力道山はどうしたと思いますか。何を思ったのか、いきなりわたしの頬を、平手で殴ってきたんです。吹き飛ばされそうになった」

それが、長谷川が力道山に殴られた、最初にして最後となった。

「刺されたことが、よほど悔しかったんでしょう。これでもう、プロレスができなくなるかもしれない、と思ったんでしょう」


と長谷川は向想する。

「病院に行きましょう！」

長谷川は、力道山に向かって叫んだ。

「大丈夫だ」

負けん気の強い力道山は、部下の前で意地を張った。刺された左腹部が痛むに違いないのに、わざわざ左腕を上げようとしてみせた。

聞きわけのない力道山を抱えて、長谷川は席に戻った。しばらくテーブルのそばに突っ立っていたかと思うと、いきなりステージに走り出した。

ステージでは、黒人のグループが演奏していた。力道山は、歌手のマイクを横から奪うや、英語と日本語の混じった目茶苦茶なしゃべり方で、客席に向かって吼えた。

「みなさん、気をつけてください！　この店には、殺し屋がいます！　早く帰ったほうがいいですよ！」

「この店は、おれを殺す男を出入りさせてるのか！」

支離滅裂に叫んだかと思うと、マイクを投げ捨てた。

力道山は刺されたまま、十五分近く店内にとどまった。

ようやく車が来た。長谷川ら側近たちは、力道山を連れて地上に上がった。車に乗り込むや、長谷川が言った。

「先生、前田外科に行きましょう」

前田外科は、赤坂にある外科の一流病院だ。が、力道山は、いやがった。

「だめだ、このことが表に出ると、まずい。山王病院に行け」

力道山は、ひとを信用しない。山王病院の長谷院長は、力士時代からの贔屓であった。

自分のことをよく知っている長谷院長に、診てもらいたい。だが、山王病院は、産婦人科専門なのである。車は山王病院に向かった。

いっぽう力道山の側近である吉村義雄は、村田勝志に追いついた。

「どうしたんですか」

村田の変形した顔を見て、おどろいたようだった。

「手洗いに入ったら、おたくの先生が因縁つけてきて、いきなり喧嘩になった。ごらんの通り、めちゃくちゃにされたんで、力道山を刺した……。元まで入ってるから、すぐ病院に連れていかないと、ろくっちゃうよ」

ろくる、とは「南無阿弥陀仏」の六文字。つまり「お陀仏になる」から転じ「死ぬ」という意味である。吉村のことは、よく知っていた。リッキト・ワルドーにやられて入院したときも、見舞いに来てくれた。そのほか、いろんなことで顔を合わせている。知っている同士だから、吉村にそんなことが言えた。

力道山は山王病院に行くや、突然暴れ出した。試験管やフラスコ、薬箱など手当たり次第に投げては割り、ベッドまでひっくり返して荒れ狂った。悔しくて仕方がなかったのだろう。

側近たちは、ひとまず家に連れ戻った。「前田外科に行きましょう」と説得した。素人眼にも、手術が必要だとわかった。

が、力道山は言い張った。

「おれは、腹なんか切らないぞ。腹を切ったら、力が入らなくなる。レスリングができなくなるじゃねえか!」

いっぽう力道山を刺した村田勝志は、渋谷区伊達町の小林楠男の家に帰り、自首するために、洗面道具などを用意した。そこに、吉村義雄から電話があった。

「小林の兄貴に、村田を自首させないでくれといってきたんです。うちのほうで全部揉み消すから、自首はさせないでもらいたいと。そして、いま力道山が山王病院に来ているから、病院のほうに来てくれ、ということでした。刺してから、けっこう経ってたんじゃないですか。力道山を刺したのが、十一時十分すぎ、小林の兄貴、わたし、それに若い衆ふたりと運転手で病院に行ったのは、午前零時をとっくにまわっていた。しかし、病院に着いたら力道山はいなくなっていた」

病院の人間に訊くと、リキ・アパートに帰ったという。かれらは、リキ・アパートに向かった。赤坂台のリキ・アパート周辺には、すでに力道山が刺されたことを聞きつけて、力道山とつながりの深い韓国人町井久之こと鄭建永が率いる東声会の面々が集まっていた。力道山は、東声会の最高顧問であった。

小林が、力道山の部屋専用のインターホンで、謝罪に来たことを告げると、

「小林さんだけ、上がってきてください」

と側近のひとりが言ってきた。

「村田の顔を見ると、先生が興奮してしまいますから」

小林だけが、八階に上がった。力道山の前に出ると、

「申し訳ない。村田のやったことは、おれが責任をとる」

と頭を下げた。

力道山は、とぎれとぎれに、声を絞り出した。

「うん、うん……わかったよ……うん」

その間、下の入口付近では、地獄絵図がくり広げられていた。六、七人の東声会の面々が、村田を発見し、取り囲んだのだ。

「てめえ、このやろう！」

村田は、丸太で数回殴りつけられた。首から胸にかけて切られた。

東声会の兄貴格のひとりが、牛刀を振りかざした。肉を細かく切り裂く、肉屋専用の包丁である。村田の顔めがけて、切りつけた。右の頬がななめにパックリひらいた。鮮血が噴いた。村田は、それでもグッと我慢をしていた。謝りに来ているのにここでまた喧嘩になったのでは、兄貴の小林が困る。が、いっしょに来た友人が刺されそうになったので、ついに我慢の緒を切った。

「なんだ、この野郎！」

村田は、背広のポケットにしまい込んでいた力道山を刺した登山ナイフを引き抜くや、相手に突進した。ズブリと腹に突き刺さった。ゆっくりと崩れ落ちた。

「殺っちまった、と思いました。間違いなく力道山のと

きと違って、狙いすまして突進したんですから」

村田は片手に握っていた木刀で、アパートの入口の明かりを、すべて叩き割った。暗くして、敵の視界をごまかすためだった。

東声会の面々は、殺気だった。村田に向かって押し寄せようとすると、村田は木刀と登山ナイフを振りかざして叫んだ。

「こりゃあ！」

村田の修羅の形相に、かれらは思わず後退した。

騒ぎを聞きつけた赤坂署の警察官が駆けつけてきた。拳銃を抜き、村田に向かって構えた。

「凶器を捨てろ、捨てなさい！」

拝命を受けて、わずか半年ほどしか経っていない、ほやほやの新米だった。銃を構えたのはいいが、腰が引け、武者震いしている。村田は、かれに言った。

「おまえの拳銃には、タマが六発しか入っていない。おれたちを守れないだろう。まだ、兄貴が上に上がってるんだ。それに、こいつらはまだいっぱいいる。兄貴が安全な場所に逃げられたら、おれはあんたに捕まってやる。逃げも隠れもしないから、その銃をしまってくれ。危ないじゃないか」

「本当に、おまえ、自首するか」

「自首する」

「じゃあ、住所と名前を言え」

村田はいった。警官は、銃をしまった。

小林楠男が降りてきた。そこへ東声会の親分が、話をつけに来た。東声会の若衆が怒鳴った。

「おい村田！　うちの親父が来ているんだ。道具をしまえよ！」

その男は日頃から村田がよく知っている男であった。が、村田は言い返した。

「冗談言うな。おれたちは、謝りに来たのに顔を切られたんだ」

東声会の若衆は、懐に手を入れながら、親分といっしょに前に出て来た。村田は、きっぱりと言った。

「親分さん、そこから一歩でもこちらに来なすったら、おれの命ととっかえさしていただきます」

小林を守るためだった。

背後から、小林の声が響いた。

「村田、よせ！」

親分が言った。

「わかった。ふたりきりで、話をさせてくれ」

親分と小林のあいだで、とりあえず、この場は納めようということになった。リキ・アパートの周辺は、ようやく落ち着きを取り戻した。

村田は、約束通り警官にナイフと木刀を渡し、その場で逮捕された。刺された男は、肝臓まで貫かれていたが、奇跡的に命を取り止めた。

さて、力道山は、わがままを通して、前田外科にはついに行かず、山王病院に行った。

聖路加病院から外科医が手術の執刀のため、やって来た。力道山は、いざ手術となると、外科医に懇願した。

「あまり大きく、切らないでください。大きく切られると、リングに上がれなくなる。それに、腹に力が入らなくなって、レスリングができなくなる」

小腸が四カ所、切れていた。手術は、無事に終わった。

『力道山刺される』

『力道山刺される』の一報は、日本中を駆けめぐった。

大山倍達は、ニュースを聞いてハッとした。

まさか、という気持ちと、やっぱり、という気持ちが交差した。

〈とうとう力道にも、天罰が下ったか〉

そう思ったが、やはり気になって知らんぷりは決め込めない。

大山は、山王病院を訪ねた。

力道山は、意外と元気そうだった。

「大山さん、大したことないよ」

見ると、傷は小さく、本当に大したことはなさそうだった。が、小腸が四カ所切れていたという。

「大したことなければ、早く元気になってください」

それだけ言って、大山は帰ってきた。

が、力道山とは、二度と会うことはなかった。

力道山は、おどろくばかりの回復をみせた。二日、三日も経ったころには、付き添いのためにやって来た秘書を怒鳴りつけた。

「村田のやろう、ぶっ殺してやる！」

そう吼えたかと思うと、

「なんだ、なんだ、おまえら。この年末の忙しいときに、病院なんて来るひまがあると思ってんのか。会社に行け！」

体の調子がよくなってくると、禁じられている水分を摂るようになった。

「おい、リンゴをむけ。氷を食わせろ！」

腹部の手術をした場合、水分は控えさせられる。腹膜炎を起こす危険性があるからだった。

力道山の腹は、入院して五日目になると、ふくらんできた。痛みが出てきた。

六日目になると、耐えられなくなった。

「痛いよお、痛いよお」

長谷川秀雄は、あの力道山とは思えぬような声を聞いている。

十二月十五日、二度目の手術をすることになった。

手術室に向かうエレベーターの中で、力道山は長谷川の腕を掴んできた。ニックネームで、かれの名を呼んだ。

「マイク、おれ、死にたくねえよ……」

それが長谷川の聞いた、力道山の最後の言葉となった。

手術は一応、成功ということだった。が、絶対安静、面会謝絶となり、手術から三、四時間後の午後九時五十分ごろ、力道山は息を引き取った。

死因は、穿孔性化膿性腹膜炎とされた。

力道山を刺した村田勝志は、入院先の病室で、知らせを受けた。はじめは、死んだのは力道山とは思わなかった。てっきりリキ・アパートの入口で刺した男だと思った。力道山と知って、はじめは信じられなかった。

村田は、それから毎年、十二月十五日の力道山の命日になると、大田区池上にある本門寺の力道山の墓所に参っている。ただし、村田が行くのは、命日のその日ではない。翌十六日である。命日に集まってくる人目を避けて、たったひとりで、こっそりと参るのである。

力道山の死因については、さまざまな憶測がなされた。水が飲みたくて、花瓶の水を飲んだ。あるいは、酸素吸入の管を自分で引きちぎった。極めつきは、日米の闇の手先に葬られた……などである。

が、ここで、確実に言えることがある。ひとりの力道山側近は、力道山の死後しばらく経って、山王病院の長谷院長からこう聞いている。

「薬の与え方を、読み違えてしまったようだ」

薬とは、麻酔薬のことであった。それは、村田勝志の裁判の過程で、次第に明らかになった。

力道山の死因を究明するために、カルテが提出された。そのなかで、麻酔のカルテだけが、出てこなかったのである。執刀した聖路加病院の外科医は、紛失したと言い続けた。そこで、

「麻酔を打ったときに、ショック死した」

という説まで飛び出してきた。

尋常でない力道山の体力を考えて、大量投与したということであろうか。

解剖された力道山の内臓は、ズタズタであった。バットで殴らせて、筋肉の強さを誇示したり、暴飲暴食がたたった。解剖に立ち会ったある医師は、こう語った。

「村田氏が刺さなくても、プロレスラーとしての生命は、もう終わっていましたね」

大山は、力道山の墓へ参った。墓石に向かって、心の中で語りかけた。

〈力道よ。おまえは、殺されても仕方がない。自業自得だ。だが、どうして刺した奴を、一発で殺さなかった。身につけた空手の威力を見せることをせず、どうして死んだんだ……〉

大山は、力道山を人間的にはとても好きにはなれなかった。が、力道山が日本の空手界に与えた影響は大きかったと高く評価する。

それまで悪役のイメージの強かった空手を、善に転換させたのは、力道山の「空手チョップ」のおかげだ。力道山が、空手ブームを起こしてくれたのだ。

大山は、墓石に手を合わせた。

〈力道、わたしは、おまえに、本当に感謝しているよ……〉

なお、力道山は死の床で、集まった者たちに、三本の指を差し出したといわれる。もはや口がきけず、最後の気力を振り絞って上体を起こし、三本の指を突き出したのだ。そうして、頼んだぞ、とでも言うようにうなずいてみせた。

謎の三本指については、さまざまな説が飛びかっている。

「残された三人の子供を頼む、と言ってるんだ」

「いや、彼が持っている三つの国際タイトル、インターナショナル選手権、アジアのシングルとタッグの両タイトルを死守しろ、と言ってるんだ」

「あれはそうではなく、グレート東郷に支払うべき三千万円の金のことだ」

いずれにせよ、「三」という数字は、力道山につきまとっていた。宿敵ルー・テーズを破ったのが昭和三十三年、試合はつねに三本勝負、リングのロープも三本である。

三本の指については、豊登の説がもっとも的を射ていると思われる。

「リキ関が一番言いたかったのは、プロレスの火を決して絶やすな、ということですよ。血の滲む思いで築き上げてきたプロレスというものに、リキ関の執念はもっとも注がれていたでしょう。しかも、自分の志をまっとうできないうちに、一方的に命を絶たれてしまった。無念だったでしょう。その思いが、必ずあったと思います」

力道山の死後、豊登が実質的な代表で、芳の里、吉村道明、遠藤幸吉ら三人とともに集団指導体制をとることになる。しかも遠藤はオブザーバー的存在であったから、実質は三人なのである。力道山は、そのことを告げようとしたのだ、と豊登は言うのである。

日本では昭和五十八年に力道山ブームが湧き起こり、力道山をめぐる本や雑誌、ビデオが巷に氾濫した。現在では女子プロレスを含めて多くの団体と、未曾有のプロレス・ブームを巻き起こしている。本場アメリカでも、類を見ない活況ぶりだ。朝鮮では祖国の英雄として、力道山はなお神格化された存在である。

プロレスあるところに、力道山はある。力道山は、永遠に生き続ける……。

虎は死して皮を残す

―第12章―

極真空手の隆盛と倍達の死

◉昭和三十八年〜平成六年

極真会館、ついに完成

昭和三十八年十一月、池袋警察裏手の池袋二丁目に、空手の殿堂「極真会館」建設に着工した。が、物価は鰻上り。当初の予算では、まったく足りなくなってしまった。資金が底をついてしまっては、工事は続行できない。工事は止むなく中断された。

この噂が、前外務次官の毛利松平代議士の耳に入った。毛利は感心した。

「建物は、文部省に寄贈するというし、青少年のために尽くすという大山君の熱意に打たれた」

毛利は、積極的に、協力を惜しまなかった。毛利自身が、不足の資金調達に走り回ってくれた。

また、大山倍達の心の支えとなるようにと、佐藤栄作首相に紹介してくれた。

「柔道の講道館なみの空手のメッカを、どうしても建設したいんです」

佐藤首相は、大山倍達を大いに励ましてくれた。財団法人日本空手道極真会の会長に就任してくれることを約束してくれた。副会長は、もちろん毛利である。

昭和三十九年十一月二十日、極真会館は、ついに完成した。

地下一階、地上五階。のべ面積一千平方メートル。一、二階はそれぞれ二百平方メートルの道場。三、四階は、応接室や会議室。五階は、空手武者修行にやって来る外国人用の宿泊施設とした。地下には、シャワー室やロッカールームが。もちろん、道場にも冷暖房が完備されている。もちろん、空手界にこれだけの施設ができたのは、初めてのことだ。日本一ということは、世界一の設備だといえる。

披露式には、空手関係者ら約三百人が集まり、完成を祝った。

が、この日は、ちょうど臨時国会の開会式に当たっていた。

会長の佐藤首相は止むなく欠席。代理として、副会長の毛利が祝辞を述べた。

「大山君、今後は、青少年のためにがんばって下さい」

大山は、決意も新たにうなずいた。

〈これで、ようやく空手界にも基礎ができた〉

極真会館は、大山の自慢であった。

全日本空手道連盟入りを断る

昭和四十一年九月八日、ハリウッドを代表する俳優のショーン・コネリーが、来日し、池袋の極真会館に大山を訪ねてきた。コネリーは、大山の「Ｔｈｉｓ　ｉｓ　ＫＡＲＡＴＥ」を読み、その精神的訓練法に敬服。ぜひとも道場を見学したい、との要望での見学であった。

コネリーは、「００７は二度死ぬ」で、道着を着ての空手を見せている。

大山は館長室で、『００７』の映画などを通じ、空手普及に貢献した」として、記念トロフィーとともに、三段の免状をコネリーに授与した。

空手は、世界中の人が知る押しも押されぬ武道としての地位を確立した。

韓国では、空手でなく、跆拳道が盛んである。あるとき、李承晩大統領の前で、空手が披露された。

李大統領が訊いた。

「これは何か」

「日本の空手です」

それを聞くなり、見る見る李大統領は険しい表情になった。

李大統領は、日韓併合の直後、寺内正毅朝鮮総督暗殺計画で投獄された。そのとき日本軍から拷問に遭い、手足の爪もすべてなくしていた。そのため、日本への拒否反応が強い。そのため空手を、そのまま受け継がなかった。

李大統領は、空手の演武が終わるなり、会場内に響き渡るように言った。

「これは、日本の空手などというものではない。わが国にもともとあったテコンドーという武道である」

李大統領は、このテコンドーを跆拳道にまで発展させた。

このように、韓国では、跆拳道の統制は李大統領が行なった。

日本では、スポーツの統制は文部省が行なう。

が、空手に関しては、それぞれの派閥が頭争いを止めず、なかなか統制がとれずにいた。

そこで、空手界の統一に身を乗り出してきたのが、日本船舶振興会会長で、日本の首領と呼ばれる右翼の大立者笹川良一であった。

笹川から倍達のもとに連絡が入ったのは、昭和四十一年のことである。

「至急、お会いしたい」

大山は、笹川に指定されるまま、会いに行った。

笹川は、大山の顔を見るなり、大きな眼を瞠いて言った。

「今度、全日本空手道連盟を発足させることになった。むろん、わたしが会長を務める。だが、わたしは空手の『か』の字も知らない。そこで、ぜひともきみの協力が欲しいんだ。わたしの下に入ってくれれば、もちろんそれなりの処遇は考えている。参加してもらえるかね」

笹川のいう処遇とは、もちろん金である。笹川は、剛柔会はいくら、和道会はいくら、糸東会はいくら、錬武会、連合会、日本空手協会と、それぞれに勝手に仕度金を決め、割り振ってきた。

「極真さんのところは、海外の組織まで入れると、相当大きな組織になる」

笹川は、椅子の背にふんぞり返るようにして言った。

「聞けば師範は、いまだに借家住まいだそうですな。一億円で、どうです？　これで、家でも建てなさい」

もちろん、その金の出どころは日本政府である。その当時の一億円といえば、いまの約四十億円に相当する。世にいう三億円事件が起きたのは、翌四十二年のことである。

大山は、黙ったまま、笹川の眼を見返した。

〈おれの下に入れということは、自分の部下になれということだ。が、笹川さん自身は、空手をやっていた人ではない〉

だれに仕えているわけでもなかったが、この歳になって、親分を新しくつくりたくはなかった。いまさら仕えるにしても、空手をやっていない人のもとに仕えるわけにはいかない。

大山は、口を濁した。

「少し、考えさせて下さい」

そのまま、はっきりした返答をせずに帰って来た。

大山が相談を持ちかけたのは、右翼の大物、佐郷屋嘉昭であった。

佐郷屋は、昭和五年十一月十四日、東京駅前で浜口雄幸を狙撃、重傷を負わせ、死に至らしめていた。昭和三十四年、全愛会議議長団代表におさまっていた。

佐郷屋はきっぱりと言った。、

「師範、その金は、もらって使いなさい。しかし、笹川さんのいうことを聞くことはない」

大山は、佐郷屋の話を黙って聞きながら、思っていた。

〈そういうことができるくらいなら、今ごろわたしはとっくに金持ちになってるよ〉

佐郷屋は、けしかけてくる。

「だいたい、その金は、なにも笹川銀行から出てる金じゃない。日本銀行の金だろう。使って、言うことだけ聞かなければいいじゃないか。使いなさい」

大山は思っていた。

〈この話をそのまま毛利さんに伝えたら、怒るだろうな……〉

最後に、毛利副会長に相談した。

毛利は、きわめて慎重な口調で言った。

「入るか入らないかを決定するのは、大山君だ」

毛利は、「入ってもよし、入らなくてもよし」と判断を大山に委ねてくる。

結局、自分自身で決めなければならないなら、大山の答えは一つだった。

〈たかが一時金をもらっただけで、これからの一生、笹川さんに媚びへつらって生きるのは御免だ〉

笹川は、全日本空手道連盟発足の最終的な会議を、赤坂の料亭「千代新」で開くという。

大山は、ほかの極真カラテの代表者ともども、会議に出席することにした。

閑静な雰囲気の料亭の廊下を通り、部屋に入ると、まず上座に笹川の顔が見えた。そこから、末席まで、左側にずらっと、新日本観光興業の佐々木真太郎をはじめ、身内が並んでいる。彼らと向かい合って、大山、副会長の毛利松平ら大山陣営の五人が座った。

会議の席上、大山は、連盟への参加をきっぱり「ノー」と断った。

「わたしは、金では動きません。あなたが空手をやっていたなら、わたしは何も言わずに先輩として、あなたのもとに入るでしょう。しかし、あなたは空手をやっていない。空手の『か』の字も知らないと、この間明言していましたね。どうしてわたしが、そんなあなたの下へ入り、金を受け取ることができるでしょう。わたしは、金で自分の節操を売り渡すことはできません」

笹川は、止むなく極真カラテの全日本空手道連盟入りを断念し、極真抜きの六会派、日本空手協会、和道会、糸東会、練武会、剛柔会、連合会と、全学生、全事業団、全自衛隊の三連盟、全国四十一都道府県連盟で、全日本空手道連盟を結成した。会員数は、およそ百万人。日本最大の組織となった。

一方、極真カラテは、実戦カラテと呼ばれ、本当に強くなりたい者の間では絶対的な人気を誇っている。国内の会員数は十五万人にとどまっているが、海外では主流を占めている。組織としては強大だ。

大山は、全日本空手道連盟に対抗し、極真カラテを中心とする国際空手道連盟をあらためて発足させた。

これで日本空手は、大きな二つの流れができてしまった。

そこから、大山と笹川との大戦争が勃発した。

その後、笹川は、何かにつけて極真カラテを目の敵にした発言を繰り返す。

「極真カラテは、日本古来の空手道ではない。あれは、韓国のテコンドーの亜流で、空手とはまったく違うものだ」

大山も、真っ向うから受けて立った。

「わたしは、松濤会流、剛柔流と、ずっと日本で修行を重ね、世界にまで出た。そんな根も葉もない言いがかりをつけられるおぼえはない」

そんな中、笹川の全日本空手道連盟主催の、第一回世界空手選手権大会が東京で開催された。世界空手道連合、いわゆるWAKU加盟の十九カ国、二十六チームが参加して行なわれた。

一位から四位までを日本選手が占めるという面目躍如たる結果に終わった。

事件は、その二年後、昭和四十七年四月二十日と二十一日の二日間、フランスのパリで行なわれた第二回目の世界空手選手権大会のときに起きた。二回目は、十九カ国からさらに十三カ国も増え、三十二カ国が参加した。

日本は、この大会に、役員十四名、選手八名を送り込んでいた。

が、日本勢は、まったく奮わなかった。日本選手は、三回戦でイギリス選手に一－二で敗れ、失格。さらに、個人戦でも、日本選手全員が棄権するという醜態を演じた。

このときの、日本選手の棄権の理由は、こうである。

『①外人審判員のなかに、資格を持たない者がいる。②規則で制限された以上に接近戦が多く、危険と判断した』

事件を重視した全日本空手道連盟は、特別賞罰委員会で、笹川団長以下十二名を戒告、停職、公式戦出場停止などの処分をした。

この直後、大山のところに、国の内外から問い合わせが殺到した。

「なんで、日本の空手が負けたんだ！」

なかには、屈辱の内容が載っているスイスの新聞記事を航空便で同封してきた者や、和紙に巻紙で長々と文句を書いてよこした者もいた。

彼らは、極真カラテが日本を代表する空手だと思っている。そのため、情けないと文句をつけてきているのだ。

大山は、憤慨した。

「これでは、われわれが負けたかのようにとられる。こんな迷惑なことはない！」

ぜひとも、この世界空手選手権大会と極真カラテとがまったく関係のないことを世間に広く知ってもらわなくてはならない。

ただちに行なったという全日本空手道連盟の処分の内容も気に入らなかった。

〈第一、外国は日本と世界選手権をやるレベルに達していない。統一ルールも徹底していないじゃないか。審判や選手の養成も十分ではないのでは、満足な試合ができるわけがない。第一回大会以後、この課題を解決してから、第二回大会を開くべきだったんだ。五年早かったんだ〉

空手は武道である。スポーツではない

全日本空手道連盟は、大会の組み手で、寸止めルールを採用している。

大山は、これにも反対であった。

「空手は武道だ。突きや蹴りを実際に当てて、相手が戦意をなくしたとき、ＫＯで勝負を決める。全日本の空手は寸止めで判定するスポーツ空手で、接近戦を恐れては外人選手に勝てない」

全日本空手道連盟は、この年三月に体協に加盟していた。正式にスポーツとして、その地位を認められていた。

このまま放っておいては、極真カラテの沽券にかかわる。

大山は、全日本空手道連盟に対し、声明文を出すことにした。

《四月にパリで行なわれた第二回世界空手選手権大会は無効であり、出場した選手団は、全日本代表とは認めがたい。この日本の惨敗は、世界の失望を買った。その第一は、空手は単なるプレイゲーム程度に見ていた甘さが挙げられる。このようなプレイゲーム化した空手の試合を認めるわけにはいかない。全日本空手道連盟とわたしたち国際空手道連盟との本質的な相違もここにある。団体としての統制を欠き、選手団、役員、応援者が安易な気持ちで試合にのぞんだ、わたしたちがまったく関知しない世界選手権大会。それに出場した選手団を、あたかも全日本の代表であるような扱い方自体、不合理きわまる》

大山は、声明文を毛筆で巻紙にしたためた。まったく同じものを印刷し、押捺したものを、昭和四十七年六月四日付で笹川をはじめ、文部省スポーツ課やマスコミなど、関係者約千人に発送した。

大山は息巻いた。

「われわれの極真カラテは、これから十年間は、絶対に空手の王座を外国に明け渡さない自信がある。それだけの実力と実績を持っているから言えるんです。全空連の選手だって、わたしたちの選手には勝てっこないですよ。今年の秋にやる極真会主催の第三回全日本空手道選手権に、パリで個人優勝したブラジルの選手を呼んで出場させたい、とも考えてますよ。そしたら、その選手を間違いなく病院に送ってあげます。おそらく、怖がって出てこないでしょうけども」

大山の声明文に対し、笹川が説明した。

「大山君の説明文にある敗因で、『団体としての統制を欠き、選手団、役員、応援者が安易な気持ちで試合にのぞんだ』とあるのは、まったくその通りだ。日本選手は、相手を舐めていた。わたしの知人は、その構えを見ただけで、『これは負ける』と予言したほどだった。これに対して、外国選手は二年前の大会で完敗したため、猛練習していたんですよ。レベルが上がっていた。団体戦で負けた日本選手は、個人戦でまた負けては面目が立たないので、欠場したのだと思う。だからこそ、非を認めて処分した」

が、笹川は、大山の指摘したルールの不統一はないという。

寸止めのルールについても、説明した。

「大山空手が外人受けする技で日本の空手を広めるのは、それはそれで結構なことだ。だが、体協加盟競技団体としては、学生や国民体育のため、普及面を考えると、危険は避けなければならない」

大山は、全日本空手道連盟の世界大会とはまったく別の、「真の世界一」を競う世界選手権を、二年後の昭和四十九年十月に東京で開催することを決定した。

大山は広くマスコミに訴えた。

「世界選手権の基礎の日本選手権大会も、年々盛り上がりを見せています。観客は、年々増大の一途ですよ。それもこれも、われわれの空手が真剣であり、武道としてすぐれているからです。この大会には、いつも三人の医師と一台の救急車を待機させています。全空連の空手のような『寸止め』なんかではなく、負ければ怪我をすることの可能性が大きいですからね。選手の練習だって、厳しいものですよ。全空連さんは、われわれの空手を喧嘩空手と呼んでいますが、本当の武道とは、われわれのようなスタイルでなくてはならないと思います。これだったら、外人特有のジェスチャーにいっぱい食わされるなんてことは絶対にありませんからね」

新しい世界選手権についても説明した。

「規模は、世界四十カ国から選手を百七十名から百八十名呼ぶ。そして、期間はだいたい三日間。臨場を予定しているが、スペインのカルロス皇太子、またはヨルダンのフセイン国王で、どちらもわたしの極真カラテを習っている弟子筋です。確実にやってくるのは映画俳優のショーン・コネリー。彼にも一役買ってもらい、真の世界選手権大会と呼べるような盛り上がりを見せたいと考えています」

大山はきっぱりと言い切った。

「二つの空手が、日本にあってもよいと思います。それぞれが刺激となって、競争し合ったら、日本の空手はますます発展するでしょう。ただし、日本代表は強い者がなるべきです」

大山の言葉を裏付けするように、それから四カ月後の昭和四十七年十月、スペインのカルロス国王が極真会館を訪問。勲章を授与された。

翌四十八年二月には、本格開催に向け、大山は、世界各国の支部および空手関係者を精力的に歴訪した。

当初の予定より遅れること一年、昭和五十年十一月、第一回世界大会が、東京、千駄ヶ谷の東京体育館でいよいよ開催された。

世界三十六カ国から、百二十八名の選手が出場。超満員の観客を魅了する熱戦が展開された。

結果は、優勝は佐藤勝昭、二位、盧山初雄、三位、二宮城光、四位、大石代悟、五位、佐藤俊和、六位、東孝と、上位六名すべてが日本勢で独占された。

その後も大山は、昭和五十三年一月、全空連主催で行なわれた第四回世界空手道選手権大会で日本選手が惨敗したことに対する声明文を発表。

スポーツ空手と実戦空手は、倍達、笹川が死して後も、永久にそれぞれの道を歩み続けているのである。

在日のヒーロー

許永中は、昭和二十二年二月二十四日、大阪市大淀区中津の在日韓国人地区に生まれる。許の父親は、第二次世界大戦前に日本統治時代の朝鮮の釜山から日本に渡り、通名として「湖山」を称した。

第二次世界大戦後最大のフィクサーの一人といわれた大谷貴義にボディーガード兼運転手として仕え、フィクサー業の修行をした。昭和五十年に休眠会社だった大淀建設を買収し社長に就任した。その後、暴力団山口組の宅見勝などとも関係を結ぶ。

昭和五十九年、日本レース株買い占め事件で注目を浴びる。また全斗煥韓国大統領の実弟とも交友関係を持ち、韓国政界にも人脈を持つ。平成元年、大阪韓国青年商工会設立。

平成期初期のバブル景気時に発覚した日本の戦後最大規模の経済不正経理事件と言われる「イトマン事件」で、イトマンと組み、絵画売買やゴルフ場開発などを行なう。平成三年七月二十三日に商法の特別背任、並びに法人税法違反の罪で逮捕された。

起訴後、六億円の保釈金を支払い、保釈を受けた。

極真の関西本部道場がなんとも窮屈そうなので、許永中は大阪市北区中崎町の自宅の横にあった四十坪くらいの五階建ての私所有のビルに、移転させた。そこの二、三、四階を極真の関西本部道場として使ってもらったのだ。照明のネオンもつけて、道場とさせた。

住み込みの道場生のために宿泊施設やサウナも完備させた。もちろん家賃なんか取っていない。

そこを極真の関西本部道場とし、許は関西本部会長に就任した。

関西本部長の津浦伸彦は、大山総裁の長女留壱琴の婿であった。年がら年中ピーピーしていた。本部から何の手当てもない。自分で稼げというわけである。昇段試験や試験のたびに料金を取って本部への上納もしなければならず、ノルマも課せられていた。そういう実際の苦労話は、許が関東本部で直接に聞いていた。

大山倍達自身からもいろいろ許に相談事があった。ぶっちゃけた話、その相談事の中には表に出せない怖い話もあった。在日韓国人のヤクザで「殺しの軍団」とまで言われていた柳川組の柳川次郎組長が入っての話であった。ケジメをつけないといけない話を、柳川組長に頼んだみたいだという。

大山倍達は晩年になっても、瞬発力はあった。持続力は衰えていても、本当に怒れば、五人や十人だったら簡単に倒すことができた。それだけ強かった。

許たち在日の社会では、大山倍達が在日であることは、知る人ぞ知る公然の事実であった。でも、「在日のヒーロー」でありながら、最後までカミングアウトしないままだった。

柔道七段、空手五段、合気道は免許皆伝という政界随一の武道の達人で、大山館長を支援していた衆議院議員の毛利松平が、大山にカミングアウトを進めたこともあった。大山も、一時はその気になったこともあった。

許は、倍達とは新宿の十二社の裏の韓国料理屋によく行った。そこでちょっと乱れた場面を許の前で見せたこともある。詳しくは言えないが、カミングアウトを巡り、本人が拒み続け、ものすごく後悔したというか、寂しい思いをしていたのではないだろうか。許は、かわいそうな気をしたのを憶えている。

生涯をカラテに捧げた男

大山倍達が体調を崩して聖路加国際病院に入院したのは平成六年三月に入ってのことであった。

大山は、前年にポーランドに出張したときから苦しそうな咳をしていた。

毎年三月には、大山総裁は聖路加国際病院に人間ドックで入院していた。検査を兼ねて入院することになった。最初の検査では、肺炎という診断が下された。

が、肺炎の治療をしても容態の好転が見られない。内視鏡を入れて、肺の細胞組織を取り出し検査した。結果は、癌細胞であった。大山総裁は、人一倍頑強な体をしている。それがかえって災いした。進行が若者並みに早かったのだ。肺に、一・五リットルもの水が溜まり苦しんだ。

当時、本部直轄である浅草道場の主でのちに国際空手道連盟極真会館館長となる松井章奎は、四月半ば、病床にある大山総裁に呼ばれた。大山総裁が、富士山が描かれた絵画と書状を手渡しながら命じた。

「わたしの名代として、ネパールに行ってくれ。皇太子に会ったら、この贈り物を渡してくれ」

病室には、城東支部の郷田勇三支部長も呼ばれていた。

大山総裁は、郷田に眼を向けた。

「今回のネパールは、松井がわたしの名代だから、そのつもりで行ってくれ」

ネパールでは、結果的には皇太子に会うことができず、代理の者に贈り物を預けた。大山総裁に命じられた通り、松井が名代を務めた。

ネパールにいる松井と郷田のもとに、東京から連絡が入った。

「総裁の具合が良くない。とにかく、早く帰ってくるように」

が、飛行機の便がなかなか取れない。結局、当初予定していた便で帰国した。四月二十六日朝六時過ぎ、成田空港に到着した。松井と郷田は、すぐさま築地の聖路加国際病院に直行した。が、大山総裁は、すでに亡くなっていた。松井は、言葉もなかった。

〈総裁……〉

関係者の話では、その日の八時過ぎに息を引き取ったという。松井は思った。

〈ちょうどわれわれが、成田に降り立ったときだ〉

大山倍達が創設した直接打撃制の武道空手は、日本をはじめ世界各地で発展した。特に、旧ソ連圏での発展が著しい。

その組織勢力は、世界百三十カ国。会員数一千二百万人を超えた。

日本においては、全都道府県に組織が確立し、総本部、関西本部のほかに、五十五支部、五百五十道場、会員数五十万人を達成した。

大山倍達は、空手に生涯を捧げ、空手の発展に巨大な足跡を残した。

大山は、死してなお、「カラテの父」と呼ばれ、全世界の空手に興味を抱く者たちに慕われ続けている…

あとがき

『力道山と大山倍達』両雄の友情と対決

昨年、史上最強の空手家「ゴッド・ハンド」と呼ばれた大山倍達は、生誕百年を迎えた。プロレスの王者力道山も、今年で生誕百年を迎える。

格闘技の王者二人は、ほぼ同年で、同じ時代の空気を吸い、世の人々に戦いの魅力と深い感動を与えてくれた。

わたしも、多くの少年たちと同じく、力道山の空手チョップに興奮し、血を滾らせた。

昭和二十八年にプロレスがテレビで放送されるようになった。小学校四年生であったわたしの家にはテレビはなかった。散髪屋に行くとテレビが観られたので、散髪屋に出かけて行った。散髪をしょっちゅうしたわけではないので、散髪屋の外から立って、店内に設置されているテレビに見入ったものである。

黒いタイツ姿の力道山が、屈強の外人レスラーと戦う。シャープ兄弟、ルー・テーズ、ザ・デストロイヤー、フレッド・ブラッシー、ボボ・ブラジル、キング・コング…彼らに追い詰められる。

〈負けるな力道山！　外人なんか、やっつけてしまえ！〉

わたしの中に眠る日本人の血がカッと燃え上がる。

力道山は、すかさず伝家の宝刀ともいえる空手チョップを繰り出す。相手はもんどり打って倒れる。なんたる小気味良さ。

その時ほど、わたしが日本人の誇りを意識したことはなかった。

のちわたしは大山倍達総裁と知り合い、一代記『大山倍達・風と拳』を書く縁に恵まれた。

わたしは、大山総裁が千葉の一宮の一宮館で酒を酌み交わしながら、ふと洩らされた言葉も、じつに印象深く残っている。

「人間、相手の前歯を二本叩き折っても、まだ闘争心は残っていて、向かってくる。しかし、三本折れば、さすがに闘争心を無くす。若い時、喧嘩となると、相手の前歯を三本折るように狙ったものですよ」

大山総裁は、若い頃、「山籠もり」までして空手修行に励み、力道山同様アメリカに渡り、全米各地で空手のデモンストレーションを行なった。空手チョップでビール瓶を横から割る「ビール瓶割り」、なんと、親指、人差し指、中指、三つの指の腹の部分で押さえて、十円玉を曲げてみせた。世界初の「レンガ二枚割り」、正拳突きによる「ローソク消し」まで披露した。

さらにプロレスラーやボクサーと対決し、腕を磨き続けた。

帰国後、大山総裁は、牛を素手で倒した。大山総裁はその極意を教えてくれた。

「牛は、急所は眉間ではなく、耳の下を殴る。しかし、一発で倒し切らないと、どこまでも迫って来る。もし一発で倒せたならば、すぐに角を折る」

なんと四十七頭を倒し、うち四頭は即死であった。その映像は、『猛牛と戦う空手家』として公開され、「牛殺しの大山倍達」との異名が轟いた。

戦後日本で主流となった「寸止め空手」を大山総裁は「ラジオ体操空手」と揶揄していた。あくまでケンカ空手とも言える直接打撃制のフルコンタクト空手の「極真空手」を作り出した。

わたしが少年の頃、魅せられた力道山の空手チョップを指導したのが大山総裁と知った。

空手チョップを通して深い絆を持った二人であったが、運命のいたずらか、二人は激しく敵対することになる。

大山総裁の盟友であった日本柔道史上最強と謳われた木村政彦が、大山総裁と力道山の両雄を敵対させる要因であった。

木村が朝日新聞記者に挑戦を表明した。

「力道山のプロレスは、ジェスチャーの多いショーだ。真剣勝負なら負けない」

この一連の流れが「昭和の巌流島」といわれる謎の試合に繋がっていく。

プロレスが勝つか、柔道が勝つか―プロレス日本ヘビー級王座の決定戦が行なわれた。

初戦―木村の力道山の急所蹴りに激怒した力道山が、突如木村に殴りかかった。そのまま張り手と執拗な蹴りの連打で、戸惑った木村をそのままKO。

倒れた木村は、大量の血を吐き、マットには大きな血だまりができた。この通常のプロレスと違う顛末に観客たちも驚き、会場は静まりかえった。

実は、木村によると、この試合はあくまで勝負の決まったプロレスであり、東京をはじめ、大会場で両者勝負を繰り返しながら、全国を巡業する予定であったという。

しかも、力道山が試合前に木村に渡した念書には「一試合目は引き分け」と書かれていた。

大山総裁は、盟友の木村からその念書まで見せられ、力道山への怒りが収まらなかった。

〈力道山め、自分をナンバー1と見せつけるため、木村潰しにかかりおって、許せない！〉

大山総裁とすれば、かつて空手チョップまで指導した相手であったが、力道山の木村に対する非道さは許せなかった。

大山総裁は力道山に襲い掛かり、ケリをつけようと、力道山を本気で追いまわした。

もし二人が真正面からぶつかり対決したら、どちらかの命の危険まであったかもしれない。

結果として、両雄二人が相まみえる機会はなかった。

国民の英雄であり続けた力道山であったが、昭和三十八年十二月八日午後十時三十分に、赤坂のナイトクラブ「ニューラテンクォーター」で、住吉一家参傘下の大日本興業の村田勝志と足を踏んだ踏まないの口論から争いとなった。力道山が馬乗りになって村田を殴打したところ、村田に下から登山ナイフで腹部を深く刺された。この傷が悪化し、十二月十五日に他界した。三十九歳の若さであった。

わたしは、この事件に関し、村田から初めて明かすことを詳しく聞き、この本で書いている。

なお、大山総裁は、力道山の墓へ参った。

墓石に向かって、心の中で語りかけた。

〈どうして刺したやつを、一発で殺さなかった。身に着けた空手の威力を見せることをせず、どうして死んだんだ〉

人間的にはとても好きになれなかったが、力道山が日本の空手界に与えた影響は大きかったという。

それまで悪役のイメージの強かった空手を、善に転換させたのは、力道山の「空手チョップ」のおかげだ。力道山が、空手ブームを起こしてくれたのだ。

大山総裁は、墓石に手を合わせた。

〈力道、わたしはお前に本当は感謝しているよ…〉

大山総裁は、晩年までその闘争心を失わなかった。極真の流れを組む石井和義館長率いる正道会館の佐竹雅昭が、格闘技日本一を名乗っていることが、許しがたかった。

東銀座のステーキ屋『スエヒロ』に幹部を集め、わたしのいる前で、幹部たちに、発破をかけた。

「日本一は、わが極真をおいてない。それなのに、佐竹に日本一を名乗らせていいのか。おまえたち、佐竹と勝負をしろ！　かつて石井たちもわが極真にいたんだ。堂々と極真の土俵に上がってくるように、呼びかけろ」

幹部たちの中でも、意見は分かれた。

「総裁、なんでわれわれが佐竹ごときと、向こうに行ってまで勝負しなけりゃいけないんですか。われわれが彼らに合わせてグローブをつけるんですか。いま、彼らと勝負することは、本家であるわれわれにとって、得はない。奴らを利するだけです」

大山総裁は、顔を赤くして言った。

「おれたちが向こうへ行くときは、向こうのルールでやる。グローブをはめていい。相手がこちらに来てやるときは、おれたちと同じルールでやってもらう。それで、けっこうじゃないか」

大山総裁は、ついにはテーブルを叩き、顔から火を噴かんばかりに激怒した。

「きみたち、わたしが極真を興したときも、小さいグループに過ぎなかった。それをこの拳で、本流にしたのだ。この拳で！」

大山総裁は、拳を握りしめ、みんなを睨みまわした。

「きみたちは、いまやグループが大きくなったからと、天下の極真だと慢心している。守りに入っている。守りに入ったら負けだ。たしかに、いまは我が極真は大きい。しかし、守りに入ったら、極真の五十年先は、石井の門前に馬をつなぐことになる。情けない。攻め、攻め、攻めだ。攻めを忘れては、いかん！」

わたしは、大山総裁のすさまじい闘争心に、ただただ驚いた。

〈この闘争心があれば、極真は、いまだに伸びつづける。大山総裁も、九十まで、いや百まで闘いつづけるであろう〉

が、大山総裁は、平成六年四月二十六日、突然といってもいいほど長患いすることなく亡くなった。七十一歳であった。

なお大山総裁は「カラテの父」として永遠に生き続けている…。

この作品を執筆するにあたり、『力道山の真実』(祥伝社文庫)、

『風と拳―小説・大山倍達 修行篇』、『風と拳―小説・大山倍達 雄飛篇』(以上、廣済堂文庫)、

『極真英雄列伝 地上最強を具現する男たち』(しょういん)、

『許永中独占インタビュー「血と闇と私」』(青志社)の一部を大幅に再編集、加筆、改題した。

大下英治（おおした えいじ）

1944年6月7日、広島県に生まれる。1968年3月、広島大学文学部仏文科卒業。1970年、週刊文春の記者となる。記者時代「小説電通」（徳間文庫）を発表し、作家としてデビュー。さらに月刊文藝春秋に発表した「三越の女帝・竹久みちの野望と金脈」が反響を呼び、岡田社長退陣のきっかけとなった。1983年、週刊文春を離れ、作家として独立。以降、政治経済から芸能、犯罪、社会問題まで幅広いジャンルで創作活動をつづけている。

著書は、「十三人のユダ 三越・男たちの野望と崩壊」「美空ひばり・時代を歌う」（以上、新潮社）、「闘争！ 角栄学校」「一を以って貫く 人間 小沢一郎」（以上、講談社）、「不屈の横綱 小説千代の富士」（祥伝社）、「週刊文春 トップ屋魂」（イースト・プレス）など五〇〇冊以上にのぼる。

近著に「論語と経営 SBI北尾吉孝（上・下）」「石原慎太郎伝」「内閣総理大臣」（エムディエヌ）、「任俠映画伝説 高倉健と鶴田浩二（上・下）」「最後の無頼派作家 梶山季之」「ハマの帝王 横浜をつくった男藤木幸夫」（さくら舎）、「『政権奪取』小沢一郎、三度目の挑戦」（東峰書房）、「安倍晋三・昭恵 35年の春夏秋冬」（飛鳥新社）などがある。

不世出の二大巨頭
力道山と大山倍達

発行日　2024年9月15日　第1刷発行

著　者　大下英治
発行者　瀬戸起彦
発行所　株式会社 秀英書房
東京都世田谷区宮坂3-2-10　〒156-0051
電話 03-6826-9901
https//shueishobo.co.jp
装丁・本文デザイン　タカハシイチエ
ＤＴＰ　ヒガキユウコ
印　刷　厚徳社
製　本　ナショナル製本
写　真　㈱共同通信イメージズ

ISBN978-4-87957-156-4